YINGKE® 盈科

盈科全国业务指导委员会系列丛书·2024

物业服务人工作指南
基础知识、常用文书、案例与经验

盈科律师事务所／编

许 东 魏洪奇 朱 剑／主编

法律出版社 LAW PRESS·CHINA
———— 北京 ————

图书在版编目（CIP）数据

物业服务人工作指南：基础知识、常用文书、案例与经验 / 盈科律师事务所编；许东，魏洪奇，朱剑主编. 北京：法律出版社，2024. -- ISBN 978 -7 -5197 -9515 -3

Ⅰ. F293.347 -62

中国国家版本馆 CIP 数据核字第 2024JX3693 号

物业服务人工作指南
——基础知识、常用文书、案例与经验
WUYE FUWU REN GONGZUO ZHINAN
—JICHU ZHISHI、CHANGYONG WENSHU、ANLI YU JINGYAN

盈科律师事务所 编
许 东 魏洪奇 朱 剑 主编

策划编辑 朱海波　杨雨晴
责任编辑 朱海波　杨雨晴
装帧设计 汪奇峰　臧晓飞

出版发行 法律出版社	开本 710 毫米×1000 毫米 1/16
编辑统筹 法律应用出版分社	印张 35.75　字数 520 千
责任校对 蒋　橙	版本 2024 年 11 月第 1 版
责任印制 刘晓伟	印次 2024 年 11 月第 1 次印刷
经　销 新华书店	印刷 北京盛通印刷股份有限公司

地址：北京市丰台区莲花池西里 7 号（100073）
网址：www.lawpress.com.cn　　　　　　　销售电话：010 -83938349
投稿邮箱：info@lawpress.com.cn　　　　 客服电话：010 -83938350
举报盗版邮箱：jbwq@lawpress.com.cn　　 咨询电话：010 -63939796
版权所有・侵权必究

书号：ISBN 978 -7 -5197 -9515 -3　　　　　定价：148.00 元

凡购买本社图书，如有印装错误，我社负责退换。电话：010 -83938349

盈科全国业务指导委员会系列丛书编委会

总 主 编

李 华

副总主编

陈 浩　罗 勇　沈彦炜　周 彦

出版统筹

郭 琪　丁 萌　冯 玥　张静彤

本书编委会

主　编

许 东　魏洪奇　朱 剑

副主编

吉 磊　徐 微　费晓华

编　委

舒　丁　侯书凯　竭一豪　陈晓宇　谢桂冕　石小倩
崔秀利　范兆峰　郑　渊　谢王钢　贺敬霞　邝　昕
李　娜　欧俊凯　唐陈潇贲　朱玉国　邱　月　冯春洋

序言

《民法典》提出了物业服务人的概念,物业服务人包括物业服务企业和其他管理人。物业服务人是保障小区和谐、舒适与安全,提升物业价值的关键角色。《物业服务人工作指南——基础知识、常用文书、案例与经验》这本书是一把通向物业服务领域的智慧钥匙,为读者开启了一扇充满知识与实践的大门。本书的出版旨在为物业服务从业者及相关人士提供全面、系统且实用的指导,帮助他们更好地理解和应对物业服务工作中的各种挑战。

本书的特点和优势体现在以下方面:

1. 内容全面系统:本书全面涵盖了物业服务的基础知识、常用文书和丰富的案例参考。从理论到实践,从宏观到微观,为读者构建了一个完整的知识体系,使他们能够全面了解物业服务的各个环节。

2. 注重实践应用:本书不仅提供了丰富的理论知识,更注重实践操作。通过详细的案例分析和实用的文书模板,读者可以更加直观地理解如何将理论应用于实际工作中,提升解决问题的能力。

3. 与时俱进创新:随着社会的发展和行业的进步,物业服务也在不断演变。本书紧跟时代步伐,纳入了最新的法规政策、行业趋势和创新理念,确保读者获取到最前沿的信息。

4. 权威与实用并重:本书由业内权威专家和具有丰富实践经验的专业人士共同编写,保证了内容的准确性和可靠性。同时,书中的实用建议和操作指南能够切实帮助读者提升工作效率和服务质量。

5. 适用对象广泛:无论是刚踏入物业服务行业的新手,还是经验丰富的从业者,抑或对该领域感兴趣的社会大众,都可以从本书中获得宝贵的知识和经验。本书的适用对象包括但不限于以下人群:

- 物业服务从业者:可以通过本书深入学习专业知识,提升业务水平,更好地满足业主和社区的需求。

- 业主和居民：了解物业服务的基本原理和规范，有助于他们更好地与物业服务团队沟通协作，共同营造和谐宜居的社区环境。
- 学生和相关专业学者：作为学习和研究的参考资料，本书能够为他们提供深入了解物业服务行业的机会，为未来的职业发展打下基础。
- 社区管理者和决策者：书中的案例和经验分享可以为他们提供决策依据，推动社区的可持续发展。

"知识是珍贵宝石的结晶，文化是宝石放出的光泽。"本书所蕴含的知识和文化价值，将使读者在物业服务的道路上绽放出璀璨的光芒。然而，我们也要明白"纸上得来终觉浅，绝知此事要躬行"的道理。只有将书中的知识付诸实践，才能真正发挥其价值。

本书强调了物业服务人的专业素养和责任担当。物业服务人不仅要具备扎实的专业知识，还要有高度的责任感和服务意识。"责任就是对自己要求去做的事情有一种爱。"只有热爱自己的工作，才能真正做到为业主和社区提供优质的服务。

在本书的编写过程中，编者们倾注了大量的心血和付出了极大的努力。许东、魏洪奇、朱剑总负责，徐微、费晓华、吉磊负责统稿，舒丁、侯书凯、竭一豪、陈晓宇、谢桂冕、石小倩、崔秀丽、范兆峰、郑渊、谢王刚、贺敬霞、唐陈潇贲、邝昕、李娜、欧俊凯、朱玉国、邱月、冯春洋负责编写相应的章节，他们深入调研、精心筛选案例，力求为读者呈现最有价值的内容。同时，我们也通过互联网收集了公开的有关资料。在此，我们向所有参与本书编写工作的专家、学者和实践工作者表示衷心的感谢！

《物业服务人工作指南——基础知识、常用文书、案例与经验》的出版，是对物业服务行业发展的一次有益贡献。希望本书能够成为广大读者的得力助手，帮助他们在物业服务领域取得更大的成就。让我们共同努力，为打造美好的居住环境和和谐的社区氛围贡献自己的力量。

是为序。

魏洪奇
2024 年 3 月 9 日

第一篇 物业、物业管理和物业企业的内涵关联性

第一章 物业管理的基础概念 ········· 005
- 第一节 物业和物业管理的含义 ········· 005
- 第二节 物业服务企业的概念 ········· 006
- 第三节 物业服务企业的特征 ········· 007
- 第四节 物业服务企业的基本职责 ········· 007

第二章 物业服务企业与业主的关系 ········· 009
- 第一节 业主的概念 ········· 009
- 第二节 业主的权利和义务 ········· 010
- 第三节 物业服务企业与业主的关系 ········· 012

第三章 物业服务企业与业主大会、业主委员会的关系 ········· 014
- 第一节 业主大会的特征 ········· 014
- 第二节 业主大会的权利 ········· 015
- 第三节 业主大会会议 ········· 016
- 第四节 业主委员会的特征 ········· 018
- 第五节 业主委员会的职责 ········· 020
- 第六节 业主委员会会议 ········· 021
- 第七节 业主委员会的任期、变更和终止 ········· 022
- 第八节 业主委员会与物业服务企业的关系 ········· 023
- 第九节 物业管理委员会 ········· 024

第二篇　物业服务企业的类别和上市

第一章　物业管理服务的类型 ………………………………………… 029
第二章　物业服务企业的分类 ………………………………………… 030
第三章　物业服务企业上市 …………………………………………… 032
　　第一节　物业服务企业上市方式 …………………………………… 032
　　第二节　物业服务企业上市的合规要点 …………………………… 033
　　第三节　物业服务企业上市的典型案例 …………………………… 036

第三篇　物业服务费

第一章　物业服务费的组成和依据 …………………………………… 041
　　第一节　物业服务费的法律法规依据 ……………………………… 041
　　第二节　物业服务费的构成 ………………………………………… 046
第二章　如何避免物业企业乱收费 …………………………………… 048
　　第一节　减少物业服务收费纠纷的措施 …………………………… 048
　　第二节　常见的物业服务费误区 …………………………………… 049
第三章　法律认可业主拒交物业服务费的正当理由 ………………… 052
　　第一节　业主拒交物业服务费是否基于正当理由的认定
　　　　　　………………………………………………………………… 052
　　第二节　可以拒交物业服务费的几种情形 ………………………… 053
　　第三节　法律依据 …………………………………………………… 053
第四章　物业服务费的催收 …………………………………………… 055
　　第一节　物业服务费收费难的原因分析 …………………………… 055
　　第二节　业主拒交物业费的抗辩理由 ……………………………… 057
　　第三节　物业服务费催缴流程 ……………………………………… 061

第四篇 街道办事处、居委会在物业管理中的地位和作用

第一章 街道办事处在物业管理工作中的职责 ················ 065
第二章 居委会在居民小区管理中的作用 ··················· 066

第五篇 物业纠纷化解指引

第一章 物业纠纷范围、分类及特点 ························ 071
  第一节　物业纠纷的表现形式 ·························· 071
  第二节　物业纠纷分类 ······························· 072
  第三节　物业纠纷的特点 ····························· 073
第二章 物业纠纷的处理 ································· 074
  第一节　处理物业纠纷的原则 ·························· 074
  第二节　处理物业纠纷的方式 ·························· 075
  第三节　物业纠纷中的违法、违约行为及法律责任 ········· 076
第三章 业主维权的方式 ································· 078
  第一节　行政途径 ··································· 078
  第二节　法律途径 ··································· 078
  第三节　其他途径 ··································· 079
第四章 前期物业服务企业的选聘 ·························· 080
第五章 前期物业管理服务期间的法律服务 ·················· 083
第六章 物业专项维修资金 ······························· 086
  第一节　物业专项维修资金的含义及使用范围 ············ 086
  第二节　物业专项维修资金的交纳与续筹 ················ 088
  第三节　物业专项维修资金的使用 ····················· 101
  第四节　物业专项维修资金的监督管理 ················· 132

PART 2 常用文书

第一篇　物业管理常用合同范本

第一章　商品房买卖合同（预售）……………………………… 139
第二章　商品房买卖合同 ………………………………………… 177
第三章　前期物业服务合同 ……………………………………… 206
第四章　前期物业管理委托招标代理合同 ……………………… 234
第五章　物业服务合同 …………………………………………… 248
第六章　商业物业管理合同 ……………………………………… 282
第七章　物业管理界面划分协议 ………………………………… 292
第八章　物业管理委托合同 ……………………………………… 298
第九章　汽车临时停放管理合同 ………………………………… 305
第十章　物业管理转让协议 ……………………………………… 307
第十一章　物业前期介入服务协议 ……………………………… 311
第十二章　充电桩合作合同 ……………………………………… 318
第十三章　业主委托物业合同 …………………………………… 322
第十四章　智能系统安装工程施工合同 ………………………… 327
第十五章　专项维修资金管理规约 ……………………………… 337
第十六章　装修物业管理合同 …………………………………… 343
第十七章　房屋买卖协议 ………………………………………… 345
第十八章　房屋租赁合同 ………………………………………… 350
第十九章　商业物业管理服务合同 ……………………………… 354
第二十章　小区电梯广告位租赁合同 …………………………… 367
第二十一章　党政机关物业管理服务合同 ……………………… 372
第二十二章　车辆行驶、停放、收费管理制度 ………………… 385

第二篇　诉讼（仲裁）文书范本

第一章　授权委托书 ……………………………………………… 391
第二章　共同诉讼代表人推选书 ………………………………… 393

第三章　律师函 394
第一节　律师函(范本一) 394
第二节　律师函(范本二) 395
第三节　律师函(范本三) 396

第四章　民事起诉状 399
第一节　民事起诉状(共有人优先购买权纠纷) 399
第二节　民事起诉状(房屋买卖合同纠纷) 400
第三节　民事起诉状(不当得利纠纷) 401
第四节　民事起诉状(房屋拆迁安置补偿合同纠纷) 403
第五节　民事起诉状(不明抛掷物、坠落物损害责任纠纷) 405
第六节　民事起诉状(噪声污染责任纠纷) 406
第七节　民事起诉状(业主共有权纠纷) 407
第八节　民事起诉状(业主撤销权纠纷) 409
第九节　民事起诉状(第三人撤销之诉) 410
第十节　民事起诉状(催收物业费) 411
第十一节　民事起诉状实例(催收物业费) 417

第五章　民事上诉状 422

第六章　民事答辩状 424
第一节　民事答辩状(通用版) 424
第二节　民事答辩状(催收物业费用) 425
第三节　民事答辩状实例(催收物业费) 428

第七章　行政诉讼 432
第一节　行政起诉状 432
第二节　行政诉讼答辩状 433

第八章　仲裁 435
第一节　仲裁申请书(法人样式) 435
第二节　仲裁申请书(自然人样式) 436
第三节　仲裁答辩书(法人样式) 437
第四节　仲裁答辩书(自然人样式) 438
第五节　仲裁委员会调解书 439
第六节　仲裁委员会裁决书 440

第七节　仲裁委员会决定书 ……………………………… 442
第九章　物业费起诉流程及注意事项 ……………………………… 444

PART 3 案例索引和经验介绍

第一篇　案例检索

第一章　物业服务合同纠纷(诉讼)典型案例 ……………………… 451
第一节　某物业管理公司与沈某物业服务合同纠纷案 …… 451
第二节　石家庄某业主委员会与某物业公司物业服务
　　　　合同纠纷案 …………………………………………… 454
第三节　中山市业主与某智慧城市服务公司物业服务
　　　　合同纠纷案 …………………………………………… 457

第二章　物业服务合同纠纷(仲裁)典型案例 ……………………… 460
某物业管理公司与张某物业服务合同纠纷
(仲裁)案 ……………………………………………………… 460

第三章　车库车位纠纷典型案例 …………………………………… 463
第一节　重庆市某房地产开发公司与九龙坡区业主
　　　　委员会车位纠纷案 …………………………………… 463
第二节　某业主委员会与广东某集团有限公司车位
　　　　车库纠纷案 …………………………………………… 466

第四章　相邻权纠纷典型案例 ……………………………………… 471
第一节　徐某某与韩某某相邻权纠纷案 ………………… 471
第二节　吴某等与邵某相邻权纠纷案 …………………… 474

第五章　名誉权纠纷典型案例 ……………………………………… 478
第一节　王某与天津市某物业管理服务有限责任公司
　　　　名誉权纠纷案 ………………………………………… 478
第二节　吉安市某物业公司与徐某名誉权纠纷案 ……… 480

第六章　隐私权纠纷典型案例 ……………………………………… 483
第一节　王某与某物业公司隐私权纠纷案 ……………… 483
第二节　朱某与潘某隐私权纠纷案 ……………………… 486

第七章　涉专项维修资金纠纷典型案例 ········ 489
第一节　通过诉讼途径续筹专项维修资金案 ········ 489
第二节　上海专项维修资金使用范围案例 ········ 492

第八章　业主撤销权纠纷典型案例 ········ 496
第一节　杨某等3位业主与青岛市崂山区业主委员会业主撤销权纠纷案 ········ 496
第二节　张某某与业主委员会业主撤销权纠纷案 ········ 499

第九章　业主共有权纠纷典型案例 ········ 504
第一节　杨某某与朱某、王某、吕某业主共有权纠纷案 ········ 504
第二节　业主委员会与广东某集团有限公司物权纠纷案 ········ 506

第十章　业主知情权纠纷典型案例 ········ 511
张某某、金某、曹某某与石家庄高新区某业主委员会、河北某物业公司业主知情权纠纷案 ········ 511

第十一章　涉业主委员会备案典型案例 ········ 516
第一节　业主委员会与某市住房和城乡建设局履行法定职责案 ········ 516
第二节　淮安市某小区业主委员会与某街道办事处行政备案纠纷案 ········ 518
第三节　淮安市某小区业主委员会与某街道办事处撤销不予备案决定纠纷案 ········ 521

第十二章　涉公共收益纠纷典型案例 ········ 525
第一节　上海市浦东新区业主委员会与上海市某物业管理有限公司公共收益返还纠纷案 ········ 525
第二节　游仙区某小区业主委员会与成都某物业公司公共收益返还纠纷案 ········ 528

第二篇　典型经验

第一章　业主自行管理典型经验 ········ 537
第一节　北川县尔玛小区一组团实行"业主自行管理"新模式 ········ 537

　　　　第二节　深圳市南山区花果山小区实行"业主自行管理" …… 539
　第二章　红色物业管理典型经验 …………………………………… 541
　　　　第一节　勇拓洋楼党建引领小区治理打造红色物业……… 541
　　　　第二节　上海市爱博四村推行红色物业典型经验 ………… 544
　第三章　应急物业管理典型经验 …………………………………… 548
　　　　第一节　北京东润枫景小区应急管理经验 ………………… 548
　　　　第二节　高新明珠小区应急物业"转正"破解小区物业
　　　　　　　　"失管"难题 ……………………………………… 551
　第四章　信托制物业管理典型经验 ………………………………… 553
　　　　第一节　月湖游河小区用"信托制管理"打开基层治理
　　　　　　　　新局面 …………………………………………… 553
　　　　第二节　"信托制"物业管理模式为长寿苑社区解难题 …… 556

PART

1

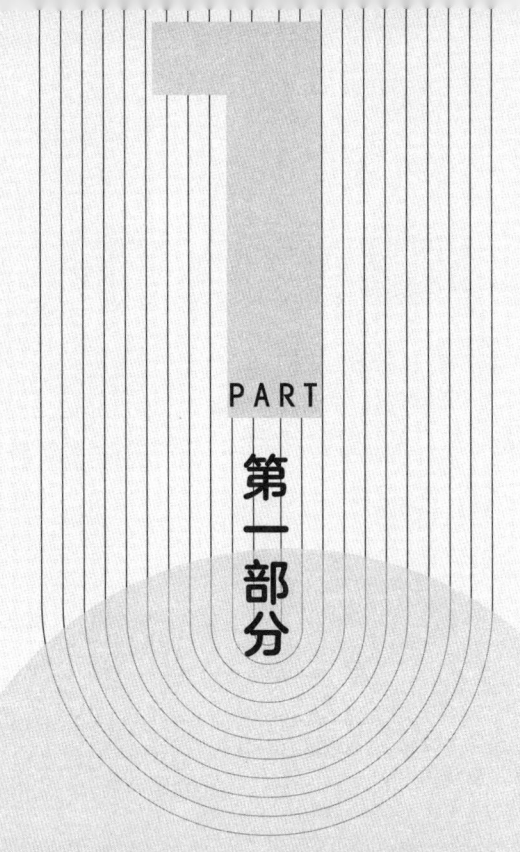

第一部分

基础知识

第一篇

物业、物业管理和物业企业的内涵关联性

第一章

物业管理的基础概念

第一节 物业和物业管理的含义

在我国,物业的含义是指房屋及配套的设施、设备和相关场地。"物业"一词译自英语 property 或 estate,物业的名称最先在我国香港地区流行,这是当地对房地产的俗称。在我国内地,首先给物业界定概念的立法是深圳市 1994 年制定的《深圳经济特区住宅物业管理条例》,其第二条第二款规定:"本条例所称物业,是指住宅区内各类房屋及相配套的公用设施、设备及公共场地。"物业可大可小,它是按照一定的区域划分的,某一特定区域内的房屋及配套的设施设备和相关的场地都是某一物业的范围。根据使用功能的不同,物业可分为以下五类:居住物业、商业物业、工业物业、政府类物业和其他用途物业。不同使用功能的物业,其管理有着不同的内容和要求。

物业管理的含义,是指物业服务企业按照物业服务合同的约定,通过对房屋以及与之相配套的设备、设施和相关场地进行专业化维修养护管理,以及对相关区域内环境卫生和公共秩序的维护,为业主提供服务的活动。物业管理有狭义和广义之分。狭义的物业管理是指业主委托物业服务企业依据委托合同对房屋建筑及其设备、市政公用设施、园林绿化、卫生、交通、生活秩序和环境容貌等管理项目进行维护、修缮的活动;广义的物业管理除此之外还包括业主共同管理的过程和委托物业服务企业或者其他管理人进行管理的过程。

《物业管理条例》第二条规定:物业管理,是指业主通过选聘物业服务企业,由业主和物业服务企业按照物业服务合同约定,对房屋及配套的设施设备和相关场地进行维修、养护、管理,维护物业管理区域内的环境卫生和相关秩序的活动。《陕西省物业服务管理条例》第三条规定:物业服务管理,是指业主选聘物业服务人按照物业服务合同约定,在物业服务区域内为业主提供建筑物及其附属设施的维修养护、环境卫生和相关秩序的管理维护等服务的活动。物业服务人包括物业服务企业和其他管理人。

在实践中,业主可以通过不同的方式实现物业管理。一是业主自行对物业进行管理;二是业主将不同的物业管理内容,委托给不同的物业服务企业或者专门的服务企业进行管理;三是业主选聘物业服务企业对物业进行全面管理。业主有权选择适合自己的方式来管理自己的物业。但是如果业主通过选聘物业服务企业的方式来对物业进行管理,业主及其物业服务企业所进行的活动,就应当遵从《物业管理条例》的规定。

第二节 物业服务企业的概念

在实际生活中,建设单位或者业主多数都会选择将自己的建筑物交由物业服务企业管理和提供服务。物业服务企业又称物业管理企业,通常是指依法设定、具备专门资质,专门从事地上永久性建筑物、附属设备、各项设施及相关场地和周围环境的专业化管理的,为业主和非业主使用人提供物业服务的,具有独立法人资格的经济实体。

《物业管理条例》第三十二条第一款规定:"从事物业管理活动的企业应当具有独立的法人资格。"也就是说,物业服务企业作为独立的企业法人,必须有明确的经营宗旨和经行业主管部门认可的管理章程,能够独立承担民事和经济法律责任。同时,不同资质等级的物业服务企业只能从事与自己的资质水平相当的活动。

第三节　物业服务企业的特征

1. 属于独立的企业法人。物业服务企业严格遵循法定程序建立,拥有一定的资金、设备、人员和经营场所;拥有明确的经营宗旨和符合法规的管理章程,具备相应的物业管理资质;独立核算,自负盈亏,以自己的名义享有民事权利,承担民事责任;所提供的服务是有偿的和营利性的。

2. 属于服务型企业。物业服务企业的主要职能是通过对物业的管理和提供的多种服务,确保物业正常使用,为业主和物业使用人创造一个舒适、方便、安全的工作和居住环境。物业服务企业本身并不制造实物产品,它主要是通过常规性的公共服务、延伸性的专项服务、随机性的特约服务、委托性的代办服务和创收性的经营服务等项目,尽可能实现物业的保值和增值。因此,物业服务企业的"产品"就是服务,与工业企业等其他经济组织是有区别的。

3. 具有一定的公共管理性质的职能。物业服务企业在向业主和物业使用人提供服务的同时,还承担着物业区域内公共秩序的维护、市政设施的配合管理、物业的装修管理等职责,其内容带有公共管理的性质。

第四节　物业服务企业的基本职责

《民法典》对物业服务企业的基本职责有原则性的规定,其第九百四十二条规定:"物业服务人应当按照约定和物业的使用性质,妥善维修、养护、清洁、绿化和经营管理物业服务区域内的业主共有部分,维护物业服务区域内的基本秩序,采取合理措施保护业主的人身、财产安全。对物业服务区域内违反有关治安、环保、消防等法律法规的行为,物业服务人应当及时采取合理措施制止、向有关行政主管部门报告并协助处理。"《物业管理条例》第四十五条规定:"对物业管理区域内违反有关治安、环保、物业装饰装修和使用等方面法律、法规规定的行为,物业服务企业应当制止,并及时向有关行政管理部门报告。有关行政管理部门在接到物业服务企业的报告后,应当依法对违法行为予以制止或者依法处理。"第四十六条规定:"物业服务企业应当协助做好物业管理区域内的安全防范工作。发生安全事故时,物业服务企业在采取应急措施的同时,应当及时向有关行政管理部门报告,协助做好救助工作。物业服务企业雇请保安人员的,应当遵守国家有关规定。保安人员在维护物业管理区域内的公共秩序时,应当履行职责,不得侵害公民的合法权益。"

从上述规定可以看出,物业服务企业基本职责主要包括:

一是日常维修养护。物业服务企业最基本的任务就是对物业进行日常维修保养,房屋建筑、机电设备、供电供水设施、公共设施等都必须时刻处于良好的使用状态,否则难以发挥该物业应有的效能。通过维修养护,物业可以保持良好的使用状态,延长物业的使用寿命。

二是治安保卫。物业服务企业必须采取有效措施,做好物业辖区内的安全保卫警戒等工作,维护正常的工作和生活秩序,保证业主的人身财产安全。

三是环境卫生。物业服务企业必须安排专人定点收集和清运垃圾废物,按时清扫物业公共区域,保持物业及周围环境的干净整洁。

四是园林绿化。物业服务企业必须做好物业服务区域范围内的绿化建设和保养,美化环境。

五是消防安全。物业服务企业必须建立消防制度,保证消防器材处于良好的使用状态。

此外,根据物业服务合同的约定,物业服务企业还有义务提供诸如家庭装修、室内清洁、家电维修等服务项目。

第二章

物业服务企业与业主的关系

第一节 业主的概念

清代褚人获所著《坚瓠集·十集·揽田》中记载"崇明佃户揽田,先以鸡鸭送业主,此通例也"。顾名思义,业主主要是指拥有产业或所有权的人,也就是建筑区划内的主人、物业的主人。

《物业管理条例》第六条第一款规定,房屋的所有权人为业主。

《湖北省物业服务和管理条例》第十八条第一款规定:"房屋所有权人为业主。尚未登记取得所有权,但基于买卖、赠与、继承、拆迁或者征收补偿等法律行为已经合法占有该房屋的人,认定为物业服务关系中的业主。"

《陕西省物业服务管理条例》第二十八条第一、二款规定:"房屋所有权人为业主。本条例所称业主还包括:(一)尚未登记取得所有权,但是基于买卖、赠与、拆迁补偿等转移所有权的行为并已经合法占有建筑物专有部分的单位或者个人;(二)因人民法院、仲裁机构的生效法律文书取得建筑物专有部分所有权的单位或者个人;(三)因继承取得建筑物专有部分所有权的个人;(四)因合法建造取得建筑物专有部分所有权的单位或者个人;(五)其他符合法律、法规规定的单位或者个人。"

《四川省物业管理条例》第十七条第二、三、四款规定:"不动产登记簿记载的房屋所有权人为业主。尚未依法办理房屋所有权登记,但符合下列情况之一的,在物业管理活动中享有业主权利、承担业主义务:(一)因人民法院、仲裁机构的法律文书或者人民政府的征收决定等取得房屋所有权的;(二)因继承取得房屋所有权的;(三)因合法建造等事实行为取得房屋所有权的;(四)基于与建设单位之间的商品房买卖民事法律行为已经合法占有建筑物专有部分的;(五)法律法规规定的其他情形。已经达到交付使用条件,尚未出售或者尚未向买受人交付的专有部分,建设单位为业主。"

因此,判定一个人是否为某一物业区域的业主,就是以该人是否对该区域内房屋具有所有权为标准,具有所有权则是,反之,则不是。

第二节　业主的权利和义务

一旦成为小区的业主,在物业服务法律关系中,在享受法定与约定权利的同时,也要承担相应义务。

一、业主的权利

1. 服务享受权。《物业管理条例》第六条第二款第一项规定,业主享有按照物业服务合同的约定,接受物业服务企业提供的服务的权利。

2. 建议权。《物业管理条例》第六条第二款第二、三项规定,业主的建议权包括提议召开业主大会会议并就物业管理的有关事项提出建议以及提出制定和修改管理规约、业主大会议事规则的建议两项。

3. 投票权。《物业管理条例》第六条第二款第四项规定,业主享有参加业主大会会议,行使投票权的权利。

4. 选举权与被选举权。《物业管理条例》第六条第二款第五项规定,业主享有选举业主委员会成员的权利,并享有被选举权。

5. 知情权。知情权是业主依法获取、知悉物业状况及其管理信息的权利,是业主对物业实行民主管理的基本保障。只有充分享有知情权,业主才能准确判断关于物业管理的具体情况,才能正当行使诸如物业管理活动的参与权和监督权等。《物业管理条例》第六条第二款第八项规定,物业管理活动中的知情权主要指物业服务企业有义务将物业的共用部位、共用设施设备和相关场地使用等情况明确告知业主。可见,物业服务企业是知情权的义务主体,有义务就自己的管理内容和管理对象状况向业主提供必要信息。

6. 监督权。监督权内容较为广泛,根据《物业管理条例》第六条第二款第六、七、八、九项规定,主要包括:(1)业主都有监督业主委员会的工作的权利;(2)业主对物业服务企业履行物业服务合同的情况享有监督的权利;(3)业主对物业共用部位、共用设施设备和相关场地使用情况享有监督的权利;(4)业主对物业共用部位、共用设施设备专项维修资金的管理和使用享有监督权。

7. 法律、法规规定的其他权利。根据《物业管理条例》第六条第二款第十项的概括性规定,主要指业主除了前述权利外还可能具有依据法律、法规所享有的其他权利。物业管理服务业在我国还是一个刚产生、发展起来的行业,物业管理服务的内容和范围将随物业的迅速发展和业主生活水平及其消费需求的提高而不断拓展,业主权利及其内容也会随之而不断得以发展和丰富。如业主对其依法享有所有权的房屋有依法出售、出租、出借、抵押等权利,并不受其他业主、业主委员会和物业服务企业的非法干涉。

二、业主的义务

1. 遵守管理规约、业主大会议事规则。无论是管理规约,还是业主大会议事规则,全体业主都负有遵守的义务。

2. 遵守物业服务区域内物业共用部位和共用设施设备的使用、公共秩序和环境卫生的维护等方面的规章制度。物业共用部位和共用设施设备的使用以及公共秩序和环境卫生的维护等,不仅涉及个人利益、其他业主利益和物业使用人的利益,而且涉及社会公共利益。因此,全体业主都负有遵守此方面规章制度的义务。

3. 执行业主大会的决定和业主大会授权业主委员会作出的决定。业主大会的决定代表了全体业主的意愿和要求,该决定的内容对全体业主有约束力,决定实施的法律后果也由组成业主大会的全体业主来共同承担;而业主委员会是业主大会的执行机构,业主委员会基于业主大会授权而作出的决定和业主大会的决定具有相同的法律效力。为维护全体业主合法权益,每一位业主都负有遵守这些决定的义务。

4.按照国家有关规定缴纳专项维修资金。专项维修资金主要是指物业共用部分、公共设施设备发生毁损及维护所应支出的必要费用。为确保物业共用部分、公共设施设备的正常使用,以及发生毁损时能够得到及时维修,就必须保证专项维修资金及时到位。因此,按国家有关规定交纳专项维修资金也是业主的基本义务之一。

5.按时交纳物业服务费用。物业服务费用主要是指维持建筑物正常使用的运行保养费用,以及物业管理区域内的治安、消防、保洁等的服务费用。这些费用直接涉及物业的保养和维修,也影响物业服务企业的形象和服务的质量。因此,业主负有按规定或约定及时交纳物业服务费的义务。

6.法律、法规规定的其他义务。除上述义务外,业主还应当接受并服从业主委员会、物业服务企业的管理以及履行其他应尽义务。接受并服从业主委员会的管理是由业主委员会的性质和职责所决定的;接受并服从物业服务企业的管理是由物业管理服务合同的基本条款所决定的;为了全体业主及物业服务企业的合法利益,业主也必须履行法律、法规所规定的其他义务。

除上述业主基于法律、法规而直接享有的权利、负担的义务外,业主还可能与物业服务企业在法律范围内,通过物业服务合同约定业主享有一些其他的权利,同时负担一些其他的义务。

第三节 物业服务企业与业主的关系

《民法典》第二百八十四条规定:"业主可以自行管理建筑物及其附属设施,也可以委托物业服务企业或者其他管理人管理。对建设单位聘请的物业服务企业或者其他管理人,业主有权依法更换。"业主依法选好物业服务企业或者其他管理人后,应当与物业服务企业或者其他管理人签订物业服务合同,将自己对建筑物及其附属设施的管理权利委托给选聘的物业服务企业或者其他管理人。《民法典》第九百三十七条规定:"物业服务合同是物业服务人在物业服务区域内,为业主提供建筑物及其附属设施的维修养护、环境卫生和相关秩序的管理维护等物业服务,业主支付物业费的合同。物业服务人包括物业服务企业和其他管理人。"可知,业主与物业服务企业或者其他管理人之间是一种合同关系。

物业服务企业或者其他管理人,与业主签订委托合同后,应当按照合同的约定向业主提供相应的服务。《物业管理条例》第三十五条规定:"物业服务企业应当按照物业服务合同的约定,提供相应的服务。物业服务企业未能履行物业服务合同的约定,导致业主人身、财产安全受到损害的,应当依法承担相应的法律责任。"第三十六条第一款规定:"物业服务企业承接物业时,应当与业主委员会办理物业验收手续。"

在履行物业服务合同的过程中,物业服务企业或者其他管理人,还应当接受业主的监督。《民法典》第二百八十五条第一款规定:"物业服务企业或者其他管理人根据业主的委托,依照本法第三编有关物业服务合同的规定管理建筑区划内的建筑物及其附属设施,接受业主的监督,并及时答复业主对物业服务情况提出的询问。"

第三章

物业服务企业与业主大会、业主委员会的关系

第一节 业主大会的特征

业主大会是由业主自行组成的维护业主整体利益的组织,具有民主性、自治性、代表性。

业主大会有以下特征:一是业主大会由全体业主组成,只要是小区的业主,就有权参与业主大会。二是业主大会是对物业区域内的物业服务活动的一个决策机构,在物业区域内,重大的物业服务活动事项,都应该由业主大会进行决策。三是业主大会进行决策,需按照一定的规则进行表决,如果表决违反约定或者违反法律的规定,那么表决的结果是无效的。四是业主大会进行活动是为了全体业主的共同利益,业主大会的活动范围仅限于物业服务活动中的事项,超过这一范围进行的活动是无效的。

《民法典》第二百七十七条规定:"业主可以设立业主大会,选举业主委员会。业主大会、业主委员会成立的具体条件和程序,依照法律、法规的规定。地方人民政府有关部门、居民委员会应当对设立业主大会和选举业主委员会给予指导和协助。"

《物业管理条例》第八条规定:"物业管理区域内全体业主组成业主大会。业主大会应当代表和维护物业管理区域内全体业主在物业管理活动中的合法权益。"第九条第一款规定:"一个物业管理区域成立一个业主大会。"

《住房和城乡建设部关于印发〈业主大会和业主委员会指导规则〉的通知》第二条规定:"业主大会由物业管理区域内的全体业主组成,代表和维护物业管理区域内全体业主在物业管理活动中的合法权利,履行相应的义务。"第七条规定:"业主大会根据物业管理区域的划分成立,一个物业管理区域成立一个业主大会。只有一个业主的,或者业主人数较少且经全体业主同意,不成立业主大会的,由业主共同履行业主大会、业主委员会职责。"

第二节 业主大会的权利

业主大会由全体业主组成,是业主组织的最高权力机构。笔者认为,业主大会职责的具体内容应当包括以下几个方面:一是人事权,即业主委员会成员的任免权;二是财产权,即管理建筑物及其附属设施的专项维修资金,其又可分为使用与筹集两部分;三是内部管理规则的制定与修改权,即管理规约、业主大会议事规则、业主委员会议事规则等的制定与修改权;四是物业服务企业或管理人的选聘和解聘权;五是建筑物及其附属设施的重大修缮、改建、重建以及公共部分改变使用目的的事项。另外,依据业主组织的公私二重属性,业主大会可以自我赋权,具体来说,业主大会可以通过管理规约来规定业主大会的权力。需要注意的是,业主大会的自我赋权仍然不得违反法律的强制性规定和公序良俗,也不得侵害少数业主的利益。

《物业管理条例》第十一条规定:"下列事项由业主共同决定:(一)制定和修改业主大会议事规则;(二)制定和修改管理规约;(三)选举业主委员会或者更换业主委员会成员;(四)选聘和解聘物业服务企业;(五)筹集和使用专项维修资金;(六)改建、重建建筑物及其附属设施;(七)有关共有和共同管理权利的其他重大事项。"

《住房和城乡建设部关于印发〈业主大会和业主委员会指导规则〉的通知》第十七条规定:"业主大会决定以下事项:(一)制定和修改业主大会议事规则;(二)制定

和修改管理规约;(三)选举业主委员会或者更换业主委员会委员;(四)制定物业服务内容、标准以及物业服务收费方案;(五)选聘和解聘物业服务企业;(六)筹集和使用专项维修资金;(七)改建、重建建筑物及其附属设施;(八)改变共有部分的用途;(九)利用共有部分进行经营以及所得收益的分配与使用;(十)法律法规或者管理规约确定应由业主共同决定的事项。"

第三节 业主大会会议

《物业管理条例》第十三条规定:"业主大会会议分为定期会议和临时会议。业主大会定期会议应当按照业主大会议事规则的规定召开。经20%以上的业主提议,业主委员会应当组织召开业主大会临时会议。"《住房和城乡建设部关于印发〈业主大会和业主委员会指导规则〉的通知》第二十一条第一、二款规定:"业主大会会议分为定期会议和临时会议。业主大会定期会议应当按照业主大会议事规则的规定由业主委员会组织召开。"

1. 业主大会临时会议。《物业管理条例》第十三条规定:经20%以上的业主提议,业主委员会应当组织召开业主大会临时会议。《住房和城乡建设部关于印发〈业主大会和业主委员会指导规则〉的通知》第二十一条第三款规定:"有下列情况之一的,业主委员会应当及时组织召开业主大会临时会议:(一)经专有部分占建筑物总面积20%以上且占总人数20%以上业主提议的;(二)发生重大事故或者紧急事件需要及时处理的;(三)业主大会议事规则或者管理规约规定的其他情况。"

2. 业主大会会议的形式。《物业管理条例》第十二条规定:业主大会会议可以采用集体讨论的形式,也可以采用书面征求意见的形式。《住房和城乡建设部关于印发〈业主大会和业主委员会指导规则〉的通知》第二十二条规定:"业主大会会议可以采用集体讨论的形式,也可以采用书面征求意见的形式;但应当有物业管理区域内专有部分占建筑物总面积过半数的业主且占总人数过半数的业主参加。

采用书面征求意见形式的,应当将征求意见书送交每一位业主;无法送达的,应当在物业管理区域内公告。凡需投票表决的,表决意见应由业主本人签名。"

3.业主参加业主大会会议。《物业管理条例》第十二条规定:"……应当有物业管理区域内专有部分占建筑物总面积过半数的业主且占总人数过半数的业主参加。业主可以委托代理人参加业主大会会议。"《住房和城乡建设部关于印发〈业主大会和业主委员会指导规则〉的通知》第二十六条规定:"业主因故不能参加业主大会会议的,可以书面委托代理人参加业主大会会议。未参与表决的业主,其投票权数是否可以计入已表决的多数票,由管理规约或者业主大会议事规则规定。"第二十七条规定:"物业管理区域内业主人数较多的,可以幢、单元、楼层为单位,推选一名业主代表参加业主大会会议,推选及表决办法应当在业主大会议事规则中规定。"

4.业主大会会议的表决。《住房和城乡建设部关于印发〈业主大会和业主委员会指导规则〉的通知》第二十三条规定:"业主大会确定业主投票权数,可以按照下列方法认定专有部分面积和建筑物总面积:(一)专有部分面积按照不动产登记簿记载的面积计算;尚未进行登记的,暂按测绘机构的实测面积计算;尚未进行实测的,暂按房屋买卖合同记载的面积计算;(二)建筑物总面积,按照前项的统计总和计算。"第二十四条规定:"业主大会确定业主投票权数,可以按照下列方法认定业主人数和总人数:(一)业主人数,按照专有部分的数量计算,一个专有部分按一人计算。但建设单位尚未出售和虽已出售但尚未交付的部分,以及同一买受人拥有一个以上专有部分的,按一人计算;(二)总人数,按照前项的统计总和计算。"第二十五条规定:"业主大会应当在业主大会议事规则中约定车位、摊位等特定空间是否计入用于确定业主投票权数的专有部分面积。一个专有部分有两个以上所有权人的,应当推选一人行使表决权,但共有人所代表的业主人数为一人。业主为无民事行为能力人或者限制民事行为能力人的,由其法定监护人行使投票权。"第二十九条规定:"业主大会会议决定筹集和使用专项维修资金以及改造、重建建筑物及其附属设施的,应当经专有部分占建筑物总面积三分之二以上的业主且占总人数三分之二以上的业主同意;决定本规则第十七条规定的其他共有和共同管理权利事项的,应当经专有部分占建筑物总面积过半数且占总人数过半数的业主同意。"

5. 业主大会会议决定的效力。《民法典》第二百八十条规定:"业主大会或者业主委员会的决定,对业主具有法律约束力。业主大会或者业主委员会作出的决定侵害业主合法权益的,受侵害的业主可以请求人民法院予以撤销。"《住房和城乡建设部关于印发〈业主大会和业主委员会指导规则〉的通知》第三十条规定:"业主大会会议应当由业主委员会作出书面记录并存档。业主大会的决定应当以书面形式在物业管理区域内及时公告。"

6. 未按期举行业主大会会议的处理。《住房和城乡建设部关于印发〈业主大会和业主委员会指导规则〉的通知》第五十一条规定:"业主委员会未按业主大会议事规则的规定组织召开业主大会定期会议,或者发生应当召开业主大会临时会议的情况,业主委员会不履行组织召开会议职责的,物业所在地的区、县房地产行政主管部门或者街道办事处、乡镇人民政府可以责令业主委员会限期召开;逾期仍不召开的,可以由物业所在地的居民委员会在街道办事处、乡镇人民政府的指导和监督下组织召开。"

第四节 业主委员会的特征

业主委员会是经业主大会选举产生,并经房地产行政主管部门登记、在物业服务活动中代表和维护全体业主合法权益的组织,业主委员会是业主大会的常设执行机构。业主委员会是一个物业服务区域内长期存在的、代表广大业主行使业主自治管理权的必设机构,是业主自我管理、自我教育、自我服务,实行业主自治、自律与专业化管理相结合的管理体制,保障物业的安全与合理使用,贯彻执行国家有关物业的法律、法规及相关政策,并办理本辖区涉及物业服务的公共事务和公益事业的社会性自治组织。《住房和城乡建设部关于印发〈业主大会和业主委员会指导规则〉的通知》第三十一条规定:业主委员会由业主大会会议选举产生,由 5 人至 11 人单数组成。

业主委员会具有以下特点：

一是业主委员会的成员是由业主组成的，非业主不能选举成为业主委员会成员。《物业管理条例》第十六条规定："业主委员会应当自选举产生之日起 30 日内，向物业所在地的区、县人民政府房地产行政主管部门和街道办事处、乡镇人民政府备案。业主委员会委员应当由热心公益事业、责任心强、具有一定组织能力的业主担任。业主委员会主任、副主任在业主委员会成员中推选产生。"《住房和城乡建设部关于印发〈业主大会和业主委员会指导规则〉的通知》第三十二条第二款规定："业主委员会应当自选举之日起 7 日内召开首次会议，推选业主委员会主任和副主任。"

二是业主委员会是由业主大会选举产生的。它是业主大会的常设机构和执行机构，向业主大会负责，他的行为应该代表绝大多数业主的愿望。业主委员会的活动以对物业的自治管理为限。业主委员会设立的目的在于使广大业主的自治管理权能够得到正常地行使，并及时了解和统一业主的不同意见和建议。业主委员会，不能从事与物业服务活动无关的任何经营性或非经营性活动。《住房和城乡建设部关于印发〈业主大会和业主委员会指导规则〉的通知》第三十一条规定："……业主委员会委员应当是物业管理区域内的业主，并符合下列条件：（一）具有完全民事行为能力；（二）遵守国家有关法律、法规；（三）遵守业主大会议事规则、管理规约，模范履行业主义务；（四）热心公益事业，责任心强，公正廉洁；（五）具有一定的组织能力；（六）具备必要的工作时间。"

三是业主委员会的根本任务是代表和维护全体业主的合法权益。业主委员会作为业主大会的常设机构和执行机构，理应维护全体业主的合法权益，这也是业主委员会设置的初衷。因此，业主委员会，不是代表和维护部分业主，特别是"大业主"的意志和利益，当然更不是部分"小业主"的意志和利益。应注意的是，业主委员会维护的只能是业主的合法权益，不能因为业主委员会的组成人员均为业主，其行为和活动通常都涉及业主的自身利益，便从事超越法律、法规和政策以及损害他人合法权益的行为。《物业管理条例》第十九条规定："业主大会、业主委员会应当依法履行职责，不得作出与物业管理无关的决定，不得从事与物业管理无关的活动。业主大会、业主委员会作出的决定违反法律、法规的，物业所在地的区、县人民政府房地产行政主管部门或者街道办事处、乡镇人民政府，应当责令限期改正或者撤销其决定，并通告全体业主。"

四是业主委员会必须办理备案手续。业主委员会应向物业所在地的区县人民政府房地产行政主管部门备案，这样以便政府行政主管部门对业主委员会的情况进行必要的了解和掌握，方便政府行政主管部门，通过业主委员会对相应的物业进行必要的监督和管理。因此，业主委员会自成立始，便具有合法的地位，并不需要行政主管部门审核批准。《住房和城乡建设部关于印发〈业主大会和业主委员会指导规则〉的通知》第三十三条规定："业主委员会应当自选举产生之日起30日内，持下列文件向物业所在地的区、县房地产行政主管部门和街道办事处、乡镇人民政府办理备案手续：（一）业主大会成立和业主委员会选举的情况；（二）管理规约；（三）业主大会议事规则；（四）业主大会决定的其他重大事项。"第三十四条规定："业主委员会办理备案手续后，可持备案证明向公安机关申请刻制业主大会印章和业主委员会印章。业主委员会任期内，备案内容发生变更的，业主委员会应当自变更之日起30日内将变更内容书面报告备案部门。"

第五节　业主委员会的职责

《物业管理条例》第十五条规定："业主委员会执行业主大会的决定事项，履行下列职责：（一）召集业主大会会议，报告物业管理的实施情况；（二）代表业主与业主大会选聘的物业服务企业签订物业服务合同；（三）及时了解业主、物业使用人的意见和建议，监督和协助物业服务企业履行物业服务合同；（四）监督管理规约的实施；（五）业主大会赋予的其他职责。"

《住房和城乡建设部关于印发〈业主大会和业主委员会指导规则〉的通知》第三十五条规定："业主委员会履行以下职责：（一）执行业主大会的决定和决议；

(二)召集业主大会会议,报告物业管理实施情况;(三)与业主大会选聘的物业服务企业签订物业服务合同;(四)及时了解业主、物业使用人的意见和建议,监督和协助物业服务企业履行物业服务合同;(五)监督管理规约的实施;(六)督促业主交纳物业服务费及其他相关费用;(七)组织和监督专项维修资金的筹集和使用;(八)调解业主之间因物业使用、维护和管理产生的纠纷;(九)业主大会赋予的其他职责。"第三十六条规定:"业主委员会应当向业主公布下列情况和资料:(一)管理规约、业主大会议事规则;(二)业主大会和业主委员会的决定;(三)物业服务合同;(四)专项维修资金的筹集、使用情况;(五)物业共有部分的使用和收益情况;(六)占用业主共有的道路或者其他场地用于停放汽车车位的处分情况;(七)业主大会和业主委员会工作经费的收支情况;(八)其他应当向业主公开的情况和资料。"

同时,业主委员会应当督促违反物业服务合同约定,逾期不交纳物业服务费用的业主,限期交纳物业服务费用。《物业管理条例》第六十四条规定:"违反物业服务合同约定,业主逾期不交纳物业服务费用的,业主委员会应当督促其限期交纳;逾期仍不交纳的,物业服务企业可以向人民法院起诉。"

第六节　业主委员会会议

《住房和城乡建设部关于印发〈业主大会和业主委员会指导规则〉的通知》第三十七条规定:"业主委员会应当按照业主大会议事规则的规定及业主大会的决定召开会议。经三分之一以上业主委员会委员的提议,应当在7日内召开业主委员会会议。"第三十九条规定:业主委员会应当于会议召开7日前,在物业管理区域内公告业主委员会会议的内容和议程,听取业主的意见和建议。业主委员会会议应当制作书面记录并存档,业主委员会会议作出的决定,应当有参会委员的签字确认,并自作出决定之日起3日内在物业管理区域内公告。

某业主委员会会议规则如下:

1. 业主委员会每月第 1 周召开定期会议,经 4 名业主委员会委员或业主委员会主任提议,应当在 7 日内举行临时会议。

2. 业主委员会会议由主任负责召集和主持,应有过半数的委员出席,作出的决定必须经全体委员半数以上同意。

3. 业主委员会委员不能委托代理人参加会议。

4. 定期会议,会议召集人提前 3 日将会议通知及有关会议内容或资料送达每位委员审议;临时会议也应提前 1 日将资料送达每位委员。

5. 业主大会召开 15 日前,在物业服务区域内公告会议的内容和议程,听取业主的意见和建议。

6. 业主委员会会议应当制作书面记录并存档,业主委员会会议作出的决定,应当有参会委员的签字确认。

7. 业主委员会召开特殊专题会议时,视议题需要可以邀请政府有关部门、具有专业特长的人员、物业服务企业等单位人员列席。

8. 业主委员会自作出决定之日起 3 日内,以书面形式向全体业主公告至少 15 日。公告内容包括表决票数,并加盖业主委员会公章。

9. 业主对业主委员会会议决定有疑问的,可以在公示期内向业主委员会书面提出;业主委员会应该在 3 日内对业主的疑问作出书面解答,并在公告栏公布。

10. 业主委员会会议作出的决定,不得违反法律、法规、政策的规定,不得违反业主大会的决定,不得损害业主公共利益。业主委员会的决定违反法律、法规、规章,或超越《管理公约》和《业主大会议事规则》授予的职权致使相关方面遭受财产损失的,业主委员会或者相关责任委员应该承担民事赔偿责任;但在业主委员会相关会议中对决定表示反对并记载于会议记录的委员不承担责任。

第七节 业主委员会的任期、变更和终止

《物业管理条例》第十八条规定:"业主大会议事规则应当就业主大会的议事

方式、表决程序、业主委员会的组成和成员任期等事项作出约定。"《住房和城乡建设部关于印发〈业主大会和业主委员会指导规则〉的通知》第三十二条第一款规定："业主委员会委员实行任期制,每届任期不超过 5 年,可连选连任,业主委员会委员具有同等表决权。"第四十六条规定："业主委员会任期内,委员出现空缺时,应当及时补足。业主委员会委员候补办法由业主大会决定或者在业主大会议事规则中规定。业主委员会委员人数不足总数的二分之一时,应当召开业主大会临时会议,重新选举业主委员会。"第四十七条规定："业主委员会任期届满前 3 个月,应当组织召开业主大会会议,进行换届选举,并报告物业所在地的区、县房地产行政主管部门和街道办事处、乡镇人民政府。"第四十八条规定："业主委员会应当自任期届满之日起 10 日内,将其保管的档案资料、印章及其他属于业主大会所有的财物移交新一届业主委员会。"

第八节　业主委员会与物业服务企业的关系

在物业服务企业管理小区的过程中,业主委员会有无权力对物业服务企业的工作方式提出强制性要求,这实际上涉及业主委员会与物业服务企业的关系问题,二者是平等关系,服从与被服从关系,还是其他关系呢?

业主委员会与物业服务企业究竟应该是什么关系?二者应该是平等的合作关系,具体表现为:二者通过签订物业服务合同,形成聘任关系,物业服务企业向小区业主提供物业服务,小区业主支付相应的服务费用,而业主委员会则负责对物业服务企业的管理工作进行监督并提出建议,对任何一方的违约行为,另一方都有权要求其承担违约责任,权利的享有、义务的承担,在双方协商的范围内发生效力。

目前,主要有以下两种错误的认识。一是认为业主委员会与物业服务企业之间没有什么关系,表现为物业服务企业把业主作为自己的"摇钱树",只收钱不服务,或收费高却提供低标准服务,对业主委员会的存在及建议,不理不睬;而业主委员会则对小区的物业服务活动消极履行自己的监督职责,形同虚设。二是认为业主委员会与物业服务企业之间是服从与被服从的关系,表现为物业服务企业完全听从业主委员会的安排、建议,业主委员会指到哪里,服务就做到哪里,丧失了自己的经营自主性;而业主委员会方面,表现为插手小区物业服务的方方面面,通过直接下发通知的方式对物业服务企业提出服从性的强制要求。这两种认识,无论是缺乏对物业服务企业工作的有效监督,还是使物业服务企业的工作处处受制于业主委员会的监督之下,都是错误的,都不利于物业服务企业正常的工作开展,也不能保证小区物业服务的质量。

如果物业服务企业只是一味地主张自己的经营自主权,而拒绝业主委员会提出的合理建议及监督,业主委员会在必要的时候可以向有关部门反映问题,在物业服务企业的行为构成违约或侵权的时候,也可以按照相关法律规定,以自己的名义或建议业主向法院提起诉讼。

第九节　物业管理委员会

为保障小区在业主委员会、业主大会缺失时,组织业主依法决定有关共有和共同管理权利的重大事项,《北京市物业管理条例》《四川省物业管理条例》《杭州市物业管理条例》等均创新设立了"物业管理委员会制度",作为对业主自治机制的补充和落实物业管理属地责任的举措。例如,《北京市物业管理条例》第五十四条第一款规定:"物业管理委员会由居民委员会、村民委员会、业主、物业使用人代表等七人以上单数组成,其中业主代表不少于物业管理委员会委员人数的二分之一。物业管理委员会主任由居民委员会、村民委员会代表担任,副主任由居民委员会、村民委员会指定一名业主代表担任。物业管理委员会委员名单应当在物业管理区域内显著位置公示。"物业管理委员会可以刻制自己的印章,履行业主大会、业主委员会的职责。

1.概念:物业管理委员会是在街道(乡镇)的指导和监督下,由业主代表、建设单位、物业服务企业代表、街道办事处(乡镇人民政府)、居民委员会代表共同组成,组织业主共同决定物业管理事项的临时性机构。

2. 性质:物业管理委员会是一个临时的、过渡性质的机构,在业主大会和业主委员会成立之前,代替业主行使物业管理的职责。

3. 职责:物业管理委员会的职责主要包括:负责物业管理区域内物业共用部位、共用设施设备的使用、管理和维护;负责物业管理区域内的安全防范工作;调解物业管理纠纷;监督物业服务企业的服务;办理物业管理区域内的其他事项。

4. 人员组成:物业管理委员会由业主代表、建设单位、物业服务企业代表、街道办事处(乡镇人民政府)、居民委员会代表共同组成。

5. 任期:物业管理委员会的任期一般不超过3年。

需要注意的是,物业管理委员会的具体职责和任期可能因地区和物业管理规定的不同而有所差异。

第二篇

物业服务企业的类别和上市

第一章

物业管理服务的类型

根据物业本身类型的划分以及前瞻产业研究院发布的《2018—2023年中国物业服务行业发展前景与投资战略规划分析报告》,物业管理服务类型主要包括以下几种:

一是住宅物业,具体服务领域包括各类住宅小区。代表性物业服务企业有万科物业、碧桂园服务、彩生活物业等。

二是商业物业,具体服务领域包括商业、餐饮、娱乐、银行、住宿、健身等各种功能的经营场所等。代表性物业服务企业有华润万象生活、金地商服、万物梁行等。

三是办公物业,具体服务领域包括办公楼及配套的设施设备和相关场地等。代表性物业服务企业有北京金融街物业、万达商管、深圳卓越物业等。

四是公众物业,具体服务领域包括已建成并交付使用的,对公众开放的建筑物及附属设施,包括公众文化场馆、公众体育场馆、大型会展场馆、公共交通物业等。代表性物业服务企业有浦江中国、广州宏德科技物业、上海明华物业等。

五是产业园区物业,具体服务领域包括产业园区楼宇、设施等。代表性物业服务企业有宝石花物业、银河物业、中节能物业等。

六是学校物业,具体服务领域包括教学楼、学生宿舍、教学设备、校园绿化环境。代表性物业服务企业有山东明德物业、苏州东吴物业、重庆新大正物业等。

七是医院物业,具体服务领域包括医疗机构、中央运送、护工服务、医疗废弃物处理等。代表性物业服务企业有医管家[上海益中亘泰(集团)股份有限公司]、国天物业(北京国天健宇物业管理发展有限公司)、山东润华物业等。

第二章

物业服务企业的分类

我国《民法典》提出了物业服务人的概念,物业服务人包括物业服务企业和其他管理人。诸如电梯维保公司、专业保洁公司、绿化公司都属于其他管理人的范畴。物业服务企业在为物业建筑物及其附属设施提供物业服务的过程中居于主导和核心地位,为此有必要对物业服务企业进行更深一步的探究。物业服务企业可以按照服务范围、管理层次、存在形式以及企业所有制性质等方面进行划分。

一、按服务范围划分

物业服务企业按照服务范围划分,可分为综合性物业服务企业和专门性物业服务企业两类。前者提供全方位、综合性的管理与服务,包括物业产权产籍管理、维修与养护以及为住户提供各种服务;后者就物业管理的某一部分内容实行专业化管理,如专门的装修公司、维修公司、清洗公司、保安公司等。

二、按管理层次划分

物业服务企业按管理层次可分为单层物业服务企业、双层物业服务企业和多层物业服务企业。单层物业服务企业纯粹由管理人员组成,人员精干,不带作业工人,而是通过承包方式把具体的作业任务交给专门性物业服务企业或其他作业队伍;双层物业服务企业包括行政管理层和作业层,作业层实施具体的业务管理,如房屋维修、清洁、装修、服务性活动等;多层物业服务企业一般规模较大,管理范围较广,或者有自己的分公司,或者有自己下属的专门作业公司,如清洗公司、园林公司等。

三、按存在形式划分

物业服务企业按存在形式可分为独立的物业服务企业和附属于房地产开发企业的物业服务企业两类。这两类公司目前都比较普遍。前者的独立性和专业化程度一般都比较高;而后者的发展程度则明显参差不齐,有的只是在管理上属公司开发的特定项目,有的已发展成独立化、专业化和社会化的物业服务企业。

四、按企业所有制性质划分

物业服务企业按企业所有制性质划分,可分为全民所有的物业服务企业以及集体所有、外商独资、合资或股份制性质、私营性质的物业服务企业。目前,全民所有和集体所有的物业服务企业占大部分,私营性质的正在崛起。我国香港特区等地的物业服务企业有比较丰富的管理经验,并看好内地的物业管理市场,是一股不可忽视的力量。

第三章

物业服务企业上市

第一节 物业服务企业上市方式

我国自1981年诞生第一家物业服务企业以来,已经经历了40多年的峥嵘岁月,物业服务行业经历了缓慢成长、发展壮大和急速发展的巨大变化。尤其是最近20年,房地产企业开发建设面积快速增长,我国物业服务企业的管理面积从2012年的291亿平方米跃升至2020年的381亿平方米;我国物业服务行业涌现出越来越多的规模化企业集团,强者愈强,集中化程度不断提高,所以也得到了资本市场的青睐,资本越来越成为物业服务企业加速发展的助推器。近年来,物业服务企业也想借力资本市场乘风而起,因此物业服务行业迎来上市潮。

一、上市地的选择

因为A股在关联交易方面的规则更严格,因此具有房地产企业背景的物业服务企业普遍选择了H股上市。在上市地的选择方面,绝大多数的境内物业服务企业选择在香港联交所挂牌上市,这体现了香港资本市场对于物业服务企业独特的吸引力。物业服务企业倾向境外上市最主要的原因有以下几个方面:一是在香港特区上市具有地理位置、经济地位、融资途径、税务筹划、专业中介及房地产企业概念的优势。二是境外上市的上市条件和审核条件较为宽松,即众多物业服务企业的业务高度依赖母公司房地产企业,关联交易占比较高,通过A股上市的独立性及关联交易审核的难度很大。

二、上市方式的选择

(一) 介绍上市

根据《香港联合交易所有限公司证券上市规则》(以下简称《联交所主板上市规则》),以介绍形式上市针对的是"已发行证券申请上市"的公司,通过介绍形式上市不需要募集新资金或发行新股。公司介绍上市半年后可通过配售或发售股份的方式募集资金。

(二) 自A股上市公司中分拆上市

根据中国证券监督管理委员会2004年7月21日发布的《关于规范境内上市公司所属企业到境外上市有关问题的通知》(证监发〔2004〕67号)(已失效),上市公司所属企业到境外上市是指上市公司有控制权的所属企业到境外证券市场公开发行股票并上市的行为。

(三) 自A股上市公司中剥离业务并重组上市

在香港特区上市的物业服务企业中,新城悦及滨江服务原为A股上市公司旗下的物业服务企业,大股东从A股上市公司剥离及重组相关业务后,以红筹股的方式在香港联交所上市。

(四) 自港股上市公司中分拆上市

根据《联交所主板上市规则》第15项应用指引,上市公司需要向香港联交所提交分拆上市的申请并取得香港联交所批准,且母公司与分拆的子公司要符合独立性要求,即母公司与分拆子公司之间的业务划分要清晰,子公司在业务运作、董事职务、公司管理、行政能力等方面要独立于母公司,以及分拆上市不会对香港上市公司股东的利益产生不利影响。

第二节 物业服务企业上市的合规要点

一、资质要求

上市的物业服务企业的物业服务类型以住宅物业为主,除此之外,还包括商业物业、公共物业及景区物业等。住宅物业管理服务企业的业务主要包括：(1)物业管理服务，主要包括提供安保、清洁、园艺以及维修维护等服务；(2)非业主增值服务，主要是协助物业开发商展示及推广其物业、交付前清洁服务等；(3)社区增值服务，包括公共空间租赁及停车位管理，以及提供管家服务、社区购物协助、家电维修及保养、社区活动组织等生活服务；(4)其他专业服务，包括房地产经纪业务、电梯服务、智能化工程服务及市政环卫服务。管理商业物业(如购物商场)的物业服务企业，还可能同时提供商业运营服务，主要包括市场定位及商户招揽服务、商户管理及收租服务等。

二、线上物业服务平台所涉资质要求

鉴于目前市场主流的物业服务企业均开始向"互联网+物业""技术+物业"的方式转型，许多物业服务企业已采用移动应用程序(App)为住户推介线上线下平台，例如，住户认证、访客授权、物业服务费支付、意见及投诉存档、物业挂牌以及维修维护服务请求等功能，还有部分物业服务企业通过移动应用程序出售商品(如食品和家居用品)。上述线上业务还可能涉及以下资质要求，并可能涉及外商投资准入限制。

三、常见不合规事宜

(一)未经过招投标程序订立前期物业服务合同

根据《前期物业管理招标投标管理暂行办法》的要求，住宅及同一物业管理区域内非住宅的建设单位，应当通过招投标的方式选聘具有相应资质的物业服务企业。对于高度依托母公司房地产开发企业的物业服务企业来说，部分物业服务合同可能是直接通过房地产开发商取得的，而未经过招投标程序。

(二)未对超出政府指导价范围的物业服务费收费标准进行备案

一般来说，政府指导价范围内的物业服务收费标准需要报当地主管部门备案或批准。未经批准，建设单位与前期物业服务企业所确定的前期物业服务具体收费标准不得超出政府指导价最高收费标准，违者可能会被处以一定数额的罚款。

(三)社保公积金未足额缴纳

对于拥有庞大员工基数的物业服务企业来说,社保公积金不合规缴纳的问题可能更为普遍。一般可考虑采取以下补救措施:(1)向主管部门访谈或取得无违规证明;(2)取得公司控股股东的兜底承诺函;(3)为员工补缴欠缴的社保和公积金;(4)于财务报表中就潜在欠缴款项作出拨备。

(四)将物业管理区域内的全部物业管理业务一并委托给他人

根据《物业管理条例》的规定,物业服务企业可以将物业管理区域内的专项服务业务委托给专业性服务企业,但不得将该区域内的全部物业管理一并委托给他人。若在未与物业合同的甲方(开发商或业主大会)变更合同主体的情况下,直接委托其他公司运营该区域内的物业服务项目、变更物业服务项目的实际运营主体及收款开票主体的,该行为属于违反《物业管理条例》及相关物业服务协议的情况,存在由县级以上地方人民政府房地产行政主管部门责令限期改正,处委托合同价款30%以上50%以下的罚款以及承担违约责任的风险。

(五)代收水电费时加收额外费用

部分建成时间较长的居民小区和商户可能还尚未实现"一表到户",供水、供电公司不能直接面对水电的最终用户,因此水电公司可能是通过到小区抄总表,由物业服务企业代为向住户收取水电费的方式征收水电费。根据《物业管理条例》第四十四条的规定,物业管理区域内,供水、供电、供气、供热、通信、有线电视等单位应当向最终用户收取有关费用。物业服务企业接受委托代收前款费用的,不得向业主收取手续费等额外费用。若公司在向业主、商户等收取水电费时的单价存在溢价,则违反了上述规定。

(六)租赁物业未进行租赁合同备案登记

对于物业服务企业来说,未进行租赁合同备案登记的物业一般为物业管理办公室,其可替代性强,搬迁难度小。同时,根据《物业管理条例》的要求,建设单位应当按照规定在物业管理区域内配置必要的物业管理用房,即物业管理办公室的用房根据法律法规及《物业服务合同》的约定可以得到保证。

目前,物业服务行业仍然处于"跑马圈地"阶段,行业格局仍处在变化之中,大型物业服务企业通过第三方拓展和收购并购等方式扩大自己的管理规模。

第三节　物业服务企业上市的典型案例

一、碧桂园服务(HK.6098)

2018年6月19日在香港联交所主板挂牌上市,是国内领先的住宅物业管理服务商,稳居中国物业服务百强企业综合实力前三名,是国内业务辐射较广的物业服务企业。公司以"服务+科技""服务+生态"为发展战略,为全国中高端住宅、商业楼宇、产业园区、政府公建、高校医院等业态提供智能服务综合解决方案。公开数据显示,2022年碧桂园服务成为国内唯一一家营收突破400亿元大关的物业管理服务企业,连续四年荣获MSCI ESG评级A级,深度践行可持续发展理念。

二、绿城服务(HK.2869)

2016年7月12日在香港联交所敲钟上市,是一家典型的第三方物业管理公司。经过20年的发展,绿城服务已成为行业的佼佼者,在目前上市的物业管理公司中(含拟上市),营收位列第一,管理面积及管理项目数仅次于彩生活物业。公司以"物业服务+资产管理+公共服务+社区商业"为发展模式,为住宅、商业、政府及公共设施等多种物业形态提供全面的物业管理服务。2022年绿城服务营收达到125.66亿元,同比增长24%;毛利达到20.43亿元,同比增长21.2%;毛利率为16.3%,同比下降0.2个百分点。

三、雅生活服务(HK.3319)

2018年2月9日在香港联交所主板挂牌上市,是中国物业服务百强企业之一,连续多年获得中指研究院颁发的"中国物业服务百强企业"称号。公司以"物业服务+资产管理+公共服务+社区商业"为发展模式,为住宅、商业物业、政府及公共设施等多种物业形态提供全面的物业管理服务。2022年雅生活服务营收达到 133.78 亿元，同比增长 23.1%；毛利达到 33.8 亿元，同比增长 18.8%；毛利率为 25.3%，同比下降 1.5 个百分点。

四、金科服务（HK.9666）

2020 年 11 月 17 日在香港联交所主板挂牌上市，是国内领先的综合智慧物业服务商，连续五年被中指研究院评为"中国物业服务百强企业"十强之一，从 2015 年到 2020 年连续六年排名西南地区同行业第一。公司以"服务+科技""服务+生态"为发展战略，为全国中高端住宅、商业楼宇、产业园区、政府公建、高校医院等业态提供智能服务综合解决方案。2022 年金科服务营收达到 80.66 亿元，同比增长 27.7%；毛利达到 20.67 亿元，同比增长 25.6%；毛利率为 25.6%，同比下降 1.1 个百分点。

五、华润万象生活（HK.1209）

2020 年 12 月 9 日在香港联交所主板挂牌上市，是一家融合了物业管理与商业运营的企业。公司以"全业态、全场景、全客户"为发展目标，为购物中心、写字楼、住宅物业等提供物业管理和商业运营服务，同时积极拓展数字化服务和智慧社区建设，致力于为客户提供高品质的生活服务体验。2022 年华润万象生活营收达到 117.8 亿元，同比增长 36.3%；毛利达到 30.9 亿元，同比增长 33.9%；毛利率为 26.2%，同比下降 1.4 个百分点。

总体来说，这几家企业在上市后都取得了不俗的业绩，业务规模不断扩大，盈利能力也在逐步提升。

第三篇

物业服务费

第一章

物业服务费的组成和依据

物业服务,是指业主通过选聘物业服务企业,由业主和物业服务企业按照物业服务合同的约定,对房屋及配套的设施设备和相关场地进行维修、养护、管理,维护相关区域的环境卫生和秩序的活动。物业服务费是业主对物业服务企业服务所支付的酬金,归物业服务企业所有。物业管理权的法源基础是"共有产权"(除专有产权之外共有部分)。所以物业服务企业对共有部分应尽管理义务,如业主要求物业服务企业为其专有部位提供服务的话则需要另行支付必要的酬劳。

第一节 物业服务费的法律法规依据

一、法律法规

(一)《民法典》

第五百零九条 当事人应当按照约定全面履行自己的义务。

当事人应当遵循诚信原则,根据合同的性质、目的和交易习惯履行通知、协助、保密等义务。

当事人在履行合同过程中,应当避免浪费资源、污染环境和破坏生态。

第五百七十七条 当事人一方不履行合同义务或者履行合同义务不符合约定的,应当承担继续履行、采取补救措施或者赔偿损失等违约责任。

第五百七十九条 当事人一方未支付价款、报酬、租金、利息,或者不履行其他金钱债务的,对方可以请求其支付。

第九百三十七条　物业服务合同是物业服务人在物业服务区域内,为业主提供建筑物及其附属设施的维修养护、环境卫生和相关秩序的管理维护等物业服务,业主支付物业费的合同。

物业服务人包括物业服务企业和其他管理人。

第九百三十八条　物业服务合同的内容一般包括服务事项、服务质量、服务费用的标准和收取办法、维修资金的使用、服务用房的管理和使用、服务期限、服务交接等条款。

物业服务人公开作出的有利于业主的服务承诺,为物业服务合同的组成部分。

物业服务合同应当采用书面形式。

第九百三十九条　建设单位依法与物业服务人订立的前期物业服务合同,以及业主委员会与业主大会依法选聘的物业服务人订立的物业服务合同,对业主具有法律约束力。

第九百四十条　建设单位依法与物业服务人订立的前期物业服务合同约定的服务期限届满前,业主委员会或者业主与新物业服务人订立的物业服务合同生效的,前期物业服务合同终止。

第九百四十三条　物业服务人应当定期将服务的事项、负责人员、质量要求、收费项目、收费标准、履行情况,以及维修资金使用情况、业主共有部分的经营与收益情况等以合理方式向业主公开并向业主大会、业主委员会报告。

第九百四十四条　业主应当按照约定向物业服务人支付物业费。物业服务人已经按照约定和有关规定提供服务的,业主不得以未接受或者无需接受相关物业服务为由拒绝支付物业费。

业主违反约定逾期不支付物业费的,物业服务人可以催告其在合理期限内支付;合理期限届满仍不支付的,物业服务人可以提起诉讼或者申请仲裁。

物业服务人不得采取停止供电、供水、供热、供燃气等方式催交物业费。

第九百四十九条　物业服务合同终止的,原物业服务人应当在约定期限或者合理期限内退出物业服务区域,将物业服务用房、相关设施、物业服务所必需的相关资料等交还给业主委员会、决定自行管理的业主或者其指定的人,配合新物业服务人做好交接工作,并如实告知物业的使用和管理状况。

原物业服务人违反前款规定的,不得请求业主支付物业服务合同终止后的物业费;造成业主损失的,应当赔偿损失。

第九百五十条　物业服务合同终止后,在业主或者业主大会选聘的新物业服务人或者决定自行管理的业主接管之前,原物业服务人应当继续处理物业服务事项,并可以请求业主支付该期间的物业费。

(二)《物业管理条例》

第七条　业主在物业管理活动中,履行下列义务:

……

(四)按照国家有关规定交纳专项维修资金;

(五)按时交纳物业服务费用;

……

第三十五条　物业服务企业应当按照物业服务合同的约定,提供相应的服务。

第四十条　物业服务收费应当遵循合理、公开以及费用与服务水平相适应的原则,区别不同物业的性质和特点,由业主和物业服务企业按照国务院价格主管部门会同国务院建设行政主管部门制定的物业服务收费办法,在物业服务合同中约定。

第四十一条　业主应当根据物业服务合同的约定交纳物业服务费用。业主与物业使用人约定由物业使用人交纳物业服务费用的,从其约定,业主负连带交纳责任。

已竣工但尚未出售或者尚未交给物业买受人的物业,物业服务费用由建设单位交纳。

第四十二条　县级以上人民政府价格主管部门会同同级房地产行政主管部门,应当加强对物业服务收费的监督。

第六十四条　违反物业服务合同约定,业主逾期不交纳物业服务费用的,业主委员会应当督促其限期交纳;逾期仍不交纳的,物业服务企业可以向人民法院起诉。

二、其他规范性文件

(一)《业主大会和业主委员会指导规则》

第二十条　业主拒付物业服务费,不缴存专项维修资金以及实施其他损害业主共同权益行为的,业主大会可以在管理规约和业主大会议事规则中对其共同管理权的行使予以限制。

(二)《最高人民法院关于审理物业服务纠纷案件适用法律若干问题的解释》

第二条　物业服务人违反物业服务合同约定或者法律、法规、部门规章规定,擅自扩大收费范围、提高收费标准或者重复收费,业主以违规收费为由提出抗辩的,人民法院应予支持。

业主请求物业服务人退还其已经收取的违规费用的,人民法院应予支持。

第三条　物业服务合同的权利义务终止后,业主请求物业服务人退还已经预收,但尚未提供物业服务期间的物业服务费的,人民法院应予支持。

(三)《物业服务收费管理办法》

第二条　本办法所称物业服务收费,是指物业管理企业按照物业服务合同的约定,对房屋及配套的设施设备和相关场地进行维修、养护、管理,维护相关区域内的环境卫生和秩序,向业主所收取的费用。

第四条　国务院价格主管部门会同国务院建设行政主管部门负责全国物业服务收费的监督管理工作。县级以上地方人民政府价格主管部门会同同级房地产行政主管部门负责本行政区域内物业服务收费的监督管理工作。

第五条　物业服务收费应当遵循合理、公开以及费用与服务水平相适应的原则。

第六条　物业服务收费应当区分不同物业的性质和特点分别实行政府指导

价和市场调节价。具体定价形式由省、自治区、直辖市人民政府价格主管部门会同房地产行政主管部门确定。

第七条　物业服务收费实行政府指导价的,有定价权限的人民政府价格主管部门应当会同房地产行政主管部门根据物业管理服务等级标准等因素,制定相应的基准价及其浮动幅度,并定期公布。具体收费标准由业主与物业管理企业根据规定的基准价和浮动幅度在物业服务合同中约定。

实行市场调节价的物业服务收费,由业主与物业管理企业在物业服务合同中约定。

第八条　物业管理企业应当按照政府价格主管部门的规定实行明码标价,在物业管理区域内的显著位置,将服务内容、服务标准以及收费项目、收费标准等有关情况进行公示。

第九条　业主与物业管理企业可以采取包干制或者酬金制等形式约定物业服务费用。

包干制是指由业主向物业管理企业支付固定物业服务费用,盈余或者亏损均由物业管理企业享有或者承担的物业服务计费方式。

酬金制是指在预收的物业服务资金中按约定比例或者约定数额提取酬金支付给物业管理企业,其余全部用于物业服务合同约定的支出,结余或者不足均由业主享有或者承担的物业服务计费方式。

第十条　建设单位与物业买受人签订的买卖合同,应当约定物业管理服务内容、服务标准、收费标准、计费方式及计费起始时间等内容,涉及物业买受人共同利益的约定应当一致。

第十五条　业主应当按照物业服务合同的约定按时足额交纳物业服务费用或者物业服务资金。业主违反物业服务合同约定逾期不交纳服务费用或者物业服务资金的,业主委员会应当督促其限期交纳;逾期仍不交纳的,物业管理企业可以依法追缴。业主与物业使用人约定由物业使用人交纳物业服务费用或者物业服务资金的,从其约定,业主负连带交纳责任。物业发生产权转移时,业主或者物业使用人应当结清物业服务费用或者物业服务资金。

第十六条　纳入物业管理范围的已竣工但尚未出售，或者因开发建设单位原因未按时交给物业买受人的物业，物业服务费用或者物业服务资金由开发建设单位全额交纳。

第十七条　物业管理区域内，供水、供电、供气、供热、通讯、有线电视等单位应当向最终用户收取有关费用。物业管理企业接受委托代收上述费用的，可向委托单位收取手续费，不得向业主收取手续费等额外费用。

第十八条　利用物业共用部位、共用设施设备进行经营的，应当在征得相关业主、业主大会、物业管理企业的同意后，按照规定办理有关手续。业主所得收益应当主要用于补充专项维修资金，也可以按照业主大会的决定使用。

第十九条　物业管理企业已接受委托实施物业服务并相应收取服务费用的，其他部门和单位不得重复收取性质和内容相同的费用。

第二十条　物业管理企业根据业主的委托提供物业服务合同约定以外的服务，服务收费由双方约定。

第二十一条　政府价格主管部门会同房地产行政主管部门，应当加强对物业管理企业的服务内容、标准和收费项目、标准的监督。物业服务企业违反价格法律、法规和规定，由政府价格主管部门依据《中华人民共和国价格法》和《价格违法行为行政处罚规定》予以处罚。

第二节　物业服务费的构成

物业服务费用是广大业主十分关心的问题，根据《民法典》和《物业管理条例》的规定，物业服务费应当由合同双方，遵循合理公开以及费用与服务水平相适应的原则，按照国务院价格主管部门会同国务院建设行政主管部门制定的物业服务收费办法，明码标价，并且在物业服务合同中明确约定。

《物业服务收费管理办法》规定，物业服务成本或者物业服务支出由以下板块构成：管理服务人员的工资、社会保险和按规定提取的福利费等；物业共用部位、共用设施设备的日常运行、维护费用;物业管理区域清洁卫生费用;物业管理区域绿化养护费用;物业管理区域秩序维护费用;办公费用;物业管理企业固定资产折旧;物业共用部位、共用设施设备及公众责任保险费用;税金;经业主同意的其他费用。

第二章

如何避免物业企业乱收费

目前随着自媒体的飞速发展,业主维权意识的普遍提高,以及其他多方面的原因,物业服务收费纠纷日益增多。物业服务收费纠纷主要集中在业主或使用人认为物业服务企业有关服务费项目设置不合理、收费标准高、物业服务质量不达标、不合格,而物业服务企业认为业主或业主使用人,不遵守物业管理公约,违反物业服务合同约定,不按时交纳物业服务费,属于严重违约。

第一节 减少物业服务收费纠纷的措施

为减少物业服务收费纠纷,建议采取以下几种可行性措施:

1.签署物业管理公约和物业服务合同时,应当就有关收费的条款仔细审核,有不合理的条款要经过协商修改后才能签署。

2.业主入住时一定要严格验房,查验建筑工程质量验收合格证,并实地看房,一旦发现问题,要及时向房地产开发企业提出,并妥善解决。

3.房屋在保修期内出现质量问题的,应当及时地与房地产开发企业取得联系,并敦促其采取合理的措施修复。

4.应当及早成立业主委员会,签订物业服务合同,并对双方的行为加以规范和约束。

第二节　常见的物业服务费误区

业主或使用人对物业服务费的认识和理解,由于自身立场和认知水平的差距,也存在一些误区,下面对一些常见误区进行解析。

误区一:我又没请你们,也没跟你们签物业合同,我为什么要交费?

解析:《民法典》第九百三十九条规定:建设单位依法与物业服务人订立的前期物业服务合同,以及业主委员会与业主大会依法选聘的物业服务人订立的物业服务合同,对业主具有法律约束力。《前期物业服务合同》的主体是开发商和物业服务企业,但《前期物业服务协议》《临时管理规约》作为《购房合同》的附件,业主在签署《购房合同》时即签字认可开发商聘请的物业服务企业。《物业服务合同》的主体是业主大会(及其执行机构业主委员会)和物业服务企业。根据《民法典》的规定,这两个合同的效力及于全体业主。物业服务合同突破了传统合同一对一、相对性的属性,确实比较特殊,因为物业服务合同关系的稳定,关系到社区管理的稳定与和谐,涉及众多业主生活的安宁与稳定,所以单个业主不能以未签订合同为由拒交物业服务费用。

误区二:我还没入住,并未享受到物业服务企业的服务,凭什么收费?

解析:《民法典》第二百七十三条第一款规定:业主对建筑物专有部分以外的共有部分,享有权利,承担义务;不得以放弃权利为由不履行义务。第九百四十四条第一款规定:业主应当按照约定向物业服务人支付物业费。物业服务人已经按照约定和有关规定提供服务的,业主不得以未接受或者无须接受相关物业服务为由拒绝支付物业费。因此入住与否是业主的权利,交纳物业服务费是业主的义务,不能以放弃入住的权利为由,不履行交费的义务。

误区三:房屋存在质量问题,一直未解决,可拒交物业服务费吗?

解析:业主房屋质量出现问题,在保修期之内应该找房地产企业负责,因为业主和房地产企业是房产买卖合同关系,房屋有质量问题找合同的相对方解决问题才是正确的选择。在保修期之外,又出现质量问题时,如果属于业主的专有部分,那么需要业主自己负责,如果涉及公共部位,需要中修、大修,需要申请公共维修基金进行修缮解决。而业主和物业服务企业构成的是物业服务合同关系,是完全不同的法律关系,因此业主因房屋出现质量问题而拒交物业服务费没有事实和法律依据。

误区四:我家的东西丢了,你们管理不到位,能否拒绝交费?

解析: 物业服务企业为业主提供服务的依据是《物业服务合同》,物业服务企业具有维护小区公共秩序的义务,但物业服务企业不具有对业主生命及财产的保险和保管义务。如果物业服务企业管理上不存在过失,则无须承担任何责任,业主不能以此为由拒付物业服务费。如果物业服务企业管理上存在不足,并与物品丢失有因果关系,物业服务企业应承担相应责任,但业主不能以此为由不履行交纳物业服务费的义务。

误区五:住在一层的业主可以不交电梯费吗?

解析:《民法典》第二百七十一条规定:业主对建筑物内的住宅、经营性用房等专有部分享有所有权,对专有部分以外的共有部分享有共有和共同管理的权利。第二百七十三条第一款规定:业主对建筑物专有部分以外的共有部分,享有权利,承担义务;不得以放弃权利为由不履行义务。根据该法律的规定,电梯属于该单元全体业主共有的重要设施设备,在享有共同共有的同时,承担共同管理的义务。但是不能以放弃乘坐电梯的权利为理由拒绝履行交纳电梯维护费用的义务。因此针对居住在一层的业主不能免除其交电梯费的义务。实践中确实有物业服务企业免收一层业主的电梯费,但这是经过协商的"照顾条款"或者是物业服务合同的约定,并不是法律规定。

误区六:居住小区存在私搭乱建现象,业主可以拒交物业服务费吗?

解析: 物业服务企业确实有对小区违章建设行为进行劝阻和制止的义务,但是实践中存在多种多样的情况,有的违章建筑在物业服务企业进驻之前就存在了,有的是业主在装修的时候未告知物业服务企业私自加盖的,物业服务企业对此只能通知业主整改并上报政府有关部门,因为物业服务企业并没有执法权力,无法对已经形成事实的违章建筑强制执法，物业在履行了通知和上报的义务后，就尽到了物业服务合同范围内的管理义务。个别业主如果认为其他业主私搭乱建侵害自己合法权益，可以依法起诉至法院维护自己的权利，但是不能因此而拒交物业服务费。

第三章

法律认可业主拒交物业服务费的正当理由

业主拒绝交纳物业服务费需要基于正当理由。司法裁判中法院对正当理由的认定从严把握,一般限于物业服务企业不履行物业服务合同,或者履行合同存在重大瑕疵。

第一节 业主拒交物业服务费是否基于正当理由的认定

从合同法理的角度而言,合同一方抗辩权所赖以产生的法律基础是诚实信用原则,在合同中赋予一方抗辩权就是诚实信用原则的具体体现。诚实信用原则对抗辩权的指导作用主要体现在三个方面:

一是根据诚实信用原则,如果发生特殊情况使当事人之间的利益关系失去平衡时,应当进行调整,使利益平衡得以恢复,由此维持一定的社会经济秩序。

二是诚实信用原则要求合同的双方当事人应当彼此尊重对方的利益,并建立密切的协作关系。

三是诚实信用原则允许当事人行使抗辩权,但不得滥用这项权利。因此,在司法实践中,判断业主拒交物业服务费是否基于正当理由,主要是通过审查业主的拒交行为是否基于诚实信用原则而作出判断的。

业主拒交物业服务费的正当理由,应当限定在物业服务企业不履行物业服务合同,或者履行合同有重大瑕疵,或者业主不交费用是基于正当的、合理的理由。

第二节　可以拒交物业服务费的几种情形

一是业主因为房屋质量问题还未收房,在业主收房之前的物业服务费是由开发企业承担,业主无须交纳。

二是物业服务企业未履行物业合同服务责任的,全体业主可以拒交,但要提供充分有力的证据。

三是物业服务企业提供的服务质量与物业合同约定的标准严重不符,远未达标。

四是物业服务企业不能提供物价管理部门各项审批文件的原件。

五是物业服务企业擅自增加收费项目、扩大收费范围、提高收费标准的,业主以违规收费拒交的,可以得到法院支持。

第三节　法 律 依 据

一、《民法典》

第九百四十一条　物业服务人将物业服务区域内的部分专项服务事项委托给专业性服务组织或者其他第三人的,应当就该部分专项服务事项向业主负责。

物业服务人不得将其应当提供的全部物业服务转委托给第三人,或者将全部物业服务支解后分别转委托给第三人。

二、《物业管理条例》

第四十一条　业主应当根据物业服务合同的约定交纳物业服务费用。业主与物业使用人约定由物业使用人交纳物业服务费用的,从其约定,业主负连带交纳责任。

已竣工但尚未出售或者尚未交给物业买受人的物业,物业服务费用由建设单位交纳。

三、《最高人民法院关于审理物业服务纠纷案件具体应用法律若干问题的解释》

第二条 物业服务人违反物业服务合同约定或者法律、法规、部门规章规定,擅自扩大收费范围、提高收费标准或者重复收费,业主以违规收费为由提出抗辩的,人民法院应予支持。

业主请求物业服务人退还其已经收取的违规费用的,人民法院应予支持。

第三条 物业服务合同的权利义务终止后,业主请求物业服务人退还已经预收,但尚未提供物业服务期间的物业费的,人民法院应予支持。

第四章

物业服务费的催收

第一节 物业服务费收费难的原因分析

目前,物业管理收费难、收费率低使我国多数物业管理公司处于尴尬境地。据统计,大多数物业管理服务公司收费率只能达到90%左右。物业管理收费难的原因主要表现在:一是开发商过度承诺;二是开发商工程质量存在问题;三是物业公司服务不到位;四是部分业主缺乏付费意识;五是部分业主恶意欠费;六是法律法规不完善。具体论述如下。

一、物业服务企业与开发商方面的原因

一是房地产质量因素,主要是指因房屋建筑质量出现的问题,如漏水、渗水、裂缝、开鼓等;还有精装修质量问题。房屋质量问题不包含在物业服务中。保修期限内,由开发商负责维修责任;保修期满后,属于共有部位的可动用维修资金维修,非共有部位由业主个人自行维修,但是一般业主会把房屋质量问题归责于物业公司。二是大部分物业管理服务企业与开发商都有一定的关系甚至是开发商的子公司。所以当业主入住后发现开发商售前的虚假承诺没有兑现,业主就只能对物业管理服务企业发难。问题解决不了,就不交物业费。三是物业管理行业市场化进程滞后,造成部分物业服务企业运行模式和机制与市场机制要求不协调,加上物业服务企业由房管所转制和自建自管增多,造成物业服务企业内部机制难以适应市场化的要求。其结果是从业人员工作积极性不高,更别说工作的主动性和创造性了。这致使物业服务工作不到位,不按规范操作,侵害了业主的利益。业主认为"质""价"不符,就不交纳物业管理服务费,企业收费率自然就不会高。

二、业主方面的原因

一是空置房或者没有装修的房子的业主不愿交费。二是业主不理解物业管理的有偿服务行为。由于一些物业管理服务是间接的和隐性的,业主没有得到直接的利益,就不承认物业服务企业所做的工作。三是认知问题,部分业主认为物业服务就应"包罗万象""无限责任",对自家住宅内的事,也理所当然地要求物业公司免费服务;相关公共事务如停水、停电也拿物业服务企业出气,最后导致收费难。四是由于物业服务企业不可能因极少数业主不交物业服务费就不进行物业管理服务工作,一些业主认为不交费也能享受到服务,存在侥幸心理。五是部分业主邻里有矛盾,如装修造成管道堵塞、渗漏水、噪声扰邻等,都归罪于物业服务企业的管理不善,从而拒交物业费。

三、宏观管理方面的原因

一是一些媒体为了流量博眼球、博出位,虚假宣传,散布对物业费的各种"惊世骇俗"的言论,混淆视听、扰乱人心,如"惊喜:取消物业,小区更美好""小区物业本就是免费服务""这八种情况不用交物业费"等。二是维修基金管理使用制度不明晰,执行力度也不够。很多物业项目保修期一过,就出现大修、中修工程,业主们想申请物业维修基金,程序很烦琐,拖延时间也很长。而物业管理服务部门自身资金短缺,没有实力也没有能力垫付这笔资金,导致工程被搁浅,直接影响业主的生活。业主认为我交物业费了,房屋出现问题物业管理服务企业就应该负责,不修好我就不再交物业费。三是有关部门对物业管理服务项目、服务标准还缺乏统一规定,对支付多少物业费,提供什么样的服务,怎样达到"质""价"相符没有统一的要求,同时已颁布的《物业管理条例》仍缺乏一定的实际可操作性,造成业主和物业服务企业在服务标准上认识存在较大偏差。

第二节 业主拒交物业费的抗辩理由

小区业主拒绝交纳物业费的行为,在具有一定传染性的侥幸心理、攀比心理的影响下会传播蔓延,缴费率逐步下降。这不仅会造成物业服务企业运营经费不足,无法维持正常的物业服务水平,导致物业服务质量下降,损害其他正常交费业主的利益,还会加深业主与物业服务企业之间的矛盾,严重影响双方在小区内和谐共处。在司法实践中,常有以下几种拒交物业费的抗辩理由。

一、以非物业服务合同当事人为由抗辩

有些业主认为自己并未与物业服务企业签订物业服务合同,因此不管是开发商还是业主委员会与物业服务企业签订的物业服务合同都对其无约束力,自己不知晓且不认可该合同内容,因此拒绝交纳物业管理费。对此法律有明确规定,根据《民法典》第九百三十九条规定:建设单位依法与物业服务人订立的前期物业服务合同,以及业主委员会与业主大会依法选聘的物业服务人订立的物业服务合同,对业主具有法律约束力。所以该项抗辩理由不能得到法院支持。

二、以物业服务合同约定的合同期限已届满为由抗辩

某些业主辩称物业服务合同中约定的合同期限早已届满,因此对超过合同期限的物业费,因无合同约定,故有权拒绝交纳。

根据《民法典》第九百四十八条第一款规定:物业服务期限届满后,业主没有依法作出续聘或者另聘物业服务人的决定,物业服务人继续提供物业服务的,原物业服务合同继续有效,但是服务期限为不定期。在上述情况下,业主的这一抗辩理由也不能得到法院的支持。

三、以全部或者部分物业费超过诉讼时效为由抗辩

《民法典》第一百八十八条规定,"向人民法院请求保护民事权利的诉讼时效

期间为三年。法律另有规定的,依照其规定。诉讼时效期间自权利人知道或者应当知道权利受到损害以及义务人之日起计算。法律另有规定的,依照其规定。但是,自权利受到损害之日起超过二十年的,人民法院不予保护,有特殊情况的,人民法院可以根据权利人的申请决定延长"。

《民法典》出台后,虽然将物业服务合同纳入了合同编中,但对物业服务费的诉讼时效并未作特殊规定,因此,物业服务费的诉讼时效适用一般诉讼时效制度,也应当为3年。

然而,根据《民法典》第一百八十九条规定,"当事人约定同一债务分期履行的,诉讼时效期间自最后一期履行期限届满之日起计算"。基于此规定,物业服务费是否属于"同一债务分期履行"的情形?是否适用《民法典》第一百八十九条的规定?实践中对物业服务费诉讼时效的起算时间产生了较大的争议。

司法实践中,对物业服务费诉讼时效起算时间存在两种不同意见:

第一种意见认为,物业服务合同中约定了每期物业费的付款时间,属于定期履行的不同债务,因此,每期物业费都是一个独立的债权,诉讼时效应当从每一笔债务履行期限届满之日起计算。如在(2018)粤民再279号案件中,广东省高级人民法院的判决观点认为,"该合同项下的每期物业费作为在合同履行过程中不断产生的定期给付债务,履行期限届满后均为独立债务,具有可分性,不属于《最高人民法院关于审理民事案件适用诉讼时效制度若干问题的规定》第五条规定的分期履行的同一债务。案涉物业费的诉讼时效期间应自每一期债务履行期限届满之日起分别计算"。

第二种意见认为,物业服务费属于"当事人约定同一债务分期履行"的合同之债,应当以最后一期履行期限届满之日起计算。如《江苏省高级人民法院关于审理物业服务合同纠纷案件若干问题的意见》第十五条规定,"物业服务人要求业主给付物业服务费用的诉讼时效期间,从最后一期物业服务费用的履行期限届满之日起计算"。又如,北京市高级人民法院在2003年12月发布的《北京市高级人民法院关于审理物业管理纠纷案件的意见(试行)》中指出,"审理追索物业服务费案件,应依照现行法律关于诉讼时效的规定。但在适用诉讼时效时不宜过苛"。

在实践中，江苏、山东、湖南等地认同第二种观点，即物业服务费属于"同一债务分期履行"的情形，可适用《民法典》第一百八十九条的规定起算诉讼时效；浙江、上海、广东等地认同第一种观点，即认为每期物业费均为独立的债权，其诉讼时效应当自每一期债务履行期限届满之日起分别计算。

四、以房屋质量不达标为由抗辩

有些业主以房屋质量存在问题，如以房屋漏水、墙体脱落、窗户变形、玻璃破裂等为由拒交物业管理费。

商品房存在质量问题系业主与开发商之间的商品房买卖合同纠纷，而物业费的交纳则属于业主与物业服务企业之间的物业服务合同纠纷，两者不属于同一法律关系。通常情况下，开发商与物业公司是两个独立的法人企业，相互之间不应为对方承担民事责任。因此，业主的该项抗辩理由不能得到法院支持。

五、以物业服务企业不履行维修义务为由抗辩

有些业主向物业服务企业反映小区单元门、过道路灯等被损坏，顶楼房屋漏水等问题，要求维修，但物业服务企业知晓后拒不维修或者维修不合格，业主就以此为由拒交物业费。

对于维修义务的承担主体，应具体情况具体分析：如果房屋在国家规定的保修期和保修范围内，由建设单位承担维修义务；在房屋质保期届满后，房屋专有部分由业主或侵权人承担维修义务，房屋楼顶等小区共有部分、公共设施设备由物业服务企业负责日常管理和基本维修义务，涉及维修、更换的，需要启动住宅的专项维修基金。若业主有证据证明物业服务企业不履行或者不完全履行物业服务合同约定的或者法律、法规规定以及相关行业规范确定的维修义务时，法院可根据《民法典》第五百七十七条的规定，酌情减少物业费。

六、以物业服务企业未尽到安全保障义务造成业主人身、财产遭受损失为由抗辩

有些业主认为物业服务企业未尽到安全保障义务，才导致自己的人身、财产

遭受损失,如家中财物被盗窃,自有车辆被损坏或者被偷走……故以此为由拒交物业费。

物业服务企业的安保义务源于法律相关规定和合同约定。法定的安保义务主要是在各地的物业管理条例中规定的,包括物业服务企业对违反小区安全管理行为的制止义务以及防止小区内出现安全问题的协助义务。若业主有充分证据证明物业服务企业存在违反约定或者法定的安保义务的情形,那么当物业服务企业向业主行使物业费请求权时,业主可以以物业服务企业未尽到安保义务,是对合同义务的不完全履行,属于违约行为由进行抗辩。但未尽到安保义务一般情况下不构成根本性违约,法院经审理后可根据安保责任范围以及业主的具体损失来酌情减少物业费。然而物业服务企业不是万能的,不可能杜绝或者随时制止小区内一切损害的发生,我们不能苛求物业服务企业对这种不确定的危险承担过重的责任。只要物业服务企业尽到了合理范围内的注意义务、采取了合理的预防措施,物业公司就可以对业主因第三人侵权所遭受的损失免责。

七、以物业服务企业提供的物业服务存在瑕疵为由抗辩

大多数拒绝交费的业主均持有此类抗辩理由。小区业主常以物业服务企业未按物业服务合同的约定全面履行相关义务,提供的物业服务不达标,例如小区车辆乱停乱放无人管理,绿化带被其他业主用来种菜无人制止,小区垃圾未及时清理,保安擅离岗位或值班时睡觉等为由拒交物业费。

首先,由于物业服务具有时间持续性和无法计量性的特点,加之物业服务合同约定的物业服务企业应履行的义务较为概括笼统,因此业主不能单凭一张照片、一段视频就能证明物业服务企业提供的物业服务存在质量问题,而需要提供充分证据形成完整的证据链加以证明。若有证据证明物业服务企业已经提供物业服务,仅是在服务的某些环节、个别区域做得不够好,存在一般瑕疵,那么不构成根本性违约,这较难成为业主拒交物业费的合法理由,但可以成为法院判定物业服务企业减收相应物业费的依据。

其次,业主需要区分其所反映的物业服务问题是否属于物业服务合同约定的物业服务企业应履行的义务。部分业主存在"物管公司就是管理小区内的一切事务"的错误思维,将不属于物业服务范畴的事项,例如房屋设计和质量问题、小区规划不合理问题、业主间相邻关系问题等,也纳入进来要求物业服务企业予以处理解决。当物业服务企业拒绝履行非合同义务时,业主就误认为物业服务企业没有全面履行合同义务而拒交物业费。

若对物业服务企业提供的物业服务不满意,业主不应消极地采取长时间拒交物业服务费的方式来对抗物业服务企业,而应通过正常途径与物业公司沟通、协商解决;也可就存在的服务问题向业主委员会反映,通过业主委员会与物业服务企业沟通加以解决;还可通过业主大会解聘和重新选聘物业服务企业。

第三节　物业服务费催缴流程

1. 对于已入住的业主,准时发放缴费通知于业主或张贴在业主入户门上(每月5日,一天内完成)。

2. 对未在约定时间内交纳物业费的业主编制《催缴记录表》(每日更新)。

3. "片管"根据各自负责区域进行首次电话催缴(一周内完成)。

4. 首次电话催缴结束后,进行情况分类(一天内完成)。

5. 根据欠费类别,有针对性采取二次电话或上门催缴措施(每天进行):

(1)近期交纳类:业主明确具体交费日期;

(2)暂未明确类:暂时无法明确时间和暂时联系不上的(如电话无人接听、关机、无信号等);

(3)无法联系类:停机、空号、错号或长期关机;

(4)异地出差或居住类:长期在异地出差,短时间内无法回来;

(5)特殊拒交类(含未收房业主):因配套设施不完善、服务不足及其他原因拒绝交费。

6.根据分类采取措施:

(1)近期交纳类:在其承诺的交费日期前一天进行二次电话提醒;

(2)暂未明确类:每日进行电话催缴,直至对方归属近期交纳类;

(3)无法联系类:利用多种途径取得业主最新电话,同时采取上门催缴方式;

(4)异地居住类:每日进行电话催缴,引导对方采取异地汇款方式交纳费用;

(5)特殊拒绝类:进行重点跟进,了解业主所反映的具体事因,及时向负责人进行反馈,由负责人指导其催缴措施。

7.负责人每日监督检查各"片管"编制的《催缴记录表》,及时纠正"楼管"在催缴期间的不足之处。

8.定期召开物业管理综合服务费催缴总结例行会议,贯彻执行催费制度,将责任落实到个人。

第四篇
街道办事处、居委会在物业管理中的地位和作用

当前,物业管理在提高广大业主的生活质量、促进社会和谐稳定等诸多方面都发挥了极其重要的作用。因此,要想做好物业服务工作,让业主在物业小区内生活得愉快,仅靠物业服务企业是不行的,还必须要有行业主管部门、街道办事处、社区的大力支持和配合。按照"条块结合、重心下移、属地管理"的原则,相关法律法规也赋予了街道办事处、社区在物业管理中的一定的责任。由此可看出,街道办事处、社区在物业管理活动中的作用非常大。

第一章

街道办事处在物业管理工作中的职责

根据《地方各级人民代表大会和地方各级人民政府组织法》第八十五条第三款规定：市辖区、不设区的市的人民政府，经上一级人民政府批准，可以设立若干街道办事处，作为它的派出机关。第八十六条规定：街道办事处在本辖区内办理派出它的人民政府交办的公共服务、公共管理、公共安全等工作，依法履行综合管理、统筹协调、应急处置和行政执法等职责，反映居民的意见和要求。

街道办事处作为一级政府组织，《民法典》和《物业管理条例》都明确规定业主大会和业主委员会应接受当地政府的指导。《民法典》第二百七十七条第二款规定：地方人民政府有关部门、居民委员会，应当对设立业主大会和选举业主委员会，给予指导和协助。《物业管理条例》第十条规定：同一个物业管理区域内的业主，应当在物业所在地的区、县人民政府房地产行政主管部门或者街道办事处、乡镇人民政府的指导下成立业主大会，并选举产生业主委员会。第十六条规定：业主委员会应当自选举产生之日起30日内，向物业所在地的区、县人民政府房地产行政主管部门和街道办事处、乡镇人民政府备案。第十九条第二款规定：业主大会、业主委员会作出的决定违反法律、法规的，物业所在地的区、县人民政府房地产行政主管部门或者街道办事处、乡镇人民政府，应当责令限期改正或者撤销其决定，并通告全体业主。

由上可见，街道办事处在物业管理相关工作中负有组织、指导、协调和监督的职责，以更好地推进社区治理。

第二章

居委会在居民小区管理中的作用

居委会是居民自我管理、自我教育、自我服务的基层群众性自治组织,是城市基层政权的重要基础,也是党和政府联系人民群众的桥梁和纽带之一。

《城市居民委员会组织法》第二条第二款规定:不设区的市、市辖区的人民政府或者它的派出机关对居民委员会的工作给予指导、支持和帮助。居民委员会协助不设区的市、市辖区的人民政府或者它的派出机关开展工作。第三条规定,"居民委员会的任务:(一)宣传宪法、法律、法规和国家的政策,维护居民的合法权益,教育居民履行依法应尽的义务,爱护公共财产,开展多种形式的社会主义精神文明建设活动;(二)办理本居住地区居民的公共事务和公益事业;(三)调解民间纠纷;(四)协助维护社会治安;(五)协助人民政府或者它的派出机关做好与居民利益有关的公共卫生、计划生育、优抚救济、青少年教育等项工作;(六)向人民政府或者它的派出机关反映居民的意见、要求和提出建议"。

《物业管理条例》第十四条第二款规定:住宅小区的业主大会会议,应当同时告知相关的居民委员会。第二十条规定:业主大会、业主委员会应当配合公安机关,与居民委员会相互协作,共同做好维护物业管理区域内的社会治安等相关工作。在物业管理区域内,业主大会、业主委员会应当积极配合相关居民委员会依法履行自治管理职责,支持居民委员会开展工作,并接受其指导和监督。住宅小区的业主大会、业主委员会作出的决定,应当告知相关的居民委员会,并认真听取居民委员会的建议。

可见,居委会在小区物业管理中发挥着重要作用:受街道办事处的委托负责本辖区物业管理工作;负责组织指导业主大会的成立和业主委员会的选举;指导业主委员会选聘物业服务企业或建立自治性物业服务组织;调解处理物业服务中的矛盾纠纷。

第五篇

物业纠纷化解指引

第一章

物业纠纷范围、分类及特点

第一节 物业纠纷的表现形式

物业纠纷,是指在物业管理活动中发生的各相关主体之间的权利义务争执。

物业纠纷的表现形式多种多样,以下是一些常见的类型。

1. 权属纠纷:如人防工程、地下车库、绿地、停车场的权属问题,容易引发业主、业主委员会与建设单位之间的争议。

2. 费用纠纷:部分业主可能拖欠物业费,从而产生纠纷。

3. 设施问题:如返水漏水、高空坠物等,会影响居民生活,引发纠纷。

4. 资金使用纠纷:违法动用维修资金等行为,可能导致纠纷产生。

5. 相邻权纠纷:业主之间因相邻权产生的矛盾也较为常见。

6. 治安问题:小区发生盗窃、抢劫等治安或刑事案件,可能引发纠纷。

这些纠纷形式仅是冰山一角,实际生活中的物业纠纷可能更加复杂和多样化。为了减少物业纠纷的发生,业主、物业公司和相关部门需要加强沟通、协商,共同努力营造和谐的社区环境。同时,完善的法律法规和规范的管理机制也是解决物业纠纷的重要保障。只有通过多方共同努力,才能有效化解物业纠纷,提升居民的生活质量和社区的和谐稳定。

第二节 物业纠纷分类

按照纠纷中的基本权利的性质和特点的不同,可以将物业纠纷划分为以下几类:

1. 物业管理产权类纠纷。主要是业主专有权与共有权权属范围的物权确认纠纷,业主共有权与建设单位的物权确认纠纷,小区公共空间或建筑物共用部分的权属、管理使用、收益归属物权确认或物权保护纠纷,以及业主之间或个别业主与业主共有权之间的物权保护纠纷。

2. 物业管理债权类纠纷。主要是与物业管理服务有关的合同之债、侵权之债等债权债务纠纷。例如物业服务企业向业主、物业使用人追索物业费纠纷,这类纠纷最常见、数量也最多,占物业纠纷案件总量的 70%~80%;业主要求物业服务企业提高服务质量、履行管理职责的纠纷;物业服务企业擅自调整物业费引起的物业服务合同纠纷;因车辆或其他财物损失引起的物业服务合同纠纷或保管合同纠纷;因物业服务人未尽修缮管护义务引起的财产损害赔偿纠纷;业主之间因擅自改变房屋、配套设施的结构、外观,乱搭乱建,随意占用,破坏绿化,污染环境,噪声扰民引起的侵权责任纠纷等。

3. 物业管理行政类纠纷。主要是物业管理行政主管机关和其他有关行政部门在行使职权的过程中与行政相对人之间发生的行政行为是否违法、是否得当的争执。目前,常见的这类纠纷有业主对行政执法部门处理违章建筑执法行为的不服,业主、物业服务人对街道、房地产行政主管部门指导与监督行为的不满等。

4. 物业管理自治权类纠纷。主要是业主、物业使用人、业主大会、业主委员会在业主团体民主自治权益方面发生的纠纷。例如业主不执行管理规约的有关规定或不执行业主委员会对维修费用的分摊决定而引起的纠纷。

另外,按纠纷所属的法律性质不同,可以将物业纠纷划分为民事案件纠纷、行政案件纠纷和刑事案件纠纷。

第三节 物业纠纷的特点

一、物业纠纷具有连续性

从物业纠纷的产生原因及表现形式上看,物业纠纷与建设单位密不可分,比如房屋质量问题、车位之争、配套设施不到位等。特别是在目前的房地产开发模式下,物业服务企业与建设单位之间关系特殊,一旦发生物业纠纷,建设单位也有一定的责任。

二、物业纠纷具有多样性

物业纠纷法律关系非常复杂。既有涉及民事、行政、刑事法律关系的纠纷,又有涉及业主团体经济事务、社会事务民主自治法律关系的纠纷。这种纠纷既有物业服务企业与业主之间、业主与业主之间、物业服务企业与建设单位之间、业主与业主委员会之间平等的民事纠纷,也有因行政主管部门的行政行为所引发的纠纷。就民事诉讼来讲,可划分为合同纠纷和侵权责任纠纷。

三、物业纠纷具有易发性和涉众性

物业管理服务中,容易发生对服务质量好坏、满意与否的争执,如最常见的业主拖欠物业费纠纷,经常与物业服务质量问题相杂糅。而且由于物业管理所执行的事务大多涉及业主团体公共利益甚至社会公共利益,一旦发生纠纷,往往是集体争执,甚至集体诉讼,例如针对物业费的交纳、物业服务质量等涉及小区全体业主利益的共性问题,在发生纠纷时,会以群体性诉讼的方式涉诉。

第二章

物业纠纷的处理

第一节　处理物业纠纷的原则

一、及时原则

无论是民事争议还是行政争议,由于物业纠纷涉及面广,涉及群众切身利益,行政管理部门和司法机关在处理这一类纠纷时应当及时,不宜让矛盾长期存在,日益激化。

二、合法原则

在处理物业纠纷时,要注意法律的正确适用,特别是与物业管理有关的法律、法规变化较快,处理物业纠纷不能与新的法律、法规相悖。

三、公平合理原则

在处理物业纠纷时,要准确认定事实、分清责任,要使责任的承担与违约行为相适应,使责任人心服口服。

第二节 处理物业纠纷的方式

处理物业纠纷的途径非常广泛,总体来说,可分为两类,非诉讼方式和诉讼方式。

一、处理物业纠纷的非诉讼方式

主要包括协商、调解、行政处理、仲裁。

1. 协商是物业纠纷双方当事人本着互谅互让的态度和实事求是的精神,就有关纠纷的解决自行达成和解协议,并自觉履行。协商无须第三者参与斡旋、调停、仲裁或裁判,这种方式简便易行,省时、省力,是一种理想的解决方式,关键是在运用过程中要注意合法性和自愿性。

2. 调解是在第三方组织下,以国家法律规定和政策以及社会公德为依据,对纠纷双方进行斡旋、劝说,促使他们互相谅解、进行协商、自愿达成协议、消除纠纷的活动。在某种意义上,调解可以视为协商的延伸,二者的主要区别在于是否有中立第三方调解组织或调解人的参与,调解分诉讼外调解(包括民间调解、行政调解等)和诉讼中调解(司法调解)。

3. 行政处理是指行政主体为实现相应法律、法规、规章确定的行政管理目标和任务,应行政相对人申请或依职权,依法处理涉及特定行政相对人某种权利义务事项的具体行政行为。行政处理是解决物业纠纷的主要途径,它具有专业性、权威性强,以及效率高、成本低等优点,行政处理的形式广泛多样,主要包括行政调解、行政裁决和行政复议等。

4. 仲裁是指发生纠纷的当事人按照有关规定,事先或事后达成协议,把他们之间的争议提交仲裁机构,由仲裁机构以第三者的身份对争议的事实、权利和义务平衡作出判断。仲裁既有自愿的一面,也有强制的一面。当事人双方自愿将争议提交仲裁裁决机构,裁决一经作出即发生法律效力,当事人不履行义务,对方当事人可向法院申请强制执行。

二、处理物业纠纷的诉讼方式

主要是民事诉讼和行政诉讼。认为合法权益受到侵害的一方,依法向人民法院起诉、上诉或申诉,由人民法院按照法定程序处理案件,保护有关当事人的合法权益。人民法院作为唯一的审判机关,作出的裁判文书具有权威性和强制力,所以,双方当事人争议较大的案件,通过诉讼外手段难以解决时,最终可以选择司法救济。

第三节　物业纠纷中的违法、违约行为及法律责任

一、业主的违法、违约行为及法律责任

业主存在以下违法、违约行为,一般由业主委员会和物业服务企业予以制止、批评教育、责令限期改正,依照法律和管理规约,请有关部门处理;如果造成损失,违法业主应当赔偿损失;对拖欠物业服务费的,物业服务人有权通过诉讼方式收回拖欠费用并收取滞纳金。

1. 擅自改变小区内土地用途;
2. 擅自改变房屋、配套设施的用途、结构、外观,毁损设备、设施、危及房屋安全;
3. 私搭乱建、乱停车,在房屋共用部位乱堆乱放,随意占用、破坏绿化,污染环境影响住宅小区景观,噪声扰民;
4. 拖欠交纳包括物业费在内各种与物业使用有关的费用。

二、业主自治机构违法行为及法律责任

业主大会、业主代表大会只是议事机构,并不能直接承担法律责任,其法律责任一般应由业主承担。对于个别业主委员会成员未经业主大会或业主的授权,实

施有损业主利益行为的,该业主委员会成员应当承担相应的法律责任。

三、物业服务人的违法、违约行为及法律责任

实践中物业服务人可能存在以下违法、违约行为:

1. 非法经营行为。不具备从事物业服务资质和能力的企业,以物业服务企业的名义从事物业服务活动。

2. 擅自作为行为。物业服务企业在实施物业服务过程中,违反物业管理法规的禁止规范或者违反物业服务合同中的禁止约定,而擅自作出行为,如擅自将绿地改为停车场。

3. 不履行或不忠实履行物业管理服务义务的行为。物业服务人不履行物业服务合同规定义务或者违反忠实义务,不恪尽职守履行管理义务,管理混乱,损害业主的合法权益。

无物业管理资质进行物业管理活动的,房地产行政主管部门可对其予以警告、责令限期改正、赔偿损失,并可处以罚款;对于擅自作为的,业主可要求其停止侵害、排除危险、返还财产、恢复原状;对不履行或不积极履行物业服务合同的,应根据合同的约定承担违约责任及损害赔偿责任。

四、建设单位的违法、违约行为及法律责任

实践中建设单位可能存在以下违法、违约行为:

1. 未能履行房屋销售合同中约定的义务,主要表现为公共设施不到位,擅自改变规划等。

2. 不履行物业移交法定义务的行为。指未向业主委员会、物业服务企业移交有关资料及物业管理用房。

3. 其他违法行为。如不依法申报成立业主大会和业主委员会,委托无资质的物业服务企业进行管理。

建设单位未履行房屋销售合同义务的,应履行到位并承担相应的违约责任;不履行移交义务的,及时进行移交,并承担由于不依法移交而产生的法律后果。

第三章

业主维权的方式

业主可能会遇到物业服务企业乱收费、不尽职尽责管理,辖区行政主管部门不作为、乱作为等问题,那么,小区业主的维权方式主要有以下几种。

第一节 行政途径

对于有关小区规划、房产证的办理,以及房屋质量等问题,业主可以向当地政府的建设行政部门、消费者权益保护协会、质量监督部门反映。对于小区物业管理问题,根据国务院颁布的《物业管理条例》,业主可以向物业所在地的区、县级以上地方人民政府房地产行政主管部门投诉。

第二节 法律途径

1.行政诉讼。主要是向当地房地产行政主管部门提起行政复议、行政诉讼。

2.民事诉讼。对建设单位、物业服务企业提起违约或侵权的民事诉讼。违约中的"约",是指购房的买卖合同、业主与物业服务企业签订的物业服务合同。侵权中的"权",包括公民的私有财产不受侵犯的权利、业主享有优质物业管理服务以及居住环境的权利、公民合法的人身权利和财产权利。出现这类纠纷时业主可以请求法院依法行使审判权以解决纠纷。

3. 仲裁。业主与物业服务企业双方发生纠纷后,根据我国《仲裁法》第四条的规定,依照物业服务合同中的仲裁条款或者物业纠纷发生后自愿订立的仲裁协议,将纠纷提请有关仲裁机构进行裁决以解决纠纷。

第三节 其他途径

1. 业主与物业服务企业协商解决。《物业管理条例》已经对业主、业主委员会及物业服务企业之间的权利和义务作出了明确规定,业主和物业服务企业可以依据有关的法律、法规以及管理规约和物业服务合同的规定,自愿平等地进行磋商,进而解决管理纠纷。

2. 由第三人调解。这是指业主与物业服务企业可以将纠纷提交给第三人,由第三人来主持双方进行协商,促成双方在自愿平等的基础上达成调解协议。一般调解可分为民间调解、行政调解和司法调解三种,如可以由物业服务企业所在地的人民调解委员会进行调解。

3. 更换物业服务企业。如果以上方式都不能让业主满意,则业主可以依法更换物业服务企业。

按照我国目前的商品房开发模式和商品房交易模式,购房人与建设单位签订购房合同时,商品房买卖合同或合同附件一般会设置有买方同意其购置的房屋由建设单位选定的物业服务企业提供前期物业管理服务的条款。因此在实践中,购房者一般会受到建设单位主导的前期物业服务合同的约束,并接受其选定的前期物业服务企业的物业管理服务,许多物业服务企业通常以此为由,主张业主无权更换物业服务企业。但是,《民法典》《物业管理条例》中明确规定广大业主有权选聘、解聘物业服务企业。选聘和解聘物业服务企业由业主共同决定,但是应当经参与表决专有部分面积过半数的业主且参与表决人数过半数的业主同意。因此,作为小区的真正主人,广大业主有权重新选择物业服务企业为其提供物业管理服务。

第四章

前期物业服务企业的选聘

一是物业销售(预售或现售)前,律师为建设单位选聘前期物业服务企业提供法律服务。

二是向建设单位建议通过招投标的方式选聘具有相应资质的物业服务企业。属住宅及同一物业管理区域非住宅的物业,应通过招投标方式选聘;其他类型的物业,建议尽量采用招标方式选聘。投标人少于3个或者住宅规模较小的,经报物业所在地的区、县人民政府房地产行政主管部门批准,可以采用协议方式选聘具有相应资质的物业服务企业。

三是通过招投标选聘物业服务企业的,律师应提醒建设单位须在以下时限内完成招投标工作:

1. 新建现售商品房项目应在现售前30日完成;

2. 预售商品房项目应当在取得预售许可证之前完成;

3. 非出售的新建物业项目应在交付使用前90日完成。

四是参与草拟或审查上述选聘前期物业服务企业的相关法律文件包括但不限于招标文件、前期物业服务合同、临时管理规约。

1. 招标文件应包括的内容:

(1)招标人及招标项目简介;

(2)物业管理服务的内容及要求;

(3)对投标人及投标文件的要求;

(4)评标标准及评标方法;

(5)招标活动方案；

(6)物业服务合同的签订说明；

(7)其他事项的说明及法律法规规定的其他内容。

2.前期物业服务合同的主要内容(可参考原建设部关于印发《前期物业服务合同(示范文本)》的通知)：

(1)物业的基本情况；

(2)服务内容与质量；

(3)服务费用；

(4)物业的经营与管理；

(5)物业的承接与验收；

(6)物业的使用与维护；

(7)专项维修资金；

(8)违约责任；

(9)其他约定事项。

3.业主临时管理规约的主要内容包括：

(1)物业基本情况；

(2)物业使用和维修；

(3)物业费用的交纳；

(4)其他相关事项；

(5)违约责任和违约纠纷的解决。

五是按照各地对前期物业管理招投标的相关规定，帮助建设单位规范前期物业管理招投标程序。

1.前期物业管理招标的备案。按照各地办理前期物业管理招投标的规定，一般要求房地产开发企业在发布招投公告前或者发出投票邀请书前，提交规定的文件、资料，向物业项目所在地的房地产行政主管部门进行备案。

2.发出招标公告与预审。原建设部印发的《前期物业管理招标投标管理暂行办法》第八条第一、二、三款规定：前期物业管理招标分为公开招标和邀请招标。

招标人采取公开招标方式的,应当在公共媒介上发布招标公告,并同时在中国住宅与房地产信息网和中国物业管理协会网上发布免费招标公告。招标公告应当载明招标人的名称和地址,招标项目的基本情况以及获取招标文件的办法等事项。

3.招标文件的编制与发出。招标人应当根据物业管理项目的特点和需要,在招标前完成招标文件的编制,并向所有经过预审合格的投标人发放。

4.现场的踏勘与资料提供。招标人根据物业管理项目的具体情况,可以组织潜在的投标申请人踏勘物业项目现场,并提供隐蔽工程图纸等详细资料。

5.开标与评标,确定中标人。

6.与中标物业服务企业签订前期物业管理服务合同,并向政府行政主管部门备案。

六是帮助建设单位制定或审核临时管理规约,对有关物业的使用、维护、管理、业主的共同利益、业主应当履行的义务、违反规约应当承担的责任等事项依法作出约定。制定的临时管理规约不得侵害买受人的合法权益,与物业服务企业签订的前期物业服务合同中涉及业主共同利益的约定,应与临时管理规约一致。

七是根据《民法典》的规定,建设单位不仅可以聘请物业服务企业进行物业管理,也可以聘请其他管理人进行管理。在建设单位选择聘请其他管理人进行管理的时候,律师应协助建设单位草拟相关物业服务合同,如制定、审核保安服务合同、保洁服务合同、设备维修服务合同等。

第五章

前期物业管理服务期间的法律服务

一是《前期物业服务合同》签订后,律师应当向建设单位提示,让选聘的物业服务企业提前介入房地产项目的建设过程,让其从物业管理的专业角度对规划设计、施工、装修提出相关整改和完善意见,既要使开发建设的物业更合理、更人性化,又要使物业服务企业今后能顺利地管理该物业,减少与业主的矛盾和冲突,并使物业更好地保值增值,有利于建设单位品牌实力的塑造与延续。并应提示建设单位:选择聘请专业的公司,对共用设备进行维护;应让专业公司提前介入,以便及早地了解小区的管线图及设备情况。

二是《商品房买卖合同》签订时,应建议建设单位在《商品房买卖合同》中包含《前期物业服务合同》的内容,包括约定物业管理服务项目、服务标准、收费标准、计费方式及计费起始时间等内容,并且,涉及物业买受人共同利益的约定应当一致。

三是《商品房买卖合同》签订时,应提示建设单位将临时管理规约作为合同的附件,要求买受人对遵守临时管理规约予以书面承诺。

四是提示建设单位在物业管理区域内按照规定配置必要的物业管理用房。各地对物业管理用房的配置有面积要求的,应遵照执行。

五是提示建设单位,《前期物业服务合同》生效之日至出售的房屋交付使用之日的物业费由建设单位承担。一般物业费是按月计算的,交付当月的物业费一般由建设单位承担。

六是当建筑区划内的入住率等条件达到规定的召开首次业主大会的条件时,提示建设单位应按规定办理相关手续,为成立业主大会、选举产生业主委员会提供资料。

七是在业主大会成立前,由建设单位负责前期物业管理。此期间应当制作的法律文书主要有《商品房买卖合同(前期物业服务条款)》《临时管理规约》《前期物业服务合同》及物业管理规章制度。建设单位应在售房前拟制和签署一系列物业管理的法律文书,此时应注意以下问题:

1. 在《商品房买卖合同》中增加前期物业服务的主要内容,做到购房人购买房屋的同时即购买了前期物业服务。《物业管理条例》规定,《商品房买卖合同》中应当包括《前期物业服务合同》的主要内容,购房人通过与建设单位订立《商品房买卖合同》对该物业的前期物业管理(包括选聘的物业服务企业、物业服务事项与服务质量、物业维护与管理、物业收费等)有基本了解,并以合同的方式对由建设单位提供的前期物业服务予以确认。

2. 在房屋销售前拟定好《临时管理规约》并在售房时向购房人公示,以便于购房人在订立《商品房买卖合同》时对遵守《临时管理规约》作出书面承诺。如果说《管理规约》是全体业主对物业行使管理权的"宪法",那么《临时管理规约》在前期物业管理中则起"临时宪法"的作用。由于在前期物业管理中业主大会尚未成立,根据《物业管理条例》的规定,建设单位应当负责拟定并向购房人说明和公示《临时管理规约》,并可要求购房人对遵守《临时管理规约》作出书面承诺。承诺作出后,即具有法律约束力。

3. 与选聘的物业服务企业订立《前期物业服务合同》。根据《物业管理条例》的规定,建设单位应当于房屋销售前选聘好物业服务企业并与其订立《前期物业服务合同》。通常《前期物业服务合同》文本由拟聘请的物业服务企业提出,但由于前期物业服务主要由建设单位负责,前期物业服务的主要内容应当与《商品房买卖合同》中物业服务的相关条款保持一致,物业管理的服务与质量水平,既要能满足建设单位的要求,同时也要保障业主的权益不受侵害,因而需要由建设单位参与拟定或审定。

4. 负责拟定或审定前期物业管理规章制度。通常物业管理规章制度由拟聘请的物业服务企业提出,且作为《前期物业服务合同》的附件,是合同的重要组成部分。因此其不仅属于法律文书,且按规定建设单位应当将物业管理规章制度连同《前期物业服务合同》一并提交政府房地产行政主管部门备案。同时,由于大量的物业管理事务通过对物业管理规章制度的落实得以实施,因而物业管理规章制度的内容广泛地涉及业主的利益,此外,物业管理规章制度是《前期物业服务合同》得以实际履行的重要保障,因而同样需要由建设单位参与拟定或审定。

八是拟定前期物业管理法律文书应当注意的问题:

1. 关联性。前期物业管理关系中各方当事人的权利与义务在各法律文书中表现为相互交织、渗透,部分内容互相叠加或涵盖;文书相互独立又互相依存、互为条件,关联性强。因此在拟制法律文书时,要做到主要法律文书齐全,形成一个完整的合约体系;文书相互之间应当依次衔接,避免因遗漏或错位影响其他文书的法律效力;内容上相互叠加或重复的部分内容,应力求表述准确、完整并注重其同一性,避免出现遗漏、矛盾、含混不清或产生歧义。

2. 规范性。广义地说,规范性包括程序规范和实体规范两个方面。程序规范要求建设单位拟制和签署法律文书的过程符合规定要求,该公示的公示,该说明的说明,该备案的备案。实体上规范是指法律文书的内容应当合法、合规或符合行业惯例;对于法无明文规定的情形,当事人可自愿约定,但不得损害他人利益。

3. 前瞻性。前期物业管理中涉及的热点、焦点问题较多,如会所、共用墙面使用权,建筑物冠名权,车库、停车场、商铺及其他配套设施设备的归属权等。对于尚在探讨和研究的、法律或政策并未作出明确规定的问题,应当有预见性地尽可能作出约定,避免在日后的物业管理过程中发生较多的争议。

4. 可操作性。目前物业管理难度较大,合约的履行尤其是物业管理规章制度的落实主要取决于管理措施是否到位。在管理措施方面如何既约束、督促业主和物业使用人履行义务、遵守制度,又不至于以违法或侵权的手段"强制管理",如以停水、停电方式胁迫收取物业费,经法定程序强制拆除搭建物等,既是难点也是重点;另外根据物业纠纷的不同类型,依法、合理、明确地设置各类物业争议的解决程序,综合运用行政主管部门查处、提交仲裁或诉讼的手段保障物业管理的各项措施落到实处也是值得注重的一方面。

第六章

物业专项维修资金

第一节 物业专项维修资金的含义及使用范围

一、物业专项维修资金的含义

物业专项维修资金(以下简称维修资金),是指属于业主所有,专项用于物业保修期满后物业共用部位、共用设施设备的维修和更新、改造的资金。

《住宅专项维修资金管理办法》第二条第二款规定:"本办法所称住宅专项维修资金,是指专项用于住宅共用部位、共用设施设备保修期满后的维修和更新、改造的资金。"

二、物业专项维修资金的使用范围

1.时间范围:用于物业保修期满后物业维修和更新、改造。在物业保修期内,应当由开发商承担物业的保修义务,在物业保修期满后,方可使用物业专项维修资金对物业进行维修和更新、改造。

2.区域范围:用于物业共用部位、共用设施设备的维修和更新、改造。物业分为专有部分和共有部分,共有部分包括共用部位、共用设施设备。专有部分的占有、使用、收益和处分的权利由专有部分所有权人行使,专有部分的维修义务也由专有部分所有权人承担。物业共用部位、共用设施设备的维修和更新、改造才能申请使用物业专项维修资金。

《住宅专项维修资金管理办法》第二十五条规定:"下列费用不得从住宅专项

维修资金中列支：(一)依法应当由建设单位或者施工单位承担的住宅共用部位、共用设施设备维修、更新和改造费用；(二)依法应当由相关单位承担的供水、供电、供气、供热、通讯、有线电视等管线和设施设备的维修、养护费用；(三)应当由当事人承担的因人为损坏住宅共用部位、共用设施设备所需的修复费用；(四)根据物业服务合同约定，应当由物业服务企业承担的住宅共用部位、共用设施设备的维修和养护费用。"

三、物业共用部位、共用设施设备范围

维修资金专项用于保修期满后共用部位、共用设备和物业管理区域公共设施的维修、更新和改造，不得挪作他用。

共用部位，是指整幢房屋业主共同使用的楼梯间、水泵间、电表间、电梯间、电话分线间、电梯机房、走廊通道、门厅、传达室、内天井以及房屋主体承重结构部位（包括基础、内外承重墙体、梁、柱、楼板、屋顶等）外墙面、走廊墙和墙外粉饰等。

共用设备，是指整幢房屋业主共同使用的上下水管道、落水管、垃圾通道、水箱、蓄水池、加压水泵、电梯、天线、供电线路、楼道内照明线路设备、邮政信箱、避雷装置、楼道内消防设备及安全监控设备。

公共设施，是指物业管理区域内业主共同使用的公共绿地、道路、小区内上下水管道、沟渠、池、路灯、窨井、化粪池、垃圾箱（房）、消防设备及安全监控设备、公共设施（设备）使用的房屋及非经营性车库、车场、公益性文体设施等。

《住宅专项维修资金管理办法》第三条规定："本办法所称住宅共用部位，是指根据法律、法规和房屋买卖合同，由单幢住宅内业主或者单幢住宅内业主及与之结构相连的非住宅业主共有的部位，一般包括：住宅的基础、承重墙体、柱、梁、楼板、屋顶以及户外的墙面、门厅、楼梯间、走廊通道等。本办法所称共用设施设备，是指根据法律、法规和房屋买卖合同，由住宅业主或者住宅业主及有关非住宅业主共有的附属设施设备，一般包括电梯、天线、照明、消防设施、绿地、道路、路灯、沟渠、池、井、非经营性车场车库、公益性文体设施和共用设施设备使用的房屋等。"

四、物业专项维修资金的管理原则

物业专项维修资金管理实行专户存储、专款专用、所有权人决策、政府监督的原则。

五、物业专项维修资金的主管部门

国务院住房和城乡建设主管部门会同国务院财政部门负责全国住宅专项维修资金的指导和监督工作。

县级以上地方人民政府住房和城乡建设主管部门会同同级财政部门负责本行政区域内住宅专项维修资金的指导和监督工作。

第二节　物业专项维修资金的交纳与续筹

一、首期专项维修资金的交纳

(一) 交纳主体

房地产开发企业应当在办理房地产初始登记前,交纳其应交部分的维修基金;购房人在办理房地产变更登记之前(办理"小产权证"之前),交纳其应交部分的维修资金。

《住宅专项维修资金管理办法》第六条规定:"下列物业的业主应当按照本办法的规定交存住宅专项维修资金:(一)住宅,但一个业主所有且与其他物业不具有共用部位、共用设施设备的除外;(二)住宅小区内的非住宅或者住宅小区外与单幢住宅结构相连的非住宅。前款所列物业属于出售公有住房的,售房单位应当按照本办法的规定交存住宅专项维修资金。"

目前,各地基本已制定专项维修资金的使用管理办法,明确首期专项维修资金的缴纳主体。(见表1)

表1 各地有关专项维修资金缴纳主体的规定

省/市	文件名称	文件内容	生效日期
安徽省	《安徽省物业专项维修资金管理暂行办法》	第七条 首次物业专项维修资金,由业主在办理物业权属登记时向所在地市、县人民政府房地产行政主管部门交存。建设单位自用、出租的物业,其首次物业专项维修资金,由建设单位在办理物业权属登记时向所在地市、县人民政府房地产行政主管部门交存。违反前款规定,业主未交存物业专项维修资金的,市、县人民政府房地产行政主管部门不予办理物业权属登记。	2019年2月27日
河北省	《河北省住宅专项维修资金管理实施细则》	第七条 住宅业主、住宅小区内的非住宅业主、住宅小区外与小区单幢住宅结构相连或者具有共用设施设备的非住宅业主,均应按规定交存维修资金。住宅只属于一个业主所有且与其他物业不具有共有部位、共用设施设备的,不交存维修资金。	2022年10月8日
山东省	《山东省住宅专项维修资金管理办法》	第九条 住宅物业、住宅小区内的非住宅物业或者住宅小区外与单幢住宅结构相连的非住宅物业的业主,应当按照本办法的规定交存维修资金。 第十一条 商品住宅的业主应当在办理住宅交付手续前,一次性足额交存首期维修资金。截至竣工交付尚未售出的住宅,由建设单位交存首期维修资金。实行商品房预售资金监管的,建设单位应当交纳的维修资金可从监管的预售资金中划转。 第十二条 建设单位应当与业主在购房合同中约定业主按有关规定交存维修资金,并督促业主交存。未按照本办法规定交存首期维修资金的,建设单位不得向业主交付房屋。	2020年7月1日
深圳市	《深圳市物业专项维修资金管理规定》	第三条 一个物业管理区域内有两个以上独立产权单位和房屋所有权人的,应当设立物业专项维修资金。 一个物业管理区域内有两个以上独立产权单位但仅有一个房屋所有权人,根据土地出让合同约定或者其他合法形式确定土地性质为商品房的,应当设立物业专项维修资金,但限整体转让的除外。 一个物业管理区域内仅有一个独立产权单位的,可以自愿选择设立物业专项维修资金。	2020年11月1日

续表

省/市	文件名称	文件内容	生效日期
重庆市	《重庆市物业专项维修资金管理办法》	第七条 一个物业管理区域内有两个以上独立产权单位的,应当设立物业专项维修资金。一个物业管理区域内仅有一个独立产权单位的,可以自愿设立物业专项维修资金。 第八条第一款 建设单位、业主应当交存物业专项维修资金。 第九条 新建商品房在办理网上签约备案时,由建设单位代为足额交纳首期物业专项维修资金,存入物业专项维修资金专户。 建设单位应当在办理竣工验收备案前,将未出售房屋的首期物业专项维修资金存入物业专项维修资金专户。	2022年5月1日
成都市	《成都市住宅专项维修资金管理办法》	第七条 交存范围 同一住宅建筑区划内,拥有两个以上业主的住宅、非住宅,开发建设单位和业主应当按照本办法规定交存专项维修资金。 已售公有住房的售房单位和业主,应当按照本办法规定提取、交存专项维修资金。	2018年2月1日
贵阳市	《贵阳市房屋专项维修资金管理办法》	第五条 同一物业管理区域内,拥有两个及两个以上业主的住宅、非住宅,应当统一设立维修资金,业主和开发建设单位应当按照本办法规定交存维修资金。	2021年7月23日
沈阳市	《沈阳市物业专项维修资金管理办法》	第七条 两个以上业主的物业,其业主应当交存物业专项维修资金。 第八条 业主应当在办理房屋入住手续前将首期物业专项维修资金交存至物业专项维修资金专户。 任何单位或者个人不得代收物业专项维修资金。	2016年1月1日
武汉市	《武汉市住宅专项维修资金管理办法》	第六条 下列物业的开发建设单位和业主应当按照本办法的规定交存住宅专项维修资金: (一)住宅,但一个业主所有且与其他物业不具有共用部位、共用设施设备的除外; (二)住宅小区内的非住宅或者住宅小区外与单幢住宅结构相连的非住宅。 前款所列物业属于售后公有住房的,售房单位也应当按照本办法的规定交存住宅专项维修资金。	2021年3月23日

续表

省/市	文件名称	文件内容	生效日期
西安市	《西安市住宅专项维修资金管理办法》	第六条 一个物业管理区域内有两个以上产权人的住宅物业、住宅小区内的非住宅物业或者与单幢住宅楼结构相连的非住宅物业的业主以及出售公有住房的单位,应当交存维修资金。	2020年12月31日
郑州市	《郑州市房屋专项维修资金管理办法》	第七条 商品房屋(含经济适用住房、单位集资合作建房及拆迁安置房屋,下同)的房屋专项维修资金由业主交存;廉租住房的房屋专项维修资金由产权人交存。 已售出的公有住房的首期房屋专项维修资金由售房单位交存;续交的,由业主交存。 第九条 首期房屋专项维修资金,业主可以直接存入房屋专项维修资金专户,也可以委托房地产开发企业代交。 业主应当在房屋交付使用前,将房屋专项维修资金存入房屋专项维修资金专户。委托房地产开发企业代交的,房地产开发企业应当自收到房屋专项维修资金之日起30日内,将代交的房屋专项维修资金存入房屋专项维修资金专户。尚未售出的房屋,由房地产开发企业在办理房屋所有权初始登记时代交该部分房屋的专项维修资金。 公有住房的售房单位应当自收到售房款之日起30日内,将提取的房屋专项维修资金存入房屋专项维修资金专户。	2020年1月17日

(二)交纳标准

从全国来看,商品住宅的业主、非住宅的业主按照所拥有物业的建筑面积交存住宅专项维修资金,每平方米建筑面积交存首期住宅专项维修资金的数额为当地住宅建筑安装工程每平方米造价的5%~8%。

直辖市、市、县人民政府住房和城乡建设主管部门应当根据本地区情况,合理确定、公布每平方米建筑面积交存首期住宅专项维修资金的数额,并适时调整。(见表2)

表 2　各地有关专项维修资金缴纳标准的规定

省/市	文件名称	文件内容	生效日期
安徽省	《安徽省物业专项维修资金管理暂行办法》	第六条　首次物业专项维修资金,由业主以购房款总额为基数,分别按照下列比例交存: (一)未配备电梯的,按照不超过1%的比例交存; (二)配备电梯的,按照不超过2%的比例交存。 建设单位自用、出租的住宅物业或者与住宅楼结构相连的非住宅物业,未配备电梯的,由建设单位按照不超过同期同类商品房售房价款1%的比例交存;配备电梯的,按照不超过2%的比例交存。 住宅小区内与住宅楼结构不相连的非住宅物业,按照不超过购房款总额或者同期同类商品房售房价款1%的比例交存。 业主交存首次物业专项维修资金的具体比例,由设区的市人民政府确定。	2019年2月27日
河北省	《河北省住宅专项维修资金管理实施细则》	第八条　商品住宅业主、非住宅业主按照所拥有的物业建筑面积交存维修资金。每平方米建筑面积首期交存维修资金的数额为当地住宅建筑安装工程每平方米造价的5%~6%。 市、县级住房城乡建设部门应当合理确定、公布每平方米建筑面积首期交存维修资金的数额。 第九条　出售公有住房的,按照下列规定交存维修资金: (一)业主按照所拥有物业的建筑面积交存维修资金,每平方米建筑面积交存首期维修资金的数额为当地房改成本价的2%。 (二)售房单位按照多层住宅不低于售房款的20%、高层住宅不低于售房款的30%,从售房款中一次性提取维修资金。	2022年10月8日

续表

省/市	文件名称	文件内容	生效日期
山东省	《山东省住宅专项维修资金管理办法》	第十条 商品住宅、非住宅的业主按照所拥有物业的建筑面积交存维修资金,每平方米建筑面积交存首期维修资金的数额为当地住宅建筑安装工程每平方米造价的5%至8%。设区的市、县物业主管部门应当根据当地实际情况,在本办法规定的范围内合理确定、公布每平方米建筑面积交存首期维修资金的数额,并适时调整。交存标准公布前应当报上一级物业主管部门备案。 出售公有住房的,售房单位按照多层住宅不低于售房款的20%、高层住宅不低于售房款的30%,从售房款中一次性提取维修资金。业主按照所拥有物业的建筑面积交存维修资金,每平方米建筑面积交存首期维修资金的数额为当地房改成本价的2%。	2020年7月1日
深圳市	《深圳市物业专项维修资金管理规定》	第八条 首期维修金由建设单位按照物业项目建筑安装工程总造价的百分之二,在办理该物业项目不动产首次登记前一次性划入市管理机构设立的物业专项维修资金专户。 首期维修金,应当依据房屋建筑面积测绘报告(竣工测绘),按照下列公式计算收取: $$\left(\sum_{i=1}^{n} P_i S_i\right) \times 2\%$$ 其中:n为其物业类型种类数量,i代表第i种类型物业,P_i为第i种类型物业每平方米建筑安装工程造价标准,S_i为第i种类型物业总建筑面积。 各类型物业每平方米建筑安装工程造价标准按照市住房和建设部门公布的标准执行;各类型物业总建筑面积是指房屋建筑面积测绘报告(竣工测绘)载明的该类型物业建筑面积之和。 物业管理区域由一个独立产权单位申请分割为两个以上独立产权单位的,由申请首次转移登记时的房屋所有权人按照提交首次转移登记申请时同类型物业项目首期维修金的缴纳标准,在办理登记前一次性缴清物业专项维修资金。 市人民政府对首期维修金缴纳标准依法进行适度调整的,按照调整后的标准计取。	2020年11月1日

续表

省/市	文件名称	文件内容	生效日期
重庆市	《重庆市物业专项维修资金管理办法》	第八条 建设单位、业主应当交存物业专项维修资金。 建设单位、业主应当按照所拥有物业的建筑面积交存物业专项维修资金，每平方米建筑面积交存首期物业专项维修资金的标准为当地住宅建筑安装工程每平方米造价的5%至8%。 本市中心城区范围内，首期物业专项维修资金的交存数额由市住房城乡建设主管部门确定；本市中心城区范围外，首期物业专项维修资金的交存数额由各区县(自治县)住房城乡建设主管部门确定。 首期物业专项维修资金交存数额应当向社会公布，并适时调整。	2022年5月1日
成都市	《成都市住宅专项维修资金管理办法》	第八条 (交存标准) 新建住宅首期专项维修资金，由开发建设单位和业主在开发建设单位申请办理国有建设用地使用权及房屋所有权首次登记前，按照下列规定交存： (一)开发建设单位对配备电梯的房屋，应当按照每平方米建筑面积计算成本价的3.5%交存；对未配备电梯的房屋，应当按照每平方米建筑面积计算成本价的3%交存。所交存的专项维修资金，进入当期销售费用，归建筑区划内全体业主所有，分摊计入按房屋户门号设立的业主分户账。 (二)业主对配备电梯的房屋，应当按照每平方米建筑面积计算成本价的2.5%交存；对未配备电梯的房屋，应当按照每平方米建筑面积计算成本价的2%交存。办理国有建设用地使用权及房屋所有权首次登记前尚未出售的房屋，开发建设单位应当按照本项规定交存首期专项维修资金。待房屋出售时，转由业主承担。 已办理房屋所有权初始登记或国有建设用地使用权及房屋所有权首次登记但尚未出售的房屋，开发建设单位应当按照前款第(二)项规定将首期专项维修资金交存至专户；业主大会设立后开发建设单位仍未交存的，业主委员会应当通知开发建设单位限期交存。	2018年2月1日

续表

省/市	文件名称	文件内容	生效日期
		开发建设单位交存的专项维修资金已按建筑区划为单位单独列账的,可将单列账中专项维修资金余额分摊至相应范围内业主分户账。 旧城改造、基础设施建设、保障性安居工程建设等对原房屋所有权人进行搬迁,且采取产权调换方式补偿的房屋,开发建设单位应当按照第一款第(一)项规定交存首期专项维修资金;业主为补偿安置对象的,应当按照第一款第(二)项规定交存的首期专项维修资金,由补偿安置义务主体承担。 每平方米建筑面积计算成本价,由市房产行政管理部门定期发布。 第九条 （已售公房） 已售公有住房的首期专项维修资金,由公有住房售房单位和业主分别按下列规定提取、交存: (一)公有住房售房单位对配备电梯的房屋应当按售房款的30%,对未配备电梯的房屋应当按售房款的20%一次性提取专项维修资金,自售房款存入单位住房资金专户之日起30日内交存至专项维修资金专户,归公有住房售房单位所有。 (二)业主应当按售房款的2%交存专项维修资金,在申请办理国有建设用地使用权及房屋所有权登记前交存至专项维修资金专户,归业主所有。	
贵阳市	《贵阳市房屋专项维修资金管理办法》	第六条 首期维修资金按照下列规定计算: (一)配备共用电梯的商品房、非租赁型保障性住房,按照本市建筑安装工程每平方米成本控制价的8%; (二)未配备共用电梯的商品房、非租赁型保障性住房和商品房配套建筑,按照本市建筑安装工程每平方米成本控制价的5%。 建筑安装工程每平方米成本控制价,由市人民政府住房城乡建设主管部门适时发布。	2021年7月23日

续表

省/市	文件名称	文件内容	生效日期
沈阳市	《沈阳市物业专项维修资金管理办法》	第九条　业主应当按照下列标准交存首期物业专项维修资金： (一)配备电梯的物业,按照建筑面积每平方米92元交存； (二)未配备电梯的物业,按照建筑面积每平方米63元交存。 市房产主管部门可以根据建筑安装工程造价变动情况等因素,适时调整物业专项维修资金交存标准。	2016年1月1日
武汉市	《武汉市住宅专项维修资金管理办法》	第七条　商品住宅(含住宅小区内的非住宅或者结构与之相连的非住宅,下同)的首期住宅专项维修资金按照下列规定交存： (一)开发建设单位按照物业总规模建安造价的1.5%(配置有电梯的按照2.5%)交存； (二)购房人按照所拥有物业的建筑面积交存,每平方米建筑面积交存金额为每平方米建安造价的5%。 市房屋行政主管部门应当根据市建设行政主管部门公布的建安造价确定、公布首期住宅专项维修资金的具体交存标准,并适时调整。 第八条　售后公有住房的首期住宅专项维修资金按照下列规定交存： (一)购房人按照所拥有物业的建筑面积交存,每平方米建筑面积交存金额为本市房改成本价的2%； (二)售房单位按照多层住宅不低于售房款的20%、高层住宅不低于售房款的30%,从售房款中一次性提取住宅专项维修资金。	2021年3月23日
西安市	《西安市住宅专项维修资金管理办法》	第七条　住宅的业主、非住宅的业主应当按照所拥有物业的建筑面积交存维修资金,每平方米建筑面积交存首期维修资金的数额为当地住宅建筑安装工程每平方米造价的百分之五至百分之八。市物业管理行政主管部门应当根据相关规定合理确定、公布首期维修资金的交存数额,并适时调整。	2020年12月31日

续表

省/市	文件名称	文件内容	生效日期
		阎良区、临潼区、长安区、高陵区、鄠邑区、市辖县及西咸新区管理范围内首期维修资金的交存数额,由区县物业管理行政主管部门、西咸新区管理委员会参照市物业管理行政主管部门公布的首期维修资金交存数额确定。 出售公有住房的,按照下列规定交存维修资金: (一)业主按照所拥有物业的建筑面积交存维修资金,每平方米建筑面积交存首期维修资金的数额为当地房改成本价的百分之二; (二)售房单位按照多层住宅不低于售房款的百分之二十、高层住宅不低于售房款的百分之三十,从售房款中一次性提取维修资金。	
郑州市	《郑州市房屋专项维修资金管理办法》	第八条 首期房屋专项维修资金按下列标准交存: (一)出售公有住房的,由售房单位从售房款中提取30%交存; (二)无电梯房屋,由业主按建筑面积每平方米35元交存;有电梯房屋,由业主按建筑面积每平方米65元交存。市房地产主管部门应当根据房屋建筑安装工程每平方米造价,适时调整并公布首期房屋专项维修资金的交存标准。	2020年1月17日

(三)物业专项维修资金应由专户管理并设分户账

1.业主大会成立前

在业主大会成立前,无论是商品住宅业主、非住宅业主交存的住宅专项维修资金,还是已售公有住房住宅专项维修资金,均由物业所在地直辖市、市、县人民政府财政部门或者建设(房地产)主管部门负责管理。

负责管理的主管部门应当委托所在地一家商业银行,作为本行政区域内专项维修资金的专户管理银行,并在专户管理银行开立物业专项维修资金专户。

开立住宅专项维修资金专户,应当以物业管理区域为单位设账,按房屋户门号设分户账;未划定物业管理区域的,以幢为单位设账,按房屋户门号设分户账。

2. 业主大会成立后

(1)按规定划转业主交存的住宅专项维修资金

首先,业主大会应当委托所在地一家商业银行作为本物业管理区域内住宅专项维修资金的专户管理银行,并在专户管理银行开立住宅专项维修资金专户。开立住宅专项维修资金专户,应当以物业管理区域为单位设账,按房屋户门号设分户账。其次,业主委员会应当通知物业所在地负责管理本物业管理区域专项维修资金的主管部门。最后,负责管理该物业管理区域专项维修资金的主管部门应当在收到业主委员会通知之日起30日内,通知专户管理银行将该物业管理区域内业主交存的住宅专项维修资金账面余额划转至业主大会开立的住宅专项维修资金账户,并将有关账目等移交业主委员会。

(2)业主大会应当建立住宅专项维修资金管理制度

住宅专项维修资金划转后的账目管理单位,由业主大会决定。业主大会应当建立住宅专项维修资金管理制度。

业主大会开立的住宅专项维修资金账户,应当接受所在地直辖市、市、县人民政府住房和城乡建设主管部门的监督。

二、专项维修资金的续交

(一)交纳主体

由物业的所有权人予以续交。

(二)续交要求

从全国来看,业主分户账面住宅专项维修资金余额不足首期交存额30%的,应当及时续交。

成立业主大会的,续交方案由业主大会决定。未成立业主大会的,续交的具体管理办法由直辖市、市、县人民政府住房和城乡建设主管部门会同同级财政部门制定。(见表3)

表3 各地有关专项维修资金续缴的规定

省/市	文件名称	文件内容	生效日期
安徽省	《安徽省物业专项维修资金管理暂行办法》	第九条 一幢房屋的物业专项维修资金余额低于首次交存的物业专项维修资金30%时,该幢房屋的业主应当续筹物业专项维修资金。业主续筹物业专项维修资金有困难的,经所在单位证明,可由业主及其配偶申请提取其个人住房公积金账户内的存储余额。物业专项维修资金续筹的标准和方案由业主委员会拟定,提交业主大会决定后,由业主委员会具体实施。	2019年2月27日
河北省	《河北省住宅专项维修资金管理实施细则》	第十六条 业主分户账面维修资金余额不足首期交存额30%的,账目管理单位应当及时告知业主委员会或业主。业主应当在收到通知后60日内续交,续交后的维修资金金额应不少于首期交存额。成立业主大会的,续交方案由业主大会决定。未成立业主大会的,续交的具体管理办法由市、县级住房城乡建设部门会同同级财政部门制定。	2022年10月8日
山东省	《山东省住宅专项维修资金管理办法》	第十六条 房屋账户内的维修资金余额不足首期交存额30%的,物业主管部门应当向小区业主委员会或相关业主发出续交通知,相关业主接到通知后应当及时续交。	2020年7月1日
深圳市	《深圳市物业专项维修资金管理规定》	第十五条 业主大会决定补缴日常维修金、用共有物业收益缴纳或补充物业专项维修资金、续筹物业专项维修资金、移交清算后的日常维修金余额等一次性移交至物业专项维修资金专户的,按照以下程序执行: (一)业主委员会制定《移交明细》,公布拟移交资金的金额和分栋分户资金分摊信息。业主欠缴的,由业主委员会通知欠缴业主限期补缴。 (二)业主委员会应当将拟提交的《移交明细》在物业管理区域内公示,公示期不少于十五日。公示期内有异议的,业主委员会负责组织异议人与物业服务企业进行核实和处理。 (三)公示期满无异议或者异议经核实处理后,业主委员会审核同意的,应当由过半数以上的业主委员会委员在《移交明细》上签字,并加盖业主委员会印章。	2020年11月1日

续表

省/市	文件名称	文件内容	生效日期
		(四)业主委员会或物业服务企业持《移交明细》等材料到区管理机构办理移交手续。一次性移交物业专项维修资金时未同步提交《移交明细》的,业主大会应当自移交之日起一年内向区管理机构提交《移交明细》,经业主委员会向区管理机构申请,可以再延长一年提交。逾期未提交的,前款一次性移交至物业专项维修资金专户的资金及其增值收益,按照本规定第九条的原则分摊。	
重庆市	《重庆市物业专项维修资金管理办法》	第二十二条 业主的物业专项维修资金账面余额不足首期交存额30%的,物业专项维修资金代管机构或者业主委员会应当告知业主及时续交。成立业主大会的,续交方案由业主大会决定。业主未按续交方案足额交存物业专项维修资金的,业主委员会可以依法向人民法院提起诉讼。	2022年5月1日
成都市	《成都市住宅专项维修资金管理办法》	第二十六条第二款 业主分户账专项维修资金余额不足的,应当由该业主补足差额部分;业主未交存专项维修资金的,应当由该业主补交首期专项维修资金。涉及尚未出售房屋的,开发建设单位应当按尚未出售房屋建筑面积分摊费用。	2018年2月1日
贵阳市	《贵阳市房屋专项维修资金管理办法》	第八条 一幢或者一户房屋的维修资金余额不足首期维修资金应交额30%的,业主应当按照业主大会决定的续交方案及时续交。维修资金续交方案确定的续交标准应当不低于本办法第六条规定的首期交存标准。	2021年7月23日
沈阳市	《沈阳市物业专项维修资金管理办法》	第十五条 业主分户账面物业专项维修资金余额不足首期交存额百分之三十的,应当及时续交。原则上续交后业主分户账面余额不得低于首期交存额。续交方案由业主大会决定。业主委员会应当及时组织召开业主大会会议讨论决定续交方案,并依据续交方案向相关业主发出续交通知。业主应当在接到续交通知之日起10日内,将续交的物业专项维修资金交存至专户管理银行。	2016年1月1日

续表

省/市	文件名称	文件内容	生效日期
武汉市	《武汉市住宅专项维修资金管理办法》	第二十条　业主分户账中住宅专项维修资金余额不足首期应交存额30%的,应当按照业主大会决定的续交方案及时续交住宅专项维修资金。尚未成立业主大会的,续交的具体管理办法由市房屋行政主管部门会同市财政部门制定。	2021年3月23日
西安市	《西安市住宅专项维修资金管理办法》	第十六条　业主分户账面维修资金余额不足首期维修资金交存数额的百分之三十时,业主应当续交维修资金。续交的具体方案由业主共同决定。	2020年12月31日
郑州市	《郑州市房屋专项维修资金管理办法》	第十六条　业主分户账面、公有住房售房单位分账账面余额不足首期房屋专项维修资金数额30%的,应当由业主续交。商品房屋的房屋专项维修资金数额续交后应不少于首期房屋专项维修资金。公有住房的房屋专项维修资金业主首次续交标准执行本办法第八条第(二)项规定;业主分户账账面余额不足首次续交的房屋专项维修资金数额30%时,应当由业主再次续交,再次续交后的房屋专项维修资金数额应不少于业主首次续交的房屋专项维修资金。续交房屋专项维修资金,可以一次性足额续交,也可以分期续交。已成立业主大会的,续交方案由业主大会决定;未成立业主大会的,续交方案由房屋专项维修资金管理机构决定。	2020年1月17日

第三节　物业专项维修资金的使用

一、物业专项维修资金的使用原则及程序

物业共用部位、共用设备、物业管理区域公共设施的维修、更新费用支出符合规定的,可以按规定的流程支用维修资金。由政府行政主管部门进行指导与

监管。

物业专项维修资金的使用,应当遵循方便快捷、公开透明、受益人和负担人相一致的原则。

(一)受益人和负担人相一致

物业专项维修资金须用于共用部位、共用设施设备的维修和更新、改造,而共用部位、共用设施设备为业主共有,须将物业专项维修资金的使用分摊到实际受益人才能保证资金使用的公平性和合理性。

总体而言,物业维修、更新、改造的费用,按照下列规定承担:

1.专有部分所需的费用,由拥有专有部分的业主承担;

2.部分共用部分的所需费用,由拥有部分共用部分的业主按照各自拥有的房屋建筑面积比例共同承担;

3.全体共用部分的所需费用,由物业管理区域内的全体业主按照各自拥有的房屋建筑面积比例共同承担。

部分共用部分、全体共用部分的维修、更新、改造费用在专项维修资金中列支。

《住宅专项维修资金管理办法》第二十条规定:"住宅共用部位、共用设施设备的维修和更新、改造费用,按照下列规定分摊:(一)商品住宅之间或者商品住宅与非住宅之间共用部位、共用设施设备的维修和更新、改造费用,由相关业主按照各自拥有物业建筑面积的比例分摊。(二)售后公有住房之间共用部位、共用设施设备的维修和更新、改造费用,由相关业主和公有住房售房单位按照所交存住宅专项维修资金的比例分摊;其中,应由业主承担的,再由相关业主按照各自拥有物业建筑面积的比例分摊。(三)售后公有住房与商品住宅或者非住宅之间共用部位、共用设施设备的维修和更新、改造费用,先按照建筑面积比例分摊到各相关物业。其中,售后公有住房应分摊的费用,再由相关业主和公有住房售房单位按照所交存住宅专项维修资金的比例分摊。"

《住宅专项维修资金管理办法》第二十一条规定:"住宅共用部位、共用设施设备维修和更新、改造,涉及尚未售出的商品住宅、非住宅或者公有住房的,开发建设单位或者公有住房单位应当按照尚未售出商品住宅或者公有住房的建筑面积,分摊维修和更新、改造费用。"

表4 各地有关专项维修资金使用范围的规定

省/市	文件名称	文件内容	生效日期
河北省	《河北省住宅专项维修资金管理实施细则》	第十八条 凡由供水、供电、供气、供热、通信、有线电视等单位负责维护管理的共有部位、共用设施设备,由相关单位承担维修工程费用。 物业管理区域内楼房外的共用设施设备的维修工程费用由全体业主按所拥有建筑面积的比例分摊。 楼房内共有部位和供楼房内全体业主共用的设施设备的维修费用由该楼全体业主按所拥有建筑面积的比例分摊;楼房内供部分业主共用的设施设备的维修费用由相关业主按所拥有建筑面积的比例分摊。 涉及尚未售出的商品住宅、非住宅或者公有住房的,开发建设单位或者公有住房单位应当按照尚未售出商品住宅或者公有住房的建筑面积分摊维修和更新、改造费用。	2022年10月8日
山东省	《山东省住宅专项维修资金管理办法》	第二十条 涉及全体业主的维修项目和业主大会决定的其他维修项目,从公共账户列支,公共账户资金不足的,由全体业主或者有利害关系的业主,按照各自拥有物业建筑面积的比例分摊;涉及部分业主的维修项目,从房屋账户列支,由相关业主按照各自拥有物业建筑面积的比例分摊。 出现应急使用情况,需从房屋账户列支而房屋账户资金不足的,经业主委员会同意,可以先从公共账户中调剂垫付。	2020年7月1日
深圳市	《深圳市物业专项维修资金管理规定》	第十八条 物业专项维修资金的使用分摊方式由业主大会决定。业主大会没有约定或者约定不明确的,按照以下方式进行分摊: (一)物业专项维修资金用于全体共有部分的,由物业管理区域全体业主按照各自专有部分建筑面积所占本物业管理区域业主专有部分建筑面积之和的比例共同承担。 (二)物业专项维修资金用于部分共有部分的,由该部分共有部分业主按照各自专有部分建筑面积所占该部分共有部分建筑面积之和的比例共同承担。	2020年11月1日

续表

省/市	文件名称	文件内容	生效日期
成都市	《成都市住宅专项维修资金管理办法》	第二十六条 （分摊方法） 专项维修资金的使用应当遵循业主"谁受益、谁负担"原则,按下列规定分摊： (一)用于建筑区划住宅共用部位、共用设施设备的,由全体业主按所拥有建筑面积的比例分摊。 (二)用于单幢或多幢住宅共用部位、共用设施设备的,由该幢或多幢业主按所拥有建筑面积的比例分摊。 (三)用于单元住宅共用部位、共用设施设备的,由单元内业主按所拥有建筑面积的比例分摊。 (四)用于两户或两户以上房屋的住宅共用部位、共用设施设备的,由相关业主按所拥有建筑面积的比例分摊。 (五)建筑区划内规划用于停放汽车的车位、车库,其共用部位、共用设施设备的维修、更新和改造,由业主按照所拥有的车位、车库建筑面积的比例分摊。但属于业主共同所有的车位、车库除外。 业主分户账专项维修资金余额不足的,应当由该业主补足差额部分；业主未交存专项维修资金的,应当由该业主补交首期专项维修资金。涉及尚未出售房屋的,开发建设单位应当按尚未出售房屋建筑面积分摊费用。 售后公有住房之间共用部位、共用设施设备的维修、更新和改造费用,由相关业主和公有住房售房单位按照所交存专项维修资金的比例分摊。 售后公有住房与建筑区划内其他房屋之间共用部位、共用设施设备的维修、更新和改造费用,由售后公有住房与其他房屋按各自拥有的建筑面积比例分摊。	2018年2月1日

续表

省/市	文件名称	文件内容	生效日期
贵阳市	《贵阳市房屋专项维修资金管理办法》	第十六条　使用维修资金应当按照谁受益谁承担的原则分摊： (一)属全体业主共有的共用部位、共用设施设备，由全体业主按照各自拥有房屋建筑面积的比例共同承担； (二)属部分业主共有的共用部位、共用设施设备，由部分业主按照各自拥有房屋建筑面积的比例共同承担； (三)未出售的房屋，由开发建设单位按照未出售房屋部分的建筑面积所占比例承担。 分户账内维修资金余额不足支付所分摊工程费用的，应当由该业主补足差额部分。	2021年7月23日
沈阳市	《沈阳市物业专项维修资金管理办法》	第十九条　物业共用部位、共用设施设备的维修、更新、改造及增设费用，由相关业主按照下列规定分摊： (一)属于物业管理区域内业主共有的物业共用部位、共用设施设备的维修、更新、改造及增设费用，由全体业主按照各自拥有物业建筑面积的比例分摊； (二)专属一幢楼的物业共用部位、共用设施设备的维修、更新、改造及增设费用，由该楼全体业主按照各自拥有物业建筑面积的比例分摊； (三)专属一个单元的物业共用部位、共用设施设备的维修、更新、改造及增设费用，由该单元全体业主按照各自拥有物业建筑面积的比例分摊； (四)专属一个楼层的物业共用部位、共用设施设备的维修、更新、改造及增设费用，由该楼层全体业主按照各自拥有物业建筑面积的比例分摊。 第二十条　物业共用部位、共用设施设备维修、更新、改造及增设费用，涉及售后公有住房的，按照售后公有住房建筑面积的比例分摊，维修、更新、改造及增设费用从售后公有住房维修资金列支；涉及尚未售出的物业，开发建设或者产权单位应当按照尚未售出物业建筑面积的比例分摊。	2016年1月1日

续表

省/市	文件名称	文件内容	生效日期
武汉市	《武汉市住宅专项维修资金管理办法》	第二十四条 住宅共用部位、共用设施设备的维修和更新、改造费用，按照下列规定分摊： (一)属全体业主共有的共用部位、共用设施设备，由全体业主按照各自拥有房屋建筑面积的比例共同承担； (二)属单幢房屋内业主共有的共用部位、共用设施设备，由该幢房屋的全体业主按照各自拥有房屋建筑面积的比例共同承担； (三)属一个单元内业主共有的共用部位、共用设施设备，由单元内的业主按照各自拥有房屋建筑面积的比例共同承担；属单元内一侧房屋业主共有的共用部位、共用设施设备，由该侧房屋的业主按照各自拥有房屋建筑面积的比例共同承担； (四)相邻业主共有部位的维修，由相邻业主按照各自拥有房屋建筑面积的比例共同承担； (五)与房屋结构相连的汽车车库的维修，由车库共用关系的业主按照各自拥有车位的比例共同承担。 业主个人维修资金分户账金额不够支付所分摊维修工程费用的，差额部分由该业主承担。	2021年3月23日
西安市	《西安市住宅专项维修资金管理办法》	第二十三条 住宅共用部位、共用设施设备维修和更新、改造费用的分摊办法，相关业主有约定的，从其约定；无约定的，根据其各自拥有物业的建筑面积比例按照下列规定分摊： (一)用于小区共用设施设备维修和更新、改造的，由小区业主按照其拥有物业的建筑面积比例承担，并从小区业主交存的维修资金中列支； (二)用于整幢楼本体共用部位、共用设施设备维修和更新、改造的，由整幢楼业主按照其拥有物业的建筑面积比例承担，并从该幢业主交存的维修资金中列支； (三)用于本单元内共用部位、共用设施设备维修和更新、改造的，由本单元内业主按照其拥有物业的建筑面积比例承担，并从该单元业主交存的维修资金中列支。	2020年12月31日

续表

省/市	文件名称	文件内容	生效日期
		住宅物业区域内配建的车库、地下室的业主交存的该部分维修资金,专项用于车库、地下室共用部位、共用设施设备维修和更新、改造。 住宅共用部位、共用设施设备维修和更新、改造,涉及尚未售出商品住宅、非住宅的,建设单位应当按照尚未售出商品住宅、非住宅的建筑面积,分摊维修和更新、改造费用。	
郑州市	《郑州市房屋专项维修资金管理办法》	第二十三条　房屋共用部位、共用设施设备的维修和更新、改造费用分摊办法,相关业主有约定的,从其约定;无约定的,按照下列规定分摊: (一)商品房屋之间,由相关业主按照各自拥有物业建筑面积的比例分摊。 (二)已售公有住房之间,按照相关楼幢建筑面积从公有住房房屋专项维修资金专户分账中按比例分摊。公有住房售房款中提取的房屋专项维修资金不足时,差额部分由相关业主按照各自拥有物业建筑面积从房屋专项维修资金分户账中按比例分摊。 (三)已售公有住房与商品房屋之间,先按照建筑面积比例分摊到各相关物业,再按照本款第(一)项、第(二)项规定分摊; (四)未售出房屋,由房地产开发企业或者公有住房售房单位按照未售出房屋的建筑面积分摊。	2020年1月17日

(二)物业专项维修资金的使用程序

1. 业主大会成立前

《住宅专项维修资金管理办法》第二十二条规定:"住宅专项维修资金划转业主大会管理前,需要使用住宅专项维修资金的,按照以下程序办理:(一)物业服务企业根据维修和更新、改造项目提出使用建议;没有物业服务企业的,由相关业主提出使用建议;(二)住宅专项维修资金列支范围内专有部分占建筑物总面积三分之二以上的业主且占总人数三分之二以上的业主讨论通过使用建议;(三)物业服务企业或者相关业主组织实施使用方案;(四)物业服务企业或者相关业主持有关材料,向所在地直辖市、市、县人民政府建设(房地产)主管部门申请列支;其中,动用公有住房住宅专项维修资金的,向负责管理公有住房住宅专项维修资金的部门申请列支;(五)直辖市、市、县人民政府建设(房地产)主管部门或者负责管理公有住房住宅专项维修资金的部门审核同意后,向专户管理银行发出划转住宅专项维修资金的通知;(六)专户管理银行将所需住宅专项维修资金划转至维修单位。"

2. 业主大会成立后

《住宅专项维修资金管理办法》第二十三条规定:"住宅专项维修资金划转业主大会管理后,需要使用住宅专项维修资金的,按照以下程序办理:(一)物业服务企业提出使用方案,使用方案应当包括拟维修和更新、改造的项目、费用预算、列支范围、发生危及房屋安全等紧急情况以及其他需临时使用住宅专项维修资金的情况的处置办法等;(二)业主大会依法通过使用方案;(三)物业服务企业组织实施使用方案;(四)物业服务企业持有关材料向业主委员会提出列支住宅专项维修资金;其中,动用公有住房住宅专项维修资金的,向负责管理公有住房住宅专项维修资金的部门申请列支;(五)业主委员会依据使用方案审核同意,并报直辖市、市、县人民政府建设(房地产)主管部门备案;动用公有住房住宅专项维修资金的,经负责管理公有住房住宅专项维修资金的部门审核同意;直辖市、市、县人民政府建设(房地产)主管部门或者负责管理公有住房住宅专项维修资金的部门发现不符合有关法律、法规、规章和使用方案的,应当责令改正;(六)业主委员会、负责管理公有住房住宅专项维修资金的部门向专户管理银行发出划转住宅专项维修资金的通知;(七)专户管理银行将所需住宅专项维修资金划转至维修单位。"

实际操作中,为提高管理效率,降低管理成本,业主大会可将一定金额范围内维修资金使用的决策权力,经法定程序后授予业主委员会。

各地区也制定了使用物业专项维修资金应当遵循的程序,具体见表5:

表5　各地有关专项维修资金使用程序的规定

省/市	文件名称	文件内容	生效日期
安徽省	《安徽省物业专项维修资金管理暂行办法》	第十九条　使用物业专项维修资金应当遵循下列程序： (一)实施物业管理并已经成立业主大会,对全体业主共有的物业共用部位、共用设施设备进行维修和更新、改造的,由业委员会按照年度提出物业专项维修资金使用计划,经专有部分占建筑物总面积2/3以上的业主且占总人数2/3以上的业主通过后实施;对部分业主共有的物业共用部位、共用设施设备进行维修和更新、改造的,由业委员会按照年度提出物业专项维修资金使用计划,经具有共有关系的业主专有部分占建筑物总面积2/3以上且占总人数2/3以上通过后实施; (二)实施物业管理但尚未成立业主大会的,由物业服务企业按照年度提出物业专项维修资金使用计划,经对该物业共用部位、共用设施设备具有共有关系的业主专有部分占建筑物总面积2/3以上通过后实施; (三)未实施物业管理的,由物业所在区域居民委员会组织对该物业共用部位、共用设施设备具有共有关系的业主提出物业专项维修资金使用计划,经具有共有关系的业主专有部分占建筑物总面积2/3以上且占总人数2/3以上通过后实施。 物业专项维修资金使用计划,应当在物业管理区域内公示5日后,方可表决。	2019年2月27日
河北省	《河北省住宅专项维修资金管理实施细则》	第二十条　维修资金划转业主大会管理前,需要使用维修资金的,在街道办事处(乡、镇人民政府)和社区居委会监督指导下按照以下程序办理： (一)物业服务企业或者相关业主,根据需维修和更新、改造项目的情况及时提出使用建议。建议内容包括房屋坐落、维修项目概况、维修理由、工程造价、涉及业主户数等。 (二)维修资金列支范围内专有部分面积占比三分之二以上的业主且人数占比三分之二以上的业主参与表决,并经参与表决专有部分面积过半数的业主且参与表决人数过半数的业主同意使用建议,形成使用决议,并确定具体办理维修资金使用手续的委托代理人。	2022年10月8日

续表

省/市	文件名称	文件内容	生效日期
		(三)物业服务企业或者相关业主根据使用决议,组织制定使用方案。 (四)物业服务企业或者相关业主持下列材料,向所在地市、县级住房城乡建设部门申请资金支取。其中,动用公有住房维修资金的,向公有住房维修资金管理部门申请资金支取: 1.使用维修资金申请; 2.业主按照本条第(二)项规定,形成的同意使用维修资金的决议; 3.委托办理维修资金使用事宜的委托证明、办理人身份证及复印件; 4.维修资金使用方案和维修施工合同; 5.维修费用的工程进度结算材料。 (五)市、县级住房城乡建设部门或公有住房维修资金管理部门收到申请后 10 个工作日内完成审核,审核同意后,确定拨款方案并向专户管理银行发出划转维修资金的通知;不同意的,向申请人书面说明理由。 (六)专户管理银行在收到划转维修资金的通知后 5 个工作日内将所需维修资金划转至维修单位。 第二十一条　维修资金划转业主大会管理后,需要使用维修资金的,按照以下程序办理: (一)物业服务企业提出使用方案。使用方案应当包括拟维修、更新和改造项目的基本情况、费用预算、列支范围、发生危及房屋安全等紧急情况以及其他需临时使用维修资金的情况的处置办法等。没有物业服务企业的,由相关业主提出使用方案; (二)由业主大会、相关业主依法通过使用方案; (三)物业服务企业或者相关业主组织实施使用方案; (四)物业服务企业或者相关业主持有关材料向业主委员会申请列支维修资金。其中,动用公有住房维修资金的,向公有住房维修资金管理部门申请列支; (五)业主委员会依据维修资金使用方案审核列支维修资金申请,同意后报市、县级住房城乡建设部门备案。其中,动用公有住房维	

第一部分 基础知识 111

续表

省/市	文件名称	文件内容	生效日期
		修资金的,还应当经公有住房维修资金管理部门审核同意;市、县级住房城乡建设部门或者公有住房维修资金管理部门发现不符合法律、法规、规章和使用方案的,应当责令改正; (六)业主委员会、公有住房维修资金管理部门,向专户管理银行发出划转维修资金的通知; (七)专户管理银行在收到划转维修资金的通知后5个工作日内将所需维修资金划转至维修单位。	
山东省	《山东省住宅专项维修资金管理办法》	第十九条 维修资金的使用分为计划使用、一般使用和应急使用。 计划使用是指采取一次投票集中表决多个计划维修项目的使用方式;一般使用是指采取传统方法一次投票表决一个维修项目的使用方式;应急使用是指采取应急程序事前不用表决、事后公示的使用方式。 业主表决方式可以采取常规表决,即经有利害关系的专有部分占建筑物总面积三分之二以上且占总人数三分之二以上的业主同意,视为表决通过;也可以采用异议表决,即根据业主共同管理规约的约定,持不同意见的业主专有部分占建筑物总面积三分之一以下且占总人数三分之一以下的,视为表决通过。	2020年7月1日
深圳市	《深圳市物业专项维修资金管理规定》	第二十一条 专项使用物业专项维修资金的,按照以下程序办理: (一)物业服务企业根据物业情况或者业主要求,制定检测鉴定、维修、更新或改造方案(以下简称维修方案)。维修方案应当包括拟维修项目、维修程度、预算费用、分摊范围和标准、施工单位选定方式、竣工验收和结算原则等内容。没有物业服务企业的,业主委员会可委托施工单位制定维修方案。 (二)业主委员会组织召开业主大会或者组织相关业主投票表决。 (三)表决通过后,物业服务企业将维修方案中的相关信息及电子申请材料录入物业专项维修资金管理系统,并核对预分摊信息。	2020年11月1日

续表

省/市	文件名称	文件内容	生效日期
		(四)物业服务企业持维修方案、业主大会决议或者部分业主的书面同意等材料到区管理机构申请首期款项备案(首期款项不得超过项目经费预算款项的百分之六十)。维修预算费用超过十万元的,需提供第三方造价审核机构的审核结论。 (五)区管理机构备案完成后,市管理机构根据区管理机构的首期款项划拨通知划拨首期款。 (六)物业服务企业按照维修方案组织实施。业主委员会负责组织竣工验收,并出具验收合格意见。业主委员会委托专业机构验收的,由专业机构出具验收合格文件。 (七)维修项目竣工验收合格后,物业服务企业上传有关申请材料至物业专项维修资金管理系统并核对尾款分摊信息后,持竣工验收合格文件、合法票据和结算资料等到区管理机构申请尾款备案。备案完成后,市管理机构根据区管理机构的尾款划拨通知划拨尾款。 对物业管理区域已垫资完成且造价未超过十万元的维修工程,可在工程竣工验收合格后按照本条款中的尾款申请流程一次性申请物业专项维修资金,申请时所提交资料应当包括首、尾款的申请材料。	
重庆市	《重庆市物业专项维修资金管理办法》	第二十六条 需要使用物业专项维修资金的,业主、业主委员会或者物业服务企业应当制订使用方案。使用方案应当包括下列内容: (一)需要维修、更新、改造的具体范围和内容; (二)维修、更新、改造方案及工程计划; (三)费用预算及用款进度计划; (四)其他与物业专项维修资金使用有关的内容。 第二十七条 物业专项维修资金使用方案应当在物业管理区域内公示 7 日以上,由业主委员会组织业主表决,经专有部分占需要维修、更新、改造的共有部分、共有设施设备所涉及的建筑物总面积 2/3 以上的业主且人数占需要维修、更新、改造的共有部分、共有设	2022 年 5 月 1 日

续表

省/市	文件名称	文件内容	生效日期
		施设备所涉及的总人数2/3以上的业主参与表决,经参与表决专有部分面积过半数的业主且参与表决人数过半数的业主同意。 未成立业主委员会或者业主委员会不组织业主表决的,物业服务企业或者业主代表也可以在物业所在地街道办事处、乡(镇)人民政府的指导监督下按照前款规定公示和征得业主同意。 维修、更新、改造工程的施工单位由业主委员会、物业服务企业或者业主代表协商确定,并在物业管理区域内公示3日。	
成都市	《成都市住宅专项维修资金管理办法》	第二十九条 (使用流程) 专项维修资金使用,按以下流程办理: (一)拟订使用方案。当建筑区划内住宅共用部位、共用设施设备需要维修、更新和改造时,由相关业主、业主委员会、街道办事处、镇(乡)人民政府、物业服务企业或其他管理人(以下统称:使用申请人)拟订使用方案,并向分摊列支范围内业主公示,公示期不少于5日。按照本办法第三十条应急使用专项维修资金的,应当将使用方案告知分摊列支范围内的业主。 (二)业主表决。由业主委员会、街道办事处、镇(乡)人民政府组织业主依法表决通过使用方案。表决结果应当向业主公示,公示期不少于5日。 (三)使用备案和预算资金拨付。使用申请人持使用方案、使用备案表、费用结算票据等有关资料向区(市)县房产行政管理部门申请使用备案;其中,涉及动用售后公有住房专项维修资金的,还应当取得售房单位同意使用的书面证明。符合规定的,区(市)县房产行政管理部门应当及时备案。专项维修资金代管的,由区(市)县房产行政管理部门拨付预算资金;专项维修资金自管的,由业主委员会拨付预算资金。专户管理银行应当按照相关规定对资金支取资料进行审核,并及时完成资金支取。预算资金可在使用备案后拨付,也可待工程竣工验收合格后,一并拨付。预算资金拨付比例不得高于使用方案确定的总金额的50%。	2018年2月1日

续表

省/市	文件名称	文件内容	生效日期
		(四)竣工验收和结算资金拨付。工程竣工后,使用申请人应当根据相关规定和使用方案约定组织验收,并将验收结果向业主公示5日。公示期满无异议后,专项维修资金代管的,由使用申请人持工程验收意见表、结算报告表、费用结算票据等有关资料向区(市)县房产行政管理部门申请拨付,符合拨付条件的,区(市)县房产行政管理部门应当及时拨付结算资金;专项维修资金自管的,业主委员会应当拨付结算资金。专户管理银行应当按照相关规定对资金支取资料进行审核,符合规定的,及时完成资金支取。 建筑区划已建立应急使用预案或专项维修资金管理公约的,由约定的执行主体作为使用申请人,按照前款第(一)、(三)、(四)项的规定办理。	
贵阳市	《贵阳市房屋专项维修资金管理办法》	第十七条 使用维修资金,按照下列程序办理: (一)使用申请人根据维修、更新和改造项目实际情况提出使用方案,详细说明申请使用原因、施工计划、项目施工范围、费用预算、付款方式、分摊列支范围及明细、第三方专业机构审价报告等内容,并向分摊列支范围内的业主公示,公示期不少于5日; (二)使用方案公示期满无异议的,由业主委员会、物业服务企业、街道办事处或者乡(镇)人民政府组织分摊列支范围内专有部分面积占建筑物总面积三分之二以上的业主且占总人数三分之二以上的业主表决通过,表决结果向业主公示,公示期不少于5日; (三)使用方案表决结果无异议的,使用申请人应当将使用方案、施工维修合同报有管理职责的住房城乡建设主管部门备案; (四)住房城乡建设主管部门代管维修资金的应当自受理备案之日起5个工作日内,业主大会自管维修资金的业主委员会应当自使用方案、施工维修合同报备案之日起5个工作日内,按照不得高于使用方案确定总金额的50%拨付预算资金;	2021年7月23日

续表

省/市	文件名称	文件内容	生效日期
		(五)工程竣工后,由使用申请人组织验收,并将验收结果向业主公示,公示期不少于5日;公示期满无异议的,使用申请人持工程验收合格相关资料向有管理职责的住房城乡建设主管部门或者业主委员会提出结算资金拨付,住房城乡建设主管部门或者业主委员会应当自使用申请人提出结算资金拨付之日起5个工作日内拨付;业主大会自管维修资金的,业主委员会作为使用申请人时,直接拨付。	
沈阳市	《沈阳市物业专项维修资金管理办法》	第二十一条 由市房产主管部门代管物业专项维修资金的,按照以下程序使用物业专项维修资金: (一)业主委员会会同物业服务企业,根据维修、更新、改造及增设项目提出使用方案。未选聘物业服务企业的,由业主委员会提出使用方案。业主委员会可以聘请专业机构提出使用方案; (二)业主委员会组织相关业主讨论使用方案。使用方案经物业专项维修资金列支范围内的专有部分占建筑物总面积三分之二以上的业主且占总人数三分之二以上的业主同意; (三)业主委员会持使用方案、工程预算、业主表决情况等材料向区房产主管部门申请列支;使用售后公有住房专项维修资金的,业主委员会向售房单位申请列支,由售房单位向负责管理公有住房专项维修资金的部门报批; (四)区房产主管部门审核同意后,业主委员会会同物业服务企业组织实施使用方案; (五)工程完工后,业主委员会持工程质量监督报告、工程结算审核报告、业主分摊费用明细等材料向区房产主管部门申请结算; (六)区房产主管部门审核同意后,报市房产主管部门,市房产主管部门通知专户管理银行将工程款划拨至业主委员会。 第二十二条 由业主大会自行管理物业专项维修资金的,按照以下程序使用物业专项维修资金:	2016年1月1日

续表

省/市	文件名称	文件内容	生效日期
		(一)业主委员会会同物业服务企业,根据维修、更新、改造及增设项目提出使用方案; (二)业主委员会组织相关业主讨论使用方案。使用方案经物业专项维修资金列支范围内的专有部分占建筑物总面积三分之二以上的业主且占总人数三分之二以上的业主同意; (三)业主委员会持使用方案、工程预算、业主表决情况等材料,到区房产主管部门备案;使用售后公有住房维修资金的,业主委员会向售房单位申请列支,由售房单位向负责管理公有住房专项维修资金的部门报批; (四)区房产主管部门备案后,业主委员会会同物业服务企业组织实施使用方案; (五)工程完工后,业主委员会持工程质量监督报告、工程结算审核报告、业主分摊费用明细等材料到区房产主管部门备案; (六)区房产主管部门备案后,业主委员会与施工单位按照合同约定结算。	
武汉市	《武汉市住宅专项维修资金管理办法》	第二十五条 住宅专项维修资金划转业主大会管理前,需要使用住宅专项维修资金的,按照下列程序办理: (一)物业服务企业根据维修和更新、改造项目提出使用方案。没有物业服务企业的,成立业主大会的由业主委员会提出使用方案,未成立业主大会的由社区居民委员会组织相关业主提出使用方案;使用方案应当包括申请使用住宅专项维修资金的原因,维修和更新、改造部位、费用及组织方式等内容; (二)业主委员会或者社区居民委员会应当组织业主对使用方案进行表决,经住宅专项维修资金列支范围内专有部分面积占比三分之二以上的业主且人数占比三分之二以上的业主参与表决,经参与表决专有部分面积过半数的业主且参与表决人数过半数的业主同意。表决前应当将使用方案向住宅专项维修资金列支范围内的业主公示,公示时间不少于7日;	2021年3月23日

续表

省/市	文件名称	文件内容	生效日期
		(三)使用方案通过后,业主委员会或者社区居民委员会持住宅专项维修资金使用备案表、相关业主表决结果及其证明、使用方案及预算、施工合同等材料,向区房屋行政主管部门提出备案申请; (四)材料齐全的,区房屋行政主管部门自受理之日起3个工作日进行备案,并向专户管理银行发出划转住宅专项维修资金通知,划转金额不超过预算资金50%; (五)业主委员会或者社区居民委员会按照使用方案组织实施维修和更新、改造工程; (六)工程验收合格后,业主委员会或者社区居民委员会持下列材料向区房屋行政主管部门办理拨付维修和更新、改造费用余额的手续: 1.维修和更新、改造工程验收单; 2.维修和更新、改造工程决算单; 3.维修和更新、改造工程的发票; 4.其他相关材料。 (七)材料齐全的,区房屋行政主管部门应当在3个工作日内,向专户管理银行发出划转维修和更新、改造费用余额的通知。 第二十六条 住宅专项维修资金划转业主大会管理后,需要使用住宅专项维修资金的,按照下列程序办理: (一)物业服务企业根据维修和更新、改造项目提出使用方案; (二)业主大会依法通过使用方案; (三)业主委员会持住宅专项维修资金使用备案表、使用方案及预算等有关材料报区房屋行政主管部门备案;区房屋行政主管部门发现不符合有关法律、法规、规章规定的,应当责令改正; (四)业主委员会按照区房屋行政主管部门备案的使用方案组织实施维修和更新、改造工程,并通知专户管理银行将所需住宅专项维修资金划转至维修单位; (五)工程竣工后,业主委员会在物业管理区域内公示工程质量验收报告和维修费用决算情况。 第二十七条 鼓励业主大会在管理规约和业主大会议事规则中就住宅专项维修资金使用等问题约定以下表决方式:	

续表

省/市	文件名称	文件内容	生效日期
		(一)委托表决:业主将一定时期、一定额度内住宅专项维修资金使用事项的表决权,以书面形式委托给业主委员会或者业主代表行使; (二)集合表决:业主大会对特定范围内的住宅专项维修资金的使用事项,采取一次性集合表决通过后,授权业主委员会或者物业服务企业分批使用; (三)默认表决:业主大会约定将未参与投票的业主视为同意住宅专项维修资金使用事项,相应投票权数计入已投的赞成票; (四)异议表决:在住宅专项维修资金使用事项中,持反对意见的业主专有部分占建筑物总面积三分之一以下且占总人数三分之一以下的,视为表决通过。	
西安市	《西安市住宅专项维修资金管理办法》	第二十四条 维修资金划转业主大会管理前,使用时按照以下程序办理: (一)物业服务企业根据维修和更新、改造项目提出使用方案; (二)维修资金列支范围内专有部分面积占比三分之二以上的业主且人数占比三分之二以上的业主参与表决,并经参与表决专有部分面积过半数的业主且参与表决人数过半数的业主同意使用方案,物业服务企业将业主表决通过后的使用方案在物业管理区域显著位置公示,公示期为七日; (三)物业服务企业持相关材料向区县物业管理行政主管部门、西咸新区或者开发区管理委员会申请列支。区县物业管理行政主管部门、西咸新区或者开发区管理委员会应当在五个工作日内审核完毕; (四)符合使用条件的,城六区物业管理行政主管部门、开发区管理委员会应当出具《住宅专项维修资金划转单》,市物业管理行政主管部门应当在收到《住宅专项维修资金划转单》后五个工作日内按照工程预算金额的百分之七十,将首款划转至物业服务企业维修资金使用专用账户。其他区县物业管理行政主管部门、西咸新区管理委员会应当在五个工作日内将首款划转至物业服务企业维修资金使用专用账户。不符合条件的,向物业服务企业书面说明;	2020年12月31日

续表

省/市	文件名称	文件内容	生效日期
		(五)物业服务企业组织实施使用方案; (六)工程竣工验收后,物业服务企业应当将使用维修资金总额及业主分摊情况在物业管理区域内显著位置公示,公示期为七日; (七)物业服务企业持相关材料向区县物业管理行政主管部门、西咸新区或者开发区管理委员会申请工程尾款,区县物业管理行政主管部门、西咸新区或者开发区管理委员会应当在五个工作日内审核完毕; (八)城六区物业管理行政主管部门、开发区管理委员会应当在审核后出具《住宅专项维修资金划转单》,市物业管理行政主管部门应当在收到《住宅专项维修资金划转单》后五个工作日内按照工程结算金额,将剩余款项划转至物业服务企业维修资金使用专用账户。其他区县物业管理行政主管部门、西咸新区管理委员会应当在五个工作日内将剩余款项划转至物业服务企业维修资金使用专用账户。 第二十五条 维修资金划转业主大会管理后,使用时按照以下程序办理: (一)物业服务企业提出使用方案; (二)业主大会依法讨论通过使用方案; (三)物业服务企业组织实施使用方案; (四)物业服务企业将使用方案、工程造价审核报告等相关材料报区县物业管理行政主管部门、西咸新区或者开发区管理委员会备案;受理备案的单位发现不符合有关法律、法规、规章的,应当责令改正; (五)业主委员会持备案回执到专户银行办理维修资金使用手续; (六)专户银行按规定程序划转维修资金。	

续表

省/市	文件名称	文件内容	生效日期
郑州市	《郑州市房屋专项维修资金管理办法》	第二十四条　房屋专项维修资金实行政府代管的,其使用按照以下程序办理: (一)业主委员会(相关业主)或者物业服务企业根据维修和更新、改造项目提出使用建议; (二)业主委员会(相关业主)在物业管理区域内的适当位置公示使用建议; (三)业主大会通过使用建议;未成立业主大会的,由房屋专项维修资金列支范围内专有部分占建筑物总面积三分之二以上的业主且占总人数三分之二以上的业主讨论通过使用建议; (四)业主委员会(相关业主)或者其委托的物业服务企业组织实施使用方案; (五)业主委员会(相关业主)或者其委托的物业服务企业持有关材料,向房屋专项维修资金管理机构申请列支; (六)房屋专项维修资金管理机构审核同意后,5日内按规定程序划转房屋专项维修资金; (七)业主委员会(相关业主)在物业管理区域内的适当位置公示房屋维修项目质量验收报告和维修费用决算情况。 第二十五条　房屋专项维修资金实行业主自主管理的,其使用按照以下程序办理: (一)业主委员会(相关业主)或者物业服务企业提出使用建议; (二)业主委员会在物业管理区域内的适当位置公示使用建议; (三)业主大会通过使用建议; (四)业主委员会或者其委托的物业服务企业组织实施使用方案; (五)业主委员会持使用方案报房屋专项维修资金管理机构备案;房屋专项维修资金管理机构发现不符合本办法规定和使用方案的,应当责令改正; (六)业主委员会向专户管理银行发出划转房屋专项维修资金的通知; (七)专户管理银行将所需房屋专项房屋资金划转至维修单位; (八)业主委员会在物业管理区域内的适当位置公示房屋维修项目质量验收报告和维修费用决算情况。	2020年1月17日

二、物业专项维修资金的紧急使用

一般而言,物业专项维修资金的使用需经过符合条件的主体提出使用方案或建议,使用方案或建议经符合要求和比例的业主表决通过后确定使用方案并实施,实施方案使用物业专项维修资金时受到负责管理物业专项维修资金的主管部门或业主大会及业主委员会的监督。但紧急情况下,往往来不及提出使用方案或建议并进行表决,更需要有完善的制度和程序保障物业专项维修资金能及时用于共用部位、共用设施设备的维修和更新、改造且保证在此过程中能有效监督资金的使用,避免出现资金滥用。

《住宅专项维修资金管理办法》第二十四条规定:"发生危及房屋安全等紧急情况,需要立即对住宅共用部位、共用设施设备进行维修和更新、改造的,按照以下规定列支住宅专项维修资金:(一)住宅专项维修资金划转业主大会管理前,按照本办法第二十二条第四项、第五项、第六项的规定办理;(二)住宅专项维修资金划转业主大会管理后,按照本办法第二十三条第四项、第五项、第六项和第七项的规定办理。发生前款情况后,未按规定实施维修和更新、改造的,直辖市、市、县人民政府建设(房地产)主管部门可以组织代修,维修费用从相关业主住宅专项维修资金分户账中列支;其中,涉及已售公有住房的,还应当从公有住房住宅专项维修资金中列支。"

表6 各地有关专项维修资金紧急使用程序的规定

省/市	文件名称	文件内容	生效日期
安徽省	《安徽省物业专项维修资金管理暂行办法》	第二十条 发生危及物业安全以及影响物业正常使用等紧急情况,需要立即对物业共用部位、共用设施设备进行维修和更新、改造的,由业主委员会、物业服务企业或者居民委员会提出物业专项维修资金使用方案,经所在地市、县人民政府房地产行政主管部门审核后,预先从物业专项维修资金中拨付,再按照本办法第十九条规定的程序补办有关手续。	2019年2月27日

续表

省/市	文件名称	文件内容	生效日期
河北省	《河北省住宅专项维修资金管理实施细则》	第二十二条　因出现危及房屋安全或人身及财产安全、漏雨、排水、消防、电梯等紧急事项需要立即对住宅共有部位、共用设施设备进行维修和更新、改造的,按照以下规定列支维修资金: (一)维修资金划转业主大会管理前,按照下列程序办理: 1. 物业服务企业或者相关业主持房屋安全、设施设备鉴定机构出具的相关证明材料或由街道办事处(乡、镇人民政府)出具的紧急维修情况说明以及使用方案,向所在地市、县级住房城乡建设部门或公有住房维修资金管理部门申请列支; 2. 市、县级住房城乡建设部门或公有住房维修资金管理部门收到申请后3个工作日内完成审核,审核同意后,确定拨款方案并向专户管理银行发出划转维修资金的通知;不同意的,向申请人书面说明理由; 3. 专户管理银行在收到划转维修资金的通知后3个工作日内将所需维修资金划转至维修单位; 4. 维修完毕后,应当依法履行有关程序或在相关范围内公告。 (二)维修资金划转业主大会管理后,按照以下程序办理: 1. 物业服务企业或者相关业主持房屋安全、设施设备鉴定机构出具的相关证明材料和使用方案向业主委员会提出列支。其中,动用公有住房维修资金的,向公有住房维修资金管理部门申请列支; 2. 业主委员会依据维修资金使用方案审核列支维修资金申请,同意后报市、县级住房城乡建设部门备案;动用公有住房维修资金的,经公有住房维修资金管理部门审核同意。市、县级住房城乡建设部门或者公有住房维修资金管理部门发现不符合法律、法规、规章和使用方案的,应当责令改正; 3. 业主委员会、公有住房维修资金管理部门向专户管理银行发出划转维修资金的通知; 4. 专户管理银行在收到划转维修资金的通知后3个工作日内将所需维修资金划转至维修单位。	2022年10月8日

续表

省/市	文件名称	文件内容	生效日期
		发生紧急事项后,物业服务企业或相关业主未按照规定实施维修和更新、改造的,业主委员会可以直接依法申请维修资金进行维修。尚未产生业主委员会的,由街道办事处(乡、镇人民政府)组织代为维修,组织协调解决维修中的有关事宜,维修费用从相关业主维修资金分户账中列支。其中,涉及已售公有住房的,还应当从公有住房维修资金中列支。维修工程竣工后,应当公开维修资金使用数额,项目维修资料应予保存。	
山东省	《山东省住宅专项维修资金管理办法》	第二十六条　维修资金的应急使用,适用于危及人身安全、房屋使用安全和公共安全的紧急情况,需要立即进行的维修、更新和改造。 第二十八条　出现需应急维修情形时,物业服务企业应将有关情况报告业主委员会,经现场查验确认后立即组织维修。 未聘用物业服务企业或者物业服务企业不履行组织维修责任的,由相关业主将有关情况报告业主委员会确认后组织维修。	2020年7月1日
深圳市	《深圳市物业专项维修资金管理规定》	第二十四条　物业管理区域出现下列情形,须立即消除安全隐患的,物业服务企业可以申请应急使用物业专项维修资金: (一)物业的天台、外墙等共用部位发生严重渗漏的。 (二)电梯发生冲顶、蹲底(坠落)及其他故障,可能危及人身安全的。 (三)消防设施设备出现功能故障,存在重大安全隐患的。 (四)楼体等共用部位墙面饰面有脱落危险,玻璃幕墙炸裂,地面塌陷等危及公共安全的。 (五)共用部位的楼地板、扶梯踏板、阳台、晒台、扶梯等存在脱落危险,危及人身安全的。 (六)未向供水部门办理产权移交手续的供水主管道、进水管、水泵泵体、泵电机等用水设施设备发生故障,导致供水中断的。 (七)未向供电部门办理产权移交手续的高压柜、环网柜、变压器、线路等供电设施设备发生故障,存在用电安全隐患的。	2020年11月1日

续表

省/市	文件名称	文件内容	生效日期
		(八)未向供水部门办理产权移交手续的专用排水设施因坍塌、堵塞等造成功能障碍,危及公共安全的。 (九)其他共用部位及共用设施设备出现安全隐患,危及公共安全的。 发生前款规定情形的,物业服务企业应当采取紧急处置措施、开展应急维修,并告知业主委员会,业主委员会应当对维修事项和紧急情形予以确认。物业服务企业同时应书面告知物业管理区域所在地的区住房和建设部门和街道办事处。应急处置费用可从物业专项维修资金中列支。物业管理区域无业主委员会的,应当告知所在地的街道办事处。业主委员会无正当理由不对维修事项和紧急情形予以确认的,所在地街道办事处可据实代为确认。 第二十五条 应急使用物业专项维修资金的,物业服务企业应拟订应急维修方案,应急维修方案应当包括拟维修项目、预算费用、分摊范围和标准等内容。 应急维修费用在十万元以下的,工程竣工后,业主委员会应当立即按照应急维修方案组织验收。验收合格后,由物业服务企业持业主委员会的书面意见向区管理机构申请核销,并将应急维修方案及使用分摊信息录入物业专项维修资金管理系统。应急维修费用在二万元以上十万元以下的,还应当提交经具有造价咨询资质的专业机构审核的结算报告。 应急维修费用在十万元以上的,按照以下程序办理: (一)物业服务企业将应急维修方案有关信息录入物业专项维修资金管理系统并核对预分摊信息后,持业主委员会书面意见、街道办事处的审核意见或者相关部门整改通知书、经具有造价咨询资质的专业机构审核的预算报告等资料向区管理机构申请划拨首期款项(首期款项不得超过工程预算费用的百分之五十)。 (二)市管理机构根据区管理机构的划拨通知书划拨相应款项。 (三)工程竣工后,业主委员会按照应急维修方案组织验收和结算。结算报告应当经具有造价咨询资质的专业机构审核。	

续表

省/市	文件名称	文件内容	生效日期
		(四)物业服务企业将竣工验收、结算及应急使用分摊信息录入物业专项维修资金管理系统、核对分摊信息并上传有关电子申请材料后,持竣工验收合格文件、合法票据和结算资料等到区管理机构申请尾款划拨。市管理机构根据区管理机构的尾款划拨通知书划拨尾款。 应急维修费用在十万元以上、物业服务企业先行垫付应急维修费用的,可以在应急维修工程竣工验收合格后,持本条第三款所列的资料向区管理机构办理核销手续,核销时可申请一次性拨付。	
重庆市	《重庆市物业专项维修资金管理办法》	第三十三条 有下列情形之一,需要使用物业专项维修资金的,业主委员会、物业服务企业或者相关业主可以申请适用应急简易程序: (一)屋面防水损坏造成渗漏,严重影响正常使用的; (二)电梯故障,无法正常运行的; (三)高层住宅水泵损坏,导致供水中断的; (四)楼体外立面有脱落危险,危及人身安全的; (五)专用排水设施因坍塌、堵塞、爆裂等造成功能障碍的; (六)消防设施损坏,危及公共消防安全的。 第三十四条 适用应急简易程序的情形,按照以下程序办理: (一)物业服务企业、业主委员会或者相关业主发现紧急情况的,立即报告物业所在地街道办事处、乡(镇)人民政府。 (二)物业所在地街道办事处、乡(镇)人民政府收到报告后应当立即实地查勘现场,出具证明;涉及电梯、消防设施的,还应当组织市场监管部门、消防救援机构实地查勘现场,并在收到报告24小时内出具证明。 (三)物业所在地街道办事处、乡(镇)人民政府出具证明后,物业服务企业、业主委员会或者相关业主立即向物业专项维修资金管理机构申请紧急使用物业专项维修资金。物业专项维修资金管理机构应当及时划转资金。 (四)提出申请紧急使用物业专项维修资金的物业服务企业、业主委员会或者相关业主应当立即组织抢修,并在抢修完成后15日内公示物业专项维修资金申请、使用情况。	2022年5月1日

续表

省/市	文件名称	文件内容	生效日期
成都市	《成都市住宅专项维修资金管理办法》	第三十条 （应急使用） 未建立应急使用预案或专项维修资金管理公约的建筑区划，当住宅共用部位、共用设施设备发生下列危及房屋使用安全的应急情形，需要立即使用专项维修资金实施维修的，由使用申请人报经街道办事处、镇(乡)人民政府确认后，按照本办法第二十九条第一款第(一)、(三)、(四)项的相关规定办理： (一)屋面防水损坏造成严重渗漏的； (二)电梯故障危及人身安全，无法正常使用严重影响业主生活的； (三)供水水泵损坏或水管爆裂导致供水中断，严重影响业主生活的； (四)楼体外墙墙面有脱落危险，危及人身财产安全的； (五)专用排水设施因坍塌、堵塞、爆裂等造成功能障碍，严重影响业主生活，或危及财产安全的； (六)消防设施设备严重损坏的； (七)供配电系统中涉及的设施设备发生故障，造成停电或漏电，严重影响业主生活或危及人身财产安全的。 涉及电梯、消防设施的，使用申请人在书面报告街道办事处、镇(乡)人民政府的同时，应当书面报告质量技术监督部门、公安消防部门，质量技术监督部门、公安消防部门应当实地查勘确认。	2018年2月1日

续表

省/市	文件名称	文件内容	生效日期
贵阳市	《贵阳市房屋专项维修资金管理办法》	第十八条 业主大会成立后,业主委员会应当组织业主制定维修资金应急使用预案(以下简称应急预案)。未成立业主大会的,由街道办事处或者乡(镇)人民政府组织业主制定应急预案。尚未交付使用的新建商品房,由开发建设单位组织前期物业服务企业制定应急预案,并在与购房人签订房屋买卖合同时组织购房人签署本物业管理区域应急预案的意见。 应急预案应当经维修资金分摊列支范围内专有部分面积占建筑物总面积三分之二以上的业主且占总人数三分之二以上的业主同意,并向业主公示,公示期不少于7日,公示期满无异议的,自公示期满之日起30日内报有管理职责的住房城乡建设主管部门备案。 应急预案示范文本由市人民政府住房城乡建设主管部门拟订。 第十九条 发生危及房屋安全和人身财产安全紧急情况,需要立即使用维修资金的,由使用申请人按照第十七条第一项规定的详细说明内容提出使用方案,报经所在地街道办事处或者乡(镇)人民政府核实后,有管理职责的住房城乡建设主管部门或者业主委员会应当按照本办法第十七条第四项规定比例拨付预算资金,按照第十七条第五项规定拨付结算资金。 涉及电梯、消防设施安装、改造、维修需要相关技术指导的,使用申请人可以及时联系市场监管、应急主管部门或者消防救援机构,市场监管、应急主管部门或者消防救援机构应当立即到现场免费提供技术指导服务。 本条规定的紧急情况包括以下情形: (一)电梯故障危及人身安全的; (二)楼体外墙墙面有脱落危险,危及人身财产安全的; (三)专用排水设施因坍塌、堵塞、爆裂等造成功能障碍,严重影响业主生活或者危及财产安全的; (四)非专业经营单位管理的供水水泵损坏或者水管爆裂导致供水中断、供配电设施设备发生故障造成停电或者漏电,严重影响业主生活或者危及人身财产安全的; (五)消防设施设备严重损坏的。	2021年7月23日

续表

省/市	文件名称	文件内容	生效日期
沈阳市	《沈阳市物业专项维修资金管理办法》	第二十三条　发生下列情形之一,需要立即对物业项目进行维修、更新、改造的,可以采用应急程序,费用从相关业主物业专项维修资金中列支: (一)电梯故障危及人身安全的; (二)楼体外墙面(含屋檐、阳台)空鼓、开裂的; (三)屋面、外墙面严重渗漏的; (四)住宅区内的排水管线损坏,造成污水外溢的; (五)消防、监控设施出现功能障碍的; (六)供水、供电、供气设施设备损坏,影响居民用水、用电、用气的; (七)因不可抗力原因损坏物业共用部位、共用设施设备的; (八)危及房屋使用安全等应当紧急维修的其他情况。 第二十四条　发生危及房屋使用安全和严重影响住用功能的紧急情况,需要使用物业专项维修资金的,按照以下程序办理: (一)业主委员会会同物业服务企业委托具有相应资质的单位进行认定; (二)属于应急维修范围的,业主委员会应当立即组织选聘具有相应资质的施工企业实施抢修; (三)工程完工后,业主委员会持认定报告、工程质量监督报告、工程结算审核报告、业主分摊费用明细等材料向区房产主管部门申请结算;业主大会自行管理物业专项维修资金的,业主委员会持上述资料到区房产主管部门备案; (四)由市房产主管部门代管物业专项维修资金的,区房产主管部门审核同意后,报市房产主管部门,市房产主管部门通知专户管理银行将工程款划拨至业主委员会;由业主大会自行管理物业专项维修资金的,区房产主管部门备案后,业主委员会与施工单位按照合同约定结算。	2016年1月1日

续表

省/市	文件名称	文件内容	生效日期
武汉市	《武汉市住宅专项维修资金管理办法》	第三十条　发生危及房屋使用安全和人身财产安全,严重影响业主正常生活的紧急情况,需要立即对住宅共用部位、共用设施设备进行维修和更新、改造的,业主委员会或者社区居民委员会应当将使用方案向住宅专项维修资金列支范围内的业主公示,公示时间不少于7日;业主无异议的,业主委员会或者社区居民委员会持住宅专项维修资金使用申请材料,向区房屋行政主管部门提出备案申请,并按照下列规定使用住宅专项维修资金: (一)住宅专项维修资金划转业主大会管理前,由业主委员会或者社区居民委员会按照本办法第二十五条第(四)项至第(七)项的规定办理; (二)住宅专项维修资金划转业主大会管理后,由业主委员会按照本办法第二十六条第(四)项至第(五)项的规定办理。 前款所称紧急情况包括: (一)屋面、外墙严重渗漏; (二)电梯故障; (三)楼体外立面有脱落危险; (四)消防设施设备故障; (五)二次供水设施设备故障,但依法或者依合同约定应当由供水企业承担的除外; (六)共用排水设施设备因坍塌、堵塞、爆裂等造成功能障碍; (七)供配电系统设施设备故障; (八)危及房屋使用安全和人身财产安全,严重影响业主正常生活的其他紧急情况。 发生特别紧急情况,不及时排除险情,将严重危及房屋使用安全和人身财产安全的,区房屋行政主管部门可以先行受理,并在当日会同业主委员会或者社区居民委员会组织相关单位进行现场勘查;情况属实的,在1个工作日内按照不超过工程概算50%的比例预拨工程款;工程竣工后,业主委员会或者社区居民委员会组织工程验收、做好工程造价决算,向列支范围内全体业主公示7日后,在3个工作日内进行备案并据实拨付剩余工程款。 第三十一条　住宅专项维修资金划转业主大会管理前,发生紧急情况且危及公共安全,物业服务企业或者业主委员会未按照规定对住宅共用部位、共用设施设备进行维修和更新、	2021年3月23日

续表

省/市	文件名称	文件内容	生效日期
		改造的,所在地的街道办事处、乡镇人民政府可以按照下列程序组织代修,维修费用从住宅专项维修资金中列支: (一)组织相关专业部门进行鉴定并出具鉴定报告; (二)由具有相应资质的施工单位制作工程预算并经工程造价咨询机构审定; (三)组织施工单位进行抢修; (四)会同相关业主对维修工程进行验收后,将工程费用在该物业区域内公示7日; (五)专户管理银行将所需住宅专项维修资金划转至维修单位。 住宅专项维修资金划转业主大会管理后,发生紧急情况且危及公共安全,物业服务企业或者业主委员会未按照规定对住宅共用部位、共用设施设备进行维修和更新、改造的,所在地的街道办事处、乡镇人民政府可以根据应急维修授权协议书按照前款规定的程序组织代修,维修和更新、改造费用从住宅专项维修资金中列支。	
西安市	《西安市住宅专项维修资金管理办法》	第二十七条 应急使用维修资金应当以排险抢修、保障住宅共用部位、共用设施设备安全及正常使用为目的,不得扩大维修和更新、改造范围。 第二十八条 维修资金划转业主大会管理前,应急使用维修资金的,按照下列程序划转: (一)申请人将《维修资金应急使用确认书》、应急使用方案在物业管理区域内显著位置公示,公示期为五日; (二)工程竣工验收后,申请人应当将使用维修资金总额及业主分摊情况在物业管理区域内显著位置公示,公示期为五日; (三)申请人持《维修资金应急使用确认书》、维修工程造价审核报告等相关材料向区县物业管理行政主管部门、西咸新区或者开发区管理委员会申请划转; (四)城六区物业管理行政主管部门、开发区管理委员会应当在审核后出具《住宅专项维修资金划转单》,市物业管理行政主管部门应当在收到《住宅专项维修资金划转单》后五	2020年12月31日

省/市	文件名称	文件内容	生效日期
		个工作日内按照维修工程造价审核报告,将维修工程款划转至维修资金使用专用账户。其他区县物业管理行政主管部门、西咸新区管理委员会应当在审核后五个工作日内将维修工程款划转至维修资金使用专用账户。 申请人无法垫付维修和更新、改造费用的,可以持《维修资金应急使用确认书》、应急使用方案、维修工程造价审核报告等相关材料向区县物业管理行政主管部门、西咸新区或者开发区管理委员会提出申请。城六区物业管理行政主管部门、开发区管理委员会应当出具《住宅专项维修资金划转单》,市物业管理行政主管部门应当在收到《住宅专项维修资金划转单》后五个工作日内按照工程预算金额的百分之三十,将首款划转至维修资金使用专用账户;其他区县物业管理行政主管部门、西咸新区管理委员会应当在五个工作日内将首款划转至维修资金使用专用账户。工程竣工后,申请人应当按照本条第一款第二、三、四项规定办理工程尾款划转手续。 第二十九条 维修资金划转业主大会管理后,应急使用维修资金的,按照下列程序划转: (一)申请人将《维修资金应急使用确认书》、应急使用方案、使用维修资金总额及业主分摊情况在物业管理区域内显著位置公示,公示期为五日; (二)申请人持《维修资金应急使用确认书》、应急使用方案、工程造价审核报告等相关材料报区县物业管理行政主管部门、西咸新区或者开发区管理委员会备案;受理备案的单位发现不符合有关法律、法规、规章的,应当责令改正; (三)申请人持备案回执到专户银行办理维修资金使用手续,专户银行按规定程序划转维修资金。 第三十条 维修资金列支范围内专有部分占建筑物总面积三分之一以上的业主且占总人数三分之一以上的业主对应急使用维修资金有异议的,应当在《维修资金应急使用确认书》公示期内,向出具《维修资金应急使用确认书》的单位提交书面申请和相关材料,受理申请的单位应当在三个工作日内进行复核,不属于应急使用维修资金范围的,应当终止应急使用。	

续表

省/市	文件名称	文件内容	生效日期
郑州市	《郑州市房屋专项维修资金管理办法》	第二十六条 房屋共用部位、共用设施设备发生突发性损坏,不及时维修将严重影响业主使用或者危及房屋安全的,有业主委员会的,由业主委员会先行组织维修;没有业主委员会的,由相关业主推选的2名以上业主代表先行组织维修,所发生费用按照本办法第二十三条规定分摊。	2020年1月17日

第四节　物业专项维修资金的监督管理

一、业主(业主委员会)、公有住房售房单位的监督

(一)对账制度

专户管理银行应当每年至少一次向直辖市、市、县人民政府住房和城乡建设主管部门、负责管理公有住房住宅专项维修资金的部门及业主委员会发送住宅专项维修资金对账单。

负责管理公有住房住宅专项维修资金的部门及业主委员会,应当每年至少一次与专户管理银行核对住宅专项维修资金账目。

(二)公示公告制度

负责管理公有住房住宅专项维修资金的部门及业主委员会应向业主、公有住房售房单位公布维修资金账目的下列情况:

1. 住宅专项维修资金交存、使用、增值收益和结存的总额;

2. 发生列支的项目、费用和分摊情况;

3. 业主、公有住房售房单位分户账中住宅专项维修资金交存、使用、增值收益和结存的金额;

4. 其他有关住宅专项维修资金使用和管理的情况。

(三) 复核制度

业主、公有住房售房单位对公布的情况有异议的,可以要求复核;负责管理公有住房住宅专项维修资金的部门及业主委员会对资金账户变化情况有异议的,可以要求专户管理银行进行复核。

(四) 公开查询制度

专户管理银行应当建立住宅专项维修资金查询制度,接受业主、公有住房售房单位对其分户账中住宅专项维修资金使用、增值收益和账面余额的查询。

二、政府行政部门的监督管理

(一) 建设(房地产)主管部门的监管

建设(房地产)主管部门应当每年至少一次与专户管理银行核对住宅专项维修资金账目,如对资金账户变化情况有异议的,可以要求专户管理银行进行复核。

(二) 财政部门的监管

住宅专项维修资金专用票据的购领、使用、保存、核销管理,应当按照财政部以及省、自治区、直辖市人民政府财政部门的有关规定执行,财政部门应当加强对住宅专项维修资金收支财务管理和会计核算制度执行情况的监督。

(三) 审计部门的监管

住宅专项维修资金的管理和使用,应当依法接受审计部门的审计监督。

PART 2

第二部分

常用文书

第一篇

物业管理常用
合同范本

第一章

商品房买卖合同(预售)

商品房买卖合同(预售)

合同编号：_____

特别提示

1. 在签订合同之前,买受人可要求出卖人出示企业法人营业执照、商品房预售许可证、房地产开发资质等级证书等与房地产开发和销售有关的证明文件,并认真审阅合同内容,仔细确认其中的选择性、补充性、填充性、修改性内容。对合同条款有疑问时,应向出卖人或者相关专业人员咨询。

2. 为体现平等、自愿、公平、诚信的原则,双方当事人可依照约定对本示范文本条款进行选择、补充、填充、修改,约定应当符合法律、法规及本商品房项目土地使用权出让合同的规定,不得侵害社会公共利益和第三方的合法权益。

3. 合同生效后,未被修改的文本文字及空格处填写的有效文字与符号均视为双方当事人合意内容。合同附件及补充条款经买受人和出卖人共同签署后与合同正文具有同等法律效力。

4. 双方当事人如采用书面形式签署合同,可根据实际情况决定纸质合同原件的份数,在签订时应当认真核对,以确保合同各份内容相同。

5. 买受人知悉并同意授权主管部门就买卖合同备案事项或进行后续风险管理的过程中向有关部门查询、打印和保存本人及家庭成员政务共享信息,包括但不限于:(1)身份及户籍信息;(2)婚姻状况信息;(3)家庭房产信息;(4)社保信息;(5)个税信息。

授权信息的查询结果作为主管部门审查买受人购房资格的参考。

6. 如无特别说明,本合同中所约定的"日"为自然日。提到的"N日内"包含第N日。

出卖人向买受人出售其开发建设的房屋,双方当事人应当在平等、自愿、公平、诚信的基础上,根据《中华人民共和国民法典》及其他相关法律、法规的规定等,就商品房买卖相关内容协商达成一致意见,共同签订本合同。

第一部分　合同当事人

出卖人:＿＿＿＿＿＿＿＿＿＿＿＿＿＿＿＿＿＿＿＿＿＿＿＿＿＿＿＿＿。

营业执照注册号:＿＿＿＿＿＿＿＿＿＿＿＿＿＿＿＿＿＿＿＿＿＿＿＿。

资质证书编号:＿＿＿＿＿＿＿＿＿＿＿＿＿＿＿＿＿＿＿＿＿＿＿＿＿。

证件类型:＿＿＿＿＿＿＿＿＿＿＿＿＿＿＿＿＿＿＿＿＿＿＿＿＿＿＿。

证件号码:＿＿＿＿＿＿＿＿＿＿＿＿＿＿＿＿＿＿＿＿＿＿＿＿＿＿＿。

法定代表人:＿＿＿＿＿＿＿＿＿＿＿＿＿＿＿＿＿＿＿＿＿＿＿＿＿＿。

联系电话:＿＿＿＿＿＿＿＿＿＿＿＿＿＿＿＿＿＿＿＿＿＿＿＿＿＿＿。

电子邮箱:＿＿＿＿＿＿＿＿＿＿＿＿＿＿＿＿＿＿＿＿＿＿＿＿＿＿＿。

国家或地区:＿＿＿＿＿＿＿＿＿＿＿＿＿＿＿＿＿＿＿＿＿＿＿＿＿＿。

注册地址:＿＿＿＿＿＿＿＿＿＿＿＿＿＿＿＿＿＿＿＿＿＿＿＿＿＿＿。

通讯地址:＿＿＿＿＿＿＿＿＿＿＿＿＿＿＿＿＿＿＿＿＿＿＿＿＿＿＿。

委托代理人:＿＿＿＿＿＿＿＿＿＿＿＿＿＿＿＿＿＿＿＿＿＿＿＿＿。

证件类型:＿＿＿＿＿＿＿＿＿＿＿＿＿＿＿＿＿＿＿＿＿＿＿＿＿＿＿。

证件号码:＿＿＿＿＿＿＿＿＿＿＿＿＿＿＿＿＿＿＿＿＿＿＿＿＿＿＿。

联系电话:＿＿＿＿＿＿＿＿＿＿＿＿＿＿＿＿＿＿＿＿＿＿＿＿＿＿＿。

电子邮箱:＿＿＿＿＿＿＿＿＿＿＿＿＿＿＿＿＿＿＿＿＿＿＿＿＿＿＿。

国家或地区:＿＿＿＿＿＿＿＿＿＿＿＿＿＿＿＿＿＿＿＿＿＿＿＿＿＿。

通讯地址：_____。

委托销售经纪机构：_____。

经纪机构备案证明号：_____。

证件类型：_____。

证件号码：_____。

法定代表人：_____。

联系电话：_____。

电子邮箱：_____。

国家或地区：_____。

注册地址：_____。

通讯地址：_____。

买受人：_____。

所占份额：_____。

国家或地区：_____。

证件类型：_____。

证件号码：_____。

联系电话：_____。

电子邮箱：_____。

通讯地址：_____。

公司或机构名称：_____。

所占份额：_____。

证件类型：_____。

证件号码：_____。

法定代表人：_____。

联系电话：_____。

电子邮箱：_____。

国家或地区：_____。

证件类型：_____。

证件号码：_____。

注册地址：_____。

通讯地址：_____。

委托代理人：_____。

证件类型：_____。

证件号码：_____。

联系电话：_____。

电子邮箱：_____。

国家或地区：_____。

通讯地址：_____。

委托代理机构：_____。

证件类型：_____。

证件号码：_____。

法定代表人：_____。

联系电话：_____。

电子邮箱：_____。

国家或地区：_____。

注册地址：_____。

通讯地址：_____。

(买受人为多人时,可相应增加)

第二部分 商品房基本情况

第一条 项目建设情况

出卖人与_____市规划和自然资源主管部门或土地使用权转让方签订_____及_____,取得位于_____市_____区_____(街道)_____路,宗地编号为_____,土地面积_____平方米的土地使用权。该地块土地用途为_____，建筑容积率为_____；建设用地使用权期限自_____年___月___日起至_____年___月___日止。

前款所述土地领取的《不动产权证书》编号为_____；出卖人经批准在该幅土地上兴建商品房,项目名称为_____；该项目已取得《建设用地规划许可证》《建设工程规划许可证》《建筑工程施工许可证》《商品房预售许可证》。

1.《建设用地规划许可证》

颁发机关:_____；许可证号:_____。

2.《建设工程规划许可证》

颁发机关:_____；许可证号:_____。

3.《建筑工程施工许可证》

颁发机关:_____；许可证号:_____。

4.《商品房预售许可证》

颁发机关:_____；许可证号:_____。

5. 建设工程施工合同约定的开工日期为:_____。

6. 建设工程施工合同约定的竣工日期为:_____。

7. 工程勘察单位:_____。

8. 工程监理单位:_____。

9. 工程设计单位:_____。

10. 房屋面积测绘单位:_____。

11. 工程施工总承包单位:_____。

12. 装修实施单位:_____。

13. 前期物业服务单位:_____。

第二条 商品房情况

(一)本合同第一条所规定商品房项目中的预售许可证_____号下第_____【幢】_____【座】【_____】_____单元_____层_____号(房屋竣工

后,如房号发生改变,以房屋登记的房号为准,但不影响该商品房的特定位置)是本合同标的商品房(以下称本商品房)。其用途为_____,建筑面积(面积以所附测绘报告为准)_____平方米,其中:套内建筑面积_____平方米。

该商品房所在建设工程规划总平面图、建筑区划划分情况公示于商品房销售现场。

关于该商品房所在楼栋的平面位置示意图的具体说明,见附件一。

(二)该商品房所在建筑物的主体结构为_____,建筑总层数为_____层,其中地上_____层,地下_____层。

(三)该商品房层高为_____米,有_____个阳台,其中_____个阳台为封闭式,_____个阳台为非封闭式,阳台是否封闭以规划设计文件为准。

(四)具体楼层和位置及尺寸见所附总平面图、立面图、楼层平面图、剖面图及分户平面图。本商品房项目共用设施及附属配套项目见附件二。

第三条　建筑物区划内共有部分权利的约定

本商品房转让时,出卖人对建筑物区划内共有部分所拥有的共有和共同管理的权利同时转让,但法律法规明确规定的除外。

(一)本合同所称建筑物区划内共有部分,是指建筑物内的住宅、经营性用房等专有部分以外的共有部分,主要包括:

1. 建筑物的基础、外墙、屋顶等基本结构部分;

2. 通道、电梯、楼梯、大堂等公共通行部分;

3. 消防、公共照明等附属设施、设备;

4. 避难层、设备层、架空层或者设备间等结构部分;

5. 建筑区划内的道路(属于城镇公共道路除外);

6. 建筑区划内的绿地(属于城镇公共绿地或者明示属于个人的除外);

7. 建筑区划内的其他公共场所、公用设施和物业服务用房;

8. 占用业主共有的道路或者其他场地用于停放汽车的车位;

9. 其他既不属于建筑物专有部分,也不属于市政公用部分或者其他权利人所有的场所及设施。

依法属于业主共有的部分及设施、设备不得通过补充协议等形式变更权益。

(二)根据本项目《建设用地规划许可证》《建设工程规划许可证》,项目规划停车位共计_____个,其中,地上_____个,地下_____个。根据《中华人民共和国民法典》规定,本项目建筑区划内规划用于停放汽车的车位、车库应当首先满足业主的需要。

第四条 抵押情况

与该商品房有关的抵押情况为【抵押】【未抵押】。

抵押类型:_____,抵押人:_____,

抵押权人:_____,抵押登记机构:_____,

抵押登记日期:_____,债务履行期限:_____。

抵押类型:_____,抵押人:_____,

抵押权人:_____,抵押登记机构:_____,

抵押登记日期:_____,债务履行期限:_____。

抵押权人同意该商品房转让的证明及关于抵押的相关约定,见附件三。

第五条 房屋权利状况承诺及担保

(一)出卖人对本商品房享有合法权利;

(二)本商品房没有出售给除本合同买受人以外的其他人;

(三)本商品房没有司法查封或其他限制转让的情况;

(四)_____;

(五)_____。

如本商品房权利状况与上述情况不符,由于出卖人的原因造成买受人无法取得或者丧失本商品房所有权,或者所有权受到限制的,买受人有权解除本合同。买受人解除合同的,应当书面通知出卖人,出卖人应当自解除合同通知送达之日起 10 日内退还买受人已付全部房款(含已付贷款部分),并自买受人付款之日起,按照_____%(参照行为发生时中国人民银行公布的活期利息的标准)给付利息;同时,出卖人按照本商品房总价款的_____%向买受人支付违约金。

买受人在签订合同时知道或者应当知道第三人对本商品房享有权利的,不适用前款之约定。

买受人有确切证据证明第三人可能就本商品房主张权利的,可以中止支付相应的价款,但是出卖人提供了适当担保,并经买受人同意的除外。

第三部分　商品房价款

第六条　计价方式与价款

买卖双方约定本商品房按下列第_____种方式计算本商品房总价款:

1. 按套计算:

总金额为人民币_____亿_____仟_____佰_____拾_____万_____仟_____佰_____拾_____元(小写_____元)。

2. 按套内建筑面积计算:

总金额为人民币_____亿_____仟_____佰_____拾_____万_____仟_____佰_____拾_____元(小写_____元),单价为每平方米人民币_____元。

3. 按建筑面积计算:

总金额为人民币_____亿_____仟_____佰_____拾_____万_____仟_____佰_____拾_____元(小写_____元),单价为每平方米人民币_____元。

本合同中的商品房总价款是指买受人向出卖人支付的全部购房款,买卖行为产生的各种税费由法律、法规及政策规定的纳税义务人缴纳。出卖人如向买受人收取、代收因买卖行为产生的各种税费及费用,应向买受人提供收取、代收各种税费的政策文件,并征得买受人的同意,否则,买受人有权拒绝并依法向相关部门直接缴付。

第七条　付款方式及相关处理

(一)买受人采取下列第_____种方式付款:

1. 一次性付款:

签订本合同之日起_____日内一次性付清本商品房总价款,共计

人民币_____亿_____仟_____佰_____拾_____万_____仟_____佰_____拾_____元(小写_____元)。

2. 分期付款:

(1)自签订本合同之日起_____日内支付购房总价款的_____%,即

人民币_____亿_____仟_____佰_____拾_____万_____仟_____佰_____拾_____元(小写_____元)。

(2)自签订本合同之日起_____日内支付购房总价款的_____%,即

人民币_____亿_____仟_____佰_____拾_____万_____仟_____佰_____拾_____元(小写_____元)。

(3)自签订本合同之日起_____日内支付购房总价款的_____%,即

人民币_____亿_____仟_____佰_____拾_____万_____仟_____佰_____拾_____元(小写_____元)。

3. 按揭方式付款:

签订本合同之日起_____日内首期支付本商品房总价款的_____%,即

人民币_____亿_____仟_____佰_____拾_____万_____仟_____佰_____拾_____元(小写_____元)。

签订本合同之日起_____日内办理银行贷款并向出卖人支付剩余价款,即

人民币_____亿_____仟_____佰_____拾_____万_____仟_____佰_____拾_____元(小写_____元)。

买卖双方约定采取下列第_____种方式办理按揭贷款:

(1)出卖人代理买受人办理按揭贷款手续:

买受人应在签订本合同之日起_____日内,将申请银行按揭贷款需由买受人提供的证件资料交付出卖人或出卖人指定的第三人。

(2)买受人自行办理按揭贷款手续:

出卖人应在签订本合同之日起_____日内,将申请银行按揭贷款需由出卖人提供的证件资料交付买受人或买受人指定的第三人。

4. 其他方式：_____。

关于该商品房价款的计价方式、总价款、付款方式及期限的具体约定，见附件四。

(二)收款账号(资金监管账号)：

账户名称：_____；开户行：_____；账号：_____。本商品房的全部购房款(定金、首付款、分期款、尾款等)应当存入预售资金监管账户，预售资金监管机构为_____。

(三)未能订立商品房担保贷款合同的处理：

1. 不论何方原因导致未能订立商品房担保贷款合同，买卖双方同意继续履行商品房买卖合同的，双方可重新约定付款方式。

2. 因买受人或出卖人原因未能订立商品房担保贷款合同并导致商品房买卖合同不能继续履行的，对方可以要求解除合同。由于买受人原因导致合同无法履行的，买受人无权要求返还定金；由于出卖人原因导致合同无法履行的，出卖人应向买受人双倍返还定金。

3. 因不可抗力未能订立商品房担保贷款合同并导致商品房买卖合同不能继续履行的，买卖双方均有权要求变更或解除合同。解除合同的，出卖人应当将收受的首期本商品房总价款及其利息(参照行为发生时中国人民银行公布的活期利息的标准)或者定金返还买受人。

4. 在订立商品房担保贷款合同过程中，发生了买卖双方无法预见的、不属于商业风险的重大变化，继续履行合同对于当事人一方明显不公平的，受不利影响的当事人可以与对方重新协商；协商不成的，当事人可以请求人民法院或者仲裁机构变更或者解除合同。解除合同的，出卖人应当将收受的首期本商品房总价款及其利息(参照行为发生时中国人民银行公布的活期利息的标准)或者定金返还买受人。

(四)买受人支付购房款后出卖人应出具票据，付清全部购房款后出卖人应开具发票。

第八条　逾期付款责任

除不可抗力外，买受人未按本合同第六条、第七条约定的期限付款，双方同意按照下列第_____种方式处理：

（一）按照逾期时间和欠款比例,分别处理(1和2不作累加)。

1.逾期在_____日内,或逾期超过_____日但逾期应付款的金额未达到本商品房总价款的_____%的:自约定的应付款期限届满之日起至实际全额支付应付款之日止,买受人按日向出卖人支付逾期应付款万分之_____的违约金,合同继续履行。

2.逾期超过_____日[该期限应当与本条第(一)1项中的期限相同],且逾期应付款的金额达到本商品房总价款的_____%[该比例应当与本条第(一)1项中的相同],出卖人有权要求买受人支付本商品房总价款或解除合同。出卖人解除合同的,应当书面通知买受人。买受人应当自解除合同通知送达之日起_____日内按照累计应付款的_____%向出卖人支付违约金,同时,出卖人退还买受人已付全部房款(含已付贷款部分)。买受人愿意继续履行合同的,经出卖人同意,合同继续履行,自约定的应付款期限届满之日起至实际全额支付应付款之日止,买受人按日计算向出卖人支付逾期应付款万分之_____[该比例不可低于本条第(一)1项中的比例]的违约金。

本条所称逾期应付款是指依照本合同约定的到期应付款与该期实际已付款的差额;采取分期付款的,按照相应的分期应付款与该期的实际已付款的差额确定。累计应付款是指依照本合同约定的到期应付款总和。

（二）_____。

采取按揭方式付款的,如因买受人不能按商品房担保贷款合同约定按期还本付息导致按揭银行要求出卖人承担担保责任,出卖人在承担保证责任后有权向买受人按逾期应付款的_____%追偿。

第四部分　商品房交付及验收

第九条　交付时间和办法

出卖人应当于_____年____月____日前将本商品房交付给买受人,交付前应取得法律、法规规定的【建设工程竣工验收备案证明文件】【建设工程竣工验收合格证明】【房屋面积实测报告书】等文件。

出卖人向买受人交付前,应发出《入伙通知书》,《入伙通知书》中应注明实际交付的本商品房的套内建筑面积、交付手续办理期限、交付手续办理地点等。

买受人对出卖人所交付的商品房无异议,或异议部分经协商处理同意收楼的,应对出卖人交付的本商品房的钥匙出具收条,该收条视为本商品房实际交付的凭据。

出卖人委托物业服务企业办理交付手续的,应向物业服务企业出具《授权委托书》,并监督物业服务企业将该《授权委托书》(原件)放置于办理交付手续现场的显著位置。

出卖人书面通知买受人交付后,买受人经验收同意收楼的,本商品房的交付时间为出卖人交付本商品房的钥匙之日;出卖人通知买受人交付后,买受人无正当理由拒绝验收或无正当理由拖延验收时间的,本商品房的交付时间为出卖人《入伙通知书》中的交付期限届满之日。

第十条 交付文件

出卖人应在本商品房交付时向买受人提供有关本商品房的下列文件:

1. 测绘部门确认的预售面积测绘报告和竣工面积测绘报告;
2. 法律、法规规定的建设工程竣工验收合格的备案证明文件;
3. 《收楼意见书》;
4. 《业主临时管理规约》或《管理规约》;
5. 前期物业服务企业出具的物业共有部位、共用设施设备接管查验清单;
6. _____。

销售商品住宅的,除上述材料外,还应当提供加盖出卖人公章的《商品住宅使用说明书》《商品住宅质量保证书》《住宅工程质量分户验收结果表》。

上述文件中的第1、2、5项应出示原件并提供加盖出卖人公章的复印件;第3、4项应由买受人填写或签署。

上述文件不全的,视为不符合交付标准,买受人有权拒绝收楼,由此产生的逾期交付责任由出卖人承担。

第十一条　交付验收

买受人应在接到《入伙通知书》之日起_____日内按《收楼意见书》内容对本商品房进行验收,如有异议,应当及时在《收楼意见书》中提出。买受人在验收期限届满之日起_____日内未提出异议,视为同意接收本商品房。

出卖人在收到买受人异议后,应在_____日内对异议部分做出书面答复和处理意见。出卖人逾期不予答复及处理的,视为买受人异议事实成立,视为未交付本商品房。

买受人同意出卖人书面答复和处理意见的,应当在出卖人处理完毕并书面通知买受人之日起_____日内对本商品房重新验收。买受人重新验收后,仍有异议的,按本合同第三十一条处理;买受人重新验收后,没有异议的,视为已按重新验收期限交付本商品房。

第十二条　逾期交付责任

除本合同另有约定的特殊情况外,出卖人如未在本合同第九条约定的交付期限内将本商品房交付买受人,双方同意按照下列第_____种方式处理:

(一)按照逾期时间,分别处理(1 和 2 不作累加)。

1. 逾期在_____日内[该期限应当不多于第七条第(一)1 项中的期限],自约定的交付期限届满之日起至实际交付之日止,出卖人按日向买受人支付本商品房总价款万分之_____的违约金,合同继续履行。

2. 逾期超过_____日[该期限应当与本条第(一)1 项中的期限相同],买受人有权在约定的交付期限届满之日起半年内解除合同。买受人解除合同的,应当书面通知出卖人。出卖人应当自解除合同通知送达之日起 10 日内退还买受人已付全部房款(含已付贷款部分),并自买受人付款之日起,按照_____%(参照行为发生时中国人民银行公布的活期利息的标准)给付利息;同时,出卖人按照本商品房总价款的_____%向买受人支付违约金。

买受人要求继续履行合同的,合同继续履行,自约定的交付期限届满之日起至实际交付之日止,出卖人按日计算向买受人支付本商品房总价款万分之_____

[该比率应当不低于本条第(一)1项中的比率]的违约金。

(二)_____
_____。

第五部分　面积差异的处理

第十三条　面积差异处理方式

本商品房交付时,出卖人应当向买受人出示竣工面积测绘报告,并向买受人提供本商品房套内建筑面积的实测数据(以下简称实测套内建筑面积)。实测套内建筑面积与本合同第二条约定的套内建筑面积(以下简称合同约定套内建筑面积)发生误差的,双方同意按照第_____种方式处理。

(一)根据本合同第六条按照套内建筑面积计价的约定,双方同意按照下列原则处理:

1. 套内建筑面积误差比绝对值在3%以内(含3%)的,据实结算本商品房总价款;

2. 套内建筑面积误差比绝对值超出3%的,买受人有权解除合同。

买受人解除合同的,应当书面通知出卖人。出卖人应当自解除合同通知送达之日起15日内退还买受人已付全部房款(含已付贷款部分),并自买受人付款之日起,按照_____%(参照行为发生时中国人民银行公布的活期利息的标准)计算给付利息。

买受人选择不解除合同的,实测套内建筑面积大于合同约定套内建筑面积时,套内建筑面积误差比在3%以内(含3%)部分的房价款由买受人补足;超出3%部分的房价款由出卖人承担,产权归买受人所有。实测套内建筑面积小于合同约定套内建筑面积时,套内建筑面积误差比绝对值在3%以内(含3%)部分的房价款由出卖人返还买受人;绝对值超出3%部分的房价款由出卖人双倍返还买受人。

(二)因规划、设计变更造成面积差异,买卖双方不解除合同的,签署补充协议。

根据本合同第六条第一款按照【套(基本单元)】【幢】【_____】计价的,出卖人承诺在房屋平面图中标明详细尺寸,并约定误差范围。该商品房交付时,套型与设计图纸一致,相关尺寸也在约定的误差范围内,维持总价款不变;套型与设计图纸不一致或者相关尺寸超出约定的误差范围,买卖双方约定:【退房】【重新约定总价款】【_____】【_____】。买受人退房的,由出卖人承担违约责任。

(三)根据本合同第六条按照套计价的,出卖人承诺在房屋平面图中标明详细尺寸,并约定误差范围。本商品房交付时,套型与设计图纸不一致或者相关尺寸超出约定的误差范围,双方约定如下:

_____
_____。

(四)双方自行约定:

_____
_____。

第六部分 规划设计变更

第十四条 规划变更

(一)出卖人应当按照核发的建设工程规划许可证规定的条件建设本商品房,不得擅自变更。

双方签订合同后,涉及本商品房规划用途、面积、容积率、绿地率、基础设施、公共服务及其他配套设施等规划许可内容由[　　]市规划和自然资源主管部门批准变更的,出卖人应当在变更确立之日起 10 日内将书面通知送达买受人。出卖人未在规定期限内通知买受人的,买受人有权解除合同。

(二)出卖人在规定期限内通知买受人的,买受人应当在通知送达之日起 15 日内做出是否解除合同的书面答复。买受人逾期未予以书面答复的,视同接受变更。

(三)买受人解除合同的,应当书面通知出卖人。出卖人应当自解除合同通知送达之日起 15 日内退还买受人已付全部房款(含已付贷款部分),并自买受人付款之日起,按照_____%(参照行为发生时中国人民银行公布的活期利息的标准)

计算给付利息;同时,出卖人按照本商品房总价款的_____%向买受人支付违约金。

买受人不解除合同的,有权要求出卖人赔偿由此造成的损失,双方约定如下:_____。

(四)出卖人未按上述约定的条件擅自改变原有规划和设计的,买受人有权要求解除合同或恢复原状,出卖人应当承担以下责任。

1. 买受人要求解除合同的,应当书面通知出卖人。出卖人应当自解除合同通知送达之日起 15 日内退还买受人已付全部房款(含已付贷款部分),并自买受人付款之日起,按照_____%(参照行为发生时中国人民银行公布的活期利息的标准)计算给付利息。同时,出卖人按照本商品房总价款的_____%向买受人支付违约金。

2. 买受人要求恢复原状的,应当书面通知出卖人。出卖人应在_____日内予以恢复,在买受人书面通知出卖人时起至双方确认已恢复原状止,出卖人按日计算向买受人支付本商品房总价款万分之_____的违约金。

第十五条　设计变更

(一)双方签订合同后,出卖人按照法定程序变更建筑工程施工图设计文件,涉及下列可能影响本商品房质量或使用功能情形的,出卖人应当在变更确立之日起 10 日内将书面通知送达买受人。

1. 该商品房结构形式、户型、空间尺寸、朝向;
2. 供热、采暖方式;
3. _____;
4. _____;
5. _____。

出卖人未在规定期限内通知买受人的,买受人有权解除合同。

(二)出卖人在规定期限内通知买受人的,买受人应当在通知送达之日起 15 日内做出是否解除合同的书面答复。买受人逾期未予以书面答复的,视同接受变更。

（三）买受人解除合同的,应当书面通知出卖人。出卖人应当自解除合同通知送达之日起15日内退还买受人已付全部房款(含已付贷款部分),并自买受人付款之日起,按照＿＿＿％(不低于行为发生时中国人民银行公布的活期利息的标准)计算给付利息;同时,出卖人按照本商品房总价款的＿＿＿％向买受人支付违约金。

买受人不解除合同的,有权要求出卖人赔偿由此造成的损失,双方约定如下:＿＿＿＿＿＿。

（四）出卖人不按上述约定的条件擅自改变原有规划和设计的,买受人有权要求恢复原状或解除合同,出卖人应当按照本合同第十四条承担责任。

第七部分　商品房质量及保修责任

第十六条　基础设施与附属配套项目

出卖人在本商品房交付买受人时,本商品房项目的《＿＿＿＿土地使用权出让合同书》及其补充协议中规定的共用设施及附属配套项目,应一并建成并经验收合格;经批准分期建设的,应按批准的进度建设并经验收合格(见附件二)。

（一）基础设施设备:

1. 供水、排水:交付时供水、排水配套设施齐全,并与城镇公共供水、排水管网连接。使用自建设施供水的,供水的水质符合国家规定的饮用水卫生标准,雨、污水排放纳入城镇雨、污水排放管网;＿＿＿＿＿＿;

2. 供电:交付时纳入城镇供电网络并正式供电;＿＿＿＿＿＿;

3. 燃气:交付时完成室内燃气管道的敷设,并与城镇燃气管网连接,保证燃气供应;＿＿＿＿＿＿;

4. 电话通信:交付时线路敷设到户;

5. 有线电视:交付时线路敷设到户;

6. 宽带网络:交付时线路敷设到户。

以上第1、2项由出卖人负责安装、办理开通手续并承担相关费用;第3、4、5、6项由出卖人负责安装并承担相关费用,买受人自行办理开通手续。

(二)公共服务及其他配套设施(以建设工程规划许可为准):

1. 规划的绿地率:＿＿＿年＿＿月＿＿日达到＿＿＿＿＿;

2. 规划的非市政道路:＿＿＿年＿＿月＿＿日达到＿＿＿＿＿;

3. 规划的车位、车库:＿＿＿年＿＿月＿＿日达到＿＿＿＿＿;

4. 规划的物业服务用房:＿＿＿年＿＿月＿＿日达到＿＿＿＿＿;

5. 配置的电梯、消防、安防等设备设施:＿＿＿年＿＿月＿＿日达到＿＿＿＿＿;

6.【规划的医疗卫生用房】:＿＿＿年＿＿月＿＿日达到＿＿＿＿＿;

7.【规划的幼儿园】:＿＿＿年＿＿月＿＿日达到＿＿＿＿＿;

8.【规划的学校】:＿＿＿年＿＿月＿＿日达到＿＿＿＿＿;

9. ＿＿＿＿＿＿＿＿＿＿＿＿＿＿＿＿＿＿＿＿＿＿＿＿＿。

关于本项目内基础设施设备和相关公共设施的具体约定,见附件五。

(三)基础设施设备和相关公共设施未达到交付使用条件的违约责任。

该商品房交付给买受人时,未达到本合同第十六条第(一)款约定交付使用条件的,买卖双方同意按下列第＿＿＿种方式处理:

1. 第1、2、3项在约定交付日未达到交付条件的,出卖人按照本合同第十二条的约定承担逾期交付责任;第4项未按时达到交付使用条件的,出卖人按日向买受人支付＿＿＿(币种)＿＿＿元(大写＿＿＿＿＿元整)的违约金;第5项未按时达到交付使用条件的,出卖人按日向买受人支付＿＿＿(币种)＿＿＿元(大写＿＿＿＿＿元整)的违约金;第6项未按时达到交付使用条件的,出卖人按日向买受人支付＿＿＿(币种)＿＿＿元(大写＿＿＿＿＿元整)的违约金。

2. ＿＿＿＿＿＿＿＿＿＿＿＿＿＿＿＿＿＿＿＿＿。

(四)该商品房交付给买受人时,未达到本合同第十六条第(二)款约定交付使用条件的,买卖双方同意按照以下方式处理:

第1项未按时达到交付使用条件的,＿＿＿＿＿＿＿;

第2项未按时达到交付使用条件的,＿＿＿＿＿＿＿;

第 3 项未按时达到交付使用条件的，_____；

第 4 项未按时达到交付使用条件的，_____；

第 5 项未按时达到交付使用条件的，_____；

第 6 项未按时达到交付使用条件的，_____；

第 7 项未按时达到交付使用条件的，_____；

第 8 项未按时达到交付使用条件的，_____；

第 9 项未按时达到交付使用条件的，_____。

（五）出卖人未按规定时间建成共用设施及附属配套项目并经验收合格的，按下列第_____种方法处理：

1. 买受人按照本合同第十一条的约定主张权利。

2. 出卖人支付本商品房总价款_____%的违约金给买受人，双方继续履行本合同。出卖人承诺在_____日内交付该共用设施及附属配套项目。

3. _____。

第十七条 质量

本商品房因质量问题造成买受人损失的，出卖人应予以赔偿。

买受人在保修期内发现有质量问题的，应通知出卖人履行保修义务，出卖人应按本合同第十九条的约定履行保修义务。

因质量问题经两次以上维修后仍不能满足正常使用要求的，或买受人认为仍然存在质量问题的，买受人可委托具有相应资质的建设工程质量检测机构检测。检测结果经原设计单位或具有相应资质等级的设计单位复核确认存在质量问题的，买受人有权解除合同，出卖人需承担损害赔偿责任。买受人不解除合同的，可以要求出卖人相应减少房屋价款。

本条所涉及检测及复核等费用均可由买受人先行垫付，检测及复核结果为本商品房存在质量问题的，费用由出卖人承担。

第十八条 装饰装修及设备标准

本商品房应当使用合格的建筑材料、构配件和设备，装置、装修、装饰所用材料的产品质量必须符合国家的强制性标准及双方约定的标准。

出卖人应当对样板房的装修装饰材料及其品牌、规格、型号等以书面形式详细说明,并逐项列明是否与销售商品房一致,置于样板房入口等显要位置。出卖人未提供样板房说明,该样板房即为具体确定的商品房及相关设施的说明和允诺;样板房说明中未予以明确的项目,该样板房内容即为具体确定的商品房及相关设施的说明和允诺。

交付的本商品房的装修部分达不到本合同附件三约定的主要装修标准的,买受人有权要求出卖人就未达标准部分进行重新装修。因重新装修而推迟交付使用日期的,按本合同第十二条的约定处理。

对出卖人未经双方约定增加的装置、装修、装饰,视为无条件赠与买受人。但买受人明确表示不接受这部分装置、装修、装饰的,出卖人有义务按合同约定交付标准予以恢复,因此造成买受人损失的,出卖人应予以赔偿。

出卖人交付的本商品房的装置、装修、装饰所用材料的产品质量必须符合国家有关设计、材料和施工的强制性规范,如不符合规范,或其对人体有害物质超过国家强制性标准,危及买受人健康的,买受人有权要求出卖人予以更换、处理,造成买受人损失的,出卖人应当依法承担赔偿责任。

买卖双方对装置、装修、装饰的工程设计、材料质量、工程质量所用材料的产品质量是否符合国家强制性规范存在争议的,买受人可委托由政府指定的机构进行检测,相关的费用由买受人先行垫付。检测结果为不符合国家强制性规范的,检测费用由出卖人承担。

第十九条　保修责任

根据《建设工程质量管理条例》《商品住宅实行住宅质量保证书和住宅使用说明书制度的规定》等规定,住宅保修期从开发企业将竣工验收的住宅交付用户使用之日起计算,保修期限不低于下列期限:

(一)基础设施工程、房屋建筑的地基基础工程和主体结构工程的保修为设计文件规定的该工程的合理使用年限;

(二)屋面防水工程、有防水要求的卫生间以及房间和外墙面的防渗漏的保修期限为5年(出卖人承诺保修期:＿＿＿＿年);

（三）墙面、厨房和卫生间地面、地下室、管道保修期为 2 年（出卖人承诺保修期：＿＿＿＿＿年）；

（四）墙面和顶棚抹灰层脱落、地面空鼓开裂、大面积起砂保修期为 2 年（出卖人承诺保修期：＿＿＿＿＿年）；

（五）卫生洁具保修期为 1 年（出卖人承诺保修期：＿＿＿＿＿年）；

（六）供热与供冷系统为 2 个采暖期、供冷期（出卖人承诺保修期：＿＿＿＿＿个采暖期、供冷期）；

（七）灯具、电器开关保修期为 0.5 年（出卖人承诺保修期：＿＿＿＿＿年）；

（八）电气管线、给排水管道以及设备安装和装修工程为 2 年（出卖人承诺保修期：＿＿＿＿＿年）。

商品住宅其他项目的保修期限按《商品住宅质量保证书》中的承诺执行。

约定标准不得低于相应的国家强制性标准，保修期自交付之日起计算。

在保修期限和范围内的保修费用由出卖人负担，但因买受人使用不当或不可抗力等非出卖人原因造成的问题除外。

出卖人应在收到买受人通知后 5 日内履行保修义务；出卖人对保修责任有异议的，应在收到买受人通知后 5 日内通知买受人。买卖双方可委托双方认可且具有资质的监理单位予以裁定，也可委托有资质的建设工程质量检测机构予以检测，所有费用由责任方承担。

在保修期内，买受人发出书面保修通知书 5 日内，出卖人既不履行保修义务也不书面提出保修责任异议的，买受人可以自行或聘请他人进行维修，合理的维修费用由出卖人承担。

第八部分　合同备案与房屋办证

第二十条　预售合同备案

出卖人应当自本合同签订之日起 10 日内办理合同备案，买受人有权督促出卖人履行备案义务，同时出卖人应在本合同备案完成后 5 个工作日内将备案情况告知买受人。

如出卖人未履行此项义务,造成买受人损失的,应当承担赔偿责任。

出卖人承诺提供备案的商品房买卖合同(含附件)及其条款真实、完整。

第二十一条　预告登记

买卖双方或买受人□是/□否选择在合同备案后申请办理预售商品房买卖预告登记。

选择办理商品房买卖预告登记的,买卖双方同意在合同备案后_____个工作日内,选择下列第_____种方式申请:

(一)买卖双方共同申请办理预售商品房买卖预告登记。

(二)买卖双方共同委托买受人按揭银行代为申请办理预售商品房买卖预告登记。

(三)出卖人委托买受人代为申请办理预售商品房买卖预告登记。

(四)买受人委托出卖人申请办理预售商品房买卖预告登记。若出卖人未在上述约定的期限内与买受人申请办理预告登记或者未依买受人委托代为申请办理预告登记的,买受人可以单方申请办理预售商品房买卖预告登记。

买受人委托出卖人办理的,及时提供规定的相关资料。出卖人在本合同登记备案之日起_____日内,将该商品房预告登记证明交给买受人。

第二十二条　房屋办证义务

(一)双方同意共同申请办理该商品房的房屋所有权转移登记。

(二)出卖人应在取得建设工程竣工验收备案证明文件之日起_____日内,完成本商品房的首次登记。

(三)出卖人选择下列第_____种方式为买受人办理并取得《不动产权证书》,办理《不动产权证书》的有关税费,按国家、省、市的规定由双方当事人各自承担:

1.出卖人采取"交房即发证"的方式为买受人办理并取得《不动产权证书》。

2.出卖人在将本商品房交付给买受人之日起_____日内(不得超过90日),选择下列第_____种方式为买受人办理并取得《不动产权证书》:

(1)书面通知买受人共同向[　　]市不动产登记机构申请商品房转移登记,办理《不动产权证书》;

(2)买受人书面委托出卖人向[　　　]市不动产登记机构申请商品房转移登记,办理《不动产权证书》。

买受人在接到出卖人办理《不动产权证书》的书面通知后_____日内,向出卖人或出卖人指定的第三人提供办理《不动产权证书》所需的证件资料和有关税费。

(3)本商品房出卖人办理首次登记时,向登记机构出具委托买受人自行登记办证的备案申请,买受人于本商品房项目首次登记后申请商品房转移登记,办理《不动产权证书》。

第二十三条　房屋所有权转移登记

买卖双方同意自该商品房按本合同第十八条第(一)款约定交付使用之日起_____日内,共同向房屋登记机构申请办理该商品房的房屋所有权转移登记,并按规定承担各自应缴纳的税费。

第二十四条　延期办证的违约责任

(一)因出卖人的原因,买受人未能在该商品房交付之日起_____日内(不得超过90日)取得该商品房《不动产权证书》的,双方同意按照下列第_____种方式处理:

1.买受人有权解除合同。买受人解除合同的,应当书面通知出卖人。出卖人应当自解除合同通知送达之日起10日内退还买受人已付全部房款(含已付贷款部分),并自买受人付款之日起,按照_____%(不低于行为发生时中国人民银行公布的活期利息的标准)计算给付利息。

买受人不解除合同的,自合同约定的办证期限届满之日起至实际完成不动产登记之日止,出卖人按日计算向买受人支付全部房价款万分之_____的违约金。

2._____。

(二)因买受人怠于、迟延提交必要的登记资料、支付相应税费或履行其他应履行的房屋所有权转移登记义务等买受人原因,导致房屋登记迟延的法律责任和风险,由买受人承担。

(三)买受人委托出卖人办理房屋所有权转移登记的,买受人在接到出卖人发出的房屋所有权证书领取通知后_____日内领取。买受人于通知领取期限届满

之日既不领取房屋所有权证书又不按照委托协议支付法定税费、其他约定费用的,买受人承担以下违约责任:

1. 支付出卖人垫支的法定税费、其他约定费用;

2. 从通知领取期限届满之日起至支付法定税费、其他约定费用之日止对出卖人垫支总额按照_____%(不低于中国人民银行公布的同期贷款基准利率)计算给付利息。

第二十五条　结构与用途禁制承诺

本商品房仅作规划用途使用,买受人不得改变该商品房的建筑主体结构、承重结构和规划用途。

若违反此约定,买受人应承担恢复原状的责任,造成出卖人或第三方损失的,应承担赔偿责任。

第九部分　前期物业服务

第二十六条　前期物业服务

(一)出卖人依法选聘的前期物业服务企业为_____。

(二)在业主、业主大会首次选聘物业服务企业之前,出卖人依法选聘本合同约定的物业服务企业提供前期物业服务,前期物业服务时间从_____年___月___日起到业主、业主大会与其依法选聘的物业服务企业签订物业服务合同生效时止。

(三)物业服务期间,物业服务费实行包干制的,物业服务计费方式为_____元/月·平方米(建筑面积)。实行酬金制的,物业服务计费方式为_____。

(四)买受人同意由出卖人选聘的【前期物业服务企业】【房屋查验机构】【　】代为查验并由前期物业服务企业承接物业共用部位、共用设施设备,出卖人将共用部位、房屋共用设施设备承接查验情况予以公示。

(五)买受人已详细阅读前期物业服务合同和临时管理规约,同意由出卖人依法选聘的物业服务企业实施前期物业管理,遵守临时管理规约;同意由业主、业主大会依法选聘或续聘物业服务企业。

前期物业服务合同、临时管理规约,见附件九。

第二十七条　物业服务用房及专项维修资金

(一)出卖人应依法在物业管理区域内配置产权属于全体业主共有的_____平方米建筑面积的物业服务用房,其位置见附图_____。

(二)已竣工但尚未出售或尚未交付的商品房,由出卖人按政府规定的标准交付日常收取的专项维修资金,应自首次入伙之日起按本条第(三)款约定的标准交付物业服务费。

(三)出卖人应按物业管理法规规定交纳首期归集的专项维修资金。

第十部分　其他事项

第二十八条　信息公示及查询

出卖人销售商品房,应当将下列材料在营业场所显著位置公示:

(一)购房指引;

(二)营业执照和房地产开发企业资质等级证书;

(三)建设用地规划许可证、建设工程规划许可证和建筑工程施工许可证;

(四)商品房预售许可证(含预售资金监管专用账户信息);

(五)建设用地使用权出让合同书;

(六)商品房买卖合同示范文本及附件;

(七)商品房项目总平面图和测绘报告;

(八)商品房能源消耗指标、节能措施和保护要求、保温工程保修期;

(九)商品房销售控制表;

(十)物业管理区域内规划停车位(库)的数量及平面图;

(十一)经备案的前期物业服务合同、业主临时管理规约;

(十二)深圳市房地产诚信信息查询方式;

(十三)委托房地产经纪机构销售的,应当公示商品房销售委托书及受托房地

产经纪机构的备案证书;

（十四）安全生产指引;

（十五）投诉方式和途径;

（十六）本项目绿色建筑等级;

（十七）无障碍住房信息;

（十八）法律、法规、规章和主管部门要求公示的其他材料。

项目不利因素通常包括项目内外及设计中可能对合同订立以及商品房价格有重大影响的不利因素，主要包括噪声、烟尘、臭气、污染、辐射、通风、采光、视线遮挡等不利因素。除前款规定的材料外，还应当在销售场所显著位置以书面形式说明所销售商品房所受不利因素影响以及采取的必要防治措施（详见附件五）。

销售商品住宅的，除本条第（一）款、第（二）款规定的材料外，还应当在销售场所显著位置公示《商品住宅质量保证书》《商品住宅使用说明书》《商品住宅项目基本情况告知书》以及不拒绝买受人使用住房公积金贷款的书面承诺。

通过网络销售的，除在现场公示外也应按照本合同第二十八条相关要求将需公示内容逐项在线上公示。

出卖人应当为买受人查询与所购商品房有关的城市规划、公共配套设施、开发进度等信息提供便利。

本商品房所在的学区，以教育主管部门公示的情况为准。

第二十九条　送达

出卖人和买受人保证在本合同中记载的通讯地址、联系电话均真实有效。本协议载明的地址视为有效的邮寄送达地址，本协议的各项通知和法律文书可以邮寄方式送达对方。

任何根据本合同发出的文件，均应采用书面形式，通知书如系单位发出应加盖公章，如系自然人发出应有签名。如无盖章或签名，视为未通知。买卖双方选择以下第＿＿＿＿种方式送达：

（一）邮政快递;

（二）邮寄挂号信;

(三)电子邮件;

(四)_____。

任何一方变更通讯地址、联系电话、电子邮箱等的,应在变更之日起_____日内书面通知对方。

变更的一方未履行通知义务导致送达不能的,应承担相应的法律责任。

第三十条　买受人信息保护

出卖人对买受人信息负有保密义务。非因法律、法规规定或国家安全机关、公安机关、检察机关、审判机关、纪检监察机关执行公务的需要,未经买受人书面同意,出卖人及其销售人员和相关物业公司不得对外披露买受人信息,或将买受人信息用于履行本合同之外的其他用途。

第三十一条　争议处理

(一)凡因本合同引起的或与本合同有关的任何争议,由双方当事人协商解决,也可通过[　　]市消费者委员会或[　　]调解中心等进行调解。

(二)一方当事人不愿调解或调解不成的,应采取下列第_____种方式解决:

1. 提交[　　]市仲裁委员会进行仲裁。

2. 向不动产所在地人民法院起诉。

第三十二条　合同数量及持有本合同包括附件及附图,共_____页。如采用纸质合同的方式签署,一式_____份,双方当事人各执_____份,每份合同均具有同等法律效力。

第三十三条　补充条款

对本合同中未约定或约定不明的内容,双方经协商一致,可以依法对本合同签订补充条款(见附件四),但不得违反法律、法规强制性规定以及建设用地使用权出让合同的约定。补充条款中不得包含减轻或免除出卖人责任,或不合理地加重买受人责任、排除买受人主要权利等内容,补充条款中涉及上述内容的,视为无效条款。

第三十四条　合同生效

本合同自双方签字或盖章之日起生效。

第三十五条　合同解除

本合同的解除应当采用书面形式。

交易风险提示

双方当事人在交易之前应按照政府主管部门最新文件的要求,认真核查是否符合购房条件,对不符合条件的,主管部门将不予办理合同备案等手续。对采取弄虚作假、隐瞒真实情况,或者提供虚假证明材料等方式申购商品住房的,主管部门将按照规定对相关当事人进行查处。

声明:

我(们)已明确得知国家及_____市有关房地产限购政策,并按要求提供相关真实的证明材料,对因提供虚假材料以及不符合政策条件而进行的房产交易行为所产生的法律责任,本人愿承担全部责任。同时,我(们)对本合同的完整性予以确认,并承担因此产生的全部责任。特此声明。

提示:请买受人将上述声明抄到下面方框中,并签名(全部买受人)。

声明:

签名:

(可使用电子或手写签章/签名)

附件一

房屋平面图(应当标明方位)

(一)本合同建筑面积计算的规则为国家规范:《房产测量规范》(GB/T 17986.1—2000)

(二)经法定机构确认的《房屋套内建筑面积测绘图》

(三)经法定机构确认的《房屋共有建筑面积汇总表》

附件二

共用设施和附属配套项目及其建成、验收合格时间

（一）纳入该商品房分摊的共用部位的名称、面积和所在位置。

（二）未纳入该商品房分摊的共用部位的名称、所在位置。

（三）该商品房的共用设施设备构成。

附件三

装修、装饰、装置标准

1. 外墙：（应公示材质、位置、比例，例如，××项目××栋2层至15层采用铝板，占比不低于80%）

2. 房屋：

区域	序号	内容	装修（装饰、装置）类别	品牌、产地、规格、级别、型号	备注
客厅	1	地面	瓷砖		
	2	墙面	涂料		
	3	天花板（吊顶）	涂料、灯带		
	4	门	钢木实木门		
	5	门锁	智能门锁		
	6	窗	铝合金玻璃窗		
	7	收纳	玄关柜、鞋柜		
	8	电器	电视机		
餐厅	1	地面	瓷砖		
	2	墙面	涂料		
	3	天花板（吊顶）	涂料、灯带		
	4	门	实木门		
	5	门锁	球形门锁		
	6	窗	铝合金玻璃窗		

续表

区域	序号	内容	装修(装饰、装置)类别	品牌、产地、规格、级别、型号	备注
	7	收纳	玄关柜、鞋柜		
	8	电器	恒温柜		
卧室	1	地面	瓷砖		
	2	墙面	涂料		
	3	天花板(吊顶)	涂料、灯带		
	4	门	实木门		
	5	门锁	球形门锁		
	6	窗	铝合金玻璃窗		
	7	收纳	玄关柜、鞋柜		
	8	电器	电视机		
厨房	1	地面	瓷砖		
	2	墙面	瓷砖		
	3	吊顶	铝扣板		
	4	门	木门		
	5	窗	铝合金玻璃窗		
	6	橱柜	柜门材料		
	7	操作台	台面材料		
	8	电器	油烟机		
	9	电器	燃气灶		
	10	电器	消毒柜		
	11	电器	洗碗机		
	12	电器	蒸烤一体机		
	13	电器	嵌入式冰箱		
	14	水槽	洗涤池		
	15		洗涤池龙头		
卫生间	1	地面(主卫)	大理石砖		
	2	地面(次卫或客卫)	瓷砖		

续表

区域	序号	内容	装修(装饰、装置)类别	品牌、产地、规格、级别、型号	备注
	3	墙面	瓷砖		
	4	天花			
	5	淋浴空间	淋浴房		
	6		主卫浴缸龙头及花洒		
	7		淋浴龙头及花洒（次卫或客卫）		
	8	卫浴	主卫浴缸		
	9		洗脸盆		
	10		龙头(主卫)		
	11		龙头(次卫或客卫)		
	12		智能马桶		
	13		窗		
阳台	1	地面	瓷砖		
	2	收纳	阳台柜		
	3	电器	洗衣机		
其他	1	电器	换气机		
	2	空气净化	新风		
	3	空调	中央空调/分体式空调		
	4	净水	前置净水		
	5	智能家电			
	6	房屋灯具			

注：表格内斜体部分为填写样例，应根据项目实际情况填写。

3.电梯：

(1)产地： (2)品牌： (3)型号： (4)其他：

4.公共区域：

5.管道：

6.其他。

附件四

买卖双方补充约定：

1.

2.

3.

4.

5.

附件五

一、噪声污染

（一）噪声污染情况

（二）建筑隔声情况

（三）噪声污染防治措施

二、其他不利因素（包含垃圾、臭气、辐射等）

（一）情况

（二）防治措施

（三）其他

附件六

绿色专项承诺

一、基本信息

1. 绿色建筑：本项目满足《绿色建筑评价标准》（GB/T 50378—2019）的绿色建筑等级：[　　][A 一星级][B 一星级][C 三星级（最高）]。

2. 建筑节能：本项目按照（项目所采用建筑节能标准）进行设计和建设。

3. 装配式建筑：本项目满足（项目所采用装配式建筑技术标准）要求。

二、绿色建筑性能

(一)安全耐久

1. 空调室外机位是否具备安装、检修和维护条件:[　　][A 检修通道][B 马道][C 吊篮固定端][D 预埋件][E 其他]

2. 建筑是否设置安全防护的警示和标识系统:[　　][A 是][B 否]

3. 卫生间、浴室防水防潮

(1)地面防水层做法:[　　]

(2)墙面防潮层做法:[　　]

(3)顶棚防潮层做法:[　　]

4. 建筑外门窗的抗风压性能:[　　]、水密性能:[　　]

(二)健康舒适

1. 室内空气品质

(1)氨、甲醛、苯、总挥发性有机物、氡等室内主要空气污染物浓度与现行国家标准《室内空气质量标准》(GB/T 18883—2002)规定限值相比:[　　][A 符合限值][B 比限值低10%][C 比限值低20%]

(2)地下车库设置一氧化碳浓度监测装置并与排风设备系统联动:[　　][A 是][B 否]

2. 声环境

(1)外墙空气声隔声性能 Rw + Ctr[　dB]

(2)交通干线两侧卧室、起居室外窗空气声隔声性能 Rw + Ctr[　dB]、其他卧室、起居室外窗空气声隔声性能 Rw + Ctr[　dB]

(3)户门空气声隔声性能 Rw + C[　dB]

(4)分户墙空气声隔声性能 Rw + C[　dB]、分户楼板空气声隔声性能 Rw + C[　dB]

(5)户内卧室墙空气声隔声性能 Rw + C[　dB]

(6)卧室、起居室的分户楼板撞击声隔声性能 Ln,w[　dB]

(三)生活便利

1.出行与无障碍

(1)建筑、室外场地、公共绿地、城市道路相互之间设置连贯无障碍的步行系统:[　　][A 是][B 否]

(2)建筑室内公共区域、室外公共活动场地及道路均满足现行《无障碍设计规范》(GB 50763—2012)要求:[　　][A 是][B 否]

2.服务设施

(1)停车场具有电动汽车充电设施或具备充电设施的安装条件:[　　][A 是][B 否]

(2)电动汽车停车位数量:[　　]

(3)无障碍汽车停车位数量:[　　]

(4)电动汽车充电桩的车位数占总车位数的比例:[　　%]

(5)自行车停车位数量:[　　]

3.建筑管理系统

(1)建筑设备管理系统具有自动监控管理功能[　　][A 是][B 否]

(2)建筑设置信息网络系统[　　][A 是][B 否][C 经论证可不设置]

(四)资源节约

1.节水器具

(1)水嘴用水效率等级:[　　][A 一级][B 二级][C 三级][D 未涉及本项](2)坐便器用水效率等级:[　　][A 一级][B 二级][C 三级][D 未涉及本项](3)蹲便器用水效率等级:[　　][A 一级][B 二级][C 三级][D 未涉及本项](4)小便器用水效率等级:[　　][A 一级][B 二级][C 三级][D 未涉及本项](5)淋浴器用水效率等级:[　　][A 一级][B 二级][C 三级][D 未涉及本项]

2.非传统水源利用

(1)非传统水源利用方式:[　　][A 雨水][B 中水][C 市政再生水][D 其他][E 未涉及本项]

(2)非传统水源应用于:[   ][A 绿化灌溉][B 车库及道路冲洗][C 洗车用水][D 冲厕用水][E 冷却水补水][F 其他   ]

3.建筑水耗

本建筑年度水消耗量:[   ]

(注:本值为在常规状态下,绿色建筑技术实施后,根据现行标准要求经测算项目运行的理论水耗值)

4.节材与绿色建材

(1)是否全装修交付:[   ][A 是][B 否]

(2)绿色建材应用比例:[   ][A 不低于30%][B 不低于50%][C 不低于70%][D 未涉及本项]

5.节能与可再生能源利用

(1)围护结构热工性能比(国家标准节能标准及标准年号)规定提高幅度[%]或建筑供暖空调负荷降低幅度[%]

(2)是否利用可再生能源:[   ][A 是][B 未涉及本项]

(3)可再生能源利用比例:[%]

(4)可再生能源用途:[   ][A 生活热水][B 供电][C 供热供冷]

(5)可再生能源应用形式:[   ][A 太阳能光热][B 太阳能光电][C 地源热泵][D 空气源热泵][E 其他]

(五)环境宜居

1.绿地率:[%]

2.是否采用包含乔木、灌木、草的复层绿化:[   ][A 是][B 否]

3.每100平方米绿地面积的乔木配置数量不少于3株:[   ][A 是][B 否]

4.场地年径流总量控制率:[   ]

5.场地年径流控制率:[   ][A 满足规划指标要求][B 大于规划指标要求]

三、建筑节能

(一)墙体

1.保温形式[   ][A 外保温][B 内保温][C 夹芯保温][D 其他]

2.保温材料名称[　　][A 挤塑聚苯乙烯发泡板][B 模塑聚苯乙烯发泡板][C 聚氨酯发泡][D 岩棉][E 玻璃棉毡][F 保温浆料][G 其他]

3.保温材料性能:密度[　kg/m³]、燃烧性能[　h]、导热系数[　W/(m·k)]、保温材料层厚度[　mm]

(二)屋面

1.保温(隔热)形式[　　][A 坡屋顶][B 平屋顶][C 坡屋顶、平屋顶混合][D 有架空屋面板][E 保温层与防水层倒置][F 其他]

2.保温材料名称[　　][A 挤塑聚苯乙烯发泡板][B 聚氨酯发泡][C 加气砼砌块][D 憎水珍珠岩][E 其他]

3.保温材料性能:密度[　kg/m³]、导热系数[　W/(m·k)]、吸水率[　%]、保温材料层厚度[　mm]

(三)外门窗(幕墙)

1.玻璃类型[　　][A 普通单层玻璃][B 普通镀膜玻璃][C 普通中空玻璃][D Low-E 中空玻璃][E 其他]

2.玻璃厚度[　　]

3.型材类型[　　][A 普通铝合金][B 断热桥铝合金][C 塑钢][D 其他　　]

4.外遮阳形式:[　　][A 水平百叶遮阳][B 水平挡板遮阳][C 垂直百叶遮阳][D 垂直挡板遮阳][E 垂直卷帘遮阳][F 其他]

5.门窗和透明幕墙性能:传热系数[　w/(m²·k)]、遮阳系数[　%]、玻璃可见光透射比[　]、气密性能[　　]

(四)空调、通风系统

1.空调冷热源类型:[　　][A 压缩式冷水(热泵)机组][B 分体式房间空调器][C 多联机][D 其他]

2.送、排风系统形式:[　　][A 自然通风系统][B 机械送排风系统][C 机械排风、自然进风系统][D 设有排风余热回收装置的机械送排风系统][E 其他]

(五)建筑能耗

本建筑单位建筑面积年度能源消耗量:[　　]

(注:本值为在常规状态下,绿色建筑技术实施后,根据现行标准要求经测算项目运行的理论能耗值)

四、装配式建筑

1. 项目是否为装配式建筑项目:[　　][A 是][B 未涉及本项]

2. 预制构件的种类:[　　][A 预制凸窗][B 预制外墙板][C 叠合楼板][D 预制楼梯][E 预制阳台][F 钢筋桁架楼承板][G 预制剪力墙][H 预制梁][I 预制柱][G 其他]

3. 装配式装修的种类:[　　][A 装配式吊顶][B 装配式内隔墙][C 整体厨房][D 整体卫生间][E 其他]

附件七

关于质量担保的证明

附件八

关于质量保险的证明

附件九

关于前期物业服务的约定

(一)前期物业服务合同;

(二)临时管理规约。

附件十

不利因素告知书

(如:该商品房所在建设工程项目周边可能引起气味、污染、辐射、噪声等不利

因素)

附图

1. 总平面图(图中最小文字、数字应大于六号字);

2. 立面图(图中最小文字、数字应大于六号字);

3. 楼层平面图(图中最小文字、数字应大于六号字);

4. 楼层剖面图(图中最小文字、数字应大于六号字);

5. 分户平面图(图中最小文字、数字应大于六号字);

6. 物业管理用房位置图。

出卖人(签章):　　　　　买受人(签章):
出卖人代理人(签章):　　买受人代理人(签章):
　　年　月　日　　　　　　年　月　日

第二章

商品房买卖合同

商品房买卖合同(示范文本)

合同编号：_____

特别提示

1. 在签订本合同之前,买受人可要求出卖人出示企业法人营业执照、房地产开发资质证书等与房地产开发和销售有关的证明文件,并认真审阅合同内容,仔细确认其中的选择性、补充性、填充性、修改性内容。对合同条款有疑问时,应向出卖人或者相关专业人员咨询。

2. 为体现平等、自愿、公平、诚信的原则,双方当事人可依照约定对本示范文本条款进行选择、补充、填充、修改,约定应当符合法律、法规及商品房项目土地使用权出让合同的规定,不得侵害社会公共利益和第三方的合法权益。

3. 本合同生效后,未被修改的文本文字及空格处填写的有效文字与符号均视为双方当事人合意内容。合同附件及补充协议经买受人和出卖人共同签署后与合同正文具有同等法律效力。

4. 双方当事人如采用书面形式签署合同,可根据实际情况决定纸质合同原件的份数,在签订时应当认真核对,以确保本合同各份内容相同。

5. 买受人同意并授权主管部门就买卖合同备案事项或进行后续风险管理的过程中向有关部门查询、打印和保存本人及家庭成员政务共享信息,包括但不限于:(1)身份及户籍信息;(2)婚姻状况信息;(3)家庭房产信息;(4)社保信息;(5)个税信息。

授权信息的查询结果作为主管部门审查买受人购房资格的参考。

6.如无特别说明,本合同中所约定的"日"为自然日。提到的"N日内"包含第N日。

出卖人向买受人出售其开发建设的房屋,双方当事人应当在平等、自愿、公平、诚信的基础上,根据《中华人民共和国民法典》及其他相关法律、法规的规定等,就商品房买卖相关内容协商达成一致意见,共同签订本合同。

第一部分　合同当事人

出卖人:_____证件类型:_____证件号码:_____法定代表人:_____联系电话:_____电子邮箱:_____国家或地区:_____证件类型:_____证件号码:_____注册地址:_____通讯地址:_____

委托代理人:_____联系电话:_____电子邮箱:_____国家或地区:_____证件类型:_____证件号码:_____通讯地址:_____

委托代理机构:_____法定代表人:_____联系电话:_____电子邮箱:_____国家或地区:_____证件类型:_____证件号码:_____注册地址:_____通讯地址:_____

买受人:_____所占份额:_____国家或地区:_____证件类型:_____证件号码:_____联系电话:_____电子邮箱:_____通讯地址:_____

公司或机构名称:_____所占份额:_____证件类型:_____证件号码:_____法定代表人:_____联系电话:_____电子邮箱:_____国家或地区:_____证件类型:_____证件号码:

_____注册地址：_____通讯地址：_____

委托代理人：_____联系电话：_____电子邮箱：_____
_____国家或地区：_____证件类型：_____证件号码：_____
_____通讯地址：_____

委托代理机构：_____证件类型：_____证件号码：_____
_____法定代表人：_____联系电话：_____电子邮箱：_____
_____国家或地区：_____证件类型：_____证件号码：_____
_____注册地址：_____通讯地址：_____

第二部分 商品房基本情况

第一条 商品房情况

出卖人与_____市规划和自然资源主管部门或土地使用权转让方签订_____及_____，取得位于_____市_____区_____（街道）_____路，宗地编号为_____，土地面积_____平方米的土地使用权。该地块土地用途为_____，建筑容积率为_____；建设用地使用权期限自_____年___月___日起至_____年___月___日止。卖方经批准在该块土地上兴建商品房，项目名称为_____。本项目地价款已缴清，并已经首次登记。

坐落于_____市_____区_____（街道）_____路_____（项目名称）中的_____，房地产/不动产权证书号：_____，是本合同标的商品房（以下称本商品房）。其用途为_____，建筑面积（面积以所附测绘报告为准）_____平方米，其中：套内建筑面积_____平方米。

有关建筑面积、套内建筑面积、公用建筑面积分摊等情况详见附件一。

具体楼层和位置及尺寸见所附总平面图、立面图、楼层平面图、剖面图及分户平面图。本商品房项目共用设施及附属配套项目见附件二。

第二条 建筑物区划内共有部分权利的约定

本商品房转让时，出卖人对建筑物区划内共有部分所拥有的共有和共同管理的权利同时转让，但法律法规明确规定的除外。

本合同所称建筑物区划内共有部分，是指建筑物内的住宅、经营性用房等专有部分以外的共有部分，主要包括：

1. 建筑物的基础、外墙、屋顶等基本结构部分；

2. 通道、电梯、楼梯、大堂等公共通行部分；

3. 消防、公共照明等附属设施、设备；

4. 避难层、设备层或者设备间等结构部分；

5. 建筑区划内的道路（属于城镇公共道路除外）；

6. 建筑区划内的绿地（属于城镇公共绿地或者明示属于个人的除外）；

7. 建筑区划内的其他公共场所、公用设施和物业服务用房；

8. 占用业主共有的道路或者其他场地用于停放汽车的车位；

9. 其他既不属于建筑物专有部分，也不属于市政公用部分或者其他权利人所有的场所及设施。

依法属于业主共有的部分及设施、设备不得通过补充协议等形式变更权益。

第三条　关于建筑区划内规划停车位的约定

根据本项目《建设用地规划许可证》《建设工程规划许可证》，项目规划停车位共计_____个，其中，地上_____个，地下_____个。根据《中华人民共和国民法典》规定，本项目建筑区划内规划用于停放汽车的车位、车库应当首先满足业主的需要。

第三部分　商品房价款

第四条　计价方式与价款

双方当事人约定本商品房按下列第_____种方式计算本商品房总价款：

1. 按套计算：

总金额为人民币_____亿_____仟_____佰_____拾_____万_____仟_____佰_____拾_____元（小写_____元）。

2. 按套内建筑面积计算：

总金额为人民币_____亿_____仟_____佰_____拾_____万_____仟

_____佰_____拾_____元(小写_____元),单价为每平方米人民币_____元。

3. 按建筑面积计算:

总金额为人民币_____亿_____仟_____佰_____拾_____万_____仟_____佰_____拾_____元(小写_____元),单价为每平方米人民币_____元。

本合同中的商品房总价款是指买受人向出卖人支付的全部购房款,买卖行为产生的各种税费由法律、法规及政策规定的纳税义务人缴纳。出卖人如向买受人收取、代收因买卖行为产生的各种税费及费用,应向买受人提供收取、代收各种税费的政策文件,并征得买受人的同意,否则,买受人有权拒绝并依法向相关部门直接缴付。

第五条　付款方式及相关处理

(一)买受人采取下列第_____种方式付款:

1. 一次性付款:

签订本合同之日起_____日内一次性付清本商品房总价款,共计:

人民币_____亿_____仟_____佰_____拾_____万_____仟_____佰_____拾_____元(小写_____元)。

2. 分期付款:

(1)自签订本合同之日起_____日内支付购房总价款的_____%,即

人民币_____亿_____仟_____佰_____拾_____万_____仟_____佰_____拾_____元(小写_____元)。

(2)自签订本合同之日起_____日内支付购房总价款的_____%,即

人民币_____亿_____仟_____佰_____拾_____万_____仟_____佰_____拾_____元(小写_____元)。

(3)自签订本合同之日起_____日内支付购房总价款的_____%,即

人民币_____亿_____仟_____佰_____拾_____万_____仟_____佰_____拾_____元(小写_____元)。

3.按揭方式付款:

签订本合同之日起_____日内首期支付本商品房总价款的_____%,即

人民币_____亿_____仟_____佰_____拾_____万_____仟_____佰_____拾_____元(小写_____元)。

签订本合同之日起_____日内办理银行贷款并向出卖人支付剩余价款,即

人民币_____亿_____仟_____佰_____拾_____万_____仟_____佰_____拾_____元(小写_____元)。

买卖双方约定采取下列第_____种方式办理按揭贷款:

(1)出卖人代理买受人办理按揭贷款手续:

买受人应在签订本合同之日起_____日内,将申请银行按揭贷款需由买受人提供的证件资料交付出卖人或出卖人指定的第三人。

(2)买受人自行办理按揭贷款手续:

出卖人应在签订本合同之日起_____日内,将申请银行按揭贷款需由出卖人提供的证件资料交付买受人或买受人指定的第三人。

(二)未能订立商品房担保贷款合同的处理:

1.不论何方原因导致未能订立商品房担保贷款合同,买卖双方同意继续履行商品房买卖合同的,双方可重新约定付款方式。

2.因买受人或出卖人原因未能订立商品房担保贷款合同并导致商品房买卖合同不能继续履行的,对方可以要求解除合同。由于买受人原因导致合同无法履行的,买受人无权要求返还定金;由于出卖人原因导致合同无法履行的,出卖人应向买受人双倍返还定金。

3.因不可抗力未能订立商品房担保贷款合同并导致商品房买卖合同不能继续履行的,买卖双方均有权要求变更或解除合同。解除合同的,出卖人应当将收受的首期本商品房总价款及其利息(参照行为发生时中国人民银行公布的活期利息的标准)或者定金返还买受人。

4.在订立商品房担保贷款合同过程中,发生了买卖双方无法预见的、不属于商业风险的重大变化,继续履行合同对于当事人一方明显不公平的,受不利影响

的当事人可以与对方重新协商;协商不成的,当事人可以请求人民法院或者仲裁机构变更或者解除合同。解除合同的,出卖人应当将收受的首期本商品房总价款及其利息(参照行为发生时中国人民银行公布的活期利息的标准)或者定金返还买受人。

第六条　逾期付款责任

除不可抗力外,买受人未按本合同第五条约定的期限付款,双方同意按照下列第_____种方式处理:

(一)按照逾期时间和欠款比例,分别处理(1 和 2 不作累加)。

1.逾期在_____日内,或逾期超过_____日但逾期应付款的金额未达到本商品房总价款的_____%的:自约定的应付款期限届满之日起至实际全额支付应付款之日止,买受人按日向出卖人支付逾期应付款万分之_____的违约金,合同继续履行;

2.逾期超过_____日[该期限应当与本条第(一)1 项中的期限相同],且逾期应付款的金额达到本商品房总价款的_____%[该比例应当与本条第(一)1 项中的相同],出卖人有权要求买受人支付本商品房总价款或解除合同。出卖人解除合同的,应当书面通知买受人。买受人应当自解除合同通知送达之日起_____日内按照累计应付款的_____%向出卖人支付违约金,同时,出卖人退还买受人已付全部房款(含已付贷款部分)。买受人愿意继续履行合同的,经出卖人同意,合同继续履行,自约定的应付款期限届满之日起至实际全额支付应付款之日止,买受人按日计算向出卖人支付逾期应付款万分之_____[该比例不可低于本条第(一)1 项中的比例]的违约金。

本条所称逾期应付款是指依照本合同约定的到期应付款与该期实际已付款的差额;采取分期付款的,按照相应的分期应付款与该期的实际已付款的差额确定,累计应付款是指依照本合同约定的到期应付款总和。

(二)_____。

采取按揭方式付款的,如因买受人不能按商品房担保贷款合同约定按期还本付息导致按揭银行要求出卖人承担担保责任,出卖人在承担保证责任后有权向买受人按逾期应付款的_____%追偿。

第七条　付款票据

买受人支付购房款后出卖人应出具票据,付清全部购房款后出卖人应开具发票。

第四部分　商品房交付及验收

第八条　交付时间和办法

出卖人应当于_____年___月___日前将本商品房交付给买受人,交付前应取得法律、法规规定的建设工程竣工验收合格的备案证明文件。

出卖人向买受人交付前,应发出《入伙通知书》,《入伙通知书》中应注明实际交付的本商品房的套内建筑面积、交付手续办理期限、交付手续办理地点等。

买受人对出卖人所交付的商品房无异议,或异议部分经协商处理同意收楼的,应对出卖人交付的本商品房的钥匙出具收条,该收条视为本商品房实际交付的凭据。

出卖人委托物业服务企业办理交付手续的,应向物业服务企业出具《授权委托书》,并监督物业服务企业将该《授权委托书》(原件)放置于办理交付手续现场的显著位置。

出卖人书面通知买受人交付后,买受人经验收同意收楼的,本商品房的交付时间为出卖人交付本商品房的钥匙之日;出卖人通知买受人交付后,买受人无正当理由拒绝验收或无正当理由拖延验收时间的,本商品房的交付时间为出卖人《入伙通知书》中的交付期限届满之日。

第九条　交付文件

出卖人应在本商品房交付时向买受人提供有关本商品房的下列文件:

1. 测绘部门确认的竣工面积测绘报告;

2. 法律、法规规定的建设工程竣工验收合格的备案证明文件;

3.《收楼意见书》;

4.《业主临时管理规约》或《管理规约》;

5.(前期)物业服务企业出具的物业共有部位、共用设施设备接管查验清单;

6._____。

销售商品住宅的,除上述材料外,还应当提供加盖出卖人公章的商品住宅使用说明书、商品住宅质量保证书。

上述文件中的第1、2、5项应出示原件并提供加盖出卖人公章的复印件;第3、4项应由买受人填写或签署。

上述文件不全的,视为不符合交付标准,买受人有权拒绝收楼,由此产生的逾期交付责任由出卖人承担。

第十条　交付验收

买受人应在接到《入伙通知书》之日起_____日内按《收楼意见书》内容对本商品房进行验收,如有异议,应当及时在《收楼意见书》中提出。买受人在验收期限届满之日起_____日内未提出异议,视为同意接收本商品房。

出卖人在收到买受人异议后,应在_____日内对异议部分做出书面答复和处理意见。出卖人逾期不予答复及处理的,视为买受人异议事实成立,视为未交付本商品房。

买受人同意出卖人书面答复和处理意见的,应当在出卖人处理完毕并书面通知买受人之日起_____日内对本商品房重新验收。买受人重新验收后,仍有异议的,按本合同第二十七条处理;买受人重新验收后,没有异议的,视为已按重新验收期限交付本商品房。

第十一条　逾期交付责任

除本合同另有约定的特殊情况外,出卖人如未在本合同第八条约定的交付期限内将本商品房交付买受人,双方同意按照下列第_____种方式处理:

(一)按照逾期时间,分别处理(1和2不作累加)。

1.逾期在_____日之内[该期限应当不多于第六条第(一)1项中的期限],自约定的交付期限届满之日起至实际交付之日止,出卖人按日向买受人支付本商品房总价款万分之_____的违约金,合同继续履行;

2.逾期超过_____日[该期限应当与本条第(一)1项中的期限相同],买受人有权在约定的交付期限届满之日起半年内解除合同。买受人解除合同的,应当书面通知出卖人。出卖人应当自解除合同通知送达之日起10日内退还买受人已付全部房款(含已付贷款部分),并自买受人付款之日起,按照＿＿＿＿％(参照行为发生时中国人民银行公布的活期利息的标准)给付利息;同时,出卖人按照本商品房总价款的＿＿＿＿％向买受人支付违约金。

买受人要求继续履行合同的,合同继续履行,自约定的交付期限届满之日起至实际交付之日止,出卖人按日计算向买受人支付本商品房总价款万分之＿＿＿＿[该比率应当不低于本条第(一)1项中的比率]的违约金。

(二)＿＿＿＿＿＿＿＿＿＿＿＿＿＿＿＿＿＿＿＿＿＿＿＿＿。

第五部分　商品房质量及保修责任

第十二条　质量

本商品房因质量问题造成买受人损失的,出卖人应予以赔偿。

买受人在保修期内发现有质量问题的,应通知出卖人履行保修义务,出卖人应按本合同第十四条的约定履行保修义务。

因质量问题经两次以上维修后仍不能满足正常使用要求的,或买受人认为仍然存在质量问题的,买受人可委托具有相应资质的建设工程质量检测机构检测。检测结果经原设计单位或具有相应资质等级的设计单位复核确认存在质量问题的,买受人有权解除合同,出卖人需承担损害赔偿责任。买受人不解除合同的,可以要求出卖人相应减少房屋价款。

本条所涉及检测及复核等费用均可由买受人先行垫付,检测及复核结果为本商品房存在质量问题的,费用由出卖人承担。

第十三条　装饰装修及设备标准

本商品房应当使用合格的建筑材料、构配件和设备,装置、装修、装饰所用材料的产品质量必须符合国家的强制性标准及双方约定的标准。

出卖人应当对样板房的装修装饰材料及其品牌、规格、型号等以书面形式详细说明,并逐项列明是否与销售商品房一致,说明应置于样板房入口等显要位置。

出卖人未提供样板房说明,该样板房即为具体确定的商品房及相关设施的说明和允诺;样板房说明中未予以明确的项目,该样板房内容即为具体确定的商品房及相关设施的说明和允诺。

交付的本商品房的装修部分达不到本合同附件三约定的主要装修标准的,买受人有权要求出卖人就未达标准部分进行重新装修。因重新装修而推迟交付使用日期的,按本合同第十一条的约定处理。

对出卖人未经双方约定增加的装置、装修、装饰,视为无条件赠与买受人。但买受人明确表示不接受这部分装置、装修、装饰的,出卖人有义务按合同约定交付标准予以恢复,因此造成买受人损失的,出卖人应予以赔偿。

出卖人交付的本商品房的装置、装修、装饰所用材料的产品质量必须符合国家有关设计、材料和施工的强制性规范,如不符合规范,或其对人体有害物质超过国家强制性标准,危及买受人健康的,买受人有权要求出卖人予以更换、处理,造成买受人损失的,出卖人应当依法承担赔偿责任。

买卖双方对装置、装修、装饰的工程设计、材料质量、工程质量所用材料的产品质量是否符合国家强制性规范存在争议的,买受人可委托由政府指定的机构进行检测,相关的费用由买受人先行垫付。检测结果为不符合国家强制性规范的,检测费用由出卖人承担。

第十四条　保修责任

根据《建设工程质量管理条例》《商品住宅实行住宅质量保证书和住宅使用说明书制度的规定》等规定,住宅保修期从开发企业将竣工验收的住宅交付用户使用之日起计算,保修期限不低于下列期限:

(一)基础设施工程、房屋建筑的地基基础工程和主体结构工程的保修期限为设计文件规定的该工程的合理使用年限;

(二)屋面防水工程、有防水要求的卫生间以及房间和外墙面的防渗漏的保修期限为5年(出卖人承诺保修期:_____年);

(三)墙面、厨房和卫生间地面、地下室、管道保修期为2年(出卖人承诺保修:_____年);

（四）墙面和顶棚抹灰层脱落、地面空鼓开裂、大面积起砂保修期为 2 年(出卖人承诺保修期：_____年)；

（五）卫生洁具保修期为 1 年(出卖人承诺保修期：_____年)；

（六）供热与供冷系统为 2 个采暖期、供冷期(出卖人承诺保修期：_____个采暖期、供冷期)；

（七）灯具、电器开关保修期为 0.5 年(出卖人承诺保修期：_____年)；

（八）电气管线、给排水管道以及设备安装和装修工程为 2 年(出卖人承诺保修期：_____年)。

商品住宅其他项目的保修期限按《商品住宅质量保证书》中的承诺执行。

约定标准不得低于相应的国家强制性标准，保修期自交付之日起计算。

在保修期限范围内的保修费用由出卖人负担，但买受人使用不当或不可抗力等非出卖人原因造成的问题除外。

出卖人应在收到买受人通知后 5 日内履行保修义务；出卖人对保修责任有异议的，应在收到买受人通知后 5 日内通知买受人。买卖双方可委托双方认可且具有资质的监理单位予以裁定，也可委托有资质的建设工程质量检测机构予以检测，所有费用由责任方承担。

在保修期内，买受人发出书面保修通知书 5 日内，出卖人既不履行保修义务也不书面通知保修责任异议的，买受人可以自行或聘请他人进行维修，合理的维修费用由出卖人承担。

第六部分　房屋权属状况

第十五条　产权现状

本商品房当前未被查封。

本商品房□未设定抵押/□已经设定抵押，抵押权人：_____，证件类型：_____，证件号：_____。抵押权人同意本商品房转让的证明及关于抵押的相关约定见附件七。

本商品房如有其他共有权人的，出卖人须取得其他共有权人的书面同意。

第十六条　租赁现状

本商品房的租赁情况为□出租/□未出租。

出卖人已将本商品房出租，□买受人为本商品房承租人/□承租人书面放弃优先购买权。

本商品房原租赁合同约定的租金为_____元(小写_____元)/月，押金为_____元(小写_____元)，租期自_____年____月____日起至_____年____月____日止。原租赁合同见附件八。

租金支付情况：_____。

出卖人须于签署本合同前提供承租人放弃优先购买权的声明(附件九)，否则视为出卖人违约。

双方当事人经协商一致按下述第_____种方式处置租赁合同(只能选择其中一种)：

1. 本商品房产权转移后，原租赁合同在有效期内对买受人仍然有效。出卖人须于本合同签订后5日内协助买受人与承租人签订新的租赁合同，如原租赁合同已在租赁管理部门登记备案的，须变更登记备案。同时出卖人须将承租方已交付给出卖人之租赁押金及预交租金(若有)转交予买受人，买受人自_____时起承继出卖人在原租赁合同项下之权利义务。

2. 出卖人须于本商品房交付买受人使用前解除原租赁合同，买受人对因原租赁合同而产生之纠纷不承担任何责任。

第十七条　商品房权利状况承诺及担保

(一)出卖人对本商品房享有合法权利；

(二)本商品房没有出售给除本合同买受人以外的其他人；

(三)本商品房没有司法查封或其他限制转让的情况；

(四)本商品房没有非法占有的情况；

(五)_____；

(六)_____。

如本商品房权利状况与上述情况不符，由于出卖人的原因造成买受人无法取得或者丧失本商品房所有权,或者所有权受到限制的,买受人有权解除本合同。买受人解除合同的,应当书面通知出卖人,出卖人应当自解除合同通知送达之日起 10 日内退还买受人已付全部房款(含已付贷款部分),并自买受人付款之日起,按照_____%(参照行为发生时中国人民银行公布的活期利息的标准)给付利息;同时,出卖人按照本商品房总价款的_____%向买受人支付违约金。

买受人在签订合同时知道或者应当知道第三人对本商品房享有权利的,不适用前款之约定。

买受人有确切证据证明第三人可能就本商品房主张权利的,可以中止支付相应的价款,但是出卖人提供了适当担保,并经买受人同意的除外。

第七部分　合同备案与房屋办证

第十八条　一手房现售合同备案

出卖人应当自本合同签订之日起 10 日内通过[　　]市房屋交易主管部门认可的平台办理合同备案,买受人有权督促出卖人履行备案义务,同时出卖人应在本合同备案完成后 5 个工作日内将备案情况告知买受人。

如出卖人未履行此项义务,造成买受人损失的,应当承担赔偿责任。

出卖人承诺向[　　]市房屋交易主管部门提供备案的商品房买卖合同(含附件)及其条款真实、完整。

第十九条　房屋办证义务

(一)双方同意共同向[　　]市不动产登记机构申请办理本商品房的房屋所有权转移登记。

(二)出卖人在将本商品房交付给买受人之日起_____日内(不得超过 90 日),选择下列第_____种方式为买受人办理并取得《不动产权证书》,办理《不动产权证书》的有关税费,按国家、省、市的规定由双方当事人各自承担:

1. 书面通知买受人共同向[　　]市不动产登记机构申请商品房转移登记,办理《不动产权证书》;

2. 买受人书面委托出卖人向[　　]市不动产登记机构申请商品房转移登记,

办理《不动产权证书》。

买受人在接到出卖人办理《不动产权证书》的书面通知后_____日内,向出卖人或出卖人指定的第三人提供办理《不动产权证书》所需的证件资料和有关税费。

第二十条　延期办证的违约责任

(一)因出卖人的原因,买受人未能在本商品房交付之日起_____日内(不得超过90日)取得本商品房《不动产权证书》的,双方同意按照下列第_____种方式处理:

1.买受人有权解除合同。买受人解除合同的,应当书面通知出卖人。出卖人应当自解除合同通知送达之日起10日内退还买受人已付全部房款(含已付贷款部分),并自买受人付款之日起,按照_____%(不低于行为发生时中国人民银行公布的活期利息的标准)计算给付利息。

买受人不解除合同的,自买受人应当完成房屋所有权登记的期限届满之日起至实际完成房屋所有权登记之日止,出卖人按日计算向买受人支付全部房价款万分之_____的违约金。

2._____。

(二)因买受人的原因或不可抗力导致出卖人未能在约定期限内办理《不动产权证书》的,出卖人不承担延期办证的违约责任。

第二十一条　结构与用途禁制承诺

本商品房仅作规划用途使用,买受人不得改变本商品房的建筑主体结构、承重结构和用途。若违反此约定,买受人应承担恢复原状的责任,造成出卖人或第三方损失的,应承担赔偿责任。

第八部分　物　业　服　务

第二十二条　前期物业服务

(一)出卖人依法选聘的前期物业服务企业为_____。

(二)前期物业服务合同期限为_____年____月____日到_____年____月____日。前期物业服务期限未满,但业主大会与物业服务企业签订的物业服合同生效的,前期物业服务合同终止。

(三)前期物业服务期间,由买受人按每月每平方米建筑面积_____元交纳物业服务费。日常收取的专项维修资金由买受人按政府规定的标准缴纳。

(四)出卖人应在签订本合同前向买受人明示其与物业服务企业签订的前期物业服务合同和所制定的业主临时管理规约。买受人在签订本合同时,应同时签署本商品房项目的业主临时管理规约。

第二十三条　物业服务用房及专项维修资金

(一)出卖人应依法在物业管理区域内配置产权属于全体业主共有的_____平方米建筑面积的物业服务用房,其位置见附图6。

(二)已竣工但尚未出售或尚未交付的商品房,由出卖人按政府规定的标准交付日常收取的专项维修资金,应自首次入伙之日起按本条第三款约定的标准交付物业服务费。

(三)出卖人应按物业管理法规规定交纳首期归集的专项维修资金。

第九部分　其他事项

第二十四条　信息公示及查询

出卖人销售商品房,应当将下列材料在营业场所显著位置公示:

(一)购房指引;

(二)营业执照和房地产开发企业资质等级证书;

(三)建设用地规划许可证、建设工程规划许可证和建筑工程施工许可证;

(四)房屋不动产权证书;

(五)建设用地使用权出让合同书;

(六)商品房买卖合同示范文本及附件;

(七)商品房项目总平面图和竣工测绘报告;

(八)商品房能源消耗指标、节能措施和保护要求、保温工程保修期;

(九)商品房销售控制表;

(十)物业管理区域内规划停车位(库)的数量及平面图;

(十一)经备案的前期物业服务合同、业主临时管理规约或管理规约；

(十二)[　　]市房地产诚信信息查询方式；

(十三)委托房地产经纪机构销售的,应当公示商品房销售委托书及受托房地产经纪机构的备案证书；

(十四)安全生产指引；

(十五)投诉方式和途径；

(十六)本项目绿色建筑等级；

(十七)无障碍住房信息；

(十八)法律、法规、规章和主管部门要求公示的其他材料。

项目不利因素通常包括项目内外及设计中可能对合同订立以及商品房价格有重大影响的不利因素,主要包括噪声、烟尘、臭气、污染、辐射、通风、采光、视线遮挡等不利因素。除前款规定的材料外,还应当在销售场所显著位置以书面形式说明所销售商品房所受不利因素影响以及采取的必要防治措施(详见附件五)。

销售商品住宅的,除本条第(一)款、第(二)款规定的材料外,还应当在销售场所显著位置公示《商品住宅质量保证书》《商品住宅使用说明书》《商品住宅项目基本情况告知书》以及不拒绝买受人使用住房公积金贷款的书面承诺。

通过网络销售的,除在现场公示外也应按照本合同第二十八条相关要求将需公示内容逐项在线上公示。

出卖人应当为买受人查询与所购商品房有关城市规划、公共配套设施、开发进度等信息提供便利。

本商品房所在的学区,以教育主管部门公示的情况为准。

第二十五条　送达

出卖人和买受人保证在本合同中记载的通讯地址、联系电话均真实有效。本协议载明的地址视为有效的邮寄送达地址,本协议的各项通知和法律文书可以邮寄方式送达对方。

任何根据本合同发出的文件,均应采用书面形式,通知书如系单位发出应加盖公章,如系自然人发出应有签名。如无盖章或签名,视为未通知。买卖双方选择以下第_____种方式送达：

（一）邮政快递；

（二）邮寄挂号信；

（三）电子邮件；

（四）_____。

任何一方变更通讯地址、联系电话、电子邮箱等的，应在变更之日起_____日内书面通知对方。

变更的一方未履行通知义务导致送达不能的，应承担相应的法律责任。

第二十六条　买受人信息保护

出卖人对买受人信息负有保密义务。非因法律、法规规定或国家安全机关、公安机关、检察机关、审判机关、纪检监察部门执行公务的需要，未经买受人书面同意，出卖人及其销售人员和相关物业公司人员不得对外披露买受人信息，或将买受人信息用于履行本合同之外的其他用途。

第二十七条　争议处理

（一）凡因本合同引起的或与本合同有关的任何争议，由双方当事人协商解决，也可通过[　　]市消费者委员会或[　　]调解中心等进行调解。

（二）若一方当事人不愿调解或调解不成，应采取下列第_____种方式解决：

1.提交_____进行仲裁。

2.向不动产所在地人民法院起诉。

第二十八条　合同数量及持有

本合同包括附件及附图，共_____。如采用纸质合同的方式签署，一式_____份，双方当事人各执_____份，其他交有关部门，每份合同均具有同等法律效力。

第二十九条　补充条款

对本合同中未约定或约定不明的内容，双方经协商一致，可以依法对本合同签订补充条款(见附件四)，但不得违反法律、法规强制性规定以及建设用地使用权出让合同的约定。补充条款中不得包含减轻或免除出卖人责任，或不合理地加重买受人责任、排除买受人主要权利等内容,补充条款中涉及上述内容的,视为无效条款。

第三十条　合同生效

本合同自双方签字或盖章之日起生效。

第三十一条　合同解除

本合同的解除应当采用书面形式。

声明:

我(们)已明确得知国家及[　　]市有关房地产限购政策,并按要求提供相关真实的证明材料,对因提供虚假材料以及不符合政策条件而进行的房产交易行为所产生的法律责任,本人愿承担全部责任。同时,我(们)对本合同的完整性予以确认,并承担因此产生的全部责任。特此声明。

系统提示:请买受人将上述声明抄到下面方框中,并签名(全部买受人)。

声明:

签名:

(可使用电子或手写签章/签名)

附件一

1. 本合同建筑面积计算的规则为:

国家规范或标准:《房产测量规范》(GB/T 17986.1—2000)

2. 经法定机构确认的房屋套内建筑面积测绘图

3. 经法定机构确认的房屋共有建筑面积汇总表

附件二

共用设施和附属配套项目及其建成并验收合格时间:

1.

2.

3.

4.

5.

6.

附件三

装修、装饰、装置标准:

1. 外墙:(应公示材质、位置、比例,例如,××项目××栋2层至15层采用铝板,占比不低于80%)

2. 房屋:

区域	序号	内容	装修(装饰、装置)类别	品牌、产地、规格、级别、型号	备注
客厅	1	地面	瓷砖		
	2	墙面	涂料		
	3	天花板(吊顶)	涂料、灯带		
	4	门	钢木实木门		
	5	门锁	智能门锁		
	6	窗	铝合金玻璃窗		
	7	收纳	玄关柜、鞋柜		
	8	电器	电视机		
餐厅	1	地面	瓷砖		
	2	墙面	涂料		
	3	天花板(吊顶)	涂料、灯带		
	4	门	实木门		
	5	门锁	球形门锁		
	6	窗	铝合金玻璃窗		
	7	收纳	玄关柜、鞋柜		
	8	电器	恒温柜		

续表

区域	序号	内容	装修(装饰、装置)类别	品牌、产地、规格、级别、型号	备注
卧室	1	地面	瓷砖		
	2	墙面	涂料		
	3	天花板(吊顶)	涂料、灯带		
	4	门	实木门		
	5	门锁	球形门锁		
	6	窗	铝合金玻璃窗		
	7	收纳	玄关柜、鞋柜		
	8	电器	电视机		
厨房	1	地面	瓷砖		
	2	墙面	瓷砖		
	3	吊顶	铝扣板		
	4	门	木门		
	5	窗	铝合金玻璃窗		
	6	橱柜	柜门材料		
	7	操作台	台面材料		
	8	电器	油烟机		
	9	电器	燃气灶		
	10	电器	消毒柜		
	11	电器	洗碗机		
	12	电器	蒸烤一体机		
	13	电器	嵌入式冰箱		
	14	水槽	洗涤池		
	15		洗涤池龙头		
卫生间	1	地面(主卫)	大理石砖		
	2	地面(次卫或客卫)	瓷砖		
	3	墙面	瓷砖		
	4	天花			

续表

区域	序号	内容	装修(装饰、装置)类别	品牌、产地、规格、级别、型号	备注
	5	淋浴空间	淋浴房		
	6		主卫浴缸龙头及花洒		
	7		淋浴龙头及花洒（次卫或客卫）		
	8	卫浴	主卫浴缸		
	9		洗脸盆		
	10		龙头(主卫)		
	11		龙头(次卫或客卫)		
	12		智能马桶		
	13		窗		
阳台	1	地面	瓷砖		
	2	收纳	阳台柜		
	3	电器	洗衣机		
其他	1	电器	换气机		
	2	空气净化	新风		
	3	空调	中央空调/分体式空调		
	4	净水	前置净水		
	5	智能家电			
	6	房屋灯具			

注：表格内斜体部分为填写样例，应根据项目实际情况填写。

3.电梯：

(1)产地： (2)品牌： (3)型号： (4)其他：

4.公共区域：

5.管道：

6.其他。

附件四

买卖双方补充约定：

1.

2.

3.

4.

5.

附件五

一、噪声污染

(一)噪声污染情况

(二)建筑隔声情况

(三)噪声污染防治措施

二、其他不利因素(包含垃圾、臭气、辐射等)

(一)情况

(二)防治措施

(三)其他

附件六

绿色专项承诺

一、基本信息

1.绿色建筑:本项目满足《绿色建筑评价标准》(GB/T 50378—2019)的绿色建筑等级:[　　][A 一星级][B 一星级][C 三星级(最高)]。

2.建筑节能:本项目按照(项目所采用建筑节能标准)进行设计和建设。

3.装配式建筑:本项目满足(项目所采用装配式建筑技术标准)要求。

二、绿色建筑性能

(一)安全耐久

1. 空调室外机位是否具备安装、检修和维护条件:[   ][A 检修通道][B 马道][C 吊篮固定端][D 预埋件][E 其他]

2. 建筑是否设置安全防护的警示和标识系统:[   ][A 是][B 否]

3. 卫生间、浴室防水防潮

(1)地面防水层做法:[   ]

(2)墙面防潮层做法:[   ]

(3)顶棚防潮层做法:[   ]

4. 建筑外门窗的抗风压性能:[   ]、水密性能:[   ]

(二)健康舒适

1. 室内空气品质

(1)氨、甲醛、苯、总挥发性有机物、氡等室内主要空气污染物浓度与现行国家标准《室内空气质量标准》(GB/T 18883—2002)规定限值相比:[   ][A 符合限值][B 比限值低10%][C 比限值低20%]

(2)地下车库设置一氧化碳浓度监测装置并与排风设备系统联动:[   ][A 是][B 否]

2. 声环境

(1)外墙空气声隔声性能 $R_w + C_{tr}$[dB]

(2)交通干线两侧卧室、起居室外窗空气声隔声性能 $R_w + C_{tr}$[dB]、其他卧室、起居室外窗空气声隔声性能 $R_w + C_{tr}$[dB]

(3)户门空气声隔声性能 $R_w + C$[dB]

(4)分户墙空气声隔声性能 $R_w + C$[dB]、分户楼板空气声隔声性能 $R_w + C$[dB]

(5)户内卧室墙空气声隔声性能 $R_w + C$[dB]

(6)卧室、起居室的分户楼板撞击声隔声性能 $L_{n,w}$[dB]

(三)生活便利

1. 出行与无障碍

(1)建筑、室外场地、公共绿地、城市道路相互之间设置连贯无障碍的步行系统：[　　][A 是][B 否]

(2)建筑室内公共区域、室外公共活动场地及道路均满足现行《无障碍设计规范》(GB 50763—2012)要求：[　　][A 是][B 否]

2. 服务设施

(1)停车场具有电动汽车充电设施或具备充电设施的安装条件：[　　][A 是][B 否]

(2)电动汽车停车位数量：[　　]

(3)无障碍汽车停车位数量：[　　]

(4)电动汽车充电桩的车位数占总车位数的比例：[　　%]

(5)自行车停车位数量：[　　]

3. 建筑管理系统

(1)建筑设备管理系统具有自动监控管理功能[　　][A 是][B 否]

(2)建筑设置信息网络系统[　　][A 是][B 否][C 经论证可不设置]

(四)资源节约

1. 节水器具

(1)水嘴用水效率等级：[　　][A 一级][B 二级][C 三级][D 未涉及本项]

(2)坐便器用水效率等级：[　　][A 一级][B 二级][C 三级][D 未涉及本项]

(3)蹲便器用水效率等级：[　　][A 一级][B 二级][C 三级][D 未涉及本项]

(4)小便器用水效率等级：[　　][A 一级][B 二级][C 三级][D 未涉及本项]

(5)淋浴器用水效率等级：[　　][A 一级][B 二级][C 三级][D 未涉及本项]

2. 非传统水源利用

(1)非传统水源利用方式：[　　][A 雨水][B 中水][C 市政再生水][D 其他][E 未涉及本项]

(2)非传统水源应用于：[　　][A 绿化灌溉][B 车库及道路冲洗][C 洗车

用水][D 冲厕用水][E 冷却水补水][F 其他　　]

3. 建筑水耗

本建筑年度水消耗量:[　　]

(注:本值为在常规状态下,绿色建筑技术实施后,根据现行标准要求经测算项目运行的理论水耗值)

4. 节材与绿色建材

(1)是否全装修交付:[　　][A 是][B 否]

(2)绿色建材应用比例:[　　][A 不低于 30%][B 不低于 50%][C 不低于 70%][D 未涉及本项]

5. 节能与可再生能源利用

(1)围护结构热工性能比(国家节能标准及标准年号)规定提高幅度[　%]或建筑供暖空调负荷降低幅度[　%]

(2)是否利用可再生能源:[　　][A 是][B 未涉及本项]

(3)可再生能源利用比例:[　%]

(4)可再生能源用途:[　　][A 生活热水][B 供电][C 供热供冷]

(5)可再生能源应用形式:[　　][A 太阳能光热][B 太阳能光电][C 地源热泵][D 空气源热泵][E 其他]

(五)环境宜居

1. 绿地率:[　%]

2. 是否采用包含乔木、灌木、草的复层绿化:[　　][A 是][B 否]

3. 每 100 平方米绿地面积的乔木配置数量不少于 3 株:[　　][A 是][B 否]

4. 场地年径流总量控制率:[　　]

5. 场地年径流控制率:[　　][A 满足规划指标要求][B 大于规划指标要求]

三、建筑节能

(一)墙体

1. 保温形式[　　][A 外保温][B 内保温][C 夹芯保温][D 其他]

2.保温材料名称[　　][A 挤塑聚苯乙烯发泡板][B 模塑聚苯乙烯发泡板][C 聚氨酯发泡][D 岩棉][E 玻璃棉毡][F 保温浆料][G 其他]

3.保温材料性能:密度[　kg/m³]、燃烧性能[　h]、导热系数[　W/(m·k)]、保温材料层厚度[　mm]

(二)屋面

1.保温(隔热)形式[　　][A 坡屋顶][B 平屋顶][C 坡屋顶、平屋顶混合][D 有架空屋面板][E 保温层与防水层倒置][F 其他]

2.保温材料名称[　　][A 挤塑聚苯乙烯发泡板][B 聚氨酯发泡][C 加气砼砌块][D 憎水珍珠岩][E 其他]

3.保温材料性能:密度[　kg/m³]、导热系数[　W/(m·k)]、吸水率[　%]、保温材料层厚度[　mm]

(三)外门窗(幕墙)

1.玻璃类型[　　][A 普通单层玻璃][B 普通镀膜玻璃][C 普通中空玻璃][D Low-E 中空玻璃][E 其他]

2.玻璃厚度[　　]

3.型材类型[　　][A 普通铝合金][B 断热桥铝合金][C 塑钢][D 其他　　]

4.外遮阳形式:[　　][A 水平百叶遮阳][B 水平挡板遮阳][C 垂直百叶遮阳][D 垂直挡板遮阳][E 垂直卷帘遮阳][F 其他]

5.门窗和透明幕墙性能:传热系数[　w/(m²·k)]、遮阳系数[　%]、玻璃可见光透射比[　]、气密性能[　　]

(四)空调、通风系统

1.空调冷热源类型:[　　][A 压缩式冷水(热泵)机组][B 分体式房间空调器][C 多联机][D 其他]

2.送、排风系统形式:[　　][A 自然通风系统][B 机械送排风系统][C 机械排风、自然进风系统][D 设有排风余热回收装置的机械送排风系统][E 其他]

(五)建筑能耗

本建筑单位建筑面积年度能源消耗量:[　　]

(注:本值为在常规状态下,绿色建筑技术实施后,根据现行标准要求经测算项目运行的理论能耗值)

四、装配式建筑

1.项目是否为装配式建筑项目:[　　][A 是][B 未涉及本项]

2.预制构件的种类:[　　][A 预制凸窗][B 预制外墙板][C 叠合楼板][D 预制楼梯][E 预制阳台][F 钢筋桁架楼承板][G 预制剪力墙][H 预制梁][I 预制柱][G 其他]

3.装配式装修的种类:[　　][A 装配式吊顶][B 装配式内隔墙][C 整体厨房][D 整体卫生间][E 其他]

附件七

抵押权人同意本商品房转让的证明及关于抵押的相关约定

1.抵押权人同意本商品房转让的证明;

2.解除抵押的条件和时间;

3.关于抵押的其他约定。

附件八

(提供原租赁合同)

附件九

出卖人提供的承租人放弃优先购买权的声明

附图

1.总平面图(图中最小文字、数字应大于六号字);

2.立面图(图中最小文字、数字应大于六号字);

3. 楼层平面图(图中最小文字、数字应大于六号字);

4. 楼层剖面图(图中最小文字、数字应大于六号字);

5. 分户平面图(图中最小文字、数字应大于六号字);

6. 物业管理用房位置图。

出卖人(签章):　　　　　　买受人(签章):

出卖人代理人(签章):　　　买受人代理人(签章):

　　年　月　日　　　　　　　年　月　日

第三章

前期物业服务合同

前期物业服务合同

编号：

前期物业服务合同

甲方(建设单位)：_____

营业执照注册号：_____

企业资质证书号：_____

组织机构代码：_____

法定代表人：_____

通讯地址：_____

邮政编码：_____

联系电话：_____

委托代理人：_____

通讯地址：_____

邮政编码：_____

联系电话：_____

乙方(物业服务企业)：_____

营业执照注册号：_____

企业资质等级及证书号：_____

组织机构代码：_____

法定代表人：_____

通讯地址：_____

邮政编码：_____

联系电话：_____

委托代理人：_____

联系电话：_____

通讯地址：_____

邮政编码：_____

联系电话：_____

为明确前期物业服务中的权利和义务，根据《中华人民共和国民法典》和国务院、省、市物业管理服务方面的法律、法规、规章、规范性文件和行业标准的规定，甲乙双方在自愿、平等、协商一致的基础上，就甲方选聘乙方提供前期物业管理服务事宜，订立本合同。本合同对业主具有法律约束力，全体业主、物业使用人享受本合同提供的服务并承担支付物业服务费等相应义务。甲方以□招投标□协议方式选聘乙方提供前期物业服务，并就前期物业服务有关事宜协商一致，订立本合同。

第一部分　物业项目的基本情况

第一条　本合同对业主的效力

甲方与物业买受人订立物业买卖合同时，将《临时管理规约》与本合同作为物业买卖合同的附件。

物业交付前，乙方提供服务的受益人为甲方，甲方享有本合同约定的权利，履行本合同约定的义务;物业交付后,乙方提供服务的受益人为业主(包括物业实际使用人,下同),业主享有本合同约定的相关权利,履行本合同约定的相关义务。

第二条　委托物业项目基本情况

委托物业项目(以下简称本物业)名称:＿＿＿＿＿＿＿＿＿＿＿＿＿＿＿＿＿

物业类型:□居住物业(□多层住宅□高层住宅□别墅□＿＿＿)□公共物业(□办公、写字楼□商业□工业园区□＿＿＿)

占地面积(平方米):＿＿＿＿＿＿＿＿＿＿＿＿＿＿

建筑物总面积(平方米):＿＿＿＿＿＿＿＿＿＿＿＿

物业服务用房建筑面积(平方米):＿＿＿＿＿＿＿＿＿

坐落位置:＿＿＿市＿＿＿县(市、区)＿＿＿(路、街)＿＿＿

东至＿＿＿＿＿＿

南至＿＿＿＿＿＿

西至＿＿＿＿＿＿

北至＿＿＿＿＿＿

《物业项目规划平面图(建设工程设计方案总平面图)》《物业项目构成明细单》《物业项目共用部位和共用设施设备细目》附后(详见附件一至附件三)。

第二部分　物业服务事项

第三条　物业服务的内容与质量

(一)在物业服务区域内,乙方提供的前期物业管理服务包括以下基本内容:

1. 物业综合性管理服务;

2. 房屋天面、外墙等物业共用部位的维修、养护和管理;

3. 电梯、消防等物业共用设施设备的运行、维修、养护和管理;

4. 物业共用部位和相关场地的清洁卫生、四害消杀防疫、排水和排污管道的疏通、生活垃圾分类投放的管理;

5. 公共绿化的养护和管理;

6. 公共秩序维护和安防、消防等事项的协助管理;

7. 车辆停放秩序维护和车位经营的协助管理；

8. 人防工程的平时维护管理；

9. 装饰装修的协助管理和服务；

10. 物业账目等档案资料管理。

11. 制定火灾、台风、暴雨、重大卫生事件等应急突发事件工作预案,处置或协助处置应急突发事件。

(二)乙方应当履行生活垃圾分类管理的相应责任。建立本物业服务区域生活垃圾分类投放日常管理制度,公告不同类别的生活垃圾的投放时间、地点、方式等；开展生活垃圾分类知识宣传,指导业主、物业使用人分类投放；监督本物业服务区域内的生活垃圾分类投放,对业主、物业使用人不符合生活垃圾分类投放要求的行为,要求其改正,拒不改正的,报告所在地的区城市管理行政主管部门处理；制止混合已分类投放的生活垃圾；有害垃圾、厨余垃圾和其他垃圾应当移交给有经营权的生活垃圾分类收集单位；建立生活垃圾分类投放管理台账,记录责任区内产生的生活垃圾类别、数量、去向等情况。

实行小区清扫保洁服务外包的,乙方应当将生活垃圾分类投放要求纳入清扫保洁服务合同,并对生活垃圾投放结果不符合分类标准的责任作出相应约定,督促保洁员协助业主、物业使用人开展生活垃圾分类投放工作。

(三)委托乙方管理维护玻璃幕墙等建筑幕墙的,乙方另行收取相关费用,收费方式和标准如下：_____；甲方应当将施工单位移交的《建筑玻璃幕墙使用维护说明书》提供给乙方。乙方应提供包括但不限于以下服务：

1. 安排人员对玻璃幕墙进行日常巡查,做好巡查记录、隐患报告、跟进处理等相关工作,并对所安排的人员进行相关专业技术的培训；

2. 制定玻璃幕墙突发事件处置预案,发现安全问题应及时围蔽,消除安全隐患后方可解除围蔽等安全防护措施；

3. 加强对玻璃幕墙的日常维护,不得随意拆卸玻璃幕墙上的材料,不得添加影响玻璃幕墙安全性能的构件,不得增加玻璃幕墙的附件荷载；

4.定期对玻璃幕墙进行检查；

5._____。

若乙方不具备相应技术能力,应书面提醒甲方委托相关专业机构提供服务以保障幕墙安全。甲、乙双方也可另行签订玻璃幕墙等建筑幕墙的管理委托协议。

（四）乙方应当参照市行政主管部门发布的物业服务规范（市地方标准），结合本物业服务区域的实际情况,按照《_____物业服务标准》中的_____级物业服务标准提供物业服务,乙方应当制定本物业服务区域的《前期物业管理服务方案》(详见附件四)。

（五）乙方可以将本物业服务区域内的部分专项服务事项委托给专业性服务组织或者其他第三人,但应当就该部分专项服务事项向业主负责。电梯、消防设施等涉及人身、财产安全的设施设备,应当委托具有相应资质的专业性服务企业进行维修和养护。乙方不得将本物业服务区域内的全部物业服务转委托给第三人,或者将全部物业服务支解后分别转委托给第三人。

（六）全体业主、部分业主或单个业主可以委托乙方提供本合同约定以外的服务事项,服务内容、标准、费用等相关事宜由委托人与乙方另行商定。

第三部分　物业服务的期限及费用

第四条　合同的履行期限

本合同的履行期限为以下第_____种：

（一）自_____年___月___日起至_____年___月___日止。

（二）自_____年___月___日起至业主委员会代表全体业主与续聘或重新选聘的物业服务企业订立的物业服务合同生效时止。

第五条　物业服务费

（一）收费方式

物业服务收费遵循合理、公开以及费用与服务水平相适应的原则。乙方应当按照本物业服务区域的《前期物业管理服务方案》,按照市价格主管部门发布的价格标准,参考市物业管理行业协会发布的物业服务价格监测信息,合理确定收费标准,实现服务标准与收费标准的有效联动,实现质价相符。本物业服务区域的物业服务收费选择以下第_____种方式。

1. 包干制。

(1)物业服务费用由业主按专有部分面积支付。乙方包干使用,并享有盈余或者承担亏损。具体收费标准如下:

多层住宅:_____元/(月·平方米);

高层住宅:_____元/(月·平方米);

别　　墅:_____元/(月·平方米);

办公物业:_____元/(月·平方米);

商业物业:_____元/(月·平方米);

_____物业:_____元/(月·平方米);

_____物业:_____元/(月·平方米)。

(2)物业服务费用主要用于以下开支:

1)管理服务人员的工资、社会保险和按规定提取的福利费等;

2)物业共用部位、共用设施设备日常运行、维护的相关费用;

3)物业服务区域清洁卫生、垃圾分类的相关费用;

4)物业服务区域绿化养护的相关费用;

5)物业服务区域秩序维护的相关费用;

6)物业共用部位、共用设施设备及公众责任保险费用;

7)办公费用;

8)管理费分摊;

9)物业服务企业固定资产折旧;

10)法定税费;

11)物业服务企业的利润;

12)经业主同意的其他费用。

(3)乙方按照上述标准收取物业服务费用,上述范围使用物业服务费用,并按照本合同约定的服务内容和质量标准提供服务。

2. 酬金制。

(1)乙方按专有部分面积向业主预收物业服务资金,在预收的物业服务资金中按约定比例提取酬金,其余全部用于物业服务合同约定的支出,由业主享有结余或者承担不足。具体预收标准如下:

多层住宅:_____元/(月·平方米);

高层住宅:_____元/(月·平方米);

别　　墅:_____元/(月·平方米);

办公物业:_____元/(月·平方米);

商业物业:_____元/(月·平方米);

_____物业:_____元/(月·平方米);

_____物业:_____元/(月·平方米)。

(2)预收的物业服务资金由物业服务支出和乙方的酬金构成。乙方酬金_____(每月/每季/其他)按照_____%或_____元从预收的物业服务资金中提取。

(3)预收的物业服务支出由交纳物业服务资金的业主所有,由乙方代管,主要用于以下开支:

1)管理服务人员的工资、社会保险和按规定提取的福利费等;

2)物业共用部位、共用设施设备日常运行、维护的相关费用;

3)物业服务区域清洁卫生、垃圾分类的相关费用;

4)物业服务区域绿化养护的相关费用;

5)物业服务区域秩序维护的相关费用;

6)物业共用部位、共用设施设备及公众责任保险费用;

7)办公费用;

8)管理费分摊;

9)物业服务企业固定资产折旧;

10)经业主同意的其他费用。

(4)物业服务支出应用于本合同约定的支出。物业服务支出年度结算后结余部分,由交纳物业服务资金的业主按专有部分面积所占比例所有,可用于抵扣业主所需支付的物业服务资金或经业主同意的其他费用。年度结算不足部分,由全体业主承担,按＿＿＿＿＿＿＿方式处理。不可预计的突发原因导致物业服务无法正常开展,需要实施物业服务资金年度预算以外项目的,乙方应根据本项目《管理规约》《业主大会议事规则》的有关约定执行或组织召开业主大会同意后实施。

(二)交费人

自本合同生效之日起,甲方尚未出售或尚未交付的物业,物业服务费由甲方足额承担;已交付的物业,物业服务费由业主承担。

(三)物业服务费交纳

甲方的物业服务费从本合同生效之日起按□月□季□半年交纳。业主的物业服务费从物业交付次日起按□月□季□半年交纳。

甲方、业主于每个缴费周期起始日起＿＿＿＿＿日内交纳物业服务费。逾期未交纳的,乙方以通知书、电子邮件、手机短信等书面形式催告甲方、业主在合理期限内交纳。经催告后无正当理由仍未交纳的,承担违约责任。

(四)专有部分面积,按照不动产登记簿记载的面积计算;尚未登记的,按照测绘机构的实测面积计算;尚未实测的,按照房屋买卖合同记载的面积计算。管理费分摊是指物业服务企业在管理多个物业项目情况下,为保证相关的物业服务正常运转而由各物业服务小区承担的管理费用。

(五)乙方应当每年向全体业主公布物业服务费年度预决算,每季度公布物业服务费的收支情况。业主、业主大会或者业主委员会对公布的物业服务费的年度预决算和收支情况提出异议的,乙方应当自收到异议之日起7日内书面答复。业主委员会可以聘请专业机构对采取酬金制的物业服务费收支情况进行审计,乙方应当予以配合,且不得转移、隐匿、篡改、毁弃会计凭证、会计账簿、财务会计报告以及其他与财务收支有关的资料。

(六)依法变更物业用途的,根据变更后的物业用途的收费标准支付物业服务费。住宅小区内教育和医疗卫生配套设施的物业服务收费不高于本小区住宅物业服务收费标准。教育配套设施，是指符合规划要求配套建设的托儿所、幼儿园和中小学校。医疗卫生配套设施，是指符合规划要求配套建设的医院、卫生院（站）等医疗机构和社区卫生服务机构。

（七）乙方对共用部位、共用设施设备产生的水电用量执行分摊工作的，应当按水电收费周期及时向业主公开公共水电用量、单价、金额等情况，按照约定方式向业主合理分摊实际费用。没有约定或者约定不明确的，按照业主专有部分面积占专有部分总面积的比例分摊。乙方不得将下列费用列入分摊：乙方办公、生活的自用水电费用；本物业服务区域内地下停车场、绿化养护、园林水池喷泉、值班室、保安亭的水电费用；本物业服务区域内开展喜庆、宣传、文体、装饰等公共活动的水电费用；利用共用部位、共用设施设备开展经营活动的水电费用。业主、业主大会对分摊情况提出异议时，乙方应当及时答复或协助供水单位、供电单位及时答复。

（八）乙方接受供水、供电、供气、通讯、有线电视、垃圾处理等专营服务单位委托代收费用的，不得向业主收取手续费、周转金、保证金等费用，但法律、法规等另有规定的除外。乙方不得与电信、互联网、广播电视等业务经营者签署排他性、垄断性协议，或者以其他方式实施排他性、垄断性行为。乙方不得以欠缴物业服务费或者其他与乙方相关的原因为由，擅自中断业主的正常用水、用电、用气和通讯、有线电视网络等。

（九）业主应当自签署物业交付文件之日起，按照物业买卖合同约定交纳前期物业服务费。无正当理由不接收物业的，业主应当自建设单位通知其办理交付手续的期限届满之次月起，按照物业买卖合同的约定交纳前期物业服务费。房屋交付后空置的也应支付物业服务费。本物业服务区域内的配套公共服务设施，包括教育、医疗卫生、文化、体育设施和行政管理设施、服务设施、福利设施等，由使用单位负责支付物业服务费。

（十）物业服务费和车位物业服务费_____（每月/每季/其他）交纳，业主、物业使用人、配套公共服务设施使用单位应当在_____（每次缴费的具体时间）前交纳物业服务费，具体采用_____（现金/银行托收/微信/支付宝/其他）的交费方式。采用银行托收方式的,业主、物业使用人、配套公共服务设施使用单位应当签订托收协议并根据托收金融机构要求提交相关资料。仅以未享受或者无须接受相关物业服务为由拒绝缴纳物业服务费及相关费用的,每逾期一日按欠费总额的万分之_____向乙方支付违约金。

(十一)甲方不得对业主的物业服务费作出减免承诺或者约定。已经承诺或者约定减免的物业服务费,由甲方承担。符合以下情形之一的,物业服务费由甲方按照本物业服务区域内同类型物业的收费标准全额交纳:

1. 已竣工但尚未出售的物业;

2. 已出售但因甲方原因尚未交付给买受人的物业;

3. 属于甲方所有的房屋、车位、公共服务设施等物业。

(十二)属于同一个物业服务区域但分期开发的,如各期物业的服务收费标准不同,可在符合相关法律、法规、规章、规范性文件的前提下另行约定。

(十三)其他

1. 甲方、物业所有权人与物业实际使用人约定由物业实际使用人交纳物业服务费的,从其约定。甲方、物业所有权人负连带责任。甲方、物业所有权人与物业实际使用人之间的交费约定,甲方、物业所有权人及时书面告知乙方。

2. 物业所有权发生转移的,原业主结清物业服务费。物业服务费结算至产权转移之日止。

3. 乙方对同一物业管理区域内同一物业类型、同一物业服务内容和标准,按统一标准收取物业服务费。

4. 在本合同期内,业主依法将住宅用房改为非住宅用房的,该物业的物业服务费为_____元/(平方米·月)。

第六条 物业的经营管理

(一)物业服务区域内规划用于机动车停放的车位、车库尚未出售或者利用全体业主共有部位做车位的,甲方或受委托代为经营管理的乙方应当予以出租,并应当首先出租给本物业服务区域的业主、物业使用人。在满足本物业服务区域的业主、物业使用人的停车需要后,将车位出租给其他人的,其租赁期限不得超过6

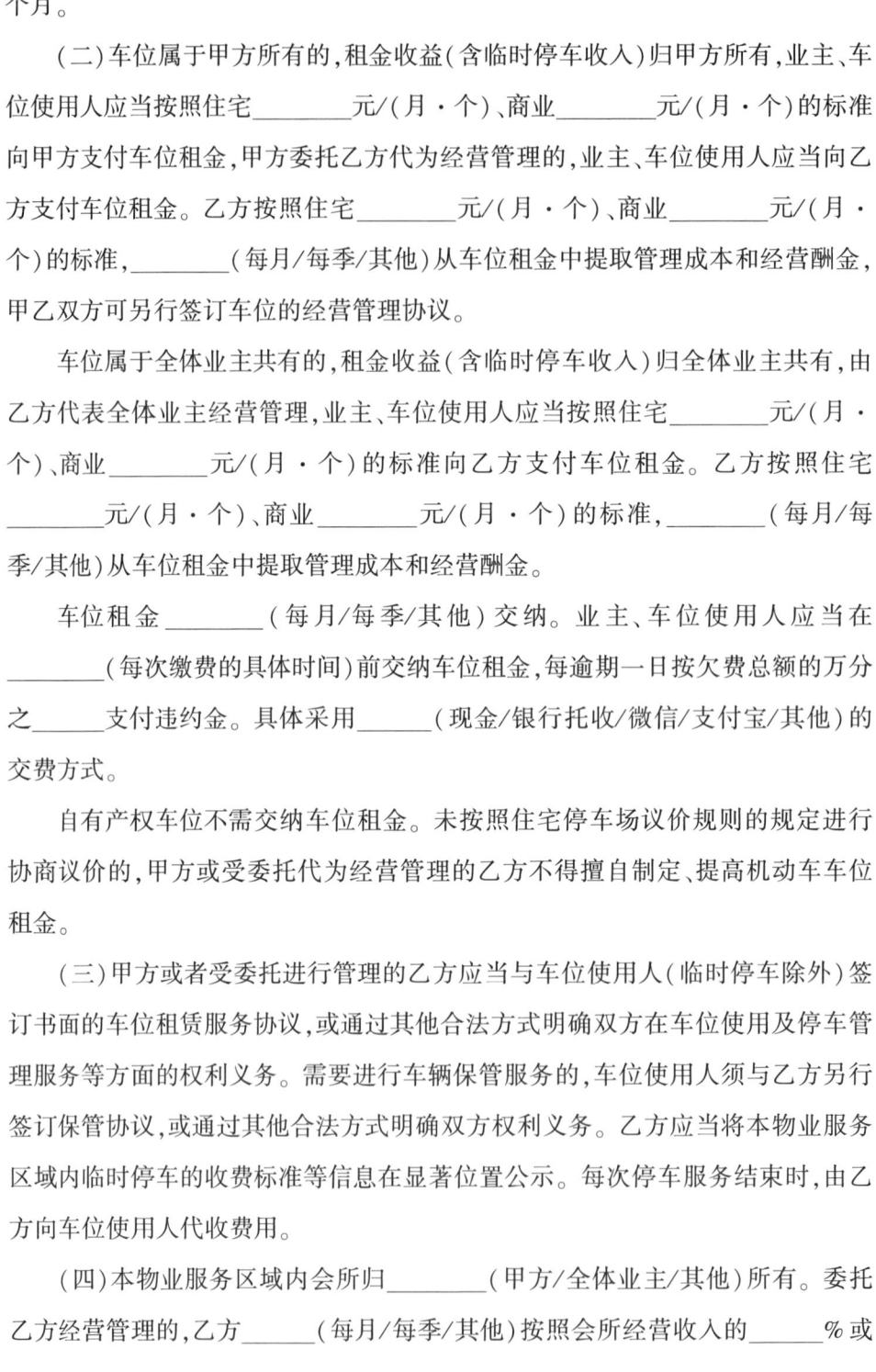

个月。

(二)车位属于甲方所有的,租金收益(含临时停车收入)归甲方所有,业主、车位使用人应当按照住宅_____元/(月·个)、商业_____元/(月·个)的标准向甲方支付车位租金,甲方委托乙方代为经营管理的,业主、车位使用人应当向乙方支付车位租金。乙方按照住宅_____元/(月·个)、商业_____元/(月·个)的标准,_____(每月/每季/其他)从车位租金中提取管理成本和经营酬金,甲乙双方可另行签订车位的经营管理协议。

车位属于全体业主共有的,租金收益(含临时停车收入)归全体业主共有,由乙方代表全体业主经营管理,业主、车位使用人应当按照住宅_____元/(月·个)、商业_____元/(月·个)的标准向乙方支付车位租金。乙方按照住宅_____元/(月·个)、商业_____元/(月·个)的标准,_____(每月/每季/其他)从车位租金中提取管理成本和经营酬金。

车位租金_____(每月/每季/其他)交纳。业主、车位使用人应当在_____(每次缴费的具体时间)前交纳车位租金,每逾期一日按欠费总额的万分之_____支付违约金。具体采用_____(现金/银行托收/微信/支付宝/其他)的交费方式。

自有产权车位不需交纳车位租金。未按照住宅停车场议价规则的规定进行协商议价的,甲方或受委托代为经营管理的乙方不得擅自制定、提高机动车车位租金。

(三)甲方或者受委托进行管理的乙方应当与车位使用人(临时停车除外)签订书面的车位租赁服务协议,或通过其他合法方式明确双方在车位使用及停车管理服务等方面的权利义务。需要进行车辆保管服务的,车位使用人须与乙方另行签订保管协议,或通过其他合法方式明确双方权利义务。乙方应当将本物业服务区域内临时停车的收费标准等信息在显著位置公示。每次停车服务结束时,由乙方向车位使用人代收费用。

(四)本物业服务区域内会所归_____(甲方/全体业主/其他)所有。委托乙方经营管理的,乙方_____(每月/每季/其他)按照会所经营收入的_____%或

_____元提取经营管理费用。乙方应当按照公示的收费标准向使用人收取费用,并依法接受业主监督。

(五)本物业服务区域内的道路,属于业主共有,但是属于城镇公共道路的除外。本物业服务区域内的绿地,属于业主共有,但是属于城镇公共绿地或者明示属于个人的除外。本物业服务区域内的其他公共场所、公用设施和物业服务用房,属于业主共有。占用业主共有的道路或者其他场地用于停放汽车的车位,属于业主共有。业主共有部分委托乙方经营,包括但不限于以下内容:

1. 利用_____长期停放车辆,利用_____临时停放车辆;

2. 利用_____长期开展经营,利用_____临时开展经营;

3. 利用_____刊登广告;

4. 利用_____;

5. 利用_____。

乙方可以根据法律法规,结合实际情况,合理安排经营项目、经营方式,确定、公示收费标准,不得不合理地低于周边同期同类出租费用标准,并依法接受业主监督。经专有部分面积占比三分之二以上的业主且人数占比三分之二以上的业主参与表决,并经参与表决专有部分面积四分之三以上的业主且参与表决人数四分之三以上的业主同意后,可以另行与乙方签订相关的经营管理协议。

(六)委托乙方管理业主共有资金的,乙方应当开立一个专户管理业主共有资金,与乙方其他资金分开管理,账户名称是_____(共有资金管理单位名称),账号是_____。乙方应当将全部业主共有资金存入该账户,并按照《中华人民共和国会计法》等相关规定和共有资金财务管理制度,设置会计账户,进行会计核算,制作并妥善保管会计凭证、会计账簿、财务会计报告等会计资料,不得伪造、变造、隐匿、故意销毁共有资金的会计资料。

乙方应当向业主每季度公开业主共有资金的收支情况。业主、业主委员会、物业管理委员会或者居民委员会对共有资金收支情况提出异议的,乙方应当自收到异议之日起 7 日内书面答复。业主委员会、物业管理委员会或者居民委员会可以聘请专业机构对共有资金的收支情况进行审计,乙方应当依法配合。

业主大会决定由业主委员会管理业主共有资金的,乙方应当自业主大会决定生效之日起 30 日内,将属于业主所有的共有资金转入业主委员会开立的业主共有资金专用账户。不得以个人名义开立业主共有资金专户。

(七)乙方利用本物业服务区域内全体业主所有的共用部位、共用设施设备进行经营的所得收入,在扣除乙方合理成本之后,属于业主共有。可以用于物业管理的下列支出:

1. 补充维修资金。

2. 由乙方承担之外的其他服务于业主的费用,包括但不限于物业共用部位、共用设施设备的中修、大修和依法新建、更新、更换、改造费用以及专项财产保险。但物业服务合同另有约定的除外。

3. 业主委员会的办公经费,业主委员会委员的补贴,业主委员会专职物业公司人员的薪酬,召开业主大会会议所需费用。

4. 乙方的管理成本和经营酬金,依法应当缴纳的税费。

5. 对共有资金的审计费用。

6. 业主共同决定用于物业管理的其他支出。

乙方_____(每月/每季/其他)按照公共收入的_____%或_____元提取共用部位、共用设施设备的管理成本和经营酬金。管理成本和经营酬金应当根据客观实际合理确定,提取的费用可随着经营状况相应变动,并通过补充协议或其他合法方式加以明确。

甲、乙双方均不得擅自处分业主共有部分,不得擅自挪用、侵占业主共有资金。乙方可以制订共有资金使用规则或者年度使用计划,经业主大会决定后使用共有资金。

第七条 特约服务

特约服务是指除本合同第三条所约定服务内容之外的其他服务,包括_____。业主需乙方提供的,与乙方订立特约服务合同。

第四部分 权利与义务

第八条 甲方权利义务

（一）代表业主要求乙方按本合同约定提供物业服务，对乙方提供的物业服务有监督、建议的权利；

（二）代表业主审定乙方提交的物业服务方案及公共管理制度，听取乙方提出的合理化建议；

（三）监督并协助乙方物业服务工作的实施，临时管理规约及公共管理制度的执行；

（四）在销售物业时，将《临时管理规约》和本合同作为物业买卖合同的附件；

（五）按照国家有关规定和物业买卖合同的约定，移交权属明确、资料完整、质量合格、功能完善、配套齐全的物业；

（六）按照国家和省有关规定与乙方办理物业承接查验手续；

（七）催告物业买受人按照商品房买卖合同约定接收物业；

（八）按照法律法规的规定和商品房质量保证书的约定，承担物业保修责任；

（九）委托乙方对本物业管理区域内物业的公共部分进行经营管理；

（十）_____。

第九条 乙方权利义务

（一）依照本合同约定向甲方、业主收取物业服务费和特约服务费。

（二）将房屋装饰装修禁止行为以及允许施工的时间、废弃物的清运与处置等注意事项告知业主。

（三）负责维护本物业管理区域内的公共秩序并协助做好安全防范工作。

（四）对甲方、业主违反国家、本省有关物业管理的法律法规和临时管理规约的行为，进行劝阻，劝阻无效的及时书面报告有关行政主管部门。

（五）依照本合同约定的物业服务内容和标准提供相应的物业服务，并承担物业服务责任，接受甲方、业主的监督。

（六）依照国家、本省有关规定和本合同约定，制定物业服务方案和公共管理制度。负责编制本物业的年度维修养护计划，并组织实施。

（七）不将本物业整体或主要义务委托给其他方管理，但可以将本合同中的专项服务事项委托给专业性服务企业。

（八）在本物业的显著位置，将服务项目和收费标准等有关情况进行公示。

（九）妥善保管和使用本物业档案、物业服务档案资料，及时记载有关变更信息，不将业主信息用于物业管理活动之外的其他用途。

（十）_____。

第十条　业主的权利义务

1. 有权要求甲、乙双方按合同约定提供物业服务。

2. 甲、乙双方履行本合同，对乙方提供的物业服务有建议、督促的权利。

3. 对本物业管理区域内专项维修资金的使用及物业共用部位、共用设施设备的经营收益及使用情况，享有知情权和监督权。

4. 遵守本小区临时管理规约以及物业管理区域内物业共用部分的使用、公共秩序和环境卫生的维护等方面的规章制度。

5. 按照国家和本市有关规定缴纳专项维修资金。

6. 对乙方根据合同和有关规章制度提供的管理服务给予必要配合。

7. 根据本合同的约定交纳物业服务费与其他服务费。

8. 有关法律、法规和当事人约定的其他权利义务。

第五部分　物业的使用维护与经营管理

第十一条　物业的使用与维护

(一) 乙方应当按照下列规定在本物业服务区域内公开并及时更新有关信息：

1. 在楼宇的大堂或者入口处张贴物业服务人名称、服务电话；

2. 在收费地点张贴企业营业执照、服务事项、负责人员、质量要求、收费项目、收费标准和方式；

3. 在电梯内张贴电梯维护保养单位的名称、联系电话和应急处置措施等；

4. 在显著位置张贴消防、安防、供水、排水、供电、供气、通信、有线电视等共用设施设备安全警示标志、人民防空工程标志牌和应急处置联系电话等；

5.在显著位置张贴服务履行情况、维修资金使用情况、业主共有部分的经营与收益情况；

6.按照法律、法规等规定以及管理规约的约定,在显著位置张贴应当向业主公布的其他信息。

乙方应当听取业主、物业使用人对物业服务的意见和建议,及时处理投诉,改进物业服务。

(二)甲、乙双方应当支持、配合党组织在本物业服务区域内开展的相关活动,应当支持、配合各级各部门在本物业服务区域内开展的宣传、培训、调研、矛盾调处、行政检查、行政执法等相关工作,应当支持、配合消防灭火、医疗抢救、疫情防控、垃圾分类、创文创卫、出租屋管理等应急处置措施和其他管理措施。甲、乙双方应当支持建立本物业服务区域内的业主决策电子投票数据库,并按照[　市]业主决策电子投票的规定配合做好相关工作。

(三)本物业服务区域内发生治安案件、火灾、水灾、公共卫生事件,供水、排水、供电、供气等安全事故以及影响他人正常使用的情况时,属于乙方责任的,乙方应当及时维修、养护、抢险或者采取相应防范、整改措施;属于业主责任的,乙方应当督促、组织业主及时维修、养护或者采取相应防范、整改措施;属于政府或专营服务单位责任的,乙方在采取应急措施的同时,应当及时向有关行政管理部门和专营服务单位报告,并协助做好处置工作。

(四)因维修、养护物业或者公共利益,业主、物业使用人、相关单位确需临时占用、挖掘道路、场地的,应当征得业主委员会和乙方的同意,接受乙方现场检查;乙方确需临时占用、挖掘道路、场地的,应当征得业主委员会的同意。乙方应当向全体业主及时公告施工方案和施工期限。业主、物业使用人、相关单位、乙方应当尽可能减少影响,临时占用、挖掘的道路、场地以及临迁的共用设施设备,应当在约定期限内恢复原状。

(五)业主、物业使用人应当负责物业专有部分的日常检查、维护养护、修缮治理,对其所有或者使用的可能影响公共安全的建筑物、构筑物或者其他设施及其搁置物、悬挂物等承担管理责任,并承担相应的治理费用。禁止从建筑物中抛掷物品,避免危害他人安全或者破坏环境卫生。

乙方应当采取排查隐患、整治危险、设立警示标志、设置围蔽设施等必要的安全保障措施,做好业主共用部位、共用设施设备的安全管理。发现业主、物业使用人负责的专有部分存在安全隐患的,应当通知业主或者物业使用人及时处理。

(六)乙方应当配合甲方依法制定本物业服务区域内的临时管理规约,对有关物业的使用、维护、管理,业主的共同利益,业主应当履行的义务,违反临时管理规约应当承担的责任等事项依法作出约定,但不得侵害业主的合法权益。乙方根据临时管理规约开展相关工作时,可要求甲方、业主和物业使用人给予配合。

业主、物业使用人违反法律、法规、规章、规范性文件、相关强制性标准、临时管理规约等,实施影响公共安全、损害公共利益或者他人合法权益的行为,乙方可采取劝阻、制止、_____等措施制止。无效的,乙方应当及时报告有关行政主管部门并协助处理。乙方发现本物业服务区域内的租赁房屋未进行房屋租赁登记备案的,应当提醒房屋租赁当事人依法办理。

(七)因房屋建设质量问题出现渗水,房屋保修期限未届满的,甲方应当及时维修。房屋保修期限届满后出现渗水影响相邻房屋的,责任人应当及时维修,依法承担赔偿责任。乙方应当为业主处理渗水纠纷提供协助。责任人不履行维修义务的,由乙方维修,所需费用由责任人承担。因共用设施设备损坏造成渗水的,乙方应当及时维修,所需费用在维修资金或者共有资金中列支。

第十二条 物业服务用房和业主委员会议事活动用房

甲方在本物业承接查验协议签订后_____日内按有关规定向乙方无偿提供并移交经过装修能够直接投入使用的物业服务用房和业主委员会议事活动用房。

物业服务用房建筑面积为_____平方米。其中地上建筑面积_____平方米,位于_____□号楼□幢□座_____单元_____层_____号;地下建筑面积为_____平方米,位于_____□号楼□幢□座_____单元_____层_____号;业主委员会议事活动用房建筑面积为_____平方米,位于_____□号楼□幢□座_____单元_____层_____号。

物业服务用房的所有权依法属于全体业主,专用于物业管理服务工作,供乙方在合同期限内无偿使用,不得改变其用途,乙方和业主委员会无偿使用并负责维修、养护,不进行买卖和抵押。本合同终止时,乙方应当及时交还物业服务企业用房。

第十三条　共有部分物业承接查验

(一)甲方在物业竣工验收合格后,交付业主使用15日前,与乙方办理完成查验工作,签订承接查验协议。

(二)物业承接查验,按下述第_____种方式:

1. 邀请业主代表以及物业所在地房地产行政主管部门参加;

2. 聘请相关专业机构协助进行。

(三)乙方对物业管理区域内共有部分及相应的物业档案查验,现场查验20日前,甲方向乙方移交以下资料:

1. 物业的报建、批准文件,竣工总平面图,单体建筑、结构、设备竣工图,配套设施、地下管线工程竣工图等竣工验收资料;

2. 共用设施设备的清单,排水管网平面图,买卖合同复印件,共用设施设备的安装、使用和维护保养等技术资料;

3. 共用部位、共用设施设备的质量保修文件和使用说明文件;

4. 供水、排水、供电、供气、通信、有线电视等准许使用文件;

5. 物业的使用、维护、管理必需的其他资料。

未能全部移交前款所列资料的,甲方应当列出未移交资料的详细清单并书面承诺补交的具体时限。

(四)乙方查验发现共有部分与竣工图及其规划设计审批文件不符或者有质量安全问题的,书面告知甲方,甲方按照规定处理,二三车库机动车辆的车位,应当委托乙方管理服务,车位使用人披露甲方未能及时整改的遗留问题,双方约定按以下方式解决:_____。

(五)对于承接查验发现的问题,甲方应当在30日内予以整改。本物业承接查验费用由□甲方□乙方按照□包干□按实结算、多退少补的方式承担,承接查验费用_____元。物业承接查验协议作为本合同的补充协议,具有同等法律效力。

(六)甲方应当在签订物业承接查验协议后,及时向乙方移交共用部位、共用设施设备。甲方与乙方应当对交接共用部位、共用设施设备签署书面物业交接记录。物业交接记录应当包括移交资料明细、共用部位和共用设施设备明细、交接时间、交接方式等内容。物业项目分期开发建设的,甲方与乙方可以根据开发进度分期办理物业交接手续,在承接最后一期物业时,办理物业项目整体交接手续。

(七)甲方应当自物业交接后30日内,在本市物业管理信息平台上填报承接查验资料。承接查验资料应当包括临时管理规约、建设单位移交资料清单、承接查验协议、查验记录、交接记录等。乙方应当将物业承接查验资料建档保存。物业承接查验档案属于全体业主所有,业主有权免费查询。

(八)甲方交付使用的物业应当符合国家、本省、本市规定的验收标准,按照规定的保修期限和保修范围,承担共用部位、共用设施设备以及专有部分的保修责任。因甲方工程质量等引起的纠纷,甲方应当及时解决,并向相关业主解释,乙方应配合甲方做好解释工作。甲方委托乙方提供保修服务的,服务内容和费用由双方约定。

第六部分 物业专项维修资金

第十四条 专项维修资金

(一)本物业服务区域的物业专项维修资金属于业主所有,可以用于电梯、屋顶、外墙、无障碍设施等共用部位、共用设施设备保修期满后的维修和更新、改造;可用于涉及共用部位、共用设施设备安全的预防性维修和更新、改造;可用于投保物业共用部位、共用设施设备的专项财产保险。

1.物业专项维修资金使用方案应当由专有部分面积占比三分之二以上的业主且人数占比三分之二以上的业主参与表决,应当经参与表决专有部分面积过半数的业主且参与表决人数过半数的业主同意。发生危及房屋使用和人身财产安全等紧急情况,需要立即对共用部位、共用设施设备进行维修和更新、改造的,组织实施单位可以依法申请使用维修资金。

2.维修资金的筹集、使用情况应当定期公布。任何单位、个人不得挪用、侵占物业维修资金。

(二)共用部位、共用设施设备的维修和更新、改造费用分摊方式,有约定的按照约定;没有约定或者约定不明确的,按照下列规定分摊费用:

1.属于物业服务区域内全体业主共有的共用部位、共用设施设备,由全体业主按照各自拥有房屋建筑面积的比例共同承担;

2.属于单幢房屋内业主共有的共用部位、共用设施设备,由该幢房屋的全体业主按照各自拥有房屋建筑面积的比例共同承担;

3.属于一个单元内业主共有的共用部位、共用设施设备,由单元内的业主按照各自拥有房屋建筑面积的比例共同承担;

4.属于车位的共用部位、共用设施设备,由与车位存在共用关系的业主按照各自拥有车位面积的比例共同承担;

5.上述第1项至第4项情况外的共有部位、共用设施设备的维修和更新、改造费用,由相关业主按照各自拥有房屋建筑面积的比例共同分摊。

业主个人物业专项维修资金分户账金额不够支付所分摊维修工程费用的,差额部分由该业主承担。共用部位、共用设施设备维修和更新、改造,涉及甲方尚未售出的物业的,甲方应当按照前款规定分摊维修和更新、改造费用。

(三)物业共用部位、共用设施设备的中修、大修和更新、改造费用,应当通过物业专项维修资金、业主共有资金列支,或者由相关业主按规定另行筹集、通过其他合法渠道落实,不计入物业服务支出或者物业服务成本。《物业服务企业承担维修费用的范围和标准》详见附件五。

第十五条 物业保修

甲方按照国家和省规定的保修期限和保修范围,承担物业共用部位、共用设施设备的保修责任。

甲方委托乙方提供物业共用部位、共用设施设备的保修服务的,相关服务内容和费用由双方另行约定。

第十六条 免责条款

以下情形乙方不承担责任:

(一)因不可抗力导致物业服务不能继续履行的,乙方及时通知甲方、业主并应当在合理期限内提供证明。但乙方迟延履行后发生不可抗力的,不免除责任,乙方未采取适当措施防止损失扩大的,就扩大的损失乙方不免除责任;

(二)乙方已履行本合同约定义务,但因物业本身固有瑕疵造成损失的;

(三)因维修养护物业共用部位、共用设施设备需要且事先已采用合理方式告知业主,暂时停水、停电、停止共用设施设备使用等造成损失的;

(四)因非乙方责任出现供水、供电、供气、供热、通讯、有线电视及其他共用设施设备运行障碍造成损失的;

(五)因非乙方责任而出现需要维修的项目,但相关业主或使用人不配合而造成的损失的;

(六)业主改善自用部分、使用共用部分时,乙方已提出合理的建议或已尽可能阻止业主的危险行为,包括但不限于高空抛物、违章装修、未及时维修或提供维修便利,而业主未采纳建议或未接受阻止,导致损害后果的;

(七)_____。

第七部分 合同的结束及违约责任

第十七条 合同的变更、解除与终止

(一)合同履行期限内,经乙方与本物业管理区域内专有部分占建筑物总面积过半数且占总人数过半数的业主协商一致,可订立变更协议或补充协议。

(二)有下列情形之一,需要调整物业服务收费标准的,物业服务企业与甲方、业主协商,并经甲方、本物业管理区域内专有部分占建筑物总面积过半数的业主且占总人数过半数的业主同意:

1. 公共服务产品能耗价格调整的;
2. 业主要求物业服务内容和物业服务等级变动的;
3. 物业管理区域内共用设施设备维修养护费用调整的;

4.其他政策性费用调整的。

(三)本合同期限内,业主委员会代表业主与业主大会决定选聘或者续聘的物业服务企业签订的物业服务合同生效时,本合同自行终止。

(四)本合同期限届满前,业主依法共同决定续聘的,业主委员会应当代表本物业服务区域全体业主与乙方在本合同期限届满前续订物业服务合同。

(五)业主依照法定程序共同决定解聘乙方的,可以解除本合同。决定解聘的,应当提前60日书面通知乙方,另有约定的除外。解除本合同造成乙方损失的,除不可归责于业主的事由外,业主应当赔偿损失。

本合同期限届满后,业主没有依法作出续聘或者另聘物业服务人的决定,乙方继续提供物业服务的,本合同继续有效,但是服务期限为不定期。当事人可以随时解除不定期物业服务合同,但是应当提前60日书面通知对方。

(六)乙方依法可以解除合同的情形包括:期限届满后,业主没有依法作出续聘或者另聘物业服务人的决定,乙方继续提供物业服务的不定期合同的;其他法定解除的情形。

乙方需提前终止本合同的,应当提前3个月书面告知本条第一款所列的相关单位和人员,双方解除合同前乙方不得停止服务,并承担以下违约责任:＿＿＿＿＿＿＿＿＿＿＿＿＿＿＿＿＿＿＿。

本合同期限届满,乙方决定不再续签的,应当在本合同期限届满3个月前书面告知甲方、业主、物业所在地的镇人民政府(街道办事处)和居民委员会(村民委员会),以及供水、供电、供气、通信、有线电视等专营服务单位,另有约定的除外。

(七)乙方应当按照相关规定,在约定期限或者合理期限内退出本物业服务区域,将物业服务用房、相关设施、物业服务所必需的相关资料等交还给甲方或者其指定的人,配合新物业服务人做好交接工作,并如实告知物业的使用和管理状况。未在约定期限或者合理期限内退出本物业服务区域的,应当按照＿＿＿＿＿＿＿元/日的标准支付违约金。

(八)乙方不得拒绝退出、移交,并以存在事实上的物业服务关系为由,请求业主、物业使用人支付物业服务合同权利义务终止后的物业服务费;造成业主、物业使用人损失的,应当赔偿损失。

第十八条　违约责任

(一)乙方擅自提高收费标准的,对超出标准部分,甲方、业主有权拒绝交纳;已经交纳的,乙方予以返还,并向甲方、业主支付_____%的违约金。

(二)甲方、业主未按时、足额交纳物业服务费,经乙方书面催告限期交纳仍未交纳的,承担违约期间未付金额_____%的违约金。甲方、业主有正当理由的除外。

(三)甲方违反本合同约定,致使乙方的服务未达到本合同约定的服务内容、标准,给乙方造成损失的,甲方向乙方承担违约责任;给业主或第三人造成损失的,乙方先行赔付后向甲方追偿。业主不得以甲方违反合同约定为由拒绝或主张减免交纳物业服务费。

业主违反本合同约定,致使乙方的服务未达到本合同约定的服务内容、标准,给乙方造成损失的,承担赔偿责任;给甲方、其他业主或第三人造成损失的,乙方先行赔付后向违约业主追偿。

(四)乙方未履行合同义务或履行合同义务不符合约定的,甲方、业主有权要求乙方在合理期限内整改,逾期未整改,给甲方、业主造成损失的,承担赔偿责任。

(五)甲方、乙方任何一方无正当理由提前解除合同的,应当向对方支付_____元的违约金;给对方造成的经济损失超过违约金的,承担赔偿责任。

(六)乙方损害、擅自利用本物业服务区域内共用部位、共用设施设备营利,或者存在将公共收益全部据为己有等其他侵害业主共同权益行为的,应当承担停止侵害、排除妨碍、恢复原状、赔偿损失、返还收益等民事责任。

(七)_____。

第八部分　其他事项

第十九条　争议解决方式

本合同在履行过程中发生争议的,可以协商解决,也可以申请物业所在地人民调解委员会、镇人民政府(街道办事处)调解,或者委托[　市]物业管理行业协会、各区物业管理行业协会调解。调解不成的,双方可选择以下第_____种方式处理：

1. 任何一方有权向_____仲裁委员会申请仲裁；
2. 任何一方有权向物业所在地的人民法院提起民事诉讼。

第二十条　其他约定_____。

第二十一条　合同的生效

合同一式_____份，双方各执_____份，县(市、区)房地产行政主管部门备案一份，售房现场、物业服务处各公示一份，自订立之日起生效。

甲方(签章)：　　　　　　乙方(签章)：

法定代表人：　　　　　　法定代表人：

委托代理人：　　　　　　委托代理人：

　年　月　日　　　　　　　年　月　日

附件一

物业项目规划平面图(略)

附件二

物业构成明细单

类型	楼(幢)号	套(单元)数	建筑面积(平方米)
高层住宅			
多层住宅			
别墅			
商业用房			
工业用房			
办公楼			
自行车库			

续表

类型	楼(幢)号	套(单元)数	建筑面积(平方米)
机动车库			
会所			
学校			
幼儿园			
文化活动场所			
用房			
物业服务用房			
合计			
备注			

附件三

物业项目共用部位细目

1. 房屋承重结构；

2. 房屋主体结构；

3. 公共门厅；

4. 公共走廊；

5. 公共楼梯间；

6. 内天井；

7. 户外墙面；

8. 屋面；

9. 传达室；

10. _____；

11. _____；

12. _____；

13. _____；

14. _____；

15. _____。

物业项目共用设施设备细目

1. 电梯：

垂直梯_____部；

扶梯_____部；_____。

2. 绿化率：_____%，计_____平方米；

楼间、集中绿地_____平方米；

砖石铺装_____平方米。

3. 区域内市政：

【道路】【楼间道路】_____平方米；

【室外上下水管道】_____米；

【沟渠】_____；

【蓄水池】_____个；

【化粪池】_____个；

【污水井】_____个；

【雨水井】_____个；

变配电系统包括_____；

高压双路供电电源_____；

公共照明设施【路灯】_____个；【草坪灯】_____个；【_____】_____个；

【物业管理区域的外围护栏及围墙】_____；

【高压水泵】【高压水箱】_____个；

【污水泵】_____个；

【中水及设备系统】_____；

【_____】_____。

4.【燃气调节站】_____。

5.消防设施包括_____。

6.监控设施包括_____。

7.避雷设施包括_____。

8.空调设备:【中央空调系统】使用范围_____。

9.电视共用天线_____。

10.电脑网络线_____。

11.电讯电话_____。

12.地上机动车停车场_____个车位,_____平方米。

13.地下机动车停车场_____个车位,_____平方米。

14.非机动车库_____平方米。

15.垃圾中转站_____个。

16.信报箱_____个。

17.共用设施设备用房_____平方米。

18.物业服务用房_____平方米。

19._____。

附件四

前期物业管理服务方案(略)

附件五

物业服务事项和标准(略)

附件六

其他服务事项(略)

第四章

前期物业管理委托招标代理合同

前期物业管理委托招标代理合同

甲方(委托人):

法定代表人:

地址:

联系方式:

乙方(受托人):

法定代表人:

地址:

联系方式:

上述各方经平等自愿协商,签订本合同以共同遵守,双方应严格贯彻有关物业服务招标的各项规定,共同做好招标工作及招标过程的保密工作。

第一条 项目概况

项目名称:_____。

项目地点:_____。

项目规模:总占地面积_____平方米,总房屋_____套,总建筑面积_____平方米。其中:多层住宅_____套,面积_____平方米;高层住宅_____套,面积_____平方米;别墅_____套,面积_____平方米;商业用房

_____套,面积_____平方米;其他_____。

招标范围:

(一)物业管理及相关服务。

(二)预计接管日期:_____年____月____日。

(三)服务期限:_____年。

第二条 招标人资格要求

(一)中国境内登记注册的独立法人机构(须提供营业执照原件扫描件)。

(二)投标人近三年(从招标公告发布之日起倒算)全国在管的物业管理项目中有单个项目规模超过_____万平方米(须提供物业服务合同关键页扫描件)(注:招标人设置单个项目规模不得超过本次招标物业项目规模的50%)。

(三)投标人财务状况良好,不存在非法侵占或挪用业主的物业服务费、物业专项维修资金、公共收益等款项的行为(须提供承诺书,格式自拟)。

(四)存在下列情形之一的投标人视为不具备投标资格:

□投标人近三年(从招标公告发布之日起倒算)被物业管理行政主管部门处罚或被查处有围标、串标、弄虚作假等行为的(须提供承诺书,格式自拟);

□被列入失信被执行人、重大税收违法失信主体、政府采购严重违法失信行为记录名单(须提供查询结果截图,截图应当包括查询日期及时间)(注:"失信被执行人、重大税收违法失信主体"信息通过"信用中国—信用服务"查询,"政府采购严重违法失信行为记录名单"通过"中国政府采购网"查询);

□参与本项目的不同投标人的单位负责人为同一人或存在控股、从属关系的(须提供承诺书,格式自拟);

□挂靠投标,如经查实中标人将被取消中标资格,招标人保留追诉有关权利(须提供承诺书,格式自拟);

其他:_____。

(五)本项目不接受联合体投标。

(六)其他:_____。

(注:本项目资格审查由评标委员会在评标阶段进行)

第三条　价款支付方式

中标人向受托人支付代理费人民币_____元。

第四条　组成本合同的文件

(一)本合同协议书；

(二)本合同专用条款；

(三)本合同通用条款；

(四)合同履行过程中双方以书面形式签署的补充和修正文件。

第五条　本合同中的有关词语定义与本合同第二部分《通用条款》中分别赋予他们的定义相同。

第六条　受托人向委托人承诺，按照本合同的规定，承担本合同专用条款中约定范围内的代理业务。

第七条　委托人向受托人承诺，按照本合同约定支付方式和时间，向受托人支付报酬人民币_____元。

第八条　合同订立

合同订立时间：_____年____月____日。

合同订立地点：_____。

第九条　合同生效

本合同自双方约定之日起生效。

第十条　附则

1. 本合同一式二份，合同各方各执一份。各份合同文本具有同等法律效力。

2. 本合同经各方签署后生效。

甲方(盖章)：　　　　　　　　乙方(盖章)：

联系人：　　　　　　　　　　联系人：

联系方式：　　　　　　　　　联系方式：

地址：　　　　　　　　　　　地址：

　　　　　　　　　　　　　　签署时间：　　年　月　日

通 用 条 款

第一部分　词语定义、适用范围和法律

第一条　词语定义

下列词语除本合同专用条款另有约定外,应具有本条款所赋予的定义:

(一)委托招标代理合同:委托人将前期物业管理招标工作委托给具有相应资质等级的招标代理人实施招标活动而签订的委托合同。

(二)通用条款:根据法律、行政法规规定订立,通用于各类前期物业管理项目招标代理的条款。

(三)专用条款:委托人与受托人根据法律、行政法规规定,结合具体前期物业管理项目招标代理的实际,经协商达成一致意见的条款,是对通用条款的具体化、补充或修改。

(四)委托人:在协议书中约定的,具有前期物业管理项目招标委托主体资格和支付代理费用能力的当事人,以及取得该当事人资格的合法继承人。

(五)受托人:在协议书中约定的,委托人接受的具有前期物业管理项目招标代理主体资格的当事人,以及取得当事人资格的合法继承人。

(六)前期物业管理项目:由委托人和受托人在协议书中约定的委托代理招标的工程。

(七)招标代理业务:委托人委托受托人在协议书中约定的委托代理招标的工程。

(八)代理费用:委托人和受托人在协议书中约定的,委托人用以支付受托人的按照合同约定的代理费用总额。

(九)支付方式:按照本合同专用条款约定的,委托人支付受托人代理费的方式和方法。

(十)书面形式:合同书、信件和数据电文,包括电报、电传、传真、电子数据交换和电子邮件等可以有形地表现所载内容的形式。

(十一)违约责任:合同一方不履行合同义务或履行合同义务不符合约定所应承担的责任。

(十二)索赔:在合同履行过程中,对于并非自己的过错,而是应由对方承担责任的情况造成的实际损失,向对方提出经济补偿和其他要求。

(十三)不可抗力:不能预见、不能避免并不能克服的客观情况。

(十四)小时或天:本合同中规定按小时计算时间的,从事件有效开始时计算;规定按天计算时间的,开始当天不计入,从次日开始计算,时限的最后一天是休息日或者其他法定节假日的,以节假日结束的次日为最后一天。

第二条 合同文件及解释顺序

(一)合同文件应能互相解释,互为说明。除本合同专用条款另有约定外,组成本合同的文件及优先解释顺序如下:

1.本合同协议书;

2.本合同专用条款;

3.本合同通用条款;

4.本合同履行过程中双方以书面形式签署的补充和修正文件。

(二)当合同文件内容出现含混不清或不一致时,应在不影响项目正常进行的情况下,由委托人和受托人协商解决。双方协商不成时,按本合同通用条款第十二条关于争议的约定处理。

第三条 语言文字和适用法律

(一)语言文字

除本合同专用条款中另有约定,本合同文件使用汉语语言文字书写、解释和说明,如本合同专用条款约定使用两种以上语言文字时,汉语应为解释和说明本合同的标准语言文字。

(二)适用法律和法规

本合同文件适用国家的法律和行政法规。需要明示的法律、行政法规,由双方在本合同专用条款中约定。

第二部分 双方一般权利和义务

第四条 委托人的义务

（一）委托人将委托前期物业管理招标代理工作的具体范围在本合同专用条款中约定。

（二）委托人按本合同专用条款约定的内容和时间完成下列工作：

1. 向受托人提供与物业管理有关的物业项目开发建设的政府批件；

2. 向受托人提供满足完成物业招标代理业务的全部资料，并对提供资料的真实性、完整性、准确性负责；

3. 向受托人提供保证招标工作顺利完成的条件，提供的条件在本合同条款内约定；

4. 指定专人与受托人联系，指定人员的姓名、职务、职称在本合同专用条款内约定；

5. 根据需要，做好与第三方的协调工作；

6. 按本合同专用条款约定的支付方式、币种及时间向受托人支付委托费用；

7. 依法应尽的其他义务，双方在本合同专用条款内约定。

（三）委托人不得提出违反法律、行政法规规定的要求，否则受托人有权拒绝这类要求。

（四）受托人在履行招标代理业务过程中，提出的合理化建议，经委托人同意并得到经济效益，委托人应向受托人支付一定的经济奖励。

（五）委托人未能履行以上各项义务，给受托人造成损失的，应当赔偿受托人的有关损失。

（六）确定受托人提供的有关资料。

第五条 受托人的义务

（一）受托人应根据本合同专用条款中约定的委托招标代理的工作范围，选择有足够经验的物业招标代理从业人员完成前期物业招标代理工作。

（二）受托人按本合同专用条款约定的内容和时间完成下列工作：

1. 依法按照公开、公平、公正和诚实信用原则,组织招标工作,维护各方的合法权益;

2. 应用专业技术与技能向委托人提供与完成招标工作相关的咨询服务;

3. 向委托人宣传有关工程招标的法律、行政法规和规章,解释合理的招标程序,以便得到委托人的支持和配合;

4. 依法应尽的其他义务,双方在本合同专用条款内约定。

(三)受托人应对与招标工作有关的数据的计算、技术经济资料等的科学性和正确性负责。

(四)受托人不得接受与本合同物业管理项目有关的投标咨询业务。

(五)受托人未经委托人同意不得分包或转让本合同的任何权利和义务。

(六)合同履行期内和合同终止后,未经委托人同意,受托人不得泄露与本合同相关的任何招标资料和情况。

(七)受托人不得接受任何投标人的奖品、宴请和贿赂,不得泄露招标、评标、定标过程中依法需要保密的内容。

(八)受托人未能履行以上各项义务,给委托人造成损失的,应当赔偿委托人的有关损失。

第六条 委托人的权利

委托人拥有以下权利:

(一)向受托人询问本次物业招标工作进展情况和相关内容或提出不违反法律、行政法规的建议;

(二)审查受托人为本合同前期物业项目编制的各种文件,并提出修正意见;

(三)要求受托人提交物业招标代理业务工作报告;

(四)与受托人协商,建议更换其不称职的招标代理从业人员;

(五)依法选举中标人;

(六)合同履行期间,受托人的原因,给委托人造成损失或影响招标工作正常进行的,委托人有权终止合同,并依法向受托人追索经济赔偿,直到追究法律责任;

(七)依法享有的其他权利,双方在本合同专用条款内约定。

第七条 受托人的权利

（一）对招标过程中应由委托人作出的决定，有权提出建议；

（二）当委托人提供的资料不足或不明确时，有权向委托人提出补足资料或作出明确答复；

（三）拒绝委托人提出的违反法律、行政法规的要求，并向委托人作出解释；

（四）有权参加委托人组织的涉及招标工作的所有会议和活动；

（五）对于本合同前期物业项目编制的所有文件拥有版权，委托人仅有使用和复制的权利；

（六）依法享有其他权利，双方在本合同专用条款内约定。

第三部分　委托代理费用与支付

第八条 委托代理费用

（一）按照双方在本合同专用条款内约定的物业招标代理工作范围，双方在本合同专用条款内约定委托代理费用的计算方法、金额、支付方式和支付时间。

（二）受托人对所承接的前期物业招标代理业务需要外出考察的，其外出人员数量和费用，经委托人同意后，在预算范围内由委托人实报实销。

（三）在招标代理业务范围内，如需聘用专家咨询或协助，由受托人聘用的，其费用由受托人承担；由委托人聘用的，其费用由委托人承担。

第九条 委托人代理费用的支付

（一）本合同签订后，委托人应在 3 个工作日内向受托人支付不少于全部代理费用_____％的代理预付款，具体额度或比例双方在专用条款内约定。

（二）经委托人同意，受托人完成委托人委托的物业招标代理工作范围以外的工作，为额外工作，需支付的费用由双方协商一致，签订补充协议。

（三）委托人在本合同专用条款约定的支付时间未能如期支付代理费，自应支付之日起，向受托人支付滞纳金，滞纳金从规定应支付之日起计算。滞纳金的计算方法，在本合同专用条款内约定。

（四）委托人在双方约定的支付时间，未能如期支付代理费用，除支付滞纳金外,还应按同期银行贷款利率,计算支付应付代理费用的利息。

(五)支付代理费的币种、汇率在本合同专用条款内约定。

(六)委托代理费用应由委托人按本合同专用条款约定的支付方法和时间,直接向受托人支付,委托人不得转嫁支付责任。

第四部分　违约、赔偿和争议

第十条　违约

(一)当发生下列情况时,委托人违约。

1. 本合同通用条款第四条第二款提到的委托人未按本合同专用条款的约定向受托人提供为保证物业招标工作顺利完成的条件,致使招标工作无法进行;

2. 本合同通用条款第四条第二款提到的委托人未按本合同专用条款的约定向受托人支付委托费用;

3. 委托人不履行合同义务或不按合同约定履行义务的其他情况。

委托人承担违约责任,赔偿因其违约给受托人造成的经济损失,双方在本合同专用条款内应约定委托人赔偿受托人损失的计算方法或委托人应当支付违约金的数额或计算方法。

(二)当发生下列情况时,受托人违约。

1. 本合同通用条款第五条第二款提出的受托人未按合同专用条款的约定向委托人提供为完成物业招标工作的咨询服务。

2. 本合同通用条款第五条第四款提到的受托人未按合同专用条款的约定接受了与本合同工程项目有关的物业投标咨询业务。

3. 本合同通用条款第五条第六款提到的受托人未按合同专用条款的约定泄露了与本合同前期物业相关的任何招标资料和情况。

4. 受托人不履行合同义务或不按合同约定履行义务的其他情况。

受托人承担违约责任,赔偿因其违约给委托人造成的经济损失,双方在本合同专用条款内应约定受托人赔偿委托人损失的计算方法或受托人应当支付违约金的数额或计算方法。

第十一条　索赔

（一）一方未能按本合同约定履行自己的各项义务或发生错误，给另一方造成损失，另一方可以提出索赔。

（二）当一方向另一方提出索赔时，要有正当的索赔理由，且有索赔事件发生时的有效证据。

（三）受托人向委托人提出索赔，可按下列程序以书面形式进行：

1. 索赔事件发生后_____日内，向委托人发出提出补偿损失的索赔报告及有关资料。

2. 委托人收到受托人递交的索赔报告及有关资料后，于_____日内未予答复，或要求受托人做进一步补充索赔理由和证据。

3. 委托人收到受托人递交的索赔报告及有关资料后_____日内未予答复或未对受托人作进一步要求，视为对该项索赔已经认可。

（四）受托人的过错给委托人造成损失的，委托人可以要求赔偿损失。

第十二条　争议

委托人和受托人在履行合同时发生争议，可以和解或者要求有关部门调解。当事人不愿和解、调解或者和解、调解不成的，双方可以在本合同专用条款内约定争议解决的方式。

第五部分　合同变更、生效与终止

第十三条　合同变更或解除

（一）本合同签订后，由于委托人原因，使得受托人不能持续履行物业招标代理业务时，委托人应及时通知受托人暂停物业招标代理业务。当需要恢复物业招标代理业务时，应当在正式恢复前7日通知受托人。

（二）本合同当事人一方要求变更或解除合同时，应当在变更或解除7日前通知对方，因解除合同使一方遭受损失的，除依法可以免除责任的外，应由责任方负责赔偿损失，赔偿方法或金额应在专用条款内约定。

（三）变更或解除合同的通知或协议，须采用书面形式，协议未达成之前，原合同依然有效。

第十四条　合同生效

本合同自双方签字盖章之日起生效。附生效条件双方应在合同内约定。

第十五条　合同终止

(一)受托人完成委托人全部委托物业招标代理业务后,委托人支付了全部代理费用后本合同终止。

(二)本合同终止并不影响各方应有的权利和应承担的义务。

(三)因不可抗力,致使本合同无法继续履行时,本合同自行终止。除委托人应付给受托人已完成工作的费用外,各自承担相应的损失。

(四)本合同的权利义务终止后,委托人和受托人应当遵循诚实信用原则,履行通知、协助、保密等义务。

第六部分　其　　他

第十六条　合同的份数

本合同正本一式两份,委托人和受托人各执一份。副本根据双方需要在本合同专用条款内约定。

第十七条　补充条款

双方根据有关法律、行政法规规定,结合工程实际,经协商一致后,可对本合同通用条款内容具体化、补充或修改,在本合同专用条款内约定。

专　用　条　款

第一部分　词语定义、适用范围和法律

第一条　合同文件及解释顺序:＿＿＿＿＿＿＿＿＿＿。

第二条　合同适用范围:＿＿＿＿＿＿＿＿＿＿。

第三条　语言文字和适用法律

(一)语言文字:＿＿＿＿＿＿＿＿＿＿。

(二)本合同需要明示的法律、行政法规和规章：_____。

第二部分　双方一般的权利和义务

第四条　委托人的义务

(一)委托前期物业管理招标代理工作的具体范围：_____。

(二)委托人应按约定的时间和要求完成下列工作：

1. 向受托人提供与物业管理有关的物业项目开发建设的政府批件或相关资料情况的时间：_____。

2. 向受托人提供满足完成前期物业管理招标代理业务其他资料的时间：_____。

3. 向受托人提供的保证物业招标工作顺利完成的条件：_____。

4. 指定的与受托人联系的人员姓名：_____，职务：_____，职称：_____。

5. 需要与第三方协调的工作：_____。

6. 应尽的其他义务：_____。

第五条　受托人的义务

受托人应按约定的时间和要求完成下列工作：

(一)组织物业招标工作的内容：_____。

(二)为招标人提供完成物业招标工作的相关咨询服务。

第六条　委托人的权利

(一)委托人拥有的权利：_____。

(二)委托人拥有的其他权利：_____。

第七条　受托人的权利

(一)受托人拥有的权利：_____。

(二)受托人拥有的其他权利：_____。

第三部分　委托代理费用与支付

第八条　委托代理费用

(一)代理费用的计算方法:_____。

(二)代理费用的支付时间:_____。

第九条　委托代理费用的支付方法

(一)预付款的比例:_____。

(二)受托人完成额外工作,委托人需支付的费用:_____。

(三)滞纳金的计算方法:_____。

(四)支付代理费用的币种:_____;汇率:_____。

第四部分　违约、索赔和争议

第十条　违约

(一)本合同关于委托人的具体责任

1. 委托人未按照本合同通用条款第四条第二款约定的支付方式、币种及时间向受托人支付委托费用应承担的违约责任:_____。

2. 委托人与受托人签订合同后,中途不得再与其他招标代理机构签订前期物业管理招标代理合同,若违反此规定,委托人向受托人支付中标价代理费的双倍违约金。

3. 双方约定的委托人的其他违约责任:_____。

(二)本合同关于受托人违约的具体责任

1. 受托人未按照本合同通用条款第五条第二款约定的依法按照公开、公平、公正和诚实信用原则,组织前期物业招标工作应承担的违约责任:_____。

2. 双方约定的受托人的其他违约责任:_____。

第十一条　争议

双方约定,在履行合同过程中产生争议,由双方当事人协商解决,协商不成的,按下列第_____种方式解决:

(一)提交_____仲裁委员会仲裁;

(二)依法向人民法院起诉。

第十二条 其他

双方约定本合同副本_____份,其中委托人_____份,受托人_____份。

签署时间:　　年　月　日

甲方(盖章):　　　　　　乙方(盖章):

联系人:　　　　　　　　联系人:

联系方式:　　　　　　　联系方式:

地址:　　　　　　　　　地址:

第五章

物业服务合同

一、物业服务合同(物业公司与业主大会/业主委员会)

四川省物业服务合同(示范文本)

编号：

甲方(业主大会/业主委员会)：_____
业主委员会备案号：_____
业主委员会主任：_____
通讯地址：_____
邮政编码：_____ 联系电话：_____
乙方(物业服务人)：_____
统一社会信用代码：_____
法定代表人：_____
通讯地址：_____
邮政编码：_____ 联系电话：_____

为明确物业服务中的权利和义务，依照《中华人民共和国民法典》《物业管理条例》《四川省物业管理条例》等法律法规的规定,遵循平等、自愿、公平和诚实信用的原则,甲方选聘乙方提供物业服务,并就物业服务有关事宜协商一致,订立本合同。

第一条 本合同对业主的效力

甲方与乙方订立物业服务合同时,将《管理规约》作为物业合同的附件。若《管理规约》经业主大会决定修改的,双方按修改后的《管理规约》履行。乙方提供服务的受益人为业主(包括物业使用人,下同),业主享有本合同约定的相关权利,履行本合同约定的相关义务。物业使用人包括物业承租人、借用人、居住权人等。

第二条 委托物业项目基本情况

委托物业项目(以下简称本物业)名称:_____

物业类型:□居住物业(□多层住宅□高层住宅□别墅□_____)□公共物业(□办公、写字楼□商业□工业园区□_____) 坐落位置:_____市_____县(市、区)_____(路、街)_____

东至_____

南至_____

西至_____

北至_____

规划建筑面积:_____规划平面图见附件一,物业服务区域内的物业构成细目见附件二。

第三条 物业服务事项

(一)根据法律、法规和管理规约的授权制定物业服务有关制度、物业服务方案、工作计划并组织实施,保管相关的物业资料、物业服务资料、工程技术资料、承接查验资料并告知全体业主。

(二)负责物业服务区域建筑物共用部位的维护和管理。本物业共用部位细目见附件三。

(三)负责物业服务区域共用设施设备的日常运行、维护和管理。本物业共用设施设备细目见附件四。

(四)负责物业服务区域共用部位、公共区域的环境卫生、垃圾清运等。

(五)负责物业服务区域公共绿化、园艺景观及设施的日常养护和管理。

(六)负责物业服务区域内的公共秩序维护、安全防范、车辆停放管理等事项。

(七)负责物业服务区域内物业服务档案和物业档案的建立和管理。

(八)装饰装修协助管理和服务。

_____。

(九)协助、配合政府部门开展物业服务区域内的应急管理。

(十)协助、配合基层党组织开展党建活动。

(十一)协助、配合政府有关部门和居(村)民委员会开展精神文明建设活动、公益活动、创优活动、安全事务宣传和管理活动等。

(十二)_____。

(十三)法律、法规规定的其他事项。

乙方可以就超出本合同约定的服务与相关业主另行约定和收取相应的服务费用。

第四条 物业服务质量

按照_____物业服务标准的_____级等级标准执行,附物业服务质量清单,详见附件五。甲方可以委托第三方评估机构对服务质量进行评估,并公示评估结果,评估结果作为服务质量履行状况的依据。

第五条 物业费的标准和收取办法

(一)计费方式

本物业项目物业费为以下第_____种计费方式:

1. 包干制。由业主向乙方支付物业费,盈余或者亏损均由乙方享有或者承担。

2. 酬金制。在预收的物业费中按以下第_____种方式提取酬金,其余全部用于本合同约定的支出,结余或者不足均由业主享有或者承担:

(1)每□月□季□半年□年在应收的物业费中按_____%的比例提取酬金;

(2)每□月□季□半年□年在应收的物业费中提取_____元的酬金;

(3)_____。

实施酬金制计费方式的,乙方应当向全体业主公布物业服务年度计划和物业服务资金年度预决算,至少每半年在物业服务区域显著位置公示物业服务资金收支情况,并接受_____审计监督。审计费用可以在公共收益中列支。

(二)物业费标准

物业费按照房屋所有权证记载的房屋建筑面积收取。未办理房屋所有权证的,按房屋测绘机构实测的房屋建筑面积收取。未办理房屋实测面积的,按照物业买卖合同记载的房屋建筑面积收取。

1. 居住物业类:

□多层住宅(不带电梯):_____元/(平方米·月);

□多层住宅(带电梯):_____元/(平方米·月);

□高层住宅:_____元/(平方米·月);

□别墅:_____元/(平方米·月);

□_____:_____元/(平方米·月)。

2. 其他物业类:

□办公、写字楼:_____元/(平方米·月);

□商业:_____元/(平方米·月);

□工业园区:_____元/(平方米·月)。

(三)物业费支付人

业主承担支付物业费的义务。

(四)物业费构成

实行物业费包干制的,物业费的构成包括物业服务成本、法定税费和物业服务人的利润。

实行物业费酬金制的,预收的物业服务资金包括物业服务支出和物业服务人的酬金。

物业服务成本或者物业服务支出包括以下部分:

□管理服务人员的工资、社会保险和按规定提取的福利费;

□物业共用部位、共用设施设备的日常运行、维护费用；

□物业服务区域清洁卫生费用；

□物业服务区域绿化养护费用；

□物业服务区域秩序维护费用；

□办公费用；

□物业服务人固定资产折旧；

□物业共用部位、共用设施设备及公众责任险费用；

□装修管理服务事项及服务成本；

□经业主同意的其他费用,包括_____。

本合同约定对物业共用部位、共用设施设备的维护是指_____,不包含使用专项维修资金的维修情形。物业共用部位、共用设施设备的维修和更新、改造费用,应当通过专项维修资金予以列支,不得计入物业服务成本或者物业服务支出。

(五)物业费支付

业主的物业费从_____年___月___日起按□月□季□半年□年支付。

甲方、业主于每个支付费用周期起始日起_____日内支付物业费。逾期未支付的,乙方以通知书、电子邮件、手机短信等书面形式催告甲方、业主在合理期限内支付。经催告后无正当理由仍未支付的,承担违约责任。

乙方不得采取停止供电、供水、供热、供燃气等方式催交物业费。

预收物业费的,不得超过本合同有效期的剩余期限。不定期物业服务合同,不得约定预收物业费。

(六)其他

1. 业主与物业使用人约定由物业使用人支付物业费的,从其约定,业主负连带责任。业主与物业使用人之间的交费约定,业主应及时书面告知乙方。

2. 物业所有权发生转移的,原业主结清物业费。物业费结算至产权转移之日止。

3. 乙方在同一物业服务区域内对同一物业类型、同一物业服务内容和标准,按统一标准收取物业费。

4.在本合同期内,业主依法将住宅用房改为非住宅用房的,该物业的物业费为_____元/(平方米·月)。

5._____。

(七)车位使用及车辆停放服务费

1.有产权车位、车库的物业费:车位所有人按地面车位(含架空层车位)_____元/(个·月)、地下车位_____元/(个·月)、封闭式车库_____元/(个·月)、_____车位_____元/(个·月)的标准向乙方支付。

2.占用业主共有的道路或者其他场地停放机动车辆的,车位使用人按照_____元/(个·月),其中包括物业费_____元/(个·月)的标准支付车辆停放服务费,所支付费用扣除管理成本的所得收益归全体业主所有。

3.其他车辆停放服务费:

摩托车_____元/(辆·月);

电瓶车_____元/(辆·月);

自行车_____元/(辆·月);

充电费用_____元/(辆·月);

_____元/(辆·月)。

以上第1项至第3项车辆停放服务费□包括□不包括车辆保管费用。公安、消防、救护、环卫、邮政、工程抢险等特种车辆执行任务,需在物业服务区域内临时停放的,乙方不得收费。

(八)物业费的测算清单作为本物业服务合同的附件,详见附件六。

第六条 建筑物及其附属设施的维修资金的使用

1.专项维修资金的归集和使用按照国家和省有关规定执行。

2.专项维修资金用于物业服务区域内共用部位及共用设施设备的维修、更新和改造。专项维修资金存入银行专项维修资金专户,按幢立账、按户核算。

3.业主转让物业时,其交存的专项维修资金余额不予退还,与房屋所有权同时转让。

4. 甲方每半年至少公布一次专项维修资金的使用情况,接受业主的监督。

5. 发生严重影响物业使用的紧急情况,需要立即对物业共有部分进行紧急维修、更新、改造的,可按照法律、法规的规定申请使用建筑物及其附属设施的维修资金。

第七条 物业服务用房和业主委员会用房的管理和使用

甲方在本合同签订后_____日内按有关规定向乙方无偿提供物业服务用房,用于乙方客服接待、项目档案资料保存、工具物料存放、人员值班备勤等。

物业服务用房建筑面积为_____平方米。其中:地上建筑面积为_____平方米,位于_____□号楼□幢□座_____单元_____层_____号;地下建筑面积为_____平方米,位于_____号楼□幢□座_____单元_____号;业主委员会用房建筑面积为_____平方米,位于_____□号楼□幢□座_____单元_____层_____号。

物业服务用房、业主委员会用房属全体业主共有,乙方和业主委员会无偿使用并负责管理维护,不得进行买卖和抵押,不得擅自变更用途。

第八条 物业服务期限

本合同物业服务期限为_____年,自_____年____月____日起至_____年____月____日止。

第九条 甲方权利义务

(一)要求乙方按本合同约定提供物业服务和履行有利于业主的服务承诺,对乙方提供的物业服务及承诺有监督、建议的权利;

(二)审定乙方提交的物业服务方案及公共管理制度,听取乙方提出的合理化建议;

(三)监督并协助乙方物业服务工作的实施,《管理规约》及公共管理制度的执行;

(四)支持、配合和协助乙方按照本合同约定向业主收取物业费和另行约定的服务的费用;

（五）制定《管理规约》并作为本合同附件；

（六）按照国家和省有关规定与乙方办理物业承接查验手续和进行相关工作移交；

（七）有权委托乙方对本物业服务区域内物业的共有部分进行经营管理，监督乙方建立共有部分经营的独立账目和资金管理；

（八）有权聘请第三方专业机构对乙方服务、物业费调整、公共收益等进行评估和审计，评估和审计结果作为处理相关事务的依据；

（九）有权制定对乙方提供物业服务的考评机制和考评标准，并按照制度和标准进行督促和处罚，物业服务考评标准详见附件七；

（十）_____；

（十一）法律、法规规定的其他权利义务。

第十条 乙方权利义务

（一）依照本合同约定向业主收取物业费和另行约定的服务的费用；

（二）将房屋装饰装修禁止行为以及允许施工的时间、废弃物的清运与处置等注意事项告知业主；

（三）负责维护本物业服务区域内的公共秩序并协助做好安全防范工作；

（四）对业主违反国家、本省有关物业管理的法律法规和管理规约的行为，进行劝阻，劝阻无效的及时书面报告甲方和有关行政主管部门；

（五）依照本合同约定的物业服务内容和标准提供相应的物业服务，并承担物业服务责任，接受甲方、业主的监督；

（六）依照国家、本省有关规定和本合同约定，制定物业服务方案和公共管理制度，负责编制本物业的年度维修养护计划，并组织实施；

（七）有权将部分专项服务事项委托给专业性服务组织或者其他第三人，但应当就该部分专项服务事项向业主负责，不得将全部物业服务转委托给第三人，或者将全部物业服务支解后分别转委托给第三人；

（八）在本物业的显著位置，定期将服务的事项、负责人员、质量要求、收费项目、收费标准、履行情况，业主共有部分的经营与收益情况，电梯消防等设施设备维保记录,供水二次加压调节水箱清洗记录及水箱水质检测报告,物业服务用房使用情况等以书面方式向甲方和业主公示,接受甲方委托的专业第三方机构作出的评估和审计结果;

(九)妥善保管和使用本物业档案、物业服务档案资料,及时记载有关变更信息,不将业主信息用于物业管理活动之外的其他用途,并严格保密;

(十)履行公开作出的有利于业主的服务承诺,并作为本合同的有效组成部分;

(十一)按照本合同约定和委托对公共部位、业主共有部分进行经营管理,建立独立的账目和资金管理,接受甲方和业主的监督,公共经营收益除成本外均为业主所有,依约进行收益的审计和交接;

(十二)本合同解除或者终止后,乙方不得以业主欠交物业费、阶段工作未完成、对甲方或者业主共同决定有异议、其他纠纷未解决等为由拒绝退出及办理交接,应履行退出义务并协助新物业服务人进场服务;

(十三)本合同终止后,在甲方选聘的新物业服务人或者决定自行管理的业主接管之前,乙方应当继续处理物业服务事项,并可以请求业主参照原合同约定的标准支付该期间的物业费;

(十四)_____;

(十五)法律、法规规定的其他权利义务。

第十一条 物业服务的交接

(一)甲方在乙方进驻提供物业服务_____日前,签订承接查验协议并进行承接查验,明确责任权利。

(二)物业承接查验方式:

1. 甲方组织,乙方和业主代表参加,可以邀请物业所在地县(市、区)人民政府住房和城乡建设主管部门、街道办事处(乡镇人民政府)代表参加。

2. 可以聘请第三方专业机构协助进行。

(三)乙方对物业服务区域内共有部分及相应的物业档案查验,现场查验_____日前,甲方向乙方移交以下资料:

1.竣工总平面图、单体建筑、结构、设备竣工图、配套设施、地下管网工程竣工图等竣工验收资料；

2.共用设施设备清单及其安装、使用和维护保养等技术资料；

3.物业质量保修文件和物业使用说明文件；

4.物业承接查验所必需的其他资料。

(四)承接查验发现问题的,甲方应当及时处理,甲方未能及时整改的遗留问题,双方约定按以下方式解决：

_____。

(五)本物业承接查验费用由□甲方□乙方按照□包干□按_____实结算、多退少补的方式承担,承接查验费用_____元。

(六)物业承接查验协议作为本合同的补充协议,具有同等法律效力。

(七)乙方不得承接未经查验的物业。乙方未进行承接查验而导致责任不清的,责任由乙方全部承担。

(八)乙方应当自物业承接后30日内,将查验文件抄送物业所在地的县(市、区)人民政府住房和城乡建设主管部门,并在物业服务区域显著位置公示,公示期不少于30日。

(九)本合同终止后,乙方配合与新物业服务人依法进行交接。

(十)_____。

第十二条　共有部分经营与管理

甲方□委托□不委托乙方利用业主的共有部分进行经营管理。

委托乙方利用业主的共有部分进行经营管理的,产生的收入在扣除合理成本(报酬)之后,属于业主共有。经业主共同决定可以对共有部分收益等共有资金进行审计。

属于业主所有的共有部分经营收益,按以下_____方式处理,定期向所有权益人公布并提供查阅：

1.按照业主专有部分占物业服务区域内建筑物总面积的比例补充专项维修资金；

2.补充物业费的不足,但经审计后确有不足,据实补充,并向业主公示;

3.作为业主委员会工作经费;

4.作为业主委员会成员的工作补贴;

5.作为聘请第三方评估或者审计机构等的相关费用;

6.作为甲方的违约赔偿费用;

7.作为共用部位、共用设施设备紧急维修的费用;

8._____。

第十三条　免责条款

以下情形乙方不承担责任:

(一)因不可抗力导致物业服务不能继续履行的,乙方及时通知甲方并应当在合理期限内提供证明。但乙方迟延履行后发生不可抗力的,不免除责任,乙方未采取适当措施防止损失扩大的,就扩大的损失乙方不免除责任。

(二)乙方已履行本合同约定义务,但因物业本身固有瑕疵造成损失的。

(三)因维修养护物业共用部位、共用设施设备需要且事先已采用合理方式告知业主,暂时停水、停电、停止共用设施设备使用等造成损失的。

(四)非乙方责任出现供水、供电、供气、供热、通讯、有线电视及其他共用设施设备运行障碍造成损失的。

(五)非乙方责任而出现需要维修的项目,但相关业主或者物业使用人不配合而造成的损失的。

(六)业主改善、使用其专有部分或者甲方、业主使用共有部位时,乙方已提出合理的建议或者已尽可能劝阻可能的危险行为,包括但不限于高空抛物、高空坠物、违规停放和运送电动车辆、违章装修、未及时维修或者提供维修便利,而甲方、业主未采纳建议或者未接受劝阻,导致损害后果的。

(七)_____。

第十四条　合同的变更、解除与终止

(一)合同履行期限内,经甲方组织本物业服务区域内专有部分面积占比三分之二以上的业主且人数占比三分之二以上的业主参与表决,经参与表决专有部分面积过半数的业主且参与表决人数过半数的业主同意的,可订立变更协议或者补充协议。

(二)物业服务收费标准应当保持相对稳定。有下列情形之一,需要调整物业服务收费标准的,甲方组织业主共同决定:

1. 公共服务产品能耗价格、共用设施设备维修养护费用等物业服务成本变动的;

2. 业主要求物业服务内容和物业服务标准变动的;

3. 与物业服务有关的政策性费用调整的。

合同双方有权委托第三方评估机构对服务价格及价格调整方案进行评估,并公示评估结果,评估结果作为价格调整的依据。

(三)合同履行期限内,甲方违反本合同约定的义务,致使乙方未能完成本合同约定的服务内容和标准,乙方有权要求甲方在合理期限内解决,逾期未解决的,造成乙方经济损失的,甲方承担赔偿责任。

(四)合同履行期限内,乙方的服务达不到本合同约定的服务内容、标准,甲方有权要求乙方在合理期限内整改,逾期未整改,给业主造成重大损失的,乙方承担赔偿责任,业主可解除合同。甲方或者政府组织开展的业主满意度测评、物业服务质量评估连续三次考核低于合同约定标准,业主可解除合同。

(五)乙方在本物业项目提供服务,被住房和城乡建设主管部门纳入失信名单的,业主可解除合同。

(六)合同期限届满,业主没有依法作出续聘或者另聘物业服务人的决定,乙方继续提供物业服务的,本合同继续有效,但为不定期物业服务合同。业主有权随时解除不定期物业服务合同,但应当提前60日书面通知乙方,业主在新物业服务人进驻前继续履行本合同并承担物业费的支付义务。

(七)根据业主共同决定并依照法定程序决定解聘乙方的,可以解除本合同。决定解聘的,应当提前_____日书面通知乙方。解除合同造成乙方损失的,除不可归责于业主的事由外,业主应当赔偿损失。

(八)_____。

第十五条　违约责任

(一)乙方擅自提高收费标准的,对超出标准部分,业主有权拒绝支付;已经支付的,乙方予以返还,并向业主支付超出金额_____%的违约金。

(二)业主未按时、足额支付物业费,经乙方书面催告限期内支付仍未支付的,承担违约期间未付金额_____%的违约金。业主有正当理由的除外。

(三)甲方、业主违反本合同约定,致使乙方的服务未达到本合同约定的服务内容、标准,给乙方造成损失的,甲方、业主承担违约责任。

(四)乙方未履行合同义务或者履行合同义务不符合约定的,甲方有权要求乙方在合理期限内整改,逾期未整改,给业主造成损失的,承担赔偿责任。

(五)任何一方无正当理由提前解除合同的,应当向对方支付_____元的违约金;给对方造成的经济损失超过违约金的,承担赔偿责任。

(六)_____。

第十六条　争议解决方式

履行中发生争议的,双方协商解决,也可以请求有关部门或者行业组织调解。不愿协商、调解或者协商、调解不成的,按以下第_____种方式解决:

(一)提交_____仲裁委员会仲裁;

(二)依法向有管辖权的人民法院起诉。

第十七条　其他约定

_____。

第十八条　合同的生效

合同一式_____份,甲方执_____份,乙方执_____份。乙方将本合同抄报街道办事处(乡镇人民政府)和县(市、区)人民政府住房和城乡建设主管部门各一份,物业服务中心(业主委员会用房)办公处各公示一份。

本合同自订立之日起生效。

甲方(签章):　　　　　　　　乙方(签章):

法定代表人:　　　　　　　　法定代表人:

委托代理人：　　　　委托代理人：
　　年　月　日　　　　　年　月　日

附件一

规划平面图（略）

附件二

物业构成明细单

类型	楼(幢)号	套(单元)数	建筑面积(平方米)
高层住宅			
多层住宅			
多层住宅(电梯)			
别墅			
商业用房			
工业用房			
办公楼			
自行车库			
机动车库			
会所			
学校			
幼儿园			
文化活动场所用房			
物业服务用房			
业主委员会用房			

续表

类型	楼(幢)号	套(单元)数	建筑面积(平方米)
合计			
备注			

附件三

物业共用部位细目

1. 房屋承重结构；

2. 房屋主体结构；

3. 公共门厅；

4. 公共走廊；

5. 公共楼梯间；

6. 内天井；

7. 户外墙面；

8. 屋面；

9. 门卫室；

10.

11.

12.

13.

14.

15.

附件四

物业共用设施设备细目

1. 电梯：

垂直梯_____部；

扶梯_____部。

2. 绿化率：_____%，计_____平方米；

楼间、集中绿地_____平方米；

砖石铺装_____平方米。

3. 区域内市政：

道路、楼间道路_____平方米；

室外上下水管道_____米。

沟渠：

蓄水池_____个；

化粪池_____个；

污水井_____个；

雨水井_____个。

变配电系统包括：

高压双路供电电源_____。

公共照明设施：路灯_____个；草坪灯_____个；_____个。

高压水泵、高压水箱_____个；

污水泵_____个；

中水及设备系统_____。

4. 燃气调节站：

5. 消防设施包括：

6. 监控设施包括：

7. 避雷设施包括：

8. 空调设备:中央空调系统使用范围

9. 电视共用天线:

10. 电脑网络线:

11. 电讯电话:

12. 地上机动车停车场_____个车位,_____平方米。

13. 地下机动车停车场_____个车位,_____平方米。

14. 非机动车库_____平方米。

15. 垃圾中转站_____个。

16. 信报箱_____个。

17. 共用设施设备用房_____平方米。

18. 物业服务用房_____平方米。

19.

附件五

物业服务质量(略)

附件六

物业费测算清单(略)

附件七

物业服务质量考评标准(略)

二、物业服务合同(物业公司与业主)

合同编号：_____

甲方(业主)：
身份证号码：
联系地址：
联系电话：
乙方(物业服务人)：_____物业管理有限公司
法定代表人：
资质等级：
证书编号：
联系地址：
联系电话：

甲方以【□公开招标方式□邀请招标方式□协议】方式选聘乙方提供物业服务，根据《中华人民共和国民法典》、《物业管理条例》及《××市物业管理条例》等有关法律、法规的规定，在自愿、平等、公平、诚实信用的基础上，就小区的物业管理服务事宜，订立本合同。

第一部分　物业项目的基本情况

第一条　本合同所涉及的物业基本情况

委托物业项目(以下简称本物业)名称：_____；

物业类型：□居住物业(□多层住宅□高层住宅□别墅□_____)□公共物业(□办公、写字楼□商业□工业园区□_____)

占地面积(平方米)：_____；

建筑物总面积(平方米)：＿＿＿＿＿＿；

物业服务用房建筑面积(平方米)：＿＿＿＿＿＿；

坐落位置：＿＿＿市＿＿＿＿县(市、区)＿＿＿＿(路、街)＿＿＿＿

东至＿＿＿＿＿＿，南至＿＿＿＿＿＿，西至＿＿＿＿＿＿，北至＿＿＿＿＿＿。

第二部分 物业服务的期限及费用

第二条 本合同期限：自＿＿＿＿年＿＿月＿＿日起至＿＿＿＿年＿＿月＿＿日止，共计＿＿＿＿年。

本合同期限届满后，业主大会没有作出另聘物业服务企业决定，乙方按照本合同继续提供服务的，本合同中业主、乙方各自的权利义务延续。在合同权利义务延续期间，任何一方提出终止合同的，应当提前 3 个月书面告知对方。

第三条 物业服务费

(一)收费方式

物业服务收费遵循合理、公开以及费用与服务水平相适应的原则。乙方应当按照本物业服务区域的《前期物业管理服务方案》，按照市价格主管部门发布的价格标准，参考市物业管理行业协会发布的物业服务价格监测信息，合理确定收费标准，实现服务标准与收费标准的有效联动，实现质价相符。本物业服务区域的物业服务收费选择以下第＿＿＿＿种方式。

1. 包干制。

(1)物业服务费用由业主按专有部分面积支付。乙方包干使用，并享有盈余或者承担亏损。具体收费标准如下：

多层住宅：＿＿＿＿＿元/(月·平方米)；

高层住宅：＿＿＿＿＿元/(月·平方米)；

别　　墅：＿＿＿＿＿元/(月·平方米)；

办公物业：＿＿＿＿＿元/(月·平方米)；

商业物业：＿＿＿＿＿元/(月·平方米)；

＿＿＿＿＿物业：＿＿＿＿＿元/(月·平方米)；

_____物业：_____元/(月·平方米)。

(2)物业服务费用主要用于以下开支：

1)管理服务人员的工资、社会保险和按规定提取的福利费等；

2)物业共用部位、共用设施设备日常运行、维护的相关费用；

3)物业服务区域清洁卫生、垃圾分类的相关费用；

4)物业服务区域绿化养护的相关费用；

5)物业服务区域秩序维护的相关费用；

6)物业共用部位、共用设施设备及公众责任保险费用；

7)办公费用；

8)管理费分摊；

9)物业服务企业固定资产折旧；

10)法定税费；

11)物业服务企业的利润；

12)经业主同意的其他费用。

(3)乙方按照上述标准收取物业服务费用，上述范围使用物业服务费用，并按照本合同约定的服务内容和质量标准提供服务。

2.酬金制。

(1)乙方按专有部分面积向业主预收物业服务资金，在预收的物业服务资金中按约定比例提取酬金，其余全部用于物业服务合同约定的支出，由业主享有结余或者承担不足。具体预收标准如下：

多层住宅：_____元/(月·平方米)；

高层住宅：_____元/(月·平方米)；

别　　墅：_____元/(月·平方米)；

办公物业：_____元/(月·平方米)；

商业物业：_____元/(月·平方米)；

_____物业：_____元/(月·平方米)；

_____物业：_____元/(月·平方米)。

(2)预收的物业服务资金由物业服务支出和乙方的酬金构成。乙方酬金_____(每月/每季/其他)按照_____%或_____元从预收的物业服务资金中提取。

(3)预收的物业服务支出由交纳物业服务资金的业主所有,由乙方代管,主要用于以下开支:

1)管理服务人员的工资、社会保险和按规定提取的福利费等;

2)物业共用部位、共用设施设备日常运行、维护的相关费用;

3)物业服务区域清洁卫生、垃圾分类的相关费用;

4)物业服务区域绿化养护的相关费用;

5)物业服务区域秩序维护的相关费用;

6)物业共用部位、共用设施设备及公众责任保险费用;

7)办公费用;

8)管理费分摊;

9)物业服务企业固定资产折旧;

10)经业主同意的其他费用。

(4)物业服务支出应用于本合同约定的支出。物业服务支出年度结算后结余部分,由交纳物业服务资金的业主按专有部分面积所占比例所有,可用于抵扣业主所需支付的物业服务资金或经业主同意的其他费用。年度结算不足部分,由全体业主承担,按_____方式处理。不可预计的突发原因导致物业服务无法正常开展,需要实施物业服务资金年度预算以外项目的,乙方应根据本项目《管理规约》《业主大会议事规则》的有关约定执行或组织召开业主大会同意后实施。

(二)专有部分面积,按照不动产登记簿记载的面积计算;尚未登记的,按照测绘机构的实测面积计算;尚未实测的,按照房屋买卖合同记载的面积计算。管理费分摊是指物业服务企业在管理多个物业项目情况下,为保证相关的物业服务正常运转而由各物业服务小区承担的管理费用。

(三)乙方应当每年向全体业主公布物业服务费年度预决算,每季度公布物业服务费的收支情况。业主、业主大会或者业主委员会对公布的物业服务费的年度预决算和收支情况提出异议的,乙方应当自收到异议之日起 7 日内书面答复。业主委员会可以聘请专业机构对采取酬金制的物业服务费收支情况进行审计,乙方应当予以配合,且不得转移、隐匿、篡改、毁弃会计凭证、会计账簿、财务会计报告以及其他与财务收支有关的资料。

(四)依法变更物业用途的,根据变更后的物业用途的收费标准支付物业服务费。住宅小区内教育和医疗卫生配套设施的物业服务收费不高于本小区住宅物业服务收费标准。教育配套设施,是指符合规划要求配套建设的托儿所、幼儿园和中小学校。医疗卫生配套设施,是指符合规划要求配套建设的医院、卫生院(站)等医疗机构和社区卫生服务机构。

(五)乙方对共用部位、共用设施设备产生的水电用量执行分摊工作的,应当按水电收费周期及时向业主公开公共水电用量、单价、金额等情况,按照约定方式向业主合理分摊实际费用。没有约定或者约定不明确的,按照业主专有部分面积占专有部分总面积的比例分摊。乙方不得将下列费用列入分摊:乙方办公、生活的自用水电费用;本物业服务区域内地下停车场、绿化养护、园林水池喷泉、值班室、保安亭的水电费用;本物业服务区域内开展喜庆、宣传、文体、装饰等公共活动的水电费用;利用共用部位、共用设施设备开展经营活动的水电费用。业主、业主大会对分摊情况提出异议时,乙方应当及时答复或协助供水单位、供电单位及时答复。

(六)乙方接受供水、供电、供气、通讯、有线电视、垃圾处理等专营服务单位委托代收费用的,不得向业主收取手续费、周转金、保证金等费用,但法律、法规等另有规定的除外。乙方不得与电信、互联网、广播电视等业务经营者签署排他性、垄断性协议,或者以其他方式实施排他性、垄断性行为。乙方不得以欠缴物业服务费或者其他与乙方相关的原因为由,擅自中断业主的正常用水、用电、用气和通讯、有线电视网络等。

(七)业主应当自签署物业交付文件之日起,按照物业买卖合同约定交纳前期物业服务费。无正当理由不接收物业的,业主应当自建设单位通知其办理交付手续的期限届满之次月起,按照物业买卖合同的约定交纳前期物业服务费。房屋交付后空置的也应支付物业服务费。本物业服务区域内的配套公共服务设施,包括教育、医疗卫生、文化、体育设施和行政管理设施、服务设施、福利设施等,由使用单位负责支付物业服务费。

(八)物业服务费和车位物业服务费_____(每月/每季/其他)交纳,业主、物业使用人、配套公共服务设施使用单位应当在_____(每次缴费的具体时间)前交纳物业服务费,具体采用_____(现金/银行托收/微信/支付宝/其他)的交费方式。采用银行托收方式的,业主、物业使用人、配套公共服务设施使用单位应当签订托收协议并根据托收金融机构要求提交相关资料。仅以未享受或者无须接受相关物业服务为由拒绝交纳物业服务费及相关费用的,每逾期一日按欠费总额的万分之_____向乙方支付违约金。

(九)属于同一个物业服务区域但分期开发的,如各期物业的服务收费标准不同,可在符合相关法律、法规、规章、规范性文件的前提下另行约定。

第四条 本合同履行过程中,物业服务费用标准按照_____物价部门的定价文件进行调整。

第五条 业主的物业服务费用应按年交纳。

业主应在每年的1月1日至3月30日履行交纳义务。

自本合同生效之日的当月起发生的物业服务费用,由业主承担;业主应依照本合同第三条约定的标准向乙方交纳物业服务费用。

业主延期支付物业服务费用或者本合同约定的其他应交费用的,按照每日千分之三计违约金。

第六条 乙方对甲方物业专有部分提供维修养护或其他服务的,应当与甲方另行签订服务协议,服务事项、标准及费用由双方在协议中约定。

第七条 物业专有部分的自用部位、自用设备损坏时,业主、物业使用人可以向乙方报修,也可以自行维修。经报修由乙方维修的,维修费用由业主、物业使用人承担。

第八条 甲方同意向乙方无偿提供物业服务用房和业主委员会议事活动用房。

物业服务用房建筑面积为_____平方米。其中：地上建筑面积_____平方米，位于_____□号楼□幢□座_____单元_____层_____号；地下建筑面积为_____平方米，位于_____□号楼□幢□座_____单元_____层_____号；业主委员会议事活动用房建筑面积为_____平方米，位于_____□号楼□幢□座_____单元_____层_____号。

物业服务用房的所有权依法属于全体业主，专用于物业管理服务工作，供乙方在合同期限内无偿使用，不得改变其用途，乙方和业主委员会无偿使用并负责维修、养护，不进行买卖和抵押。本合同终止时，乙方应当及时交还物业服务用房。

第三部分 物业服务标准

第九条 物业标准和服务事项

（一）乙方按以下第_____种方式提供住宅的物业服务：

1.××市现行住宅物业服务标准中的_____级物业服务标准。

2.选择××市现行住宅物业服务标准中不同等级的具体物业服务事项和标准。

甲、乙双方约定的××市现行住宅物业服务标准范围以外的具体服务事项和标准。

（二）乙方指定物业服务项目负责人为：_____，联系电话：_____。乙方更换项目负责人的，应当于7日内在本物业管理区域内的显著位置公示。

（三）乙方应当提供的物业服务包括以下内容：

1.制订物业服务工作计划，根据法律、法规和本小区管理规约的授权制定与物业服务有关的制度；并按照有关制度和计划组织实施；管理相关的工程图纸、档案与竣工验收资料等。

2.负责本物业管理区域内物业共用部位的日常维修、养护和管理。物业共用部位明细见附件3。

3.负责本物业管理区域内物业共用设施设备的日常维修养护、运行和管理。

物业共用设施设备明细见附件4。

4. 负责共有绿地、景观的养护和管理。

5. 负责清洁卫生服务，包括本物业管理区域内物业共用部位、公共区域的清洁卫生以及生活垃圾、建筑垃圾、大件垃圾的收集和管理等。

6. 负责协助维护公共秩序和协助做好安全防范工作。

7. 负责保管甲方移交的全部资料。负责按照《××市物业管理条例》的要求建立、保管相关档案和资料。

8. 配合物业管理区域内非业主共有公共服务设施的产权单位做好相关设施的供水、供电等工作，并与产权单位约定设施运行、维修养护、更新改造等责任和物业服务事项。

9. 其他服务事项：＿＿＿＿＿＿＿＿＿＿＿。

第四部分　权利与义务

第十条　甲方的权利义务

1. 要求乙方按照本合同约定提供服务。

2. 监督乙方履行本合同，对乙方提供的物业服务有建议、督促的权利。

3. 审定乙方制定的物业服务方案，并监督实施。

4. 监督专项维修资金的使用。

5. 对物业共用部位、共用设施设备和相关场地使用，享有知情权、监督权和收益权。

6. 遵守本小区管理规约、业主大会议事规则。

7. 遵守物业管理区域内共用部位和共用设施设备的使用、公共秩序和环境卫生的维护以及应对突发事件等方面的制度要求。

8. 按照国家和本市有关规定缴纳专项维修资金。

9. 应当配合乙方实施物业管理。

10. 应当根据本合同的约定按时足额交纳物业费。

11. 应当履行房屋安全使用责任。

12. 有关法律、法规和当事人约定的其他权利义务。

第十一条　乙方的权利义务

1. 根据国家和本市规定的标准、规范及本合同的约定提供物业服务,并收取物业费。

2. 及时向甲方告知安全、合理使用物业的注意事项。

3. 定期听取甲方的意见和建议,接受甲方监督,改进和完善服务。

4. 对违法建设、违规出租房屋、私拉电线、占用消防通道等行为进行劝阻、制止,劝阻、制止无效的,及时报告相关行政执法机关。

5. 发现有安全隐患的,及时设置警示标志,采取措施排除隐患或者向有关专业机构报告。

6. 妥善保管和正确使用本物业的档案资料,及时记载有关变更信息,不得泄露在物业服务活动中获取的甲方信息。

7. 对甲方和物业使用人违反本合同、本小区管理规约的行为进行劝阻、制止;并及时报告业主委员会或者物业管理委员会。

8. 履行生活垃圾分类管理责任人职责,指导、监督甲方进行生活垃圾分类。

9. 不得擅自占用本物业管理区域内的共用部位或擅自改变其使用用途。不得擅自将甲方所有的共用部分用于经营活动。不得擅自占用、挖掘本物业管理区域内的道路、场地,确需临时占用、挖掘本物业管理区域内道路、场地的,应当按规定办理相关手续,制定施工方案,开工前要在物业管理区域内公示,施工过程中尽可能减少对甲方的影响,并及时恢复原状。

10. 乙方实施锅炉、电梯、电气、制冷以及有限空间、高空等涉及人身安全的作业,应当由具备相应资质或委托具备相应资质的单位实施,委托其他单位实施的,应当明确各自的安全管理责任。

11. 乙方可将本物业管理区域内的专项服务委托给专业性服务企业,但不得将全部物业服务一并或分解后分别委托给其他单位或个人。乙方应当将委托事项及受托企业的信息在物业管理区域内公示。乙方与受托企业签订的合同中约定的服务标准,不得低于本合同约定。乙方应当对受托企业的服务行为进行监督,并对受托企业的服务行为承担责任。

12. 乙方应当在物业管理区域内显著位置设置公示栏,按照相关法律、法规的规定,公示乙方的服务及收费标准、服务方式、联系方式以及物业管理区域内设备设施的维修保养、业主装修、车位租售、费用使用等相关情况。

13. 甲方在合理期限届满后拒不交纳物业费的,乙方可以对其依法提起诉讼或者申请仲裁;但乙方不得采取停止供电、供水、供热、供燃气等方式催缴物业费。

14. 乙方应当采取必要的安全保障措施防止从建筑物中抛掷物品情形的发生;未采取必要的安全保障措施的,应当依法承担未履行安全保障义务的侵权责任。乙方在不侵犯他人隐私的情况下,可通过安装监控摄像头等方式就抛掷物品危害他人人身财产安全、破坏环境卫生等行为收集相应证据。乙方需妥善保管录音录像等证据,不得擅自毁损破坏,并且未经法定程序不得擅自向第三方公开。

15. 配合街道办事处、乡镇人民政府、行政执法机关和居民委员会、村民委员会做好物业管理相关工作。

16. 有关法律规定和当事人约定的其他权利义务。

第十二条 在物业管理服务过程中发生下列事由,乙方不承担责任:

(一)不可抗力导致物业管理服务中断的。

(二)乙方已履行本合同约定义务,但物业本身固有瑕疵造成损失的。

(三)维修养护物业共用部位、共用设施设备需要且事先已告知业主和物业使用人,暂时停水、停电、停止共用设施设备使用等造成损失的。

(四)非乙方责任出现供水、供电、供气、供热、通信、有线电视及其他共用设施设备运行障碍造成损失的。

第十三条 乙方违反本合同的约定,擅自提高收费标准的,对超出标准的部分,业主有权拒绝支付;已经支付的,业主有权要求乙方双倍返还。

第十四条 物业装饰装修前,甲方与乙方签订书面装饰装修服务协议,乙方应当告知甲方相关的禁止行为、注意事项、垃圾堆放和清运要求以及费用、施工时间等事项,并将装饰装修的时间、地点等情况在甲方所在楼内公示。除收取[装修管理费]_____元、[装修保证金]_____元、[装修垃圾清运费]_____元、

[＿＿＿]费用＿＿＿＿元外,乙方不得另行收取其他任何费用。

甲方完成装修后,应当通知乙方进行装修检查。经检查,装修活动未出现损坏、擅自拆改建筑物承重结构、主体结构,擅自拆改供水、排水、再生水等管线,侵占绿地、毁坏绿化植物和绿化设施,占用、堵塞、封闭消防通道、疏散通道等共用部位,或者损坏消防设施等共用设施设备等违法、违规情形的,乙方应当在检查合格后7日内将装修保证金全额无息退还。

第十五条　甲方委托乙方提供机动车停车服务的,甲、乙双方另行签订停车管理委托协议进行约定,乙方应当与车位使用人签订书面的停车服务协议,明确双方在车位使用及停车服务等方面的权利义务。

停车服务费按＿＿＿＿元/(车位·月)的标准收取。

第十六条　乙方接受供水、供电、供气、供热、通讯、有线电视等专业运营单位委托代收使用费用的,不得向甲方收取手续费等额外费用,不得限制或变相限制甲方购买或使用。

第十七条　在物业服务期间,甲方转让或出租其物业专有部分时,应当将本合同、本小区管理规约以及有关费用交纳情况等事项告知受让人或承租人,并自买卖合同或租赁合同签订之日起15日内,将买卖或出租情况告知乙方。甲方转让物业前,应当与乙方结清相关费用。

第十八条　本合同中下列词语的定义是:

(一)业主,是指物业的所有权人。

(二)物业使用人,是指物业的承租人和实际使用物业的其他人。

(三)物业买受人,是指物业出售合同中确定的物业购买人。

(四)物业交付使用,是指物业买受人收到建设单位书面入住通知并已办理相应手续。物业买受人收到入住通知后在限定期限内不办理相应手续的,视为已交付使用。

(五)共用部位,是指一幢住宅内部,由整幢住宅的业主、使用人共同使用的门厅、楼梯间、水泵间、电表间、电梯间、电话分线间、电梯机房、走廊通道、传达室、内天井、房屋承重结构、室外墙面、屋面等部位。

(六)共用设施设备,是指:

1. 一幢住宅内部,由整幢住宅的业主、使用人共同使用的供水管道、排水管道、落水管、照明灯具、垃圾通道、电视天线、水箱、水泵、电梯、邮政信箱、避雷装置、消防器具等设备;

2. 物业管理区域内,由业主和使用人共同使用的道路、绿地、停车场库、照明路灯、排水管道、窨井、化粪池、垃圾箱(房)等设施。

(七)公共区域,是指一幢住宅内部,由整幢住宅的业主、使用人共同使用的区域以及整幢住宅外、物业管理区域内,由全体业主、使用人共同使用的区域。

(八)专有部分,是指在构造上及利用上具有独立性,由业主独立使用、处分的物业部位。

第五部分　违约责任

第十九条　甲、乙双方对物业服务质量发生争议的,双方可共同委托专业评估机构就乙方的物业服务质量是否符合本合同约定的服务标准进行评估;乙方管理服务达不到本合同约定的服务内容和标准的,应当承担采取补救措施或赔偿损失等违约责任。

第二十条　乙方违反本合同的约定,擅自提高物业服务费标准的,甲方就超额部分有权拒绝交纳,同时乙方应当按＿＿＿＿＿＿的标准向甲方支付违约金。

乙方在服务期限内擅自撤出的,应当按照服务剩余期限物业服务总费用＿＿＿＿＿＿＿＿的标准向甲方支付违约金;乙方在本合同终止后拒不撤出本物业区域的,应当按照延迟撤出期间物业服务总费用＿＿＿＿＿＿＿＿的标准向甲方支付违约金。前述行为给甲方造成损失的,乙方应当承担相应的赔偿责任。

除不可预见的情况外,乙方擅自停水、停电的,甲方有权要求乙方限期解决,乙方应当承担相应的违约责任;给甲方造成损失的,乙方应当承担相应的赔偿责任。

第二十一条　除本合同约定及法律规定的合同应当终止的情形外,甲、乙双方均不得提前解除本合同,否则解约方应当承担相应的违约责任;给守约方造成损失的,解约方应当承担赔偿责任。

第二十二条 甲方违反本合同约定,未能按时足额交纳物业服务费,应当按_____的标准向乙方支付违约金。

甲方违反本合同的约定,实施妨害物业服务行为的,应当承担恢复原状、停止侵害、排除妨碍等相应的民事责任。

第二十三条 因不可抗力致使合同部分或全部无法履行的,根据不可抗力的影响,部分或全部免除责任。

第二十四条 为维护公共利益,在不可预见情况下,如发生燃气泄漏、漏电、火灾、暖气管或水管破裂、救助人命等突发事件或者依法配合公安机关工作等情形,乙方因采取紧急避险措施造成损失的,当事人应当按有关规定处理。

第二十五条 乙方有确切证据证明属于以下情况的,可不承担违约责任:

1. 甲方自身责任导致乙方的服务无法达到合同约定的。

2. 因维修养护本物业区域内的共用部位、共用设施设备需要且事先已告知甲方,暂时停水、停电、停止共用设施设备使用等造成损失的。

3. 非乙方责任出现供水、供电、供气、供热、通讯、有线电视及其他共用设施设备运行障碍造成损失的。

第六部分　争 议 解 决

第二十六条 本合同未尽事宜,双方可另行以书面形式签订补充协议。补充协议及本合同的附件均与本合同具有同等法律效力。本合同、本合同附件及补充协议中未规定的事宜,均遵照中华人民共和国有关法律、法规和规章执行。

第二十七条 本合同在履行过程中发生争议的,可以协商解决,也可以申请物业所在地人民调解委员会、镇人民政府(街道办事处)调解,或者委托××市物业管理行业协会、各区物业管理行业协会调解。协商、调解不成的,双方可选择以下第_____种方式处理:

1. 任何一方有权向_____仲裁委员会申请仲裁;

2. 任何一方有权向物业所在地的人民法院提起民事诉讼。

第七部分 其　　他

第二十八条　其他约定＿＿＿＿＿＿＿＿＿＿。

第二十九条　合同一式＿＿＿份,双方各执＿＿＿份,县(市、区)房地产行政主管部门备案一份,售房现场、物业服务处各公示一份,自订立之日起生效。

甲方(签章)：　　　　　　乙方(签章)：

法定代表人：　　　　　　法定代表人：

委托代理人：　　　　　　委托代理人：

　年　月　日　　　　　　　年　月　日

附件 1

规划平面图(略)

附件 2

物业构成明细

类型	幢数	套(单元)数	建筑面积(平方米)
高层住宅			
多层住宅			
别墅			
商业用房			
工业用房			
办公楼			
自行车库			
机动车库			
会所			
学校			

续表

类型	幢数	套(单元)数	建筑面积(平方米)
幼儿园			
文化活动场所			
_____用房			
合计			
备注			

附件 3

物业共用部位明细

1. 房屋承重结构。

2. 房屋主体结构。

3. 公共门厅。

4. 公共走廊。

5. 公共楼梯间。

6. 内天井。

7. 户外墙面。

8. 屋面。

9. 传达室。

附件 4

物业共用设施设备明细

1. 电梯：

垂直梯_____部。

扶梯_____部。

2. 绿化率：_____%。

楼间、集中绿地_____平方米。

砖石铺装_____平方米。

3. 区域内市政：

市政供暖采暖及生活热水系统_____。

[道路][楼间甬路]_____平方米。

[室外上下水管道]_____米。

[沟渠]_____。

[蓄水池]_____个。

[化粪池]_____个。

[污水井]_____个。

[雨水井]_____个。

变配电系统包括_____。

高压双路供电电源_____。

公共照明设施[路灯]_____个；[草坪灯]_____个；[_____]_____个。

[物业区域的外围护栏及围墙]_____。

[高压水泵][高压水箱]_____个。

[污水泵]_____个。

[中水及设备系统]_____。

[_____]_____。

4. [燃气调节站]_____。

5. 消防设施包括_____。

6. 监控设施包括_____。

7. 避雷设施包括_____。

8. 空调设备:[中央空调系统]使用范围_____。

9. 电视共用天线_____。

10. 电脑网络线_____。

11. 电讯电话_____。

12. 地下机动车库_____平方米。

13. 地上机动车停车场_____平方米。

14. 非机动车库_____平方米。

15. 垃圾中转站_____。

16. 信报箱_____个。

17. 共用设施设备用房_____平方米。

18. 物业服务用房_____平方米。

19.

附件 5

物业服务标准(略)

附件 6

其他物业服务事项(略)

附件 7

移交资料清单(略)

第六章

商业物业管理合同

商业物业管理合同

（物业公司与承租方）

甲方(租赁方)：

身份证号码/统一社会信用代码：

法定代表人/委托代理人：

乙方(物业)：

统一社会信用代码：

法定代表人/委托代理人：

鉴于甲方与_____(以下简称业主)签订了租赁合同(以下简称《租赁合同》)，现乙方受业主委托及甲、乙双方根据《中华人民共和国民法典》《物业管理条例》等有关法律法规及《租赁合同》的有关约定，在自愿、平等、协商一致的基础上，就乙方向甲方提供物业管理服务、甲方向乙方支付物业服务费等事宜达成一致，特订立本合同。

第一条　物业主体及物业服务区域基本情况

1. 物业主体(物业服务区域)名称(以下简称本物业)：_____；

坐落：_____，东至_____、北至_____、南至_____、西至_____。

2. 甲方所租赁物业区域基本情况：

租赁位置：_____号楼_____单元_____层_____号,建筑面积：_____平方米。

3. 物业服务费计算起始日:甲方应自《租赁合同》约定的进场日起支付物业服务费,并按照独立计量的实际使用数额全额交纳水、电、燃气、空调等公用事业费。

4. 物业管理区域类型:商业物业。

第二条　物业服务范围

甲、乙双方物业管理界面划分具体见本合同附件一(《物业管理界面划分协议》)。

第三条　物业服务费及其他相关费用

1. 物业服务费的收费标准:物业服务费收费标准为人民币_____元/(月·平方米)建筑面积,合计每月人民币(大写)_____(小写_____元)。甲方收取的物业服务费用于支付下列且不限于下列发生的:公共区域保洁、保安、绿化费,公共设施设备的维修维护费,物业保险费,乙方固定资产折旧费,物业公司员工薪酬福利费,物业管理行政办公费用,政府规费,整个物业系统费用摊销。物业服务费不包括共用部位、共用设施设备大修、中修、更新、改造的费用,该费用由业主另行承担。

2. 其他相关费用:

(1)公用事业费:甲方应支付因其使用公用事业设施设备所产生的全部费用,包括但不限于甲方独立使用的水、电(含甲方独立使用的室外广告、泛光照明等用电)、燃气、热力(采暖)、通讯、有线电视等费用,及根据当地有关规定必须由乙方代收、代缴、代扣的且应由甲方承担的费用(包括排污费、供水二次加压费、设施设备的检测费、垃圾清运费、消防检测费、排烟、排污、噪声监测费等),甲方应按本合同及《租赁合同》的有关约定及时支付。在业主办理完毕用户分户交费过户手续后,甲方应立即自行与前述公用事业部门签订供应合同,由甲方根据政府价格主管部门批准或确认的标准和计量设施记载的数据据实按月向公用事业部门缴纳。

在甲方签订前述供应合同前,甲方应向乙方或业主支付各项公用事业费。

甲方租赁区域的电、水等能源损耗应每月按照租赁区域实际用量占总用量的比例分摊,即租赁区域实际用量÷本物业总表用量×本物业总损耗量。本物业内其他部分的水、电等能源损耗也应按照前述原则进行分摊。甲方分摊的费用应在其支付相应的各项公用事业费的同时支付给业主或乙方。

(2)双方因签订和履行本合同而应缴纳的税费,根据国家和租赁区域所在地的相关规定各自缴纳和承担。无论本合同是否明确约定,凡属于向租赁区域承租人征收的政府税费均由甲方承担。

(3)甲方应负责支付其在租赁区域内从事经营活动所引起的一切税费。

(4)政府职能部门收取的相关管理费用,甲方应按照其租赁面积占本物业总面积的比例进行分摊,但乙方会提前将相关政府收费通知书或规定明示于甲方。

(5)甲方已实际享受的超过标准营业时间的超时服务等费用按实际成本由乙方支付。

(6)双方协商确认的其他有偿服务费。

3.乙方有权根据物业管理服务界面的划分、物价变化、国家的法律法规要求,本着收支平衡的原则重新确定和调整物业服务费及其他费用的收费标准。收费标准的调整以双方的书面意见为准,甲方须按照调整后的标准支付物业服务费及其他费用。

4.物业服务费及其他费用的支付:甲方应于每月_____日前向乙方交纳当月的物业服务费及其他应缴费用(预缴费用或本合同另有约定的除外)。

5.物业服务费及其他费用支付方式:

(1)支票形式;

(2)转账至乙方下列指定账户:

开户名称:

银行卡号:

开户行:

(3)现金:

甲方采用(1)或(2)支付方式付款的,以甲方费用到乙方账户为完成支付。

乙方在甲方完成物业服务费及其他费用的支付后＿＿＿＿个工作日内向甲方开具正规发票。如果业主不能为甲方其他相关费用办理分户交费过户手续,则应为甲方前述付款提供正规收费收据或物业费发票。

6. 物业提供的标准营业服务时间为＿＿＿＿小时(乙方有权根据季节变化等因素对该标准服务时间作相应调整),甲方因经营需要可向乙方申请延长租赁区域的营业时间,由此所发生的物业管理及其所产生的能耗费用等实际成本由甲方承担。

第四条　物业服务标准

1. 共用部位、共用设施设备的维护和管理:

(1)房屋主体承重结构部位、户外墙面、公共门厅、楼梯间、走廊通道、道路、广告位、休闲设施等,保持完好。

(2)机电系统:物业管理区内的供/配电设备运行正常,供电安全稳定,定期检修保养系统设备,避免人为停电事故;给排水设备运行合理,并定期检修管路和水泵。

(3)正常维修:提供24小时维修服务,接到报修后半小时内赶到现场,当天工作当天完成,如无法解决应解释原因,并确定解决时间;建立健全维修档案和回访制度;及时修缮共用区域、公共部位或公共设施设备中破损的部分。

(4)装饰装修:地面、墙面、石材、玻璃及门窗保持完好,形状、规格统一;检查和监督施工方遵守本物业的有关装修规定,在不影响主体安全及统一的情况下,保证甲方的正常使用要求。

2. 环境保洁:保洁区内做到地台无浮尘,通道无死角,墙面无张贴,玻璃无脏污,厅门无污迹,外围无杂物,定期消杀灭虫,保持公共下水道、水管或其他管道清洁、畅通,防止任何垃圾淤积、侵蚀或倾倒于公共区域。

3. 绿化景观:对绿地、花木草坪、景观小品等进行日常养护和管理,做到修剪有形、长势良好清洁、美观、适用,除季节原因外,无枯枝、枯叶。

4. 交通秩序与车辆停放:设立清晰明确的交通道路标志,保持道路畅通,明确划分停车区域,杜绝车辆乱停乱放,检查进出车辆及装载物品。

5.保安、消防：

(1)安全监护：配合和协助当地有关部门对公共区域进行 24 小时安全监控和定时巡视，发现任何违法行为，及时报警并报政府相关部门处理。

(2)消防监控：消防监控报警系统 24 小时监测，并设专门人员值班，按规定保存监控记录，定期举办消防宣传和演习，定期检查消防设备及有无易燃易爆等危险品进场、存储情况。

6.客户服务：

(1)每月与甲方进行服务沟通，以消除不合格现象的发生，建立服务回访记录。

(2)建立投诉处置规程，及时处理投诉事项。

以上服务标准如因产权人或物业使用人原因造成无法达到的，乙方不承担违约责任，但乙方应尽力协调解决有关问题。

第五条　物业服务分包

乙方可将其在本合同下的任何专业服务委托或分包给专业的服务商(分包商)，但乙方不可将全部物业服务转包给其他方，且不能因此免除乙方在本合同下对甲方的义务或任何责任。

第六条　物业装修改造

1.甲方进场装修前须按国家消防法律法规与乙方或业主或与政府有关部门签订消防安全责任书，明确消防责任。甲方对租赁区域进行的装修或装修改造方案，凡涉及消防、建筑安全、排油烟、排噪及排污等须报当地行政主管部门批准的或涉及业主提供的设备设施的，须报业主及乙方审核书面批准，并报业主及乙方备案，同时由乙方根据当地政府的有关装修管理及消防、环保规定履行报批手续并经批准后方可进行施工及开业。

2.乙方应在收到甲方装修方案后最迟_____个工作日内出示书面审核意见，乙方在前述期限内既未提出合理改正意见也不签字确认的，则视为确认。

3.甲方的装修施工过程须接受乙方的监督与管理，但乙方的监督与管理并不减免甲方应承担的责任，乙方也不因监督与管理而对甲方的装修施工承担任何责任。未经乙方书面同意,甲方施工不得破坏租赁区域的房屋基本结构、外墙部分以及业主提供的任何设施设备。施工完毕后须经乙方及政府有关部门(如消防主管部门)的验收认可,因此而产生的全部费用和责任由甲方承担。甲方在装修过程中,若必须将装修方案和施工图纸报经政府相关部门审批,须严格按照经政府相关部门审批确认的装修方案和施工图进行装修;甲方应向乙方及时提供前述装修方案及增加的工程、消防、自用设施设备工程技术档案等资料。

第七条　甲方的其他权利和义务

除本合同已有约定外,甲方还有以下权利和义务:

1. 按照甲方与业主签订之《租赁合同》的约定使用店招及广告位,但改变墙体、结构的须经乙方同意后方可实施。未经乙方同意,不得将任何物件(包括标牌、广告牌等)安装、张挂在外墙、楼顶或其他任何公共部位。

2. 甲方应配合物业的营业时间,因经营需要经向乙方申请可以延长,但应按本合同约定承担由此发生的物业管理及其所产生的能耗费用等实际成本。在整个物业组织大型营销、庆典活动时应按甲方要求做出暂时性调整。

3. 按时足额缴纳甲方应缴纳的物业服务费及其他相关税、费。

4. 按照与业主签订的租赁合同及本合同约定的用途使用租赁区域,非经业主书面同意,甲方不得在租赁期内变更租赁用途;保证租赁区域和设备设施的完好(正常损耗除外),并按照约定完成应由其负责的物业管理;不损坏租赁区域结构及附属设备设施,不影响、妨碍公共设施设备的正常使用和正常维护、维修、保养;不置放任何超过建筑物设计荷载范围的物品;不将易燃、易爆、剧毒、放射性等物品(经营物品除外)带入、存放在租赁区域内。不采取任何可能导致乙方保险赔偿减少、取消或保险费用增加的行为,不采取任何可能导致缩短建筑物使用期限的行为。

5. 在租赁区域从事经营活动时,遵守国家包括消防、环境保护、卫生、防疫、文化、治安管理在内的法律法规,尊重社会公德,负责治安综合治理、消防、安全和保卫工作,协助乙方实施物业管理方案,教育甲方管理人员、经营人员、分租户(如有),遵守本合同及物业管理规定,并对上述人员的职务行为及造成的损失负连带责任。

6. 甲方保证不从事任何可能阻碍、影响相邻区域内乙方或其他承租方合法权利的行为和其他不合理地干涉、扰乱或影响乙方或其他承租方正常经营的行为。不得以乙方名义从事各项经营管理活动。

7. 甲方保证配合乙方人员通过甲方租赁区域或在租赁区域内安装、使用和维修管道、线路或其他设施设备，及在营业时间内，与乙方有关人员一起进入租赁区域进行必要的维修、更换、改建或增建工作。

8. 甲方自行负责办理经营、二次装修所需的或可能发生的规划、环保、水电、通讯、消防、卫生、工商、税务、银行及其他国家规定的申请报批手续并承担相应责任和费用。

9. 甲方保证在交付装修后、正常经营期间严格遵守国家消防法规，确保所有消防通道处于畅通状态及相关设施设备的正常状态。负责其租赁区域内消防设备、设施的日常检查及保管工作；承担政府对甲方租赁区域的消防专项检测、检查费用。因甲方使用、管理不当造成丢失、损坏的或因此违反国家、地方法律法规的，由甲方承担责任和费用。

10. 甲方保证采取严格的安全防范措施，对因甲方原因引致的水、烟、燃气或其他物体外泄以及任何导致乙方或第三人人身、财产的损害或者违反国家地方法律法规的，甲方应承担相应赔偿责任。

11. 法律法规赋予甲方的其他权利和义务。

第八条　乙方的其他权利和义务

除本合同前述约定外，乙方还有以下权利和义务：

1. 根据有关法律法规及本合同的约定，制定本物业统一经营管理的各项管理规定（以下简称物业管理规定），调整物业管理服务费及其他相关费用标准及收费办法。

2. 对违反物业管理法律法规、本合同及物业管理规定的行为进行处理：包括要求停止违法、违规、违章行为；要求赔偿经济损失、支付违约金及停止提供各项专项服务。

3. 对甲方租赁区域装修及相关垃圾清运等事项的监督和管理。

4. 受业主委托,行使对甲方使用业主配置之设施设备(包括消防系统)维修保养工作的监督及管理,在甲方不正确使用或未进行适当的维修保养时可责令甲方限期整改,或乙方代为维修,所发生的合理费用由甲方承担。造成损失的,甲方须予以赔偿,受业主委托,必要时对出入租赁区域的财物及人员进行控制及管理。

5. 协助甲方与政府相关部门进行有关事宜的磋商,并对日常管理中所涉及的公共事务进行协调。

6. 租赁区域外的公共区域的商业经营与本物业整体推广活动的管理。

7. 车辆停放秩序的管理(停车位的使用按照甲方与业主在《租赁合同》中的约定执行)。

8. 乙方不承担对甲方及其物业公司人员的人身、财产的保管、保险义务。

9. 应甲方要求,可向甲方提供本合同及《租赁合同》约定以外的服务,另行收取费用,收费标准以实际发生为准或双方议定。

10. 因紧急维修或市政需要,乙方有权提前1小时通知甲方,停止水、电、空调或其他设备、设施的供应。

11. 甲方允许乙方或分包商通过租赁区域或在租赁区域内安装、使用和维修管道、线路或其他设施设备。如在完成前述工作时损坏甲方租赁区域的布局、装修,乙方应在完成前述工作后修复,但甲方造成前述维修所产生的费用由甲方自行承担。在事先书面通知甲方后(紧急情况下可不作通知,但事后应作书面说明),乙方或分包商有权在营业时间内,与甲方有关人员一起进入租赁区域检查,对租赁区域进行必要的维修、更换、改建或增建工作。乙方或分包商在进行上述检查、维修、更换、改建或增建时,不应不合理地干扰甲方的日常经营,或使甲方由于此种检查或维修而遭受不合理的损害或损失。

12. 为使甲方能在租赁区域正常经营,乙方应协调甲方与本物业其他业主/物业使用人间的关系,甲方根据租赁合同约定自行转租、分租的物业使用人除外。

13. 法律法规赋予乙方的其他权利和义务。

第九条　保险

甲方按照租赁合同中与业主的约定各自购买相应的保险(含第三者责任险)。在保险赔付范围内，双方互不承担违约赔偿责任及费用，乙方也不需要就此对甲方或业主承担任何责任。

第十条　违约责任

1.若任何一方违反本合同项下的任何权利和义务，均应向另一方承担违约责任，赔偿另一方因此而遭受的相应损失，本合同另有约定的除外。

2.乙方未履行或未及时履行物业管理责任，导致乙方负责的设备、设施出现故障、损害或其他原因造成甲方的损失，乙方应予以赔偿。甲方未对其负责的设备和设施履行维修维护责任，导致设备和设施出现故障、损害或其他问题造成乙方或第三者损失的，甲方应予以赔偿。

3.如果甲方违约延迟支付或补足物业服务费和水、电、热力、燃气等公用事业费超过_____日的(甲方已与公用事业部门签订供应合同应由甲方向其直接付费的除外)，每延迟一日需向乙方支付应付而未付部分万分之_____作为逾期付款违约金。甲方延迟支付超过_____日，乙方除收取违约金外，还有权停止提供物业管理服务，由此引起的一切损失和责任均由甲方自行承担。

第十一条　合同生效终止

本合同自甲方与乙方签订之日起生效，甲方与业主方签订的《租赁合同》终止、甲方迁出本物业之日止。

第十二条　其他

1.甲方按照其与业主签订之《租赁合同》约定将其在《租赁合同》中的权利义务转让给第三方时，甲方在本合同中的权利义务相应转让给该方，甲方应保证该第三方同意受让本合同。

2.合同附件(如有)均为合同的有效组成部分，与本合同具有同等法律效力。

3.根据本合同的需要发出的全部通知，均须采用书面形式。甲、乙各方向对方发出的发票、单据及其他通知需标明对方公司名称，送达到对方在本合同签署页确定的地址或双方书面确定的更改的地址后即视为已经送达。各方按下列传真号码所发送的传真文件,亦视为已经送达对方:甲方:_____;乙方:_____。

4.本合同如有未尽事宜,须经甲、乙双方协商同意后书面修订和补充。

5.争议解决。

5.1.本合同的签订、解释及其在履行过程中出现的或与本合同有关的纠纷之解决,受中华人民共和国现行有效的法律约束。

5.2.因本合同引起的或与本合同有关的任何争议,由合同各方协商解决,也可由有关部门调解。协商或调解不成的,按下列第_____种方式解决:

(1)提交位于_____(地点)的_____仲裁委员会仲裁。仲裁裁决是终局的,对各方均有约束力。

(2)依法向_____所在地有管辖权的人民法院起诉。

6.合同为正式法律文件,涂改处无甲、乙双方加盖公章的无效。

7.本协议一式两份,协议各方各执一份。各份协议文本具有同等法律效力。

8.本协议经各方签字、盖章后生效。

签署时间: 年 月 日

(以下无正文)

(本页为签署页)

甲方(盖章):　　　　　　乙方(盖章):

法定代表人:　　　　　　　法定代表人:

联系人:　　　　　　　　　联系人:

联系方式:　　　　　　　　联系方式:

地址:　　　　　　　　　　地址:

第七章

物业管理界面划分协议

物业管理界面划分协议

1 设施设备的维修保养、运行管理界面

1.1 甲方租赁范围内中央空调系统及通风排烟

1.1.1 甲方专用的中央空调主机的日常维保（含季度、年度检查、一～三级保养和特级保养）、运行管理及相应费用（含能耗及相关检测费用）由_____负责；

1.1.2 甲方租赁区域内中央空调风柜机、盘管风机的日常维保、运行管理及相应费用（含能耗及相关检测费用）由_____负责；

1.1.3 租赁区域内风管、法兰、阀门、散流器的维护、保养及相关费用由_____负责；

1.1.4 甲方专用的出入口空气幕维护、保养及相关费用由_____负责；

1.1.5 租赁区域除湿机及其附属管道、表冷器、阀门等设施设备的日常维保、运行管理及相应费用由_____负责；

1.1.6 租赁区域通风、排烟系统及其附属控制开关柜、管道等设施设备的日常维保、运行管理及相应费用由_____负责；

1.1.7 中央空调主机系统[含供暖系统、冷凝蒸发器、冷冻（却）水泵机组、管道及其附件等]的日常维修（含季度、年度检查）、保养（含一～三级保养和特级保养）、运行管理及相应费用（含能耗及相关检测费用）由_____承担；

1.1.8　空调机房设备开启由_____操作及管理,机房的管理由_____负责;

1.1.9　热交换器(或锅炉、直燃机)日常维修(含季度、年度检查)、保养(含一～三级保养和特级保养)、运行管理及相应费用(含能耗及相关检测费用)由_____负责,供热站(或锅炉房)管理由_____负责。

1.2　高低压配电系统

1.2.1　甲方独立使用的变压器、联络柜补偿柜、配电柜等高压设施的日常维保(含季度、年度检查、一～三级保养和特级保养)、运行管理及相应费用(含能耗及相关检测费用)由_____负责;

1.2.2　甲方专用的发电机的日常维保(含季度、年度检查、一～三级保养和特级保养)、运行管理及相应费用(含能耗及相关检测费用)由_____负责,发电机房由_____进行管理;

1.2.3　甲方租赁区域外的墙体景观照明、甲方专用广告照明的维保、能耗等费用由_____承担;

1.2.4　甲方租赁区域内楼梯间、设备用房、出入口区域的照明的维保、能耗等费用由_____承担;

1.2.5　甲方租赁区域内的配电系统、照明系统包括但不限于其独立使用的室内照明系统等的日常维护保养、使用管理及相关费用(含能耗)由_____承担;

1.2.6　甲方租赁区域外高、低压配电系统包括但不限于变压器、高低压开关柜、各类电井、电容器柜等日常维护保养、运行管理及定期检测及相关费用(含能耗及各类相关检测费用)由_____负责。

1.3　给排水系统

1.3.1　从分户计量水表至甲方租赁区域的给水系统(含其专用空调系统的补水系统、专用水箱)日常维护保养、运行管理及相关费用由_____负责;

1.3.2　由于二次给排水系统水损耗和水泵用电,采取单独计量,由双方根据用量比率来分摊;

1.3.3　生活水箱消毒、运行、维护、保养、人工等产生的费用由双方根据_____比率分摊;

1.3.4　隔油池、污水井及污水处理等甲方专用排水设施由_____负责维修和保养并承担费用;

1.3.5　甲方分摊与其租赁面积相对应的化粪池、污水井维修、保养及运行费用;

1.3.6　甲方租赁区域排水地漏、排水管道、阀门、法兰等设施设备的日常维护、保养及相关费用由_____承担;

1.3.7　水泵房设备的日常维护保养、操作及管理由_____负责,机房的管理由_____负责。

1.4　电、扶梯系统

1.4.1　甲方租赁区域内的所有由业主提供的由甲方独立使用的电扶梯、货梯的日常维修、专业保养及相应费用(不含能耗及检测费用)由_____负责;

1.4.2　甲方租赁区域内的所有由业主提供的由甲方独立使用的电扶梯、货梯的运行管理及使用能耗(含检测费用)由_____负责;

1.4.3　业主提供的甲方与乙方或与其他承租人共用的电扶梯、货梯的日常维修、专业保养、运行管理及相应费用(含能耗及检测费用)由双方(使用方)根据_____比率予以分摊或由_____负责;

1.4.4　业主提供的其他电扶梯、货梯的日常维修、专业保养、运行管理及相应费用(含能耗及检测费用)由_____负责。

1.5　消防系统

1.5.1　由业主提供给甲方独立使用的消防烟感报警系统、消火栓及喷淋系统、防火卷帘门、紧急疏散指示照明、消防报警背景广播、消防排烟等设施设备的日常维保(含季度、年度检查、一~三级保养和特级保养)、运行管理及相应费用(含能耗及相关检测费用)由_____负责;

1.5.2　甲方与乙方或与其他物业使用人共用消防报警及联动主机系统、消防水泵、消防排烟风机系统、防火卷帘门、紧急疏散指示照明、消防报警背景广播、消防排烟、喷淋等设施设备的日常维保(含季度、年度检查、一～三级保养和特级保养)、运行管理及相应费用(含能耗及相关检测费用)由_____负责;

1.5.3 消防主机、消防水泵、甲方租赁区域外的消防报警背景广播、消防排烟、喷淋等设施设备的日常维保(含季度、年度检查、一～三级保养和特级保养)、运行管理及相应费用(含能耗及相关检测费用)由_____负责。

1.6 其他

1.6.1 甲方租赁区域内其他设施设备包括但不限于弱电系统、安防系统、装饰装修等日常维护保养、管理及相关费用(含能耗)由_____负责;

1.6.2 乙方有权对甲方使用的业主提供的设施设备的日常维修保养等工作进行监督、检查,甲方须定期向乙方提供有关运行记录、维修保养记录及保养计划,包括但不限于对外进行专业承包及须由政府相关部门定期检测的内容报告;

1.6.3 甲方租赁区域以外的公共设施设备包括但不限于弱电系统、安防系统、雨污水系统、外围地面等日常维修保养及相关费用(含能耗,甲方独立使用的除外)由_____负责;

1.6.4 甲方租赁区域所涉及的建筑主体结构(如基础、承重墙体、梁柱、屋面等)的维修及每年一次的外墙清洗由_____负责;

1.6.5 承担租赁区域中业主提供的设备设施在保修期内的维保工作责任,接受业主的委托并按照本合同约定负责包括但不限于由其提供给甲方使用的中央空调系统、供暖系统、高低压配电系统、电扶梯、消防系统、给排水系统等设施设备的大修、更新、改造,并由业主承担相关费用;

1.6.6 甲方自行购置的设备设施的维护、保养及相关费用由甲方自行负责。

2 保安、保洁的物业管理界面

2.1 保安管理界面

2.1.1 甲方租赁区域内安全管理由甲方自行负责;

2.1.2 甲方租赁区域外安全管理由乙方负责;

2.1.3 乙方配合和协助当地有关部门对甲方租赁区域外的区域进行安全监控和巡视,协助公安等政府职能部门对发现任何违反国家法律法规的行为进行制止，并报政府相关部门处理。

2.2 保洁及环境绿化管理界面

2.2.1 甲方租赁区域内保洁、绿化工作由甲方自行负责；

2.2.2 甲方自行负责其租赁区域垃圾清运及消杀工作，未经乙方书面同意，不得占用其租赁区域以外的空间堆放垃圾；

2.2.3 甲方租赁区域外保洁、绿化由乙方负责。

3 停车场及其他区域的物业经营管理界面

3.1 乙方接受业主委托负责停车场的经营管理。

3.2 甲方按租赁合同的约定使用免费的停车位数量停车，其他甲方停车（包括供配货及购物车辆等）均应按照甲方制定的停车场收费标准进行收费停车。

3.3 甲方租赁区域外的公共场所包括但不限于建筑物外的广场、公共通道、天台、楼顶、外墙面归甲方统一经营管理、使用、收益，未经乙方同意甲方不得擅自使用（本合同、《租赁合同》或甲乙双方另有约定的除外）。

3.4 甲方利用广场等公共区域举办商品促销、展示等活动应与物业管理公司协商后付费使用。该等活动如需向政府有关部门申请，由甲方自行办理，并承担因举办上述活动而产生的责任及费用。活动不应占据广场消防通道，不得影响广场其他物业使用人合法经营，并保证相邻公共区域通行畅通；负责维持、保持活动区域的保安、保洁、安全；造成公共设施设备、绿化等损坏的应予修复或赔偿。

4 乙方除承担以上物业服务工作外，还承担以下服务：

_____。

5 本协议一式两份，协议各方各执一份。各份协议文本具有同等法律效力。

5.1 本协议经各方签署后生效。

（以下无正文）

签署时间： 年 月 日

甲方(盖章):　　　　　乙方(盖章):
联系人:　　　　　　　联系人:
联系方式:　　　　　　联系方式:
地址:　　　　　　　　地址:

第八章

物业管理委托合同

物业管理委托合同
（用于业主自治选聘物业使用）

甲方(委托方)：

身份证号码/统一社会信用代码：

乙方(受托方)：

统一社会信用代码：

法定代表人：

一、本合同当事人

甲方系本合同约定物业的全体业主共同选聘/委托的、有权进行物业服务机构选聘、签订《物业管理委托合同》的自然人/法人(附聘用书/委托书)。

乙方系依法成立的、具备物业服务资格、可开展物业服务的法人。

根据有关法律，双方在自愿、平等、协商一致的基础上，甲方将_____(物业名称，以下简称本物业)委托乙方实行物业管理，订立本合同。

二、本物业基本情况

1. 物业类型：_____。

2. 坐落位置：_____市_____区_____路(街道)_____号。

3. 四至：东至_____、南至_____、西至_____、北至_____。

4. 占地面积：＿＿＿＿平方米。

5. 建筑面积：＿＿＿＿平方米。

6. 委托管理的物业构成细目见附件一（如有）。

三、乙方提供服务的受益人为本物业的全体业主和物业使用人，本物业的全体业主和物业使用人均应对履行本合同的甲方承担相应的责任。

四、房屋建筑公用部位的维修、养护、运行和管理，包括：楼盖、屋顶、外墙面、承重结构、楼梯间、走廊通道、门厅、＿＿＿＿。

五、公用设施和附属建筑物、构筑物的维修、养护运行和管理，包括：共用的上下水管道、落水管、垃圾道、共用照明天线、中央空调、暖气干线、供暖锅炉房、高压水泵房、楼内消防设施设备、电梯、＿＿＿＿。

六、市政公用设施和附属建筑物、构筑物的维修、养护和管理，包括：道路、室外上下水管道、化粪池、沟渠、池、井、自行车棚、停车场、＿＿＿＿。

七、公用绿地、花木、建筑小品等的养护与管理。

八、本物业附属配套建筑和设施的维修、养护和管理，包括：商业网点、文化娱乐场所、＿＿＿＿。

九、公共环境卫生的管理和维护，包括：公共场所、房屋公用部位的清洁卫生、垃圾的收集、清运，＿＿＿＿。

十、交通与车辆停放秩序的管理。

十一、公共秩序的管理，包括安全监控、巡视、门岗执勤、＿＿＿＿。

十二、管理与物业相关的工程图样、住/用户档案与竣工验收资料。

十三、组织开展社会文化娱乐活动。

十四、负责向业主和物业使用人收取下列费用：

1. 物业管理服务费；

2. 其他费用：＿＿＿＿。

十五、业主和物业使用人房屋自用部位、自用设施及设备的维修、养护，在当事人提出委托时，乙方应接受委托并合理收费。

十六、对业主和物业使用人违反管理规约的行为，针对具体行为并根据情节轻重,采取批评、规劝、警告、制止、_____等措施。

十七、其他委托事项_____。

十八、委托管理期限为_____年,自_____年____月____日起至_____年____月____日止。

十九、甲方的权利义务。

1. 代表和维护产权人、使用人的合法权益。

2. 制定管理规约并监督业主和物业使用人遵守公约。

3. 审定乙方拟定的物业管理制度。

4. 检查监督乙方提出的物业管理服务年度计划、财务预算及决算。

5. 在合同生效之日起_____日内向乙方提供建筑面积_____平方米的经营性商业用房,由乙方按每月每平方米人民币_____元租用,其租金收入用于_____。

6. 在合同生效之日起_____日内向乙方提供建筑面积_____平方米管理用房(产权或使用权属于甲方),由乙方按下列第_____项执行:

(1) 无偿使用。

(2) 按建筑面积每月每平方米人民币_____元租用,其租金收入用于_____。

7. 负责收集、整理物业管理所需全部图样、档案、资料,并于合同生效之日起_____日内向乙方移交。

8. 当业主和物业使用人不按规定交纳物业服务费时,负责催交或以其他方式偿付。

9. 协调、处理本合同生效前发生的管理遗留问题。

(1) _____;

(2) _____。

10. 协助乙方做好物业管理工作和宣传教育、文化活动。

11. _____。

二十、乙方权利义务。

1. 根据有关法律法规及本合同的约定,制定物业管理制度。

2. 对业主和物业使用人违反法规、规章的行为,提请有关部门处理。

3. 按本合同第十六条的约定,对业主和物业使用人违反管理规约的行为进行处理。

4. 可选聘专业公司承担本物业的专项管理业务,但不得将本物业的全部管理责任转让给第三人。

5. 负责编制房屋、附属建筑物、构筑物、设施、设备、绿化等的年度维修养护计划和大中修方案,经双方议定后由乙方组织实施。

6. 向业主和物业使用人告知物业使用的有关规定,当业主和物业使用人装修物业时,告知有关限制条件,订立书面约定,并负责监督。

7. 负责编制物业管理年度管理计划、资金使用计划及决算报告。

8. 每_____个月向全体业主和物业使用人公布一次管理费用收支账目。

9. 对本物业的公用设施不得擅自占用和改变使用功能,如需在本物业内改、扩建或完善配套项目,须与甲方协商经甲方同意后报有关部门批准方可实施。

10. 本合同终止时,乙方必须向甲方移交全部经营性商业用房、管理用房及物业管理的全部档案资料。

11. _____。

二十一、乙方须按下列约定,实现目标管理。

1. 房屋外观:_____。

2. 设备运行:_____。

3. 房屋及设施、设备的维修、养护:_____。

4. 公共环境:_____。

5. 绿化:_____。

6. 交通秩序:_____。

7. 保安:_____。

8. 急修:_____。

9. 小修：_____。

10. 业主和物业使用人对乙方的满意率达到：_____。

二十二、物业管理服务费。

1. 本物业的管理服务费，住宅房屋由乙方按建筑面积每月每平方米人民币_____元向业主和物业使用人收取，非住宅房屋由乙方按建筑面积每月每平方米人民币_____元向业主和物业使用人收取。

2. 管理服务费标准的调整，按_____调整。

3. 空置房屋的管理服务费，由乙方按建筑面积每月每平方米人民币_____元向业主和物业使用人收取。

4. 业主和物业使用人逾期交纳物业服务费的，按以下第_____项处理：

(1) 从逾期之日起按每天人民币_____元交纳滞纳金；

(2) 从逾期之日起按每天应交管理费的万分之_____交纳滞纳金；

(3) _____。

二十三、车位管理费由乙方按下列标准向车位使用人收取：

1. 露天车位：_____。

2. 车库：_____。

3. _____。

二十四、乙方对业主和物业使用人的房屋自用部位、自用设备、毗邻部位的维修、养护及其他特约服务，由当事人按实际发生的费用计付，收费标准须经甲方同意。

二十五、乙方向业主和物业使用人提供的其他服务项目和收费标准如下：

1. 高层楼房电梯运行费按实际结算，由乙方向业主和物业使用人收取。

2. _____。

二十六、房屋的公用部位、公用设施设备、公共场地的维修、养护费用：

1. 房屋公用部位的小修、日常养护费用，由_____承担；大中修费用，由_____承担；更新费用，由_____承担。

2. 房屋公用设施设备的小修、日常养护费用，由_____承担；大中修费用，由_____承担;更新费用,由_____承担。

3. 市政公用设施和附属建筑物、构筑物的小修、日常养护费用,由_____承担;大中修费用,由_____承担;更新费用,由_____承担。

4. 公共绿地的日常养护费用,由_____承担;改造、更新费用,由_____承担。

5. 附属配套建筑和设施的小修、日常养护费用,由_____承担;大中修费用,由_____承担。

二十七、甲方违反本合同第十九条的约定,使乙方未完成规定管理目标,乙方有权要求甲方在一定期限内解决,逾期未解决的,乙方有权终止合同;造成乙方经济损失的,甲方应给予乙方经济赔偿。

二十八、乙方违反本合同第二十条、第二十一条的约定,未能达到约定的管理目标,甲方有权要求乙方限期整改,逾期未整改的,甲方有权终止合同;造成甲方经济损失的,乙方应给予甲方经济损失。

二十九、乙方违反本合同第二十二条第 2 点的约定,擅自提高收费标准的,甲方有权要求乙方清退超出的金额;造成甲方经济损失的,乙方应给予甲方经济赔偿。

三十、甲乙任一方无正当理由提前终止合同的,应向对方支付人民币_____元违约金;给对方造成的经济损失超过违约金的,还应给予赔偿。

三十一、自本合同生效之日_____日内,双方根据甲方委托管理事项,办理完交接验收手续。

三十二、合同的终止与续订。

1. 合同期满本合同自然终止,双方如续订合同,应在本合同期满_____日前向对方提出书面意见。

2. 合同期满后,乙方全部完成合同并且管理成绩优秀,业主和物业使用人满意度达到_____的,本合同可续订_____年,续订次数不超过_____次;合同续订期间,双方权利义务、管理目标以本合同或双方另行签订的补充协议为准。

3. 超出续订次数后,如甲方或本物业全体业主仍选择继续委托乙方进行本物业的物业管理,需重新签订《物业委托管理合同》。

三十三、双方可对本合同的条款进行补充,以书面形式签订补充合同,补充合同与本合同具有同等法律效力。

三十四、本合同的附件均为本合同有效组成部分。本合同及其附件内,空格部分填写的文字与印刷文字具有同等法律效力。

本合同及其附件和补充合同中未规定的事项,均遵照中华人民共和国有关法律、法规和规章执行。

三十五、本合同正本连同附件共_____页,一式_____份,甲乙双方及物业管理行政主管部门(备案)各执一份,具有同等法律效力。

三十六、因房屋建筑质量、设备设施质量或安装技术等原因,达不到使用功能、造成重大事故的,由甲方承担责任并作善后处理。产生质量事故的直接原因,以政府主管部门的鉴定为准。

三十七、本合同执行期间,如遇不可抗力,致使合同无法履行时,双方应按有关法律规定及时协商处理。

三十八、因本合同引起的或与本合同有关的任何争议,由合同各方协商解决,也可由有关部门调解。协商或调解不成的,按下列第_____种方式解决:

(1)提交位于_____(地点)的_____仲裁委员会仲裁。仲裁裁决是终局的,对各方均有约束力;

(2)依法向_____所在地有管辖权的人民法院起诉。

三十九、本合同自双方签字、盖章之日起生效。

签署时间:　　年　月　日

(以下无正文)

甲方(签字/盖章):　　　　　　　乙方(盖章):

联系人:　　　　　　　　　　　　联系人:

联系方式:　　　　　　　　　　　联系方式:

地址:　　　　　　　　　　　　　地址:

第九章

汽车临时停放管理合同

汽车临时停放管理合同

甲方(物业管理公司):
乙方:
身份证号码:

为了方便业主和使用人汽车临时停放的需要,加强管理,保证停车场正常的交通秩序,经双方协商,订立_____停车场汽车临停管理协议:

一、乙方因自备车辆临时出入本停车场的需要,与甲方办理_____汽车《临时出入证》,并交纳证件工本费人民币_____元。

二、在停车场泊位闲空的前提下,乙方车辆可凭证(一证一车)临时出入本停车场。

三、乙方车辆凭证临时出入停车场,仅限接送人或上、卸货物等,严格做到人、货等车,而不能车辆等人、等货,尽量减少车辆在场内的临时停泊时间。停泊时,驾驶员不得离位,如遇其他车辆出入,乙方承诺接受保安指挥,随时让道。

四、乙方凭《临时出入证》进入停车场_____小时以内的,免缴泊位费(驾驶员不离位,可随时移动汽车,防止停车场交通堵塞);每_____小时以外、_____小时以内为一次,按_____市物价局核定标准,缴费人民币_____元;每_____小时以外、_____小时以内为二次,缴费人民币_____元;并以此类推。

五、为方便缴费,甲方预收乙方泊位费人民币＿＿＿＿元。乙方进入停车场的次数,以乙方车辆出入停车场的时间为计费凭据,甲方按实际入场时间据实扣减。剩余泊位费不足＿＿＿＿元时,甲方将通知乙方,乙方应在收到甲方通知后＿＿＿＿日内预缴费用;乙方未能按时预缴或剩余预缴费用不足以扣减泊位费的,乙方车辆应按照收费标准据实缴费。

六、附则

1. 本合同一式二份,合同各方各执一份。各份合同文本具有同等法律效力。
2. 本合同经各方签署后生效。

签署时间： 年 月 日

甲方(盖章)：

法定代表人或授权代表(签字)：

乙方(签字或盖章)：

第十章

物业管理转让协议

物业管理转让协议(简单版)

甲方:

统一社会信用代码:

法定代表人:

地址:

联系方式:

乙方:

统一社会信用代码:

法定代表人:

地址:

联系方式:

鉴于:

甲方需将_____项目(以下简称项目)物业管理进行转让;乙方拥有合法从事物业管理资质条件,且愿意接受转让。

对此甲、乙双方在平等、自愿的基础上,就甲方转让项目给乙方进行物业管理一事,经双方充分协商达成如下一致协议:

一、甲方同意将项目转让给乙方进行物业管理。乙方同意接受甲方的转让,对项目进行物业管理。

二、截至本合同签署日，甲方应向乙方公开物业管理收支，提供历年的财务账簿，其中_____项目物业费剩余_____万元，公共设施盈利收入_____万元，公共维修基金_____万元，上述资金，应在变更物业服务企业备案之日起_____日内，交接给乙方。

甲方应按承接查验的交接清单(附件二)，向乙方交接全部设备、公用设施，以及全部业主档案资料及物业服务的相关档案资料，对于项目内公共设施有损坏、缺失以及保修期内外的业主报修，甲乙双方在附件二中予以明确，并提出解决方案。本合同签署之后至物业服务变更备案之前的收入、支出以及任何变动，甲方须通知乙方知晓，乙方可派驻财务人员、管理人员共同参与物业管理。

三、转让物业管理期限从_____年____月____日起(暂定日，以实际变更备案之日为准)至项目业主委员会终止乙方对该项目物业管理之日止。

四、本合同书经双方签署且经_____项目业主专有面积占建筑总面积三分之二以上业主且人数占全体业主三分之二以上业主同意，并变更项目所在地住建委登载的物业管理公司备案后生效。

五、从本合同书生效之日起，甲方在与项目业主(或房屋租赁户)签订的《物业管理合同》中，所约定的权利、义务一并转移给乙方。

六、物业管理服务变更备案之日前，项目业主(或房屋租赁户)所欠甲方的物业服务费、水电费，双方约定归甲方所有，乙方同意先按_____%自行垫付给甲方(附件三)，然后乙方向欠款的业主(或房屋租赁户)收取物业管理、水电欠费和滞纳金、违约金。

对原与甲方未签订物业管理合同的业主(或房屋租赁户)，鉴于已实际享受物业管理服务的事实，根据国家的相关法律法规，其业主(或房屋租赁户)应予交纳物业管理费，该费用甲方同意进行债权转让给乙方。乙方可依据合法程序负责追收交纳。如乙方不同意先行垫付，乙方须保证提供甲方一个办公地点，专门用于收缴欠款，并给予甲方收缴人员方便出入项目小区的便利条件，不得阻挠甲方人员正常清欠工作。

七、乙方承诺接受原甲方在项目工作的物业管理人员(包括保安、清洁工),保证其工资及福利待遇不得低于原标准,并按国家相关政策作相应调整。在物业管理人员(包括保安、清洁工)交接过程中产生的矛盾纠纷或经济补偿问题均由乙方负责承担解决。

八、甲方将_____室(建筑面积_____平方米)作为物业管理用房(含室内部分办公用品)移交给乙方使用。该房屋只能用作物业管理办公,不得将此房变卖、出租或抵押。

九、乙方经营期间有权对该区道路、空间等进行合理规划、管理和使用。

十、乙方管理项目物业期间,应依法经营,继续履行原《物业管理合同》。

十一、乙方因物业管理向项目业主(或房屋租赁户)收取的物业服务费标准,按甲方与项目业主签订的《物业管理合同》约定的标准执行。非经合法程序,乙方不得擅自提高物业管理收费标准。

十二、争议解决

1. 本合同的签订、解释及其在履行过程中出现的或与本合同有关的纠纷之解决,受中华人民共和国现行有效的法律约束。

2. 因本合同引起的或与本合同有关的任何争议,由合同各方协商解决,也可由有关部门调解。协商或调解不成的,按下列第_____种方式解决:

(1)提交位于_____(地点)的_____仲裁委员会仲裁。仲裁裁决是终局的,对各方均有约束力;

(2)依法向_____所在地有管辖权的人民法院起诉。

十三、本合同书经甲乙双方签字盖章且完成物业服务机构备案后生效。本协议一式三份,甲方一份,乙方两份。

签署时间: 年   月   日

(以下无正文)

甲方(盖章):   乙方(盖章):

法定代表人或授权代表(签字):   法定代表人或授权代表(签字):

业 主 确 认

我确认同意上述物业管理转让协议。

签字或盖章：

房号：

附件一：业主身份证复印件或营业执照副本复印件、房屋产权证复印件

附件二：设施设备、物业服务档案、业主档案、财务交接清单

附件三：物业费欠缴清单

签署时间：　　年　月　　日

第十一章

物业前期介入服务协议

物业前期介入服务协议

甲方：

法定代表人：

乙方：

法定代表人：

根据物业管理有关法律、法规、《前期物业服务协议》，在自愿、平等的基础上，甲方将项目委托乙方实行前期介入服务并达成一致协议。

第一节 物业概况

第一条 物业名称：_____。

物业类型：住宅_____ 坐落位置：_____。

建筑面积：_____。

第二条 协议（前期介入服务）期限从承接查验开始至项目交付。

第二节 前期介入服务内容

第三条 前期介入服务

乙方必须站在业主的角度，从后期方便物业管理的方面提出建议或意见报甲

方研究审批处理,主要参与内容有:

一、工程前期阶段

1. 规划设计介入

1.1 根据甲方要求,提供必要的管理服务人员、设施设备管理工程师、保安人员;

1.2 图纸会审论证,主要从电气、消防、给排水、清洁绿化、绿化布置、安全、物业管理用房、选用材质、后期使用及管理便利性和功能性、维护成本节约、公共供水供电等方面在规划设计中存在的不适合后期管理的问题提出可行性建议;

1.3 优化和完善设计细节,对不适合后期管理的设计进行讨论,形成报告提报工程部及项目部,同时做好书面记录,以备日后查询。

2. 土建施工巡查介入

2.1 建立各楼/车库土建施工情况档案,将各楼/车库在土建施工阶段的详细资料整理入档;

2.2 选派有关专业人员参与工程施工质量监理,根据工期、施工进度,进行现场摸查,并形成相关记录及时向地产反馈有关问题及建议;

2.3 全面收集各种资料,同时熟悉各个部分,为日后管理做好充分的准备;

2.4 按国家规定的技术标准,与工程部、项目部、施工单位定期开展联查工作;

2.5 日常办公管理;

2.6 工程方面,建立巡查制度,及时发现问题,及时反馈;

2.7 文件资料:

(1)积极搜集各种资料;

(2)进行日常巡查资料和工程巡查反馈记录的存档,建立各楼/车库的巡查档案,进行分类存档。

二、中期管理阶段

在土建结构已封顶,工程进入设备安装、内部装修和配套设施施工阶段,工作重点主要有两个方面:一方面熟悉线路、管道走向,另一方面监督设备安装。

1. 管理部选派有专业技能的前期介入人员进行实地考察、监督,确保工程按图纸施工,积极与项目部沟通,对室外线路管道进行实地查看与记录。

2. 从业主和物业管理的角度,对设计中不适合后期管理的工程项目提出变更建议,在园林工程和景观设计方面,要本着节能和便于维护、保养的目的,积极提出合理化的建议。

三、后期管理阶段

1. 工程项目竣工验收前,负责收集整理有关技术资料,分类立卷,在竣工验收时交开发单位归档保管,以便于生产、维修的需要。

2. 接管验收

(1)在接管验收时,成立接管验收小组,做好人员组成及分工工作;

(2)做好接管验收准备工作、资料的接管验收、硬件设施设备和验收遗留问题的整改等。

四、综合管理

1. 前期介入管理制度

1.1 会议制度

建立例会制度,并积极参加工程项目各项会议,听取汇报和了解前期介入情况,并提出合理化建议。

1.2 沟通协调

(1)积极配合工程建设项目部搞好管理工作。

(2)与施工单位搞好沟通,采取监管的形式针对安全文明、质量问题等以请示报告的形式报项目部批准后实施。

(3)配合质检部门做好质量监督检查,做好衔接工作。

1.3 巡检制度

根据施工的不同阶段制订不同的巡检计划。展开巡检,并做好记录,分析原因,提出整改措施。对于质量不合格者,报现场项目部,并配合执行。

1.4 工作制度

每月28日报项目部月度计划及完成情况分析。

第三节　前期介入服务费用

第四条　前期介入费用

4.1　前期介入费用结构组成(费用明细附后)

(1)前期介入工程技术人员工资。

(2)物业公司安排相关专业人员现场指导产生的费用。

(3)项目交付过程资料印刷费用。

(4)项目交付前的物业服务中心人员工资、工装、办公用品及工具配置等费用。

4.2　前期介入费用金额及支付时间

前期介入费总金额共计人民币＿＿＿＿＿＿＿元,具体明细见附件。

合同价款的支付时间与条件如下：

首笔款：＿＿＿＿＿＿元(合同总金额的＿＿＿＿％),于本合同签订后的＿＿＿＿个工作日内支付；

第二笔款：＿＿＿＿＿＿元(合同总金额的＿＿＿＿％),于＿＿＿＿＿＿年＿＿月＿＿日前支付；

第三笔款：＿＿＿＿＿＿元(合同总金额的＿＿＿＿％),于＿＿＿＿＿＿支付；

第四笔款：＿＿＿＿＿＿元(合同总金额的＿＿＿＿％),于＿＿＿＿＿＿支付。

尾款：＿＿＿＿＿＿元(合同总金额的＿＿＿＿％),于＿＿＿＿＿＿支付。

第四节　双方权利义务

第五条　甲方对乙方的管理服务过程予以监督,提出工作进程中的问题,督促乙方整改。

第六条　甲方引导并协调各项工作顺利接口,促进工作顺利开展。

第七条　乙方及时收集各种图纸及其他原始资料,建立起完善的文件归档系统。

第八条　乙方对工程建设和质量进行全程参与并监督,及时发现并提出对后期物业服务工作不利的相关问题。

第九条 乙方指派专业工程技术人员及时熟悉和掌握工程建设情况,对有关结构设计和设备配置等技术性问题提出专业意见,并且参与部分工程的施工监管。

第十条 乙方负责对前期物业管理及管理机构的配置、人员的招聘和培训、管理规章制度的制定。

第十一条 乙方参与监督施工质量建设,主要是完善项目在使用过程中的缺陷,提高项目实际性、使用性、生活化,便于日后使用和管理。

第十二条 乙方参与竣工验收,乙方拟定接管验收资料遗留问题登记表、接管验收设备设施问题登记表。

第十三条 乙方对项目进行前期介入,对物业使用功能的完善情况、设备运行的安全可靠程度、后期使用的方便合理性进行管理预案分析和裁定,避免甲方进行重复投资或物业使用过程中不必要的投资改造费用的产生。

第十四条 乙方从物业未来使用的角度,对物业管理进行系统设计,根据以往物业管理过程的经验,向甲方提供合理化建议,以供甲方参考。

第十五条 乙方提前熟悉所安装的设备设施,严格按照工作规范做好接管验收工作,确保物业管理单位从物业开始投入使用即能为业主提供良好的物业管理服务。

第十六条 乙方选派的管理人员对物业规则设计中容易忽略的细节问题提供合理化建议或改进意见,避免物业管理中"先天不足"的缺陷。

第十七条 乙方所选派的管理人员参与工程验收,进行器材安装检验、外观查看、性能检测、功能测试、整洁情况检查等,并按计划督促落实。

第十八条 乙方参与竣工验收和接管验收,按照有关标准严格执行,确保房屋及各类设备附属配套设施功能的正常使用和安全性能。

第十九条 乙方通过前期介入,保证了对项目设计、建筑质量和物业的全面了解,确保后期的物业管理针对维修保养的安排与实施。

第五节 违约责任

第二十条 甲方违反本合同的约定,使乙方未完成规定的管理目标,乙方有权要求甲方在一定期限内解决,逾期未解决的乙方有权终止合同,要求甲方支付乙方完成工作对应的款项。甲方延迟付款的,每延误一日,按照应付未付金额日万分之三承担违约金。

第二十一条 乙方违反本合同的规定,不能完成管理目标,甲方有权要求乙方限期整改,逾期未整改的,甲方有权终止合同。

第二十二条 甲乙双方任何一方无法律依据提前终止合同的按总价的20%赔偿对方违约金;造成对方经济损失的,应给予经济赔偿。

第六节 附　则

第二十三条 合同期满,本合同自然终止,双方如续订合同,应在合同期满30日前向对方提出书面意见。双方可对本合同的条款进行补充,以书面形式签订补充协议,补充协议与合同具有同等效力,但不得修改本合同印制条款的本意。

第二十四条 费用表作为本合同的附件,具有法律效力。如人员配置及费用发生变化,以补充协议的方式进行确认变更。本合同空格部分填写的文字与印刷文字具有同等效力。

第二十五条 因本合同引起的或与本合同有关的任何争议,由合同各方协商解决,也可由有关部门调解。协商或调解不成的,应向所在地有管辖权的人民法院起诉。

第二十六条 本合同自签订之日起生效。本合同一式四份,甲乙双方各执两份,具有同等法律效力。

附件一:人员构成

附件二:费用构成

签署时间:　　年　　月　　日

甲方(签章)： 乙方(签章)：
联系人： 联系人：
联系方式： 联系方式：
地址： 地址：

第十二章

充电桩合作合同

充电桩合作合同

甲方：

法定代表人：

乙方：

法定代表人：

甲乙双方经平等自愿协商，就充电桩合作事宜，签订本合同。

一、合作主旨

1. 甲方负责管理位于_____的_____小区（以下简称小区），邀请乙方建设充电桩，为小区居民提供充电服务。具体合作方式以本合同约定为准。

2. 乙方安装的充电桩信息如下：

数量：_____

型号：_____

功能：_____

安装具体地点：_____

二、费用

1. 乙方自行承担充电桩建设的全部费用，包括设备成本、人工成本等，甲方及小区居民均不承担费用；甲方不向乙方收取场地租金。

2. 乙方向用户出售充电卡，收入归乙方所有。

乙方向用户收取的充电费用不得高于乙方承担电费标准的_____%。

3. 乙方按实际用电量向甲方支付电费。

（1）乙方承担电费标准：人民币_____元/度，如供电公司的电费标准调整，甲方有权相应调整。

（2）乙方在充电桩内安装计量电表，电表每_____个月抄表一次，由甲乙双方共同抄表，并做好记录，一式_____份，甲乙双方签字确认后各留一份作为下次抄表依据。

（3）每次抄表后的 10 日内，乙方及时交纳电费给甲方，不得拖欠。

4. 除本合同明确约定的以外，双方无须向对方支付其他费用。

三、合作期限

1. 合作期限：自_____年____月____日起至_____年____月____日止。

2. 本协议签订后_____日内乙方进场施工，并应在合作期限开始前使充电桩达到正常使用状态。

3. 如合作解除或终止(含提前解除)，乙方应于 10 日内完成充电桩相关设备拆除工作，否则视为乙方放弃相关设备所有权，甲方有权自行处置。

4. 合作期限届满后，双方可协商续签；如事实上仍在使用充电桩，则仍按本协议约定结算。

5. 合作期限内，甲方同意小区不再引进第三方提供充电桩服务。

四、甲方权利义务

1. 免费向乙方提供车棚、适合停车的场地等，供乙方安装充电桩设备。

2. 为乙方施工提供方便，提供最近距离电源接入点；施工安装所用电由甲方承担。

3. 甲方不承担充电桩等设备看管责任，设备出现损坏、丢失等情况由乙方自行处理，甲方有协助相关部门取证的义务。

4. 如甲方为乙方代售充电卡，则售卡费用应在 30 日内及时返还给乙方。

五、乙方权利义务

1. 免费建设充电桩,建设安装过程中的任何成本、人身或财产损失均由乙方自行承担。

2. 及时维护、维修充电桩,确保长期正常使用,发生设备或充电等故障,乙方需于甲方通知后_____小时内进行修复。

3. 乙方须做好用电设备安全提醒及操作说明工作。

4. 负责充电桩使用过程中电动车的安全充电,如发生设备或充电等故障,为此发生的一切安全事故及纠纷由乙方承担,甲方不负任何责任。

5. 按时向甲方交纳电费。

六、违约责任

1. 本合同约定的付款方逾期付款的,每逾期一天,应按逾期金额的__0.5__‰向收款方支付违约金,同时仍应履行付款义务。

逾期超过__15__日的,收款方有权解除本合同。

2. 如乙方充电桩不符合国家法规、政策要求,或存在安全隐患,则甲方有权解除合同。

七、争议解决

1. 本合同的签订、解释及其在履行过程中出现的或与本合同有关的纠纷之解决,受中华人民共和国现行有效的法律约束。

2. 因本合同引起的或与本合同有关的任何争议,由合同各方协商解决,也可由有关部门调解。协商或调解不成的,按下列第_____种方式解决:

(1)提交位于_____(地点)的_____仲裁委员会仲裁。仲裁裁决是终局的,对各方均有约束力;

(2)依法向_____所在地有管辖权的人民法院起诉。

八、附则

1. 本合同一式两份,合同双方各执一份。各份合同文本具有同等法律效力。

2. 本合同经各方签署后生效。

签署时间: 年 月 日

甲方(签字或盖章)：　　　　　　　乙方(签字或盖章)：

联系人：　　　　　　　　　　　　联系人：

联系方式：　　　　　　　　　　　联系方式：

地址：　　　　　　　　　　　　　地址：

第十三章

业主委托物业合同

业主委托物业合同

甲方(委托方)：＿＿＿＿＿＿业主管理委员会

乙方(受委托方)：＿＿＿＿＿＿物业管理公司

为加强＿＿＿＿＿＿小区(大厦)的物业管理，保障房屋和公用设施的正常使用，为业主创造优美、整洁、安全、方便、舒适、文明的居住环境，根据＿＿＿＿＿＿市物业管理方面的法规和政策，经双方友好协商，达成以下合同，以便共同遵守。

一、物业管理内容

1. 甲方将位于＿＿＿＿区＿＿＿＿路的＿＿＿＿＿＿范围内的物业委托给乙方统一管理、综合服务。

2. 管理事项包括：

(1) 房屋的使用、维修、养护；

(2) 物业范围的公用设施、设备及场所(地)(消防，电梯等机电设备，路灯，走廊，自行车房和棚，园林绿化地，沟、渠、池、井，道路，停车场等)的使用、维修、养护和管理；

(3) 清洁卫生；

(4) 公共生活秩序；

(5) 文娱活动场所；

(6)便民服务网点及物业范围内所有营业场所；

(7)车辆行驶及停泊；

(8)物业档案管理；

(9)授权由物业管理公司管理的其他事项。

二、委托物业管理形式

承包经营、自负盈亏。

三、物业管理期限

委托管理期限为_____年,自_____年____月____日起至_____年____月____日止。

四、双方权利、义务

1.甲方权利、义务：

(1)根据本合同规定甲方将住宅区委托乙方实行物业管理；

(2)监督乙方对公用设施专用基金的合理使用,并按公用设施专用基金管理办法拨付给乙方；

(3)按市政府规定的比例提供商业用房(总建设面积的_____%)_____平方米给乙方,按月租金_____元租用,并负责办理使用手续；

(4)给乙方提供管理用房_____平方米(其中办公用房_____平方米,员工宿舍_____平方米),按月租金_____元租用；

(5)负责向乙方提供本住宅区工程建设竣工资料一套并在乙方管理期满时予以收回；

(6)不得干涉乙方依法或依本合同规定内容所进行的管理和经营活动；

(7)对乙方的管理实施监督检查,每半年一次考核评定,如因乙方未完成第五条规定的物业管理目标和经济指标或管理不善造成重大经济损失,有权终止合同；

(8)负责确定本住宅区管理费收费标准；

(9)委托乙方对违反物业管理法规和规章制度以及管理规约的行为进行处理:包括予以罚款、责令赔偿经济损失,以停水、停电等措施对无故不交有关费用或拒不改正违章行业责任人进行催交、催改；

（10）协助乙方做好宣传教育、文化活动，协调乙方与行政管理部门、业主之间的关系；

（11）政策规定由甲方承担的其他责任。

2. 乙方权利、义务：

（1）根据有关法律、法规，结合实际情况，制定本住宅区物业管理的各项规章制度；

（2）遵守各项管理法规和合同规定的责任要求，根据甲方授权，对本住宅区物业实施综合管理，确保实现管理目标、经济指标，并承担相应责任，自觉接受甲方检查监督；

（3）根据住宅区内大修、中修的需要制定维修方案，报甲方审议通过后，从公用设施专用基金中领取所需的维修经费；

（4）接受甲方对经营管理过程中财务账目的监督并报告工作，每月向甲方和住宅区管理部门报送一次财务报表，每三个月向全体业主张榜公布一次管理费收支账目；

（5）对住宅区的公用设施不得擅自占用和改变其使用功能，乙方如在住宅区内改扩建完善配套项目，须报甲方和有关部门批准后方可实施；

（6）乙方须本着高效、精干的原则在本住宅区设置管理机构和人员；

（7）管理住宅区物业管理档案并负责及时记载有关变更情况；

（8）负责测算住宅区管理费收费向甲方提供测算标准与依据，严格按照甲方审议通过的收费标准收取，不得擅自加价；

（9）有权依照甲方委托和管理规约的规定对管理规约和物业管理规章制度进行处理；

（10）在管理期满时向甲方移交全部专用房屋及有关财产、全部物业管理档案及有关资料；

（11）开展卓有成效的社区文化活动和便民服务工作；

（12）有权选聘专营公司承担住宅区物业管理的专项业务并支付费用，但不得将住宅区物业管理的整体责任及利益转让给其他人或单位。

五、物业管理目标和经济指标

1. 各项管理指标执行物业行政主管部门规定的各项标准，要求住宅区在乙方接管后_____年内达到_____标准。

2. 确保年完成各项收费指标_____万元，合理支出_____万元，乙方可提成所收取管理费的_____%作为经营收入。

六、风险抵押

1. 乙方在合同签订之日起3日内向甲方一次性支付人民币_____元，作为风险抵押金。

2. 乙方完成合同规定的管理目标和经济指标，甲方在合同期满后3日内退还全部抵押金及银行活期存款利息。

3. 如甲方过错致使本合同不能履行，由甲方双倍返还抵押金并赔偿乙方经济损失。

4. 如乙方过错致使本合同不能履行，乙方无权要求返还抵押金，并应赔偿甲方经济损失。

七、奖罚措施

1. 在各项管理目标、经济指标全面完成的前提下，管理费如有节余，甲方按节余额的_____%奖励乙方。

2. 如该住宅区被评为全国、省、市文明住宅小区，甲方分别奖励乙方人民币_____元(全国)、_____元(省)、_____元(市)，获得上级部门单项奖或有关荣誉的资金另定；如在乙方管理期间，由乙方获得的文明小区称号被上级取消，则乙方应全部返还上述资金及银行活期存款利息。

3. 如果甲方未完成应负的合同责任，由此而影响乙方的承包管理目标和经济指标，或给乙方造成直接经济损失，甲方应当给予补偿或承担相应责任。

4. 如果乙方未完成全责任或管理目标和经济指标，甲方有权责成乙方限期改正，同时乙方应承担_____的违约金，情节严重的，甲方有权解除合同，经济损失由乙方承担。

5. 由于乙方管理不善或重大失误,造成人身损害、住房经济损失或生活严重不便的,应当赔偿业主及使用人的经济损失。

八、合同更改、补充与终止

1. 经双方协商一致,可对本合同条款进行修订、更改或补充,以书面合同为准。

2. 合同的管理期满,本合同自然终止,各方如欲续订合同须于期满前3个月向对方提出书面意见。

3. 合同终止后,乙方可参加甲方的管理招标并在同等条件下优先承包管理。

九、其他事项

1. 本合同执行期间,如遇不可抗拒的自然灾害(台风、洪水、地震等),造成经济损失,双方应相互体谅、共同协商、合理分摊。

2. 本合同自签订之日起生效;附件1、2、3、4、_____、_____为合同的有效组成部分。

3. 本合同正本一式三份,甲、乙双方和物业管理部门各执一份,具有同等法律约束力。

4. 双方对合同发生争议,协商不成的,可提请物业管理部门调解,或诉至人民法院。

5. _____。

甲方(盖章):

代表(签名):

乙方(盖章):

代表(签名):

签署地点: 省 市 区

签署时间: 年 月 日

第十四章

智能系统安装工程施工合同

智能系统安装工程施工合同

甲方(发包人)：
法定代表人：
乙方(承包人)：
法定代表人：

乙方在签订本合同前对本合同项下工程的全部技术说明、合同条件,本合同项下工程所在周围环境、交通道路等情况均详细研究或现场踏勘,乙方已明确表示清楚施工现场状况、施工内容与范围,乙方承诺具有实施本工程相应的资质条件。为明确双方在施工过程中的权利和义务,做到相互协调配合以便顺利完成本工程,按照合同法等法律法规规定,经双方协商达成以下条款,供双方共同遵守。

第1条 工程概况

1.1 工程名称：_____。

1.2 工程地点：_____。

1.3 承包范围：图纸范围内所有项目。

1.4 承包方式：包工、包料、包机械、包安全、包文明施工费、管理费、利润、税金、垂直运输、二次搬运、图纸优化等,包括但不限于完成本工程的所有费用。

1.5 质量标准：工程质量标准采用国家统一的标准规范,没有国家统一规范的,采用地方标准规范;验收执行国家统一的质量检验评定标准、施工安全技术规范及验收等有关部门标准和规定。

第 2 条　合同工期

2.1　开工日期:_____年____月____日;

2.2　竣工日期:_____年____月____日。

合同工期总日历天数_____天,开工日期与本合同约定不一致的,按照甲方发出的开工令作为开工日期计算总工期。

第 3 条　施工依据

3.1　经过甲方确认本合同项下工程的施工图纸、工程量清单及技术要求;

3.2　国家及地方的有关法律、法规的规定。

第 4 条　总价及支付

4.1　合同暂定总价人民币(大写)_____(小写_____元),甲乙双方协商确认的投标报价的单价已按招标文件和合同条款中的承包范围、质量标准、工期等要求充分考虑了人工费、材料费、设备费、运输费、机械费、措施费、管理费、利润、税费及办理工程竣工验收所发生的费用等一切费用在内,甲方不再因本合同向乙方支付任何其他费用。

4.2　付款方式

(1)本合同项目下工程施工完成到总产值的 50%,经监理及甲方审核确认后,甲方向乙方支付至合同暂定总价款的 30%;

(2)本合同项目下工程全部完工,经监理及甲方审核确认后,甲方向乙方支付至合同暂定总价款的 70%;

(3)乙方上报竣工结算资料经甲方完成工程最终结算审核后,甲方支付至合同结算总价款的 95%;

(4)结算总价款余下的 5%作为质保金,质保期为 2 年,自甲方签署本合同项下工程接收单之日起计算。质保期届满 2 年后,双方按规定进行检查认定,质量满足标准确定无问题后,甲方将剩余的质保金无息返还给乙方。

4.3 结算方式

工程结算价款 = 合同价款 ± 变更签证 – 相关违约金

本合同计价方式为综合单价包干,乙方应严格按照甲方提供的图纸进行工程施工,若甲方在现场因客观需要对原图纸进行方案修改而致使本合同总价款增减,以设计变更或者现场签证为依据,其中变更签证计价原则如下:

(1)清单中有的项目按清单综合单价执行。

(2)清单及定额中均未涉及的项目甲乙双方协商确定。

本工程变更签证须严格按甲方要求的"变更签证管理办法"执行,无相关审批手续的变更签证,结算时一律不予受理。

本合同签订后2个工作日内,乙方须派不少于两名的相关专业人员进行现场勘测和规划数据收集,现场条件满足施工要求后,经甲方书面同意,乙方进场施工。

4.4 合同价款以银行转账方式支付。每次付款前,乙方必须提供等额增值税专用发票,甲方向乙方付至工程结算价款的95%前,乙方提供的发票额应至工程结算价款的100%(含质保金)。如因乙方未按约定提供有效发票,甲方有权顺延支付合同价款的时间,并且甲方不承担任何损失及违约责任。

第5条 甲乙双方的权利及义务

5.1 甲方的权利及义务

(1)甲方在开工前2天,向乙方进行现场交底。

(2)甲方负责施工场地具备正常的施工条件。

(3)甲方负责向乙方提供施工中所需的水源及电源,但发生的水电费用均由乙方承担。

(4)甲方负责审核乙方提交的施工组织设计,并监督乙方执行。

(5)甲方委派_____作为甲方代表,负责合同履行。对工程质量、进度监督检查,办理验收、变更、登记手续和其他事宜。

5.2 乙方的权利及义务

(1)乙方应在进场后接受甲方对工程进度的检查、监督。

（2）乙方在施工过程中应严格遵守甲方的各项规章制度。施工期间乙方人员所发生的一切人身及财产损失由乙方自行承担。如乙方给甲方或第三人造成人身及财产损失，责任由乙方自行承担。

（3）乙方保证遵守政府有关主管部门对施工场地交通、施工噪声、环境保护和安全生产等的管理规定，按规定办理有关手续，并承担由此发生的费用。

（4）在本工程施工过程中，乙方不得损坏周围建筑物和地下管线；如因施工需要无法避免对周围建筑物和地下管线造成影响，应在向甲方交接之前无偿恢复其原状。

（5）乙方应确保工程质量，保证材料质量合格，工程施工严格遵守操作规程，不得偷工减料。

（6）乙方在与其他施工单位发生施工交叉时，服从甲方及工程总包单位的统一安排。

（7）乙方若因特殊情况需要更改本合同规定材料的品质、规格及数量时，须获得甲方书面认可，同时明确材料清单，并将其作为本合同的附件。

（8）乙方应做好本工程设备、材料的订货、采购、供应、安装调试工作。

（9）乙方已竣工工程在未交付甲方使用之前，乙方负责成品的保护工作，并承担相应的费用。如有损坏或丢失，经甲方确认后，由乙方无偿修复或恢复。在向甲方交接之前仍不恢复时，乙方同意甲方从乙方工程尾款中直接按甲方确认的实际发生的数额扣除修复费用。

（10）如甲方对该竣工工程擅自改动，因改动所发生的一切返工费用均由甲方自行承担，并且工期相应顺延。

（11）乙方已竣工工程毁损、灭失的风险自乙方将本合同项下工程正式交付甲方使用之日起转移给甲方。

（12）甲方可提前安排乙方进场进行施工准备工作，乙方应无条件响应甲方的要求。若双方均同意本合同项下工程的开工日期不因乙方提前进场而改变，总工期仍按照合同执行。如在本合同项下工程施工过程中，甲方认为施工期较紧或需要提前竣工，而要求乙方赶工，乙方同意给予积极配合，保证按甲方要求完成，甲方不另支付赶工费用。

(13)乙方须按甲方的要求及时提供工程量计算书及汇总表等结算相关资料。

(14)双方的核对工作应符合细致、公平、可复查性的原则,双方在核对过程中及时做好核对备忘录。

(15)若由于乙方原因不能满足本合同的相关要求而引起结算延误,责任由乙方承担。甲方不承担因此造成结算延误的违约责任。

(16)本合同签订后2个工作日内,乙方须派不少于两名的专业人员进行现场勘测和规划数据收集,现场条件满足施工要求后,经甲方书面同意,乙方进场施工。

(17)乙方委派乙方代表_____,代表乙方行使工程现场管理权、工程质量确认权及负责配合甲方的工作。

5.3 质量与安全

(1)符合国家现行标准及甲方要求。

(2)在施工过程中,甲方在不妨碍乙方正常作业的基础上,可以随时对作业进度、质量进行检查。甲方有权对不符合质量要求、违反施工程序、施工操作工艺的施工,或材料不合格的,责令乙方返工,返工费用由乙方承担,乙方在接到甲方或监理发出的质量问题通知单后,应按时整改完毕。

(3)乙方应负责现场全部作业的安全。自开工之日起,直到双方签订竣工验收单,并办理完毕交接手续之日止,人员伤亡以及对财产(包括工程本身、设备、材料和施工机械)的损失或损坏,均应由乙方承担。

(4)根据有关环境保护的规定,乙方应采取合理的措施来保护现场内外环境,并避免由于其操作方法所造成的污染、噪声或其他问题而对人员或公私财产造成的损失或损害,如乙方未按规定要求采取相应措施,所造成的一切直接及间接损失均由乙方承担。

(5)乙方须与包括农民工在内的所有工人签订劳动合同,明确劳动报酬等内容,并严格履行,及时足额支付工资等劳动报酬。对甲方支付的工程款,乙方须优先用于支付工人劳动报酬。

(6)乙方必须按照原施工图纸、说明及有关规程施工,质量要求达到合格标准，否则所造成甲方的一切返工费用及由此带来的经济损失均由乙方自行负责。

（7）乙方承担夜间照明的安全责任。

（8）本合同项下工程严禁乙方转包、分包，如有特殊要求，则必须由乙方提前申报，并经甲方书面许可。

5.4　质量保修责任

（1）本合同项下工程出现任何问题时，乙方均应在接到甲方通知后2小时内派人到现场处理解决。如乙方在6小时内仍无人员至现场，甲方有权另行委托他人进行维修，维修发生的费用由乙方承担。

（2）本合同项下工程若发生紧急抢修事故，乙方应在接到事故通知后，立即到达现场抢修。如乙方不能立即到达现场抢修，甲方有权另行委托他人进行抢修，抢修发生的费用由乙方承担。

（3）乙方承担前述维修、抢修费用。甲方有权将该费用从乙方的质保金中扣除。

（4）除不可抗力外，本合同项下工程出现的任何问题，在质保期内由乙方负责为甲方免费维修及进行设备更换。

第6条　调试与培训

6.1　乙方负责按合同中规定的设备型号、数量将设备免费送达指定地点，并保证按合同要求按时完成设备安装、调试、启动、运行等工作。

6.2　设备正常运行验收后，中标公司负责在项目现场为甲方提供不受人员限制的维修和使用操作培训，培训目的是使所有操作人员掌握：

（1）熟练掌握设备和软件使用方法；

（2）正确使用调校功能；

（3）识别初级故障及必要的恢复方法；

（4）系统各项功能的应用；

（5）常见故障排除方法。

第7条　工期延误

因以下原因造成工期延误，经甲方书面确认，工期可以相应顺延：

(1)天气恶劣以致无法正常施工；

(2)设计变更和工程量增加,经甲方确认；

(3)非乙方原因停水、停电造成停工超过8小时；

(4)甲方同意工期顺延的其他条件。

第8条 乙方采购材料设备

8.1 乙方采购供应的材料、设备及产品,应按照设计及有关标准要求采购具有产品合格证书的合格产品。乙方应按时将产品供应到现场,由乙方承担运输费用以及负责产品质量。乙方负责采购供应的材料、设备及产品由乙方自行保管,由于乙方保管不当造成损失的,由乙方按同类同质产品的市场重置价格承担赔偿责任。

8.2 乙方采购供应的材料、设备及产品必须与封样产品保持一致,经过甲方检验同意后才能用到工程中,检验费用由乙方承担。如乙方采购的材料、设备及产品不符合质量要求或规格有差异,甲方有权禁止将上述材料用到本合同项下的工程中,并要求乙方重新采购符合要求的产品,由此产生的费用由乙方自行承担,且延误的工期不予顺延。

8.3 当甲方发现乙方采购并使用不符合设计或标准要求的材料设备时,应要求乙方负责修复、拆除或重新采购,并承担由此产生的费用,且延误的工期不予顺延。

8.4 乙方需要使用代用材料时,应经甲方书面认可后才能使用,由此增减的合同价款双方以书面形式议定。

第9条 竣工验收

9.1 乙方必须按本合同规定的竣工日期竣工,如发生工期顺延情况,按甲方同意顺延的工期竣工。

9.2 经监理和甲方现场代表验收,工程质量应符合标准、规范和设计图纸等要求,验收不合格,乙方应立即整改。若验收合格,监理和甲方现场代表在验收记录上签字。

9.3 工程具备竣工验收条件,乙方按国家工程竣工验收有关规定,向监理和甲方现场代表提供完整竣工资料及竣工验收报告一式三份,监理和甲方现场代表接到申请后 1 日内,确定验收时间并组织验收。乙方按规定对工程实行保修,保修时间自工程交付之日起算。

9.4　工程竣工验收报告经监理和甲方现场代表认可后 1 日内,乙方未能向发包人递交竣工结算报告及完整的结算资料,造成工程竣工结算不能正常进行或工程竣工结算价款不能及时支付,甲方要求交付工程的,乙方应当交付;甲方不要求交付工程的,乙方承担保管责任。如因乙方结算资料不完整,从甲方要求乙方进行提交补充资料之日起 14 日后,乙方仍未能按要求提交完整资料,甲方有权按甲方所掌握的资料进行结算。

9.5　乙方在提交竣工验收资料报告时,还应提供设备及主要材料的检测合格单、产品合格证以及设备的使用说明书。

第 10 条　违约责任

10.1　甲方未能履行本合同第 5.1 条约定的各项义务,给乙方造成损失的,甲方赔偿因此给乙方造成的一切损失。

10.2　因乙方原因造成合同无法继续履行,乙方需向甲方支付本合同暂定总价款 3% 的违约金,作为向甲方的赔偿。因乙方原因造成工期延误,每延误一日,乙方应向甲方支付本合同暂定总价款 3% 的违约金;因工期延误或质量不合格影响验收,乙方应赔偿由此给甲方造成的一切损失,工期不予顺延。

10.3　如乙方违反本合同第 5.2 条及第 6.1 条的约定,每出现一次,应向甲方支付 500 元的违约金,并按甲方提出的限期整改意见进行整改,限期内仍未达到要求,甲方有权另行指定施工单位进行整改,所需费用均由乙方无条件承担。

10.4　工程竣工后,乙方必须提供有效联系方式,如乙方的联系方式发生变动,应在发生变动之时起 12 小时内及时通知甲方,否则乙方应承担因联系不上而给甲方造成的一切经济损失。

10.5　如乙方私自采购假冒伪劣材料以次充好并通过非法手段获得有关部门的认可,未经甲方书面许可擅自使用在本合同所指工程中,由此造成的一切损失由乙方一概承担,包括但不限于工程质量缺陷或有关人员索赔,以及给甲方造成的不良影响及一切经济损失。此条款自合同签字、盖章之日起生效,并不受本合同质保期时间限制。

10.6 乙方不得将本合同项下的任何部分业务以任何形式转包、分包给第三人,否则甲方有权立即解除本合同,乙方并应在转包、分包行为之日向甲方支付人民币_____元的违约金,同时乙方还应返还甲方全部已付款并加计银行同期同类贷款利率计算的利息,此外,甲方尚未支付给乙方的款项将不再支付;造成甲方其他损失的,乙方仍应足额赔偿。如有特殊情况,则必须由乙方提前申报,并经甲方书面许可后方可实施。

第 11 条 通知及送达

11.1 本合同自签订之日起生效,本合同签订后若相关条款违反法律法规的强制性规定,则以强制性规定为准,该部分内容不影响合同其他部分的效力。若本合同引用了国家相关部门发布的示范文本通用条款部分,除非双方在专用条款中另行明确约定,否则通用条款中关于甲方"逾期不回复视为认可(默认)"及与此类似的相关条款不适用于本合同。

11.2 双方协商一致可以另行签订合同终止本合同,合同变更或者解除不能免除违约方应当承担的违约责任,给对方造成损失的还应当承担赔偿责任。

11.3 一方将履行合同的有关通知发给对方在本合同中约定的地址 3 日后视为有效送达(包括但不限于采取传真、挂号信或特快专递、手递等形式送达),若乙方拒收,则拒收当日视为有效送达。一方变更通讯地址应以书面方式提前通知对方,否则视为未变更通讯地址。

第 12 条 其他事项

12.1 若发生争议,双方应协商解决,另行签订的补充合同与本合同具有同等效力。若协商不成,可向仲裁委员会申请仲裁,仲裁是终局的,对双方均有约束力。如无其他特别约定,败诉方应当承担因此而产生的仲裁费、诉讼费、律师费、鉴定费、交通费、住宿费等因主张本合同约定的权利而产生的一切合理费用。

12.2 甲方在与乙方签署合同及附件之前,已经要求乙方详细阅读本合同及附件的所有条款,不理解之处经乙方询问后已得到甲方完全充分的说明,乙方承诺已经完全理解并认可本合同的所有约定。

12.3 本合同正文为打印文本,如双方对此合同有任何修改及补充均应另行签订补充合同。合同正文中任何非打印的内容,除非经双方确认,否则均不产生约束力。

12.4 本合同一式四份具有同等效力,双方各执两份。

甲方: 　　　　　　　　　　乙方:

法定代表人(代理人): 　　　法定代表人(代理人):

地址: 　　　　　　　　　　地址:

联系电话: 　　　　　　　　联系电话:

开户银行: 　　　　　　　　开户银行:

银行账号: 　　　　　　　　银行账号:

财务电话: 　　　　　　　　财务电话:

纳税人识别号: 　　　　　　纳税人识别号:

合同签订地点:＿＿＿＿＿　 签订日期:＿＿＿年＿＿月＿＿日

第十五章

专项维修资金管理规约

专项维修资金管理规约

第一条　（制定的目的和依据）

为了规范_____小区专项维修资金（以下简称维修资金）筹集、使用、续筹、补建、增值等管理，根据《中华人民共和国民法典》《物业管理条例》相关规定，结合本住宅小区的实际情况，制定本规约。

第二条　（维修资金账户管理）

本业主大会授权业主委员会代为与业主大会维修资金账户开立银行、维修资金代理记账等机构分别签订《业主大会维修资金账户开立银行委托合同》《业主大会维修资金账户代理记账合同》。

第三条　（维修资金筹集、补建与再次筹集）

业主应当按照下列方式筹集、补建、再次筹集维修资金：

（一）按照相关规定交纳首期维修资金；原未交纳首期维修资金的业主按以下第_____、_____项方式补建：

1. 根据房屋建筑面积，按_____元/平方米一次性交纳；

2. 分_____次交纳，根据房屋建筑面积按每次不少于_____元/平方米交纳补建；

3. _____。

（二）维修资金余额不足首次筹集资金总额的 30% 时，按下列第_____、

_____项方式再次筹集。再次筹集后维修资金余额,配备电梯的物业不得少于每平方米建筑面积成本价的7%;不配备电梯的物业不得少于每平方米建筑面积成本价的5%:

1. 分期交纳的,按_____元/平方米逐月交纳,由物业服务企业在收取物业服务费时予以代收,并在_____日内转入维修资金分户账内;

2. 凭维修资金交款单,在规定时间内向业主大会维修资金账户开户银行一次性交纳;

3. _____。

第四条 (维修资金补充)

业主应当按照下列第_____项方式补充维修资金:

(一)授权业主委员会和物业服务企业根据本小区利用物业共用部分获取的收入,扣除管理服务成本和业主大会决定用于补充物业管理需要的其他费用后的公共收益,按照以下第_____项方式纳入业主大会维修资金银行账户:

1. 每季度末予以结算,次月5日前补充入业主大会维修资金账户;

2. _____;

入账的公共收益自入账之日起_____日内转入专项维修资金分户账内。

(二)维修资金余额大于首期筹集金额30%,但不足首期筹集金额_____%时,按照下列第_____项方式进行补充:

1. 按_____元/平方米逐月交纳补充;

2. _____。

(三)_____。

第五条 (维修资金使用)

业主应当严格按照法律法规的规定和本规约的约定使用维修资金:

(一)物业设施设备和相关场地等共用部分的维修、更新符合下述情形之一的,由物业服务企业采取应急防范措施,费用按规定列支:

1. 存在以下安全隐患、影响正常使用或者危及房屋安全、公共安全等紧急情况而采取应急防范措施:

(1)给排水系统中设备控制箱柜、蓄水池、水泵、上水管道、下水管道、污水池、排污泵等设施设备发生故障,无法正常使用的;

(2)电梯运行系统中轿厢、升降轨道、曳引机、钢丝绳、基坑等设施设备发生故障,无法正常使用,由电梯专业检测机构出具整改通知书的;

(3)消防设施设备中消防中央控制系统、消防供水系统、消防喷淋系统、正压风系统、消防水泵(房)、消火栓箱、灭火器具、消防外部结合器、防火门损坏等发生故障,消防部门出具整改通知书的;

(4)屋顶、屋面、地下室发生积水或严重渗漏,外墙面渗漏水或有脱落危险,经房屋质量检测单位出具证明的。

2.出现法律、法规、规章和有关技术标准规定必须维修的其他情形。

上述紧急维修工程由物业服务企业采取应急防范措施后,制定后续维修、更新方案,经业主委员会同意,并经维修资金账户开立银行提供的审价机构审核,由物业服务企业组织实施,费用按规定列支;业主委员会不履职或无法正常运作时,全体业主授权＿＿＿＿区(县)房屋行政管理部门代为维修,维修资金账户开立银行按约定将相应款项支付给＿＿＿＿区(县)房屋行政管理部门。

(二)物业设施设备和相关场地等共用部分的维修、更新费用在＿＿＿＿元(不大于500元)以下,且每年度使用该类维修工程的资金总金额在＿＿＿＿元以下的,由物业服务企业直接组织实施,费用按规定列支。

(三)物业设施设备和相关场地等共用部分的维修、更新费用在＿＿＿＿元(不大于501元)以上＿＿＿＿元(不大于2000元)以下,且每年度使用该类维修工程的资金总金额在＿＿＿＿元以下的,由物业服务企业制定维修、更新方案,报业主委员会同意后,由物业服务企业组织实施,费用按规定列支。

(四)除上述三项外,有关物业设施设备场地等共用部分的维修、更新,需要使用维修资金的,由物业服务企业制定维修、更新方案,经本小区专有部分占建筑物总面积超过2/3的业主且占总人数超过2/3的业主同意后,由物业服务企业组织实施,费用按规定列支。

第六条　（维修资金使用方案的制定和实施）

维修资金使用方案按下列程序制定并组织实施：

（一）制定方案：物业服务企业编制的维修资金使用方案应当包括维修项目名称、实施范围、预算总金额、分摊范围及面积、施工单位选择方式、决算方式、实施时间等内容，并提交业主委员会。

（二）完善方案：业主委员会应当征求业主的意见，完善使用方案。

（三）决定方案：业主委员会应当将使用方案提交业主大会或者业主小组表决通过，并在小区内公告。

（四）落实施工单位：由业主委员会与物业服务企业、施工单位签订物业共用部分维修、更新、改造的施工合同。

（五）组织项目施工：由物业服务企业按照使用方案组织实施。项目施工完成后，物业服务企业向业主委员会提交物业维修、更新、改造情况的书面报告和列支费用。

（六）审核施工费用：由业主委员会依据物业服务企业提交的物业维修、更新、改造情况的书面报告和费用列支清单进行审核，应当审价的，经审价后向专户银行发出同意划转维修资金通知，并将维修资金使用的情况按照规定在物业管理区域内予以公告。

第七条　（维修费用承担）

业主应当按照下列约定承担物业维修、更新、改造费用：

（一）专有部分的所需费用，由拥有专有部分的业主承担；

（二）部分共用部分的所需费用，由拥有部分共用部分业主按照各自拥有的房屋建筑面积比例共同承担；

（三）全体共用部分的所需费用，由本物业管理区域内全体业主按照各自拥有的房屋建筑面积比例共同承担。

物业共用部分属于人为损坏的，费用由责任人承担。

第八条　（维修资金审价）

除规定的维修费用在 5 万元以上的维修项目应当经有资质的审价机构审价

外,本小区有下列情形之一的,维修费用也须经有资质的审价机构审价后在维修资金中列支:

(一)属于本规约第五条第(一)项紧急维修项目;

(二)维修项目金额在_____元以上的或者维修单价在_____元/平方米以上的;

(三)业主大会或者业主小组决定审价的;

(四)按照相关规定和有关标准应当审价的。

第九条　(维修资金审计)

对维修资金、公共收益的使用和业主委员会工作经费的收支情况按下述方法进行审计:

(一)业主委员会换届改选小组成立之日起的_____日内,由业主委员会委托业主大会维修资金账户开立银行提供的审计机构进行审计;

(二)业主委员会逾期未进行审计的,由_____[业主委员会换届改选小组/物业所在地的街道办事处或乡(镇)人民政府/物业所在地的居(村)民委员会]委托业主大会维修资金账户开立银行提供的审计机构进行审计。

审计报告应当在本物业管理区域内公告。

经审计,维修资金、公共收益或业主委员会活动经费被违规、违约使用的,业主委员会或者受侵害的业主可以向人民法院提起诉讼。

第十条　(维修资金和公共收益账目公布)

业主委员会或者委托的代理记账机构每年1月、7月向全体业主公布一次下列情况:

(一)维修资金收入、支出和结存的金额;

(二)发生物业维修、更新、改造项目和费用以及按户分摊情况;

(三)利用本物业管理区域全体和部分共用部分从事停放车辆、设置广告等经营性活动而获取的收入和使用情况;

(四)业主大会、业主委员会工作经费使用情况;

(五)维修资金使用和管理的其他有关情况。

上述账目公布信息分别张贴于小区公告栏、_____每个门牌幢出入口。业主有异议的,业主委员会应当自受理异议申请的_____日内接受业主查询。

第十一条 （维修资金增值）

业主授权业主委员会按照国家和本市的相关规定,结合本小区维修资金金额和使用情况,以及房屋本体和设施设备场地等物业共用部分老旧程度,确定本小区维修资金存款中定期和活期的比例。

第十二条 （违约处理）

业主违反本规约约定,业主委员会有权责令行为人改正;拒不改正的,业主委员会可以向人民法院提起诉讼。

业主委员会在维修资金使用过程中,不得擅自变更维修资金使用方案或越权签订施工合同,不得在维修资金使用过程中谋取个人利益。损害业主合法权益的,相关业主可以依法向人民法院提起诉讼。

第十三条 （生效和修改）

本规约经_____年___月___日业主大会会议讨论通过。

本规约由业主委员会根据业主大会的决议修改。修改后的规约,自业主大会会议通过之日起生效。

本规约未尽事项由业主大会补充。业主大会通过的有关本规约的决定为本规约的组成部分。

第十六章

装修物业管理合同

装修物业管理合同

甲方(委托方)：
法定代表人：
乙方(受托方)：
法定代表人：

为加强_____装修管理,保证装修质量及居民的居住安全和正常生活,特制定双方的责任、义务如下：

一、管理公司责任

1. 负责_____楼内的装修管理。

2. 保证装修期间正常水电供应。

3. 协助业主定期对室内装修进行质量、安全的检查。

4. 合理收费,严禁向施工队吃、拿、卡、要、乱罚款。

5. 投诉电话：_____。

二、装修负责人/装饰公司责任

1. 自开工之日起,采取必要防火措施,并指定专人负责,自备灭火器,确保户内的安全,并接受管理分公司检查和指导。

2. 不得破坏建筑结构,不擅自拆改水、电、暖气、电信等各种住宅配套设施。

3. 厨房、厕所等部位需要改造时，严格按施工规范操作，避免造成漏水、渗水等质量问题。

4. 装修、装饰住宅时，不得影响建筑物整体外观及周边环境，不得影响附近居民的正常生活，装修、装饰住宅时，所产生的废料、杂物渣土等垃圾应自行及时清运，不得倒入垃圾桶，不得堵塞排水道。

5. 对其他业主和公共设施设备（建筑、电气、给排水、采暖、空调、消防、电梯、门禁系统、监控系统等）造成损坏的，责令恢复原状，或赔偿经济损失（赔偿经济损失的额度按受损失的设施或零部件的市场价及安装价格的和来考虑）。设施恢复期限及赔偿期限从事发之日起计3日内结束，事故第一责任人为装修负责人，如业主和装修负责人有约定，按约定的责任人执行。因设施设备被损坏而且影响其他业主的正常生活及给物业管理造成的不良影响而带来损失的赔偿问题由物业公司、业主、装修负责人三方协商解决。

6. 室内空调机和安装要做到楼上楼下保持横平竖直。需要重新打洞的，请先到管理公司协商，并由管理公司确定位置，空调支架必须采用不锈钢或喷塑支架。

三、委托人责任

1. 按规定对住宅进行装修，并事先对装饰公司进行全面评价。
2. 对受托方的行为负有监督管理责任。

以上各项双方认真遵守，如有违反，请按物业管理有关规定处理。

甲方(盖章)：

法定代表人或授权代表(签字)：

乙方(盖章)：

法定代表人或授权代表(签字)：

签署时间： 年 月 日

第十七章

房屋买卖协议

房屋买卖协议

甲方(买方)：×××,男,×族,××××年××月××日出生,居民身份证号码××,住址××,联系电话××。

乙方(卖方)：×××,男,×族,××××年××月××日出生,居民身份证号码××,住址××,联系电话××。

根据《中华人民共和国民法典》等法律法规的规定,甲乙双方本着诚实信用、平等互利的精神,经充分协商,自愿达成房屋买卖协议。

一、房屋坐落位置、面积、层数及结构

乙方自愿将一幢房屋出卖给甲方。房屋坐落在××市××镇××村××路××号,占地面积约××平方米(实得建筑面积××平方米,所分摊的公用建筑面积约××平方米)。该房屋为××结构,共有×层,每层有×间房间。四至：东至××,南至××,西至××,北至××。具体位置详见图。

二、买卖价格

该房屋出卖总价为人民币××元整(××元)。

三、付款方式、期限及交付日期

甲方通过转账/现金的方式向乙方分×次支付购房款,乙方收到购房款应出具收条。

（一）在××××年××月××日，甲方向乙方支付定金人民币××元整（××元）；

（二）在协议签订之日，甲方向乙方支付人民币××元整（××元）；

（三）在××××年××月××日前乙方将房屋交付给甲方，甲方在乙方交付房屋当日付人民币××元整（××元）。

四、其他约定

（一）乙方确保该房屋产权无争议，不存在共同、抵押、质押、租赁等权属纠纷，保证该房屋不受他人合法追索等情况。

（二）乙方有义务协助甲方办理产权过户，将乙方的房产过户于甲方名下，若因乙方在外地或无时间过户，乙方可以另行委托第三人代为办理过户手续。

（三）乙方必须结清本合同签订之前的所有与房屋相关的水、电、供暖、物业费用，如有拖欠由乙方承担。

（四）乙方交房之后，因此过户所产生的税费均由×方承担。

（五）双方之间签订合同后，乙方应将房屋及与之相关的全部材料一并交于甲方所有。

（六）若乙方原因造成房屋被司法机关查封、扣押等强制措施，因此产生的后果由乙方承担。

（七）甲方应按合同约定如数支付购房款，并不得违约。

五、违约责任

如果乙方反悔，或者甲方要求将该房屋转户给自己时，乙方不得要求增加任何费用，不得以任何理由予以拒绝，同时应提交相关的材料，并配合办理相关手续。转户费用由甲方承担。如果乙方拒绝转户，甲方可向人民法院起诉要求转户。同时，乙方还须向甲方支付违约金人民币××元整（××元）或自签订本协议之日起，按房屋总售价的24%支付年利息，并退还购房款。

六、解决争议方法

（一）本协议未尽事宜由双方协商解决，如有补充协议，与本协议具有同等法律效力。若协商不成，可诉至××人民法院解决，由此产生的合理的律师代理费、交通费等由败诉方承担。

(二)本协议一式两份,甲方、乙方各执一份。双方永不反悔,后代子孙及亲属不得争执,邻居亲友不得干涉。

七、声明及保证

甲方:

1. 甲方有权签署并有能力履行本合同。

2. 在签署本合同时,任何法院、仲裁机构、行政机关或监管机构均未作出任何足以对甲方履行本合同产生重大不利影响的判决、裁定、裁决或具体行政行为。

乙方:

1. 乙方有权签署并有能力履行本合同。

2. 在签署本合同时,任何法院、仲裁机构、行政机关或监管机构均未作出任何足以对乙方履行本合同产生重大不利影响的判决、裁定、裁决或具体行政行为。

八、保密

甲、乙双方保证对在讨论、签订、执行本协议过程中所获悉的属于对方的且无法自公开渠道获得的文件及资料(包括商业秘密、公司计划、运营活动、财务信息、技术信息、经营信息及其他商业秘密)予以保密。未经该资料和文件的原提供方同意,另一方不得向任何第三方泄露该文件和资料的全部或部分内容。但法律、法规另有规定或双方另有约定的除外。保密期限为_____年。

九、合同的变更

本合同履行期间,发生特殊情况时,甲、乙任何一方需变更本合同的,要求变更一方应及时书面通知对方,征得对方同意后,双方在规定的时限内(书面通知发出_____日内)签订书面变更协议,该协议将成为合同不可分割的部分。未经双方签署书面文件,任何一方无权变更本合同,否则,由此造成对方的经济损失,由违约方承担。

十、合同的转让

除合同中另有规定或经双方协商同意外,本合同所规定双方的任何权利和义务,任何一方在未征得另一方书面同意之前,不得转让给第三方。任何转让,未经另一方书面明确同意,均属无效。

十一、不可抗力

(一)如果本合同任何一方因受不可抗力事件影响而未能履行其在本合同下的全部或部分义务,该义务的履行在不可抗力事件妨碍其履行期间应予中止。

(二)声称受到不可抗力事件影响的一方应尽可能在最短时间内通过书面形式将不可抗力事件的发生通知另一方,并在该不可抗力事件发生后_____日内向另一方提供关于此种不可抗力事件及其持续时间的适当证据及合同不能履行或者需要延期履行的书面资料。声称不可抗力事件导致其对本合同的履行在客观上成为不可能或不实际的一方,有责任尽一切合理的努力消除或减轻此等不可抗力事件的影响。

(三)不可抗力事件发生时,双方应立即通过友好协商决定如何执行本合同。不可抗力事件或其影响终止或消除后,双方须立即恢复履行各自在本合同项下的各项义务。如不可抗力及其影响无法终止或消除而致使合同任何一方丧失继续履行合同的能力,则双方可协商解除合同或暂时延迟合同的履行,且遭遇不可抗力一方无须为此承担责任。当事人迟延履行后发生不可抗力的,不能免除责任。

(四)本合同所称不可抗力是指受影响一方不能合理控制的,无法预料或即使可预料到也不可避免且无法克服,并于本合同签订日之后出现的,使该方对本合同全部或部分的履行在客观上成为不可能或不实际的任何事件。此等事件包括但不限于自然灾害如水灾、火灾、旱灾、台风、地震,以及社会事件如战争(不论曾否宣战)、动乱、罢工、政府行为或法律规定等。

十二、合同的解释

本合同未尽事宜或条款内容不明确的,合同双方当事人可以根据本合同的原则、合同的目的、交易习惯及关联条款的内容,按照通常理解对本合同作出合理解释。该解释具有约束力,除非解释与法律或本合同相抵触。

十三、补充与附件

本合同未尽事宜,依照有关法律、法规执行,法律、法规未作规定的,甲、乙双方可以达成书面补充合同。本合同的附件和补充合同均为本合同不可分割的组成部分,与本合同具有同等的法律效力。

附件:买卖房屋坐落位置图(照片)

甲方(签名指印):　　　　　乙方(签名指印):
居民身份证号码:　　　　　　居民身份证号码:
配偶:　　　　　　　　　　　配偶:
居民身份证号码:　　　　　　居民身份证号码:

见证人(签名指印):
居民身份证号码:
日期:20　年　月　日

提示:房屋买卖合同必须采用书面形式,要注意以下事项:(1)确定卖方对于标的物享有独立的所有权;(2)确保标的物的质量和数量;(3)明确相关的价格条款;(4)明确交付标的物的时间、地点和方式;(5)明确买方及时收受标的物的责任;(6)明确争议解决的方式与违约责任。

第十八章

房屋租赁合同

房屋租赁合同

甲方(出租方)：×××,男,×族,××××年××月××日出生,居民身份证号码××,住址××,联系电话××。

乙方(承租方)：×××,男,×族,××××年××月××日出生,居民身份证号码××,住址××,联系电话××。

甲乙双方本着平等互利、诚实信用的原则,经充分协商达成以下房屋租赁协议。

一、出租房屋基本情况

本租赁房屋坐落在××市××区××路××号,×间,建筑面积××平方米。

二、租赁期限

(一)从20××年××月××日起至20××年××月××日止,租赁期限为×年。

(二)租赁期限届满前30天,如乙方需要继续承租,需要向甲方提出,由甲方决定是否续签合同。

(三)租赁期间,任何一方若中途提出终止合同的,应提前30日通知对方,并按约定赔偿另一方经济损失。经双方协商后签订终止租赁合同,在终止租赁合同签订前,本合同仍然有效。

三、租金及其交纳方式

(一)每年(季度)租金(大写)××元(小写××元)。

(二)租金于20××年××月××日前汇入××账户,此后应于每年(季度)结束前的10日内支付。

四、房屋内部的装修情况及主要设备

(一)房屋为简易装修;

(二)空调×台(带遥控器);

(三)电视机×台(带遥控器);

(四)防盗门钥匙×把,卧室门钥匙×把;

(五)热水器×台;

(六)燃气灶×台。

五、押金

(一)押金(大写)××元(小写××元)。该押金用于保障房屋以及房屋内的设备完好,如果出现房屋或室内设备损坏的情况,甲方有权按照市场价格扣除作为赔偿。

(二)如果合同期满,乙方没有损害房屋及房屋内的设备,则甲方应在合同期满后3日内如数退还。

六、水、电、物业费支付

租赁期间,水费、电费、物业费按表计价,乙方每月交清费用。

七、房屋修缮和装修

(一)甲方应保证房屋符合合同约定的使用用途,保证正常的水电供应。

(二)乙方在使用过程中,不得擅自改变房屋的结构和装修情况,否则视为违约,应向甲方支付违约金。

八、违约责任

(一)甲方违约责任

1. 在乙方入住前,因甲方不能提供本合同约定的房屋而解除合同的,甲方应按本合同约定的月租金的两倍支付给乙方作为违约金;

2. 如果乙方要求甲方继续履行合同,甲方每逾期交房 1 日,则每日应向乙方支付月租金 1% 的违约金;

3. 电路、供水污水管道等损坏不能正常使用,以及房屋漏雨时,经乙方通过微信等方式有效通知,如果甲方同意乙方维修,或者甲方未能在 5 日内履行维修义务,或者情况紧急,乙方组织维修,甲方应支付乙方费用或折抵租金,但乙方应提供有效凭证;

4. 甲方违反本合同约定提前收回房屋的,应按照合同月租金的两倍向乙方支付违约金,若支付的违约金不足以弥补乙方损失的,甲方还应该承担相应的赔偿责任;

5. 甲方房屋权属瑕疵或非法出租房屋而导致本合同无效时,甲方应赔偿乙方损失。

(二)乙方违约责任

1. 出租屋内电路正常,灯泡、灯管齐全完好。自来水管线正常,阀门无滴漏,门窗完好。因出租房已由乙方管理使用,乙方应经常检查,并合理使用室内设备,爱护室内设施,若有损坏,甲方可以按照市场价格要求乙方赔偿或恢复原状。乙方疏于检查、管理,电路、供水污水管道损坏或漏雨而造成的一切损失,由乙方自行负责。

2. 乙方在承租期内应讲究卫生,注意安全。不能将个人物品堆放在公共通道或场所,不能将有毒、有害、异味严重、易燃易爆、管制刀具等物品带入出租房内,以免影响甲方或其他房客正常使用房屋。否则,甲方通过 3 次提醒后,可以予以清理,造成的损失由乙方自行承担。

3. 租赁期内,乙方不得有下列行为,否则甲方有权解除合同,收回房屋,并有权依据本协议要求乙方承担违约责任:

(1)擅自将房屋转租、转让、转借的;

(2)利用承租房屋进行非法活动,损害公共利益的;

(3)拖欠租金 1 个月以上。

4. 乙方如果违约,除按约定交付各项费用外,还需每日按未付金额的 1% 向甲方支付滞纳金。

5.如果乙方不按时交付房租,自本年度租期届满后,甲方有权终止合同,另行转租。

6.如果乙方在合同到期时或逾期一个月不交纳租金且未搬出,经甲方通过微信或信函等方式共提示2次后,在3日内仍拒不搬出,甲方不仅可以要求乙方支付逾期期间房租,并有权将出租房内物品_____,所造成的损失由乙方自行承担。

(三)因一方违约导致诉讼造成的律师费、诉讼费、交通费等费用,由违约方承担。

九、免责条件

因不可抗力或政府行为导致合同无法履行时,双方互不承担责任。实际租金按入住天数计算,多退少补。

十、争议解决的方式

合同在履行的过程中如发生争议,应由双方先行友好协商;如果协商不成,可向房屋所在地人民法院提起诉讼。

十一、合同的生效

合同自双方签字之日起生效。一式两份,双方各执一份。

附:乙方身份证复印件

甲方(签名指印):　　　　　乙方(签名指印):
居民身份证号码:　　　　　　居民身份证号码:

年　月　日

提示:(1)双方应在合同中明确说明房屋的内部构造、使用的建材、相应的配套设施、房屋的面积、间数等。(2)确定出租人是否具有出租房屋的权利。(3)可对房屋租赁时的状况以及一些必要的物业状况进行拍照记录,作为租赁合同的附件,在纠纷发生时可作为证据使用。(4)明确争议解决的方式和违约责任。(5)合同应设有宽限期与终止期,如"押金3日内如数退还"。

第十九章

商业物业管理服务合同

商业物业管理服务合同

甲方(服务方)：

法定代表人：

乙方(承租方)：

法定代表人：

根据有关法律、法规的规定，在自愿、平等协商一致的基础上，甲乙双方分别作为_____(以下简称本物业)的物业管理人和本物业商铺使用人，就甲方为乙方提供物业管理服务达成以下协议：

第一条　物业管理服务事项

根据国家相关法律法规规定及本协议约定，甲方为乙方提供以下物业管理服务：

1.1　本物业共用部位及共用设施设备的日常管理及质保期后的日常维护、保养。

1.2　本物业公用区域的保洁、公共秩序维护等服务。

1.3　本物业装饰装修管理服务。

1.4　本物业区域内其他双方协商的有偿服务。

第二条　双方的权利和义务

2.1　甲方的权利义务

（1）甲方应对本物业共用部位、共用设施设备进行日常管理，并在质保期过后进行日常维护、保养，对公共区域进行清洁清扫。

（2）甲方应按照本协议约定的物业服务事项与标准提供相应的服务，但不承担对乙方及其雇员、顾客的人身损害及财产的保管、保险义务，亦不承担乙方的经营风险。

（3）甲方应接受政府相关部门指导，协助政府相关部门做好物业管理区域内安全防范工作，协调本物业管理区域内消防自查、自救工作，制止和纠正本物业管理区域内违反有关治安、消防、环保、物业装饰装修和使用等方面规章制度的行为，如制止无效则及时向有关政府部门报告上述违反法律法规等规定的行为。

（4）甲方应及时向乙方通告本物业管理区域内有关物业服务的重大事项，接受相关政府部门的指导，及时处理投诉。

（5）甲方结合实际情况，依法制定本物业相关管理规定，并书面或以公告的方式告知乙方。

（6）甲方应建立健全本物业的物业管理档案资料。

（7）甲方应在不损害他人合法权益及社会公共利益的前提下，按照双方约定或协商确定的费用，向乙方提供本协议约定以外的服务项目、特约服务。

（8）甲方接受本物业发展商委托对其保留所有权或使用权的建筑部位及设施设备（包括但不限于外墙体广告位、经营性停车场、内外广场、楼顶等）进行经营管理，并收取相关费用。

（9）甲方对乙方及其雇员、顾客违反物业管理法规政策、本物业相关管理规定（包括《装修守则》《租户管理手册》《消防责任书》，统一经营管理守则，设施设备运行及维护、消防管理等相关制度）及本协议的行为进行处理，包括但不限于：责令停止违章行为，要求乙方承担违约赔偿责任及支付违约金，对不按时足额交纳有关费用或拒不改正违章行为者，有权依法中止或停止提供物业服务（包括但不限于公共秩序维护、保洁、货品出入、照明、停车、供水、供电、网络等），并采取符合本协议约定的催缴催收措施。

（10）甲方对本物业实施统一的商业经营管理，包括：统一招商和调整布局、统一组织开业仪式、统一商铺装修管理、统一宣传推广和营销活动、统一日常营运管理、统一收取并管理物业管理费及能源保证金等。

（11）甲方可委托专业公司承担本物业的专项管理与服务业务，但不得将整体管理责任转让给第三方，甲方应依据本协议向乙方收取物业服务费用及其他服务费用。

（12）如甲方物业公司工作人员服务态度不佳被顾客投诉，经双方调查后情况属实，乙方有权要求甲方立即更换该物业公司工作人员。如乙方因服务态度和商品质量问题被顾客在1个月内投诉达到3次以上，甲方有权要求乙方停业整顿，停业期间的所有损失由乙方自行承担。

2.2　乙方的权利义务

(1)接受甲方提供的物业服务，就物业管理有关问题向甲方提出意见和建议。

(2)乙方应承担在本物业投资和商业经营的全部风险。

(3)乙方应遵守本物业相关管理规定及业主临时管理规约。

(4)乙方应按时向甲方交纳物业服务费及其他服务费用或代收代交费用。

(5)乙方装饰装修所承租商铺时，遵守国家有关消防安全、装饰装修管理等法规及甲方制定的有关装饰装修管理制度规定。

(6)乙方未经政府及甲方批准，不得以任何形式改变、损害本物业原有建筑主体结构和消防分隔等设施。不得以任何理由占用、损坏本物业的共用部位、共用设施设备或改变其使用功能。因搬迁、装饰装修等确需使用共用部位、共用设施设备的，应事前书面申请，经甲方批准后方可在甲方监督下合理使用，并在约定的期限内恢复原状，造成损失的，给予赔偿。

(7)乙方应服从本物业统一营业时间安排。

(8)乙方应遵守本物业消防安全管理规定，按时与甲方签订《消防安全责任书》，并对其使用区域内的灭火器等消防安防器具、设施进行维护，按政府相关部门要求进行检测，保证其能够正常使用。

（9）乙方应按照安全、公平、合理的原则，正确处理本物业的给排水、通风、采光、维修、通行、卫生、环保等方面的相邻关系，不得侵害他人的合法权益；因物业公共部位、公共设施设备或邻近物业维修，或遇其他紧急情况，乙方应同意甲方人员或公用事业单位人员出入本物业。

（10）乙方未经甲方同意不得将任何物件（包括标牌、广告牌等）安装、张挂在外墙和公共部位的墙壁上，不得利用物业从事非法活动，不得将易燃、易爆、剧毒、放射性等物品带入、存放在本物业内；在铺内设立仓库、办公室需要按照消防要求安装烟感、喷淋、防爆灯，商铺内货架必须符合消防要求，为非木质货架。

（11）乙方应依据本协议之约定，接受甲方的统一招商规划与经营管理，交纳统一的物业管理及能源保证金、其他费用，并执行统一开业、营业、促销等经营管理方面之规定。

（12）乙方应按商铺租赁合同约定的经营范围从事有关经营活动。

（13）乙方如需按照商铺租赁合同约定转租所承租商铺，则在签署物业转租的书面协议前30日内应书面通知甲方，且乙方须取得甲方书面同意并确保次承租人在进入租赁区域前与甲方签订物业管理协议，否则乙方应继续承担本协议项下责任。乙方为次承租人履行物业管理协议项下义务承担连带保证责任。

（14）乙方应负责赔偿其营业员、顾客等违反本物业各项物业管理规定造成的损失；负责教育、监管其成员、代理人、雇员或其他使用者遵守服从本协议和其他有关规定，对于上述人员在本物业的任何违约或侵权行为，除当事人承担法律责任外，乙方承担连带责任。

（15）乙方应根据甲方规定的时间、路线、方式运输货物。

（16）乙方营业产生的垃圾必须袋装，干湿分开。乙方经营范围内如为餐饮，所产生的餐饮垃圾，乙方应自行收集并清运出商业中心，若由甲方统一清运，由甲方另行向乙方收取费用（费用以甲方公布的为准）。乙方因对物业进行装修所产生的所有建筑垃圾，由乙方自行收集并清运出商业中心，若各类装修建筑垃圾由甲方统一清运，由甲方另行向乙方收取费用（费用以甲方公布的为准）。

（17）未经甲方许可，乙方不得在物业承租商铺范围以外的地方，从事任何经营和推广活动。

(18)乙方应保证其店内人员至少有 1 人参加过由消防主管部门举办的消防培训,经考核合格后,持证上岗。

(19)法律法规规定的其他权利和义务。

第三条 物业管理服务内容

3.1 制订物业管理服务工作计划,并组织实施;管理与物业相关的工程图纸等。

3.2 房屋建筑共用部位的日常维修、养护和管理。共用部位是指房屋主体承重结构部位(包括基础、内外承重墙体、柱、梁、楼板、屋顶等)、楼梯间、走廊通道、配电箱、水泵房、消防监控室等。

3.3 共用设施设备和附属建筑物、构筑物的日常维修、养护和管理。共用设施设备是指共用的给排水管道、加压水泵、避雷网、供电线路、通信线路、照明、供气线路、消防设施、安防监控设备、绿地、道路、路灯、沟渠、池、井、车辆停放地点等。

3.4 公共区域的绿化养护与管理。

3.5 公共环境卫生,包括房屋共用部位及共用设施设备的清洁卫生、公共场所的清洁卫生和垃圾收集。

3.6 维护公共秩序,包括门岗服务、物业公共区域内巡查。

3.7 协助公安部门维护本物业区域内的公共安全和公共秩序。

3.8 维护物业区域内车辆行驶秩序,对车辆停放秩序进行管理。

3.9 消防管理服务,包括公共区域消防设施设备的维护管理。

3.10 房屋装饰装修管理严格遵守政府部门相关规定和按照《装修工程合同书》《装修管理规定》等相关文件执行。

第四条 物业管理服务质量标准

4.1 综合管理(商业街规划红线范围内,涉及共有财产和公共事务的管理)

(1)建立完善的物业管理制度和服务质量管理体系;

(2)履行物业管理合同,并按规定公布物业管理服务项目内容及物业管理服务费标准;

(3)每年对房屋及设施设备进行一次安全普查,根据普查结果制订维修计划,组织实施;

(4)管理人员100%持有物业管理上岗证书,特种作业员工100%持有专业部门颁发的有效证书上岗,全体物业公司服务人员统一着装,挂牌服务;

(5)运用计算机对业主资料、房屋档案、设备档案、收费管理、日常办公等进行管理,并建立完善的档案管理制度;

(6)设置客户服务中心和服务热线;

(7)夜间有专人值守,处理紧急报修,水、电等紧急报修30分钟内到达现场。

4.2 物业共用部位、共用设施设备日常运行维护

(1)维修养护制度健全并在工作场所明示,工作标准及岗位责任制明确,执行良好;

(2)共用设施设备按照项目配套建设管理,责任分工运转正常,维护良好,有设备台账、运行记录、检查记录、维修记录、保养记录,对设备故障及重大或突发性事件有应急方案和现场处理记录;

(3)实行值守服务;

(4)水、电、监控等设备运行人员技能熟练,严格执行操作规程及保养规范;

(5)道路、停车场平整通畅,交通标志齐全规范;

(6)公共照明设备完好率90%以上;

(7)设备用房整洁,主要设施设备标识清楚齐全;

(8)雨水污水井、化粪池、排水管网定期检查,经常疏通,保持通畅,无堵塞外溢;

(9)在接到有关部门停水、停电、停气相关通知后,及时进行公示。

4.3 绿化养护(对商业街规划红线内的公共绿地和花草树木的养护)

(1)花草树木生长良好,修剪整齐美观无大面积杂草;

(2)绿地无改变性质和破坏、占用现象;

(3)适时对花草树木进行浇灌、松土、施肥、灭虫、防冻保暖。

4.4 清洁卫生(对商业街规划红线以内、商户门以外的保洁服务)

(1)环卫设备完好,合理设置垃圾桶、果皮箱、垃圾中转点;

(2) 清洁卫生实行责任制,有专职的清洁人员和明确的责任范围,公共区域每天至少清扫一次并实行标准化保洁;

(3) 垃圾每日清理,垃圾桶、果皮箱无溢满现象,各类垃圾容器及时清洁无重异味;

(4) 小区内道路等公共场地无明显纸屑、烟头等废弃物;

(5) 雨雪天气及时对区域内路面积水、积雪进行清扫,商业街内无乱悬挂、乱贴、乱画、乱堆放等现象;

(6) 根据实际情况开展灭蚁、灭鼠、灭蝇、灭蚊等卫生消杀工作;

(7) 对超过国家规定的餐饮油烟排放、噪声标准和违反规定饲养宠物、家畜、家禽者进行劝告,并报告有关部门进行处理。

4.5　秩序维护

(1) 商业街派有专人巡逻,维护公共安全秩序;

(2) 有专门秩序维护人员,实行定时巡逻制度;

(3) 机动车、非机动车行驶、停泊管理有序;

(4) 危及人身安全处有明显标识和具体的防范措施;

(5) 消防设备设施完好无损,可随时起用,消防通道畅通,制定消防应急方案;

(6) 中央监控室实施 24 小时监控并做好相关记录;

(7) 看管公共财产,包括消防器材及商业街的井盖、花草、树木、果实等;

(8) 对于发生在商业街范围内的治安案件、刑事案件、交通事故,应及时报警,并配合公安部门进行处理。

4.6　智能化系统运行维护

(1) 保障商业街智能化设施的日常运行正常,维护及时;

(2) 智能化系统出现故障时,有相关预案措施弥补。

4.7　水泵运行维护

(1) 保证商铺正常生活用水;

(2) 对水泵定期保养,确保水压供给。

第五条　物业服务费等费用

5.1　物业服务费

5.1.1　乙方按承租商铺的租赁面积交纳物业服务费采用预付形式(按季度交纳),合同签订3日内支付_____个月物管费用,物业服务费为人民币_____元/(平方米·月),即每月人民币_____元,一个季度为人民币(大写)_____(小写_____元);物业服务费支付方式:[每季度]为一个支付期,乙方应当在每个支付期的最后一个月的25日前向管理公司一次性足额支付下一个支付期的物业服务费(遇法定节假日延期至节假日后第一个工作日)。乙方逾期交付的,按本协议第八条约定承担违约责任。

5.1.2　甲方有权根据该商铺所在地城市居民消费价格指数调整该商铺的物业服务费。乙方清楚并同意其后每个日历年的物业服务费,以甲方向乙方发出的书面通知所载的根据本合同调整后的收费标准为准(如无通知,则按上一个日历年标准执行),乙方须根据甲方书面通知的收费标准向甲方支付物业服务费。

5.1.3　物业服务费中包含以下费用:

(1)管理服务人员的工资、社会保险和按规定提取的福利费等;

(2)物业共用部位、共用设施设备的日常运行管理、维护(小修)费用;

(3)物业管理公共区域清洁卫生费用;

(4)物业管理区域绿化养护费用;

(5)物业管理区域秩序维护费用;

(6)办公费用、办公日常用品;

(7)物业服务企业固定资产折旧;

(8)物业共用部位、共用设施设备财产险、公共责任险费用;

(9)相关税费及物业管理公司合理利润。

5.2　其他费用

(1)乙方应按照计量核算并自行承担承租商铺发生的水、电、燃气、热力(含热水、采暖,下同)等能源费用等费用,并相应地承担损耗费用。具体的收费标准为:

水费:实际用水量×1.1倍水费单价(含损耗费用);

电费:实际用电量×1.1倍电费单价(含损耗费用);

天然气费由乙方直接向燃气公司支付。

若政府对水、电费单价进行调整,则本物业管理区域内水、电费单价及水、电损耗费用按政府制定的实时单价进行相应调整。

(2)乙方店内风机盘管的电费均由乙方自行承担费用。

(3)乙方应按照公用事业部门或甲方的收费通知按时足额交纳其他费用,不得以任何理由拒绝或延期支付。

(4)装修管理费用未包含在物业服务费中,乙方单独向甲方交纳。其中,装修管理费(租赁合同已收)为人民币_____元/平方米,即装修管理费为人民币_____元(按商铺租赁面积计费,以租赁合同确定为准),乙方进场装修时一次性支付。

(5)装修垃圾清运费用(租赁合同已收)未包含在物业服务费中,乙方单独向甲方交纳(或乙方自行清运装修垃圾)。若甲方代为清运,其中装修垃圾清运费为人民币_____元/平方米,即装修垃圾清运费为人民币_____元(按商铺租赁面积计费,以租赁合同确定为准)。

(6)城市生活垃圾处置费,乙方按政府制定的实时收费标准交纳。

(7)乙方在进场装修前向甲方交纳装修保证金(租赁合同已收)人民币_____元,乙方装修完成后,经甲方验收合格30日内无息退还。

(8)为保障经营安全,达到防火要求,乙方如为餐饮承租商户,乙方承诺每季度清洁一次罩面、抽油烟机、滤油器、油烟管道,并达到防火规范的要求。乙方可选择自行清洗或由甲方统一清洗,有关清洗费由乙方自行承担。其中如由多个使用人共用的油烟管道,有关清洗费由实际使用人按面积按季分摊。如乙方自行清洗后未达到防火要求,甲方有权要求乙方限期进行整改,包括但不限于采取停水、停电及停业整顿等措施要求整改。由此造成的经营损失由乙方承担。

(9)如乙方需要加时(超过甲方规定的物业整体营业时间)服务,应事先书面报甲方批准后,并预付相应的加时能耗费及物业服务费,方可进行。

5.3 物业管理及能源保证金

(1)为确保乙方按照本协议约定支付物业服务费用及能源费用,乙方应于本协议签订之日一次性交纳相当于_____个月的物业服务费作为物业管理保证金。合同解除或终止后90日内,如未发生本协议规定的违约情形,物业管理保证金余额(如有)无息退还。

(2)如乙方未能按照本协议约定向甲方支付物业服务费、能源费、空调费或滞纳金,以及违反甲方管理制度的赔偿或罚款,甲方有权扣留全部或部分物业管理保证金,冲抵乙方的前述欠费。物业管理保证金不足以冲抵前述欠费的,甲方有权向乙方追索。乙方应在接到甲方书面通知后5日内将物业管理及能源保证金补足,否则,按本协议第八条约定承担违约责任。

5.4 乙方可以以现金、银行转账或银行汇款的方式向甲方支付物业服务费等费用,按该等方式支付的款项均以甲方实际收到款项之日为付款日,付款发生的银行手续费用由乙方承担。

第六条 代收代缴费用

受有关部门或单位及乙方的委托,甲方可提供水费、电费、燃(煤)气费等代收代缴服务,具体执行方式及收费标准按当地政府规定执行。管理公司收取乙方交纳的能源费用后向乙方开具代收代缴服务行业收据,乙方对此予以确认。由于政府相关部门对公用事业费用标准的调整,甲方有权调整本合同所约定的公用事业费用代收代缴的标准。

第七条 保险

7.1 甲方负责协调为本物业的共用部位、共用设施设备向保险公司投保财产一切险、公共责任险等,并承担相应的费用。

7.2 乙方负责其自用部位(包括自行完成的装修等)、自用设施设备、租赁区域的财产等财产一切险、公共责任险的投保并承担相应费用。

7.3 本物业正式交付使用后,发生重大事故时,甲乙双方应立即向保险公司申请索赔,并协助有关部门共同分析查明原因,按投保责任处理。

第八条　违约责任

8.1　甲乙双方应全面履行本协议,任何一方违反本协议约定的,应当按照约定承担违约责任。

8.2　非因甲方故意不执行本协议约定的物业管理服务而造成乙方损失的,甲方不承担责任。

8.3　如乙方不按约支付物业服务费或能源保证金或其他应交费用的,乙方除应如数支付或补足外,每逾期支付1日,按应付而未付金额的1‰向甲方支付违约金。逾期达15日的,甲方还有权按本协议第二条第1项有关约定中止或停止对其提供物业服务,由此造成的损失由乙方自行承担。

8.4　如经催收乙方仍不交纳物业服务费或能源保证金或其他应交费用,甲方通过司法途径催收,则乙方还应承担甲方因此而支出的费用,包括但不限于诉讼费、保全费、执行费、律师服务费等,其中律师服务费按物业所在地律师服务收费标准的上限执行。

8.5　如乙方违反物业管理各项规定,甲方有权要求乙方限期纠正,逾期仍不纠正的,甲方有权按本物业相关管理规定或本协议有关约定追究乙方违约责任,并有权按本协议第二条第1项有关约定中止或停止对其提供物业服务,由此造成的损失由乙方自行承担。

第九条　双方确定,甲方无须就以下原因所致损害承担责任

(1)因不可抗力导致的服务中断或物业价值的贬损;

(2)因物业本身固有瑕疵造成的损害;

(3)因维修、养护共用部位、共用设施设备需要而临时停水、停电或停止共用设施设备的使用;

(4)非甲方责任造成的供水、供电、空调、通信、有线电视及其他公用设施设备的中断、障碍及损失;

(5)因乙方不交纳或未按时交纳物业服务费,或其他有关费用,以及因乙方责任致使甲方无法完成物业服务或达不到服务标准;

(6)经本物业业主同意的工程改造或商铺调整导致的损害。

第十条　紧急状况

为维护公众、业主、使用人的切身利益,在不可预见的情况下,如发生天然气泄漏、漏电、火灾、水管破裂、救助人命、协助公安机关执行任务等突发事件,甲方因采取紧急措施造成乙方财产损失的,甲方不承担责任,其他事宜双方按有关法律规定处理。

第十一条　不可抗力

在本协议执行期间,如遇不可抗力致使协议无法履行,双方按有关法律规定处理。

第十二条　争议解决

本协议在履行中如发生争议,双方应协商解决;协商无法解决的,双方约定向本物业所在地人民法院提起诉讼。

第十三条　附则

13.1　本合同的效力及于乙方的员工、家人、顾客、访客等相关人员,该等人员违反本合同约定的,乙方承担连带责任。

13.2　乙方使用的商铺地址为乙方通讯地址,本合同约定甲方送达乙方的相关通知及文件,甲方可采用包括但不限于以下方式通知并视为送达:特快专递或挂号信函、在物业管理区域内张贴公告、派员投递于业主名下的信箱(以投送登记为准)或电话通知。甲方通过特快专递或挂号信函投送的,自交邮之日起 7 日后视为送达乙方。

第十四条　其他

本协议一式＿＿＿份,甲方执＿＿＿份,乙方执＿＿＿份;自甲方签字盖章、乙方签字(自然人)或盖章(法人)之日起生效。

乙方与业主(或其委托代理人)签订的商铺租赁合同涉及物业管理服务的条款,构成本合同的有效组成部分,如本协议与商铺租赁合同发生冲突时,以商铺租赁合同为准。乙方承租商铺租赁合同终止时,本协议自动终止,但如相关费用尚未结清,则有关费用结算、违约责任及争议解决条款继续有效。

甲方(盖章)：　　　　　　　乙方(盖章)：

联系人：　　　　　　　　　联系人：

联系方式：　　　　　　　　联系方式：

地址：　　　　　　　　　　地址：

　　　　　　　　　　　　　　　　　签署时间：　　年　月　日

第二十章

小区电梯广告位租赁合同

小区电梯广告位租赁合同

甲方(广告发布方):

统一社会信用代码:

地址:

联系方式:

乙方(物业公司):

统一社会信用代码:

地址:

联系方式:

甲乙双方根据《中华人民共和国民法典》及相关法律、法规的规定,本着公平、公正、诚实信用的原则,经友好协商,签订本合同以共同遵守。

一、使用范围及安装数量

1. 乙方可以安装装饰镜框用于刊登商业广告的范围为:小区楼宇内的_____部电梯的电梯厢。

2. 安装数量:每部电梯厢内安装_____块,共计_____块。

二、镜框规格及材质要求

1. 镜框规格:长_____、宽_____、厚度_____。

2.镜框材质要求:_____。

三、费用及支付方式

1.甲乙双方商定装饰镜框的维护保洁费为:每部电梯厢人民币_____元/年,共_____部电梯,每部电梯共安装_____块装饰镜框,全部电梯厢合计每年支付人民币_____元。

2.支付方式:每年____月____日前甲方向乙方支付下一年度维护保洁费。

3.如由于乙方原因致使甲方未能按本协议约定的数量安装,则维护保洁费按实际可以安装的数量计付。

4.如由于甲方原因未能按本协议约定的数量安装,则维护保洁费按本协议的约定计付。

四、合作期限

1.甲乙双方合作期限为_____年,自_____年____月____日起至_____年____月____日止。含免费安装期_____个月,该免费安装期自_____年____月____日起至_____年____月____日止。

2.本协议期满后,甲乙双方如想继续合作,则需另行签订协议。

3.无论装饰镜框内刊登的商业广告是否到期,本协议到期后,甲乙双方的合作终止,甲方不得继续使用电梯厢,并应将装饰镜框及镜框中的内容进行清除。

五、履约保证金

甲方应在本合同正式签订之日,向乙方支付保证金人民币_____元,用于保证甲方按本协议约定履行义务。本协议期限期满时,甲方如无违反本协议之行为,且在合同期满后10日内完成将装饰镜框及镜框中的内容进行清除等工作,则该保证金予以返还,但不计利息。

六、甲方的权利和义务

1.甲方权利

(1)甲方负责装饰镜框的制作,并按双方认定的安装方式及位置进行安装(见附件2),装饰镜框的产权归甲方所有。

(2)本协议有效期内,甲方对电梯厢有独家装饰镜框广告发布权,对装饰镜框内发布信息的客户数量、画面布置形式、内容享有决定权。

(3)为保证装饰镜框装饰效果,甲方将定期派员工进入电梯厢更换画面,以及对装饰镜框进行维护与保养,乙方应对甲方人员出入小区提供便利。

(4)本协议期满后,乙方如想继续和他方开展此项合作,在同等条件下,甲方有优先权。

2.甲方义务

(1)甲方保证装饰镜框安装方式具备安全性,不对乘客或电梯厢本身构成不当损坏。

(2)甲方保证装饰材料符合人体健康要求,不对电梯用户构成不良影响。

(3)甲方刊登的广告内容必须符合有关广告的法律法规,广告刊登的界定及承诺(见附件1)。

(4)甲方保证装饰材料及画面在视觉上具备合理的美观性。

(5)装饰镜框内没有刊登商业广告时,甲方应在装饰镜框内做公益宣传,以美化环境。

(6)甲方应按本协议约定支付维护保洁费。

(7)如因甲方原因造成小区内的人员、建筑物及其他财产遭受损失,甲方应负赔偿责任。乙方赔偿损失后,有权向甲方追偿全部赔偿额。

七、乙方的权利和义务

1.乙方权利

(1)甲方安装装饰镜框时,乙方有权要求甲方提供保障电梯乘客安全的安装模式和符合健康要求的装饰材料。

(2)在甲方安装过程中,乙方有权对甲方安装进行监督,如发现甲方安装方式违反本协议,乙方有权责成甲方修改安装方案。

(3)甲方对装饰镜框及画面材料进行更换或保养,违反本协议规定的,不符合人体健康要求的,乙方有权责成甲方限期改正。

(4)为更好地美化电梯厢内环境,乙方有权为甲方提供合理化建议,经甲乙双方协商后由甲方实施改进方案。

（5）乙方有权要求甲方按本协议约定支付维护保洁费。

2.乙方义务

（1）在本协议有效期内,乙方承诺不与任何第三方在_____小区进行相同或类似的合作,乙方授权甲方独家享有电梯内广告发布权(乙方不得允许任何第三方在电梯内发布其他商业广告)。

（2）乙方如发现装饰镜框出现问题,如遗失、掉落、毁损,应及时通知甲方,由甲方负责维修或重新安装。乙方不承担任何责任。

（3）乙方在与甲方合作期间,如遇电梯厢改建、翻建不能正常使用时,应提前通知甲方,由双方共同协商解决方案。

（4）乙方应向甲方提供授权书(见附件3)。

八、违约金

甲乙双方应按本合同约定履行义务,任何一方有违反本协议约定之行为,应支付违约金,违约金为人民币(大写)_____(小写_____元)。

九、争议解决

因本合同引起的或与本合同有关的任何争议,由合同各方协商解决,也可由有关部门调解。协商或调解不成的,按下列第_____种方式解决:

（1）提交位于_____(地点)的_____仲裁委员会仲裁。仲裁裁决是终局的,对各方均有约束力。

（2）依法向_____所在地有管辖权的人民法院起诉。

十、未尽事宜

本协议未尽事宜,甲乙双方另行签订补充协议。

十一、其他

本协议的附件与本协议具有同等法律效力,经双方签字、盖章后生效。

十二、本协议一式两份,甲乙双方各执一份。本协议自双方签字盖章之日起生效。

甲方(盖章)：　　　　　乙方(盖章)：

联系人：　　　　　　　联系人：

联系方式：　　　　　　联系方式：

地址：　　　　　　　　地址：

　　　　　　　　　　　　　　签署时间：　　年　月　日

附件：广告刊登内容的界定及保证

一、我公司选择的广告客户以国内、外著名品牌企业为主，都具有良好的商业信誉。

二、广告刊登的内容：不违反中华人民共和国的相关法律法规，遵守社会公德和职业道德，有利于人民身心健康，促进商品和服务质量的提高，保护消费者合法权益，不与合作方有利益冲突。

三、广告画面保证优美、大方，与所在楼宇的环境及档次相协调。

四、我公司在广告刊登前，将广告发布内容提交市场监督管理部门指定的广告审查人员审查备案，以保证广告刊登内容的合法性。

广告发布方确认：

第二十一章

党政机关物业管理服务合同

合同编号：

党政机关物业管理服务合同

第一部分　合同协议书

甲方（党政机关）：_____

乙方（物业企业）：_____

根据《中华人民共和国民法典》《中华人民共和国政府采购法》《物业管理条例》《公共机构节能条例》等法律法规的规定，甲乙双方遵循平等、自愿、公平、诚实信用的原则，就_____（物业名称）物业管理服务事宜经双方协商一致，订立本合同。

第1条　物业基本情况

物业名称_____（以下简称本物业）。物业类型_____。

坐落位置_____。建筑面积_____。

物业管理服务区域四至：东至_____，南至_____，西至_____，北至_____。

第2条　物业管理服务范围

乙方所接受的物业管理服务范围是物业建筑产权标注区域及其配套设施设

备等资产在内的管理服务,不涉及资产的所有权。

物业竣工图纸及物业构成明细应作为合同附件,物业构成明细以甲乙双方实际验收交接清单为准。

第 3 条　服务质量标准

依据相关法律规定以及本合同的约定。

第 4 条　合同期限

本合同的期限为＿＿＿年,自＿＿＿＿＿年＿＿月＿＿日起至＿＿＿＿年＿＿月＿＿日止。

第 5 条　合同价款

合同价款为人民币＿＿＿＿元(大写:人民币＿＿＿＿＿＿＿＿元)。

除根据合同约定在物业管理服务过程中需进行增减款项外,合同价款不作调整。

第 6 条　物业管理用房

甲方根据相关要求向乙方提供的物业管理用房建筑面积为＿＿＿＿平方米,位于＿＿＿＿。物业管理用房属业主所有,供乙方在本合同期限内使用,但不得改变其用途。

第 7 条　合同生效

本合同自甲乙双方签字或盖章之日起生效。本合同一式＿＿＿份,双方各执＿＿＿份。

甲方:　　　　　　　　　　　　　乙方:
(公章或合同专用章)　　　　　　 (公章或合同专用章)
法定代表人或其授权代表:(签字)　 法定代表人或其授权代表:(签字)
住所:　　　　　　　　　　　　　住所:
邮政编码:　　　　　　　　　　　邮政编码:
单位代码:　　　　　　　　　　　单位代码:
法定代表人:　　　　　　　　　　法定代表人:

委托代理人：　　　　　　　　　　委托代理人：

电话：　　　　　　　　　　　　　电话：

传真：　　　　　　　　　　　　　传真：

电子邮箱：　　　　　　　　　　　电子邮箱：

开户银行：　　　　　　　　　　　开户银行：

账号：　　　　　　　　　　　　　账号：

　　　　　　　　　　　　　　　　签署地点：　　省　　市　　区

　　　　　　　　　　　　　　　　签署时间：　　年　　月　　日

第二部分　通用条款

第 1 条　一般规定

1.1　合同文件的组成

合同文件相互解释，互为说明。除专用条款另有约定外，组成本合同的文件及优先解释顺序如下：

(1)本合同协议书；

(2)中标通知书；

(3)投标书及其附件；

(4)本合同专用条款；

(5)本合同通用条款；

(6)国家和地方标准、规范及有关技术文件；

(7)构成合同组成部分的其他文件。

双方在履行合同过程中形成的补充约定等书面形式的文件构成本合同的组成部分。

1.2　标准、规范

本合同适用于有关物业管理服务的各类国家及地方标准规范或行业标准规范或企业标准规范，合同双方需强调遵照执行的标准规范可在专用条款中约定。

1.3 遵守法律

1.3.1 甲乙双方在履行合同期间需遵守国家和本市有关法律法规和行业规范标准要求,对法律法规文件规定的物业管理服务单位需要获得的许可证、执照、证件、批件等,乙方需依法取得。

1.3.2 乙方应按时向所雇用人员发放工资,并按照规定办理有关保险,依法缴纳相应税费。

1.4 保密事项

甲乙双方在订立和履行合同过程中负有保密责任,双方签订的保密协议作为合同附件。

1.5 廉政责任

甲乙双方在物业项目招投标和履约过程中应严格遵守相关廉政建设法律法规和工作纪律要求,严格履行合同义务。双方签订的廉政协议作为合同附件。

第 2 条 物业交接

甲乙双方应在本合同生效之前,就物业交接办法、时间、内容、程序、查验要求、责任等,按国家相关文件要求进行约定,具体内容和要求详见专用条款。

第 3 条 业户(业户代表)、大楼管理委员会及其会议

3.1 对于党政机关非集中办公点,具有物业使用权的党政机关即为业户,与物业管理服务单位签订合同并行使和履行合同的权利义务。

3.2 对于党政机关集中办公点,入驻党政机关集中办公点的党政机关即为业户,应按照相关规定,成立大楼管理委员会(以下简称大楼管委会),成员由入驻党政机关组成。大楼管委会依管理规约取得授权后,委托一家党政机关作为业户代表,与物业管理服务单位签订合同并行使和履行合同的权利义务;也可由各党政机关作为业户与物业管理服务单位分别签订合同,并行使和履行合同的权利义务。大楼管委会应定期召开大楼管委会会议,加强与物业管理服务单位的沟通协调,共同推进物业管理服务质量的提高。

第 4 条 物业管理服务内容和要求

根据双方约定,乙方为本物业管理区域的甲方提供以下物业管理服务内容

(具体标准要求详见专用条款)。

4.1 综合管理。根据本物业的特点和甲方授权的服务要求,组织协调专业服务单位做好物业管理服务工作,管理相关的工程图纸、档案与竣工验收资料等。

4.2 建筑物管理。做好物业管理区域建筑物及其附属设施的检查和维修养护工作,使建筑物及其附属设施处于完好状态。

4.3 设施设备管理。针对设施设备特点,制定科学、严密、切实可行的操作规程,做好日常运行、维修、养护和管理工作;对操作人员进行相关培训,国家规定需持证上岗的工种必须持证上岗;加强维护保养工作;定期校验设备中的仪表和安全附件,确保设备灵敏可靠;科学检测、诊断故障,确保设施设备安全运行;做好设备事故预防和处理工作。

4.4 保洁服务。做好物业管理区域公共部位和相应场所的清洁卫生、消杀灭害、垃圾收集分类和清运等工作。

4.5 绿化养护和管理。做好物业管理区域的公共绿地、树木、灌木、景观及室内公共场所植物等养护、管理工作。

4.6 节能管理。在甲方的指导下开展公共机构节能工作,做好物业管理服务区域的电、水、燃气等能源资源消耗的统计、分析工作,配合做好能源分项计量、办公建筑能源审计、节能技术改造等节能工作,不断挖掘潜力,提高能源使用效率。

4.7 公共秩序管理。维护物业管理区域全天候公共秩序,加强安全管理,包括人员出入管理、安全巡视、24 小时物业监控和突发事件处理等。

4.8 交通秩序维护与车辆停放管理。维护物业管理区域各类车辆进出秩序,引导车辆有序停放,加强停车场所的安全使用管理。

4.9 消防防灾管理。完善各类消防管理制度,落实消防工作责任制,负责物业管理服务区域的消防监控值班和巡查,消除火灾等安全隐患,按要求制定应急预案并定期开展预案演练,一旦发生火灾等灾情及时报告,并配合相关部门及甲方做好处置应对。

4.10 会务及接待服务。按甲方要求提供日常会务服务和重要政务活动保障,并配合甲方做好安全保卫工作。

第 5 条　延伸服务

除约定的物业管理服务内容外,甲方因机关正常运营需要,需委托乙方提供的其他物业管理服务(通讯、理发、送水、洗衣、自行车免费租赁、各类废弃物处理、物品搬移等服务,以及甲乙双方协商约定的突击性、临时性服务),视为延伸服务,延伸服务的内容、标准和服务费用约定详见专用条款。

第 6 条　物业管理服务项目分包

对绿化、保洁、安保、通信服务等涉及专业性强,技术要求高的管理服务项目,可进行专业分包,专业分包项目由甲乙双方协商后在专用条款中明确。

6.1　乙方选择的专业分包单位,须经甲方同意后方可签约实施。

6.2　乙方所选定的专业分包单位,必须具有相应的专业资质。乙方所签订的分包合同的服务标准不得低于本合同的服务标准,并对专业服务企业的服务行为承担连带责任。专业分包单位不得将专业分包项目再次转包。

6.3　分包合同不能免除乙方在本合同中应承担的任何义务和责任。乙方应对分包服务项目进行相应监督管理,以保证合同的履行。

第 7 条　甲方的权利义务

7.1　审定乙方编制的物业管理服务方案、年度管理服务计划、年度维修计划和有关费用预算等,监督乙方管理服务工作的实施。甲方有权按照合同约定和法律规定的标准规范,对乙方实施的物业管理服务提出修改和变更建议。

7.2　负责协调、处理、解决本合同生效前发生的遗留问题,便于乙方开展工作。

7.3　制定、审议、修改物业管理区域共用部位和共用设施设备使用、公共秩序和环境卫生维护等方面的规章制度。审核涉及本物业公共部位固定资产配置、绿化和设备改造等事项,并根据批准的方案委托乙方实施。

7.4　对物业管理服务质量进行监督检查,对不符合质量标准的管理服务要求乙方整改落实。

7.5　为乙方的管理服务提供必要的工作条件,包括办公用房、设备工具库房(包含相关工具、物料)、员工更衣及休息场所等,以及物业管理服务所必需的图、档、卡、册等资料。

7.6 对乙方的节能工作进行指导，下达有关物业年度节能指标，督促乙方加大节能管理力度，提高用能设施设备的能源利用效率。

7.7 根据有关部门的要求，指导、协调乙方妥善处理与物业管理服务相关的控烟、爱国卫生等工作。

7.8 定期召开大楼管委会会议，与乙方沟通协调物业管理服务相关事宜，组织实施第三方物业管理服务满意度测评，配合乙方提升本物业的服务质量。

7.9 加强对机关物业公司工作人员的安全教育，并遵守有关安全规定。

第8条 乙方的权利义务

8.1 在承接物业时，对物业工程技术档案资料、共用部位、设施设备等进行查验，并做好书面确认工作；对所有图、档、卡、册等资料应做好建档工作。

8.2 在本物业管理服务区域设立专门机构负责物业的日常管理工作，并按要求委派符合岗位资格要求的人员履行本合同。

8.3 根据法律法规的规定及本物业的实际情况开展物业管理服务，编制物业管理服务方案、年度管理服务计划、年度维修养护计划和相关费用预算，报送甲方审定。

8.4 保证从事本物业管理服务项目的人员具备相应的职业资格和应有的素质，做好从业人员有关政治素养方面的审核。如需调整主要管理人员及技术骨干应事先通报甲方，对甲方提出认为不适合的在岗人员，乙方应在接到甲方变更在岗人员要求后及时作出调整。

8.5 非经甲方书面许可，不得改变物业管理区域内共用部位、共用设施设备的用途；不得占用、挖掘物业管理区域内道路和场地，确因工作需要，乙方应事前以书面形式向甲方提出申请并经同意后方可实施，施工不得影响机关工作秩序。

8.6 对有违反或影响本合同执行，包括影响机关正常办公秩序的行为，乙方应及时整改。

8.7 协助甲方做好物业管理区域内各项节能管理工作，对物业管理服务人员进行节能管理专业培训，加大节能管理力度，完成甲方下达的物业公共部位年度节能指标。

8.8 乙方应协助甲方做好本物业管理区域的安全生产和事故防范工作,对从事本物业的人员应进行安全操作培训;遵守有关环境保护和职业健康管理职责要求。根据甲方要求,采取详细的事故防范措施,制定应急预案,并组织演练,避免发生安全事故。发生安全事故时,乙方在采取应急措施的同时,及时向甲方报告,保护好现场,协助做好处置工作。

8.9 按要求组织成立服务质量监督检查部门,定期对物业管理服务质量进行内部监督检查,及时向甲方通报本物业管理服务区域有关物业管理服务的重大事项,稳步提升物业管理服务质量。

8.10 投保物业公众责任险。

8.11 乙方应在年底前向甲方提交物业管理服务年度总结报告;合同期限届满前,乙方应向甲方提交物业管理服务总结报告;合同期限届满且不再续签新合同时,乙方应向甲方移交房屋、物料、设备、工具、档案和图纸资料,并填写移交清单,由双方签收;全部手续完成后签署物业移交确认书。

第 9 条 物业维修养护

9.1 甲方所支付物业费用中已包含物业维修日常小修费用,该费用按物业总价百分比计算,相关约定详见专用条款。超过物业维修日常小修费用标准的维修项目,乙方需按维修申报程序向甲方申请,列入物业维修日常小修费用的单项单件维修费用(含物件更换费用)标准约定详见专用条款。

9.2 物业大修、中修和应急专项维修费用由甲方按照大修、中修维修申报程序向有关部门申请,物业大修、中修和应急专项维修约定详见专用条款。

9.3 甲方应创造条件,指导、协助乙方推进物业维修信息化管理,提高物业管理水平。

第 10 条 节能管理

10.1 甲方对乙方节能工作进行指导,配合乙方做好行为节能、管理节能、技术节能等工作。

10.2 乙方应重视物业节能工作,配备专门人员从事节能管理,建立能源资源消耗统计台账和主要用能设施设备台账,积极实施用电需求侧平衡管理,完成市节能监察部门布置的各项节能监察工作,相关约定详见专用条款。

第 11 条　物业管理服务质量评估

甲方按照相关规定要求,对乙方服务管理质量进行监督评价,并邀请社会专业机构对物业管理服务进行服务满意度第三方测评,相关约定详见专用条款。

第 12 条　物业管理服务收费计价方式和支付方式

12.1　本物业管理服务费采取包干制或酬金制的方式,具体收费方式在专用条款中约定。

12.2　物业管理服务费用由以下项目构成：

(1)管理服务人员费用；

(2)物业共用部位、共用设施设备的日常运行及维护费用；

(3)物业管理区域清洁卫生费用；

(4)物业管理区域绿化养护费用；

(5)物业管理区域秩序维护费用；

(6)办公费用；

(7)公众责任保险费用；

(8)其他。

各类能耗费用收费计价方式在专用条款中约定。

12.3　乙方按照包干制标准收取物业管理服务费用的,应向甲方公布物业管理服务年度计划、物业管理服务资金年度预决算和物业管理服务资金收支情况,按本合同约定的服务内容和质量标准提供服务,盈余或亏损由乙方享有或承担,具体收费标准详见专用条款。

12.4　乙方按照酬金制标准收取物业管理服务费用的,应向甲方公布物业管理服务年度计划、物业管理服务资金年度预决算和物业管理服务资金收支情况,具体收费标准详见专用条款。

12.5　在本合同履行期限内,如遇政府政策性调价、最低工资和社会保险费基数调整、增设缴费项目等情况,甲乙双方可通过协商,对物业管理服务费作出相应调整。

12.6 甲方付款时间以财政拨付时间为准,相关约定详见专用条款。

第13条 履约保证金

13.1 为保证乙方按合同约定的服务质量履行合同,乙方需向甲方提交履约保证金。乙方在合同正式签约并收到甲方首次付款后,按合同总价一定比例的金额向甲方提交履约保证金,相关约定详见专用条款。

13.2 按合同约定考核验收合格后,甲方一次性将履约保证金无息退还乙方,无正当理由逾期不退的,甲方应承担由此而造成的乙方直接经济损失,相关约定详见专用条款。

13.3 履约保证金可以采用支票或者甲方认可的银行出具的保函。乙方提交履约保证金所需费用均由乙方负担。

第14条 违约责任

14.1 乙方违约,甲方可扣除相应的履约保证金。

14.2 乙方按合同约定的质量标准履行管理服务职责而甲方无正当理由逾期支付管理服务费用的,甲方应向乙方支付违约金,相关约定详见专用条款。

14.3 乙方未按合同约定的质量标准履行管理服务职责,但未给甲方造成损失的,甲方可要求乙方整改,乙方在双方协定期限内达到甲方或第三方评估机构认定的管理服务质量标准后,甲方应支付相应的管理服务费用;乙方延迟履行超过30日的,甲方有权解除本合同。

14.4 乙方未按合同约定的质量标准履行管理服务职责,给甲方造成损失的,甲方可要求乙方按实赔偿;乙方管理服务质量问题导致甲方无法实现合同目的,甲方有权解除合同。

14.5 乙方原因导致重大火灾、失窃、泄密等事件的,甲方有权解除合同,并要求乙方赔偿相关损失。

14.6 其他违约责任在专用条款中约定。

第15条 争议解决方式

双方发生争议的,争议解决方式在专用条款中约定。

第16条 附则

16.1 本合同未尽事宜,可经双方协商一致后另行签订补充协议。补充协议作为本合同的组成部分。补充协议内容与本合同不一致的,从补充协议。

16.2 文件送达。甲乙双方应在专用条款中明确双方在履行合同过程中发生文件往来时的送达地址,任何一方的送达地址发生变更时,都应及时以书面形式通知另一方。

第三部分 专用条款

第1条 一般规定

1.1 适用于本合同的有关物业管理服务的各类文件规定,包括但不限于以下各项:＿＿＿＿＿＿＿＿＿＿＿＿＿＿＿＿＿＿＿。

1.2 保密事项

签订＿＿＿＿＿＿＿保密协议作为本合同附件。

1.3 廉政责任

签订＿＿＿＿＿＿＿廉政责任书作为本合同附件。

第2条 物业交接

＿＿＿＿＿＿＿＿＿＿＿＿＿＿＿＿＿＿＿＿＿＿＿＿＿。

第3条 物业管理服务内容和要求

3.1 综合管理标准要求:＿＿＿＿＿＿＿＿＿＿＿＿＿＿。

3.2 建筑物管理标准要求:＿＿＿＿＿＿＿＿＿＿＿＿＿。

3.3 设施设备管理标准要求:＿＿＿＿＿＿＿＿＿＿＿＿。

3.4 保洁服务标准要求:＿＿＿＿＿＿＿＿＿＿＿＿＿＿。

3.5 绿化养护和管理标准要求:＿＿＿＿＿＿＿＿＿＿＿。

3.6 节能管理标准要求:＿＿＿＿＿＿＿＿＿＿＿＿＿＿。

3.7 公共秩序管理标准要求:＿＿＿＿＿＿＿＿＿＿＿＿。

3.8 交通秩序维护与车辆停放管理标准要求:＿＿＿＿＿＿＿＿＿＿＿＿＿。

3.9 消防防灾管理标准要求:＿＿＿＿＿＿＿＿＿＿＿＿。

3.10 会务及接待服务标准要求：_____。

第 4 条 延伸服务

4.1 延伸服务内容：_____。

4.2 延伸服务标准要求：_____。

第 5 条 物业管理服务项目分包

_____。

第 6 条 物业维修保养

6.1 物业维修日常小修费用。该费用按物业总价的_____%计算,共计费用_____元。单项单件维修费用(含物件更换费用)低于人民币_____元,列入物业维修日常小修费用;超过_____元的维修项目,列入物业大修、中修或应急维修,乙方需通过年度维修申报程序向甲方申请。日常小修应做好财务和账目登记,乙方在每个季度第 3 个月末向甲方出具物业维修日常小修费用使用情况明细表。当年内未使用完的小修费用,纳入次年小修费用继续专项使用。

6.2 物业大修、中修和应急专项维修：_____。

第 7 条 节能管理

_____。

第 8 条 物业管理服务质量评估

_____。

第 9 条 物业管理服务收费计价方式

9.1 甲乙双方协商一致采用□包干制□酬金制方式计费收费。

9.2 物业管理服务费用构成和收费标准：_____。

9.3 支付方式：_____。

第 10 条 履约保证金

10.1 合同正式签约并收到甲方付款的_____个工作日内,乙方出具合同总价的_____%作为合同履约保函。

10.2 甲方无正当理由逾期未退履约保函的：_____。

第 11 条　违约责任

11.1　甲方无正当理由逾期未支付管理服务费用的,每逾期 1 日按未付物业费用金额的_____‰向乙方支付违约金。

11.2　其他违约责任:_____。

第 12 条　争议解决方式

双方发生争议的,可协商解决,或向有关部门申请调解;也可提请_____仲裁委员会仲裁(不愿意仲裁而选择向法院提起诉讼的,请双方在签署合同时将此仲裁条款划去)。

第 13 条　附则

13.1　文件送达地址

文件送达甲方的地址和邮政编码:_____。

文件送达乙方的地址和邮政编码:_____。

第二十二章

车辆行驶、停放、收费管理制度

车辆行驶、停放、收费管理制度(样本)

为维护业主合法权益,保持小区正常秩序,根据有关法律法规和小区的管理规约相关规定,特制定本管理制度。

一、管理规定

1. 本车场为小区内居民及访客停放机动车辆提供服务,进入小区地下停车场的所有车辆都应遵守本规定。

2. 享有认可停车位的车辆,应按规定及时交纳认可证费用。外来车辆应交纳临时停放费用。

3. 在本车场办理固定泊位的车辆应办理"车辆综合保险"。

4. 进场车辆,应主动出示停车证明,接受物业公司工作人员的检查。

5. 按箭头指示方向行驶,不得鸣号,按规定车位停放,限速5公里。

6. 在本停车场停放车辆人员,均有责任维护车场各种交通标识和设备设施的完好,并对意外损坏行为承担赔偿责任。

7. 服从车辆管理员的调度和指挥,将车辆停放在指定位置。享有固定停车位的车辆不得擅自停放在闲置车位,不得有妨碍其他车辆停放的行为。

8. 不得堵塞消防通道、进出车路口,不得驶入人行道、草坪。

9. 停车使用的收费单据、证明及其他票据,所有权为车场,任何仿造均无效,发现后立即没收并追究其责任。

10. 不得在场内试刹车、练习或修理车辆,禁止装载有毒、易燃易爆物品和其他危险品的车辆停放。有滴漏机油等现象必须清洗干净。

11. 保持停车场的清洁卫生,车内垃圾应放置在车场指定的容器内,不乱丢杂物、随地吐痰或在停车场内清洗车辆等,不得在停车场内起卸货物或存放物品。

12. 严禁在场内加、放燃油和保养车辆,特殊情况,须经同意,并采取相应的安全措施。

13. 场内严禁游逛、赌博、喧哗、打闹和其他不宜进行的活动。

14. 车辆停止后,应关闭发动机、摇上车窗、锁好车门及行李箱,勿将贵重物品留在车内,车场出入卡要随身携带。如因违反本规定引起车辆损坏、附件和车内财物丢失等,本车场概不负责。

15. 未经同意,任何车主不得随意更改、转让车位。应做到车、位相符,否则按自动放弃处理。

16. 停车场管理员有权采取适当行为维护车场秩序,处理停车场发生的问题。

17. 不得刁难、辱骂和威胁车场管理员执行工作任务。

18. 本停车场只提供停放服务,对停放以外造成的损失不承担赔偿义务。诚望各业主、司机对车场的管理予以支持,积极配合。

二、行驶规定

1. _____吨(含)以上货车(搬家等特殊情况除外)、_____座(含)以上客车以及载有易爆、剧毒、放射性等危险品的车辆禁止进入小区。

2. 车辆在小区内行驶时速不得超过_____公里。

3. 禁止鸣笛、练车等影响或危害业主生活秩序的行为。

4. _____。

三、停放规定

1. 小区临时停车位采取_____(方式)停放。

2. 外来车辆_____(可以或不得)进入小区。

3. 拥有车库或车位的车辆_____(可以或不得)占用临时停车位。

4. 凡进入小区的车辆要停放到车库、车位或临时停车位内,禁止停放在消防通道、消防登高面和草坪上。

5. 防盗报警器应尽量使用静音,以免影响他人生活和休息。

6. _____。

四、收费规定

1. 临时停车卡收费标准:_____。

2. 停车收费标准:_____。

3. 允许外来车辆进入的,外来车辆收费标准:_____。

4. 执行公务或任务的警车、消防车、救灾抢险车、救护车、市政工程抢修车等特殊车辆免费。

五、其他规定

_____。

第二篇

诉讼（仲裁）文书范本

第一章

授权委托书

授权委托书

（不动产运营管理）

委托方：

统一社会信用代码（身份证号码）：

法定代表人：

受托方：

统一社会信用代码（身份证号码）：

法定代表人：

一、委托事项

现授权_____代理_____本人（本公司）身份证号码（或营业执照）：_____负责_____号_____号楼_____室物业的占有、使用、收益。包括但不限于：代为办理房屋产权证；代为接受物业的交付；代为对物业统一经营、管理、出租、装饰装修；代为行使专有权、成员权、管理权等除行使处分权以外的其他一切权利。

二、委托权限：特别授权

委托权限（包括但不限于）：

1. 授权物业的占有、使用、收益。包括但不限于：代为办理房屋产权证；代为接受物业的交付;代为对物业统一经营、管理、出租、装饰装修;代为行使专有权、成员权、管理权等除行使处分权以外的其他一切权利。

2.授权将物业纳入_____项目进行统一经营、管理、出租、装饰装修等除处分该物业以外的相关事项。

3.代为签署本授权范围内的相关法律文书、履行相关协议、代为在相关会议中进行表决。

三、委托期限

自_____年____月____日起至_____年____月____日止。

委托方(签章):　　　　　　　受托方(签章):

联系人:　　　　　　　　　　联系人:

联系电话:　　　　　　　　　联系电话:

联系地址:　　　　　　　　　联系地址:

电子邮箱:　　　　　　　　　电子邮箱:

　　　　　　　　　　　　　　签署时间:　　年　月　日

第二章

共同诉讼代表人推选书

共同诉讼代表人推选书

我们共同推选_____、_____为我方参加诉讼的代表人,其诉讼行为对全体推选人/单位发生效力。

特此证明。

附:代表人联系地址:　　　　　联系电话:

推选人(签名或者盖章)

年　月　日

【说明】

1. 本样式根据《中华人民共和国民事诉讼法》第五十六条、第五十七条以及《最高人民法院关于适用〈中华人民共和国民事诉讼法〉的解释》第七十六条、第七十七条、第七十八条制定,供共同诉讼当事人推选代表人参加诉讼用。

2. 当事人一方人数众多在起诉时确定的,可以由全体当事人推选共同的代表人,也可以由部分当事人推选自己的代表人;推选不出代表人的当事人,在必要的共同诉讼中可以自己参加诉讼,在普通的共同诉讼中可以另行起诉。

3. 当事人一方人数众多在起诉时不确定的,由当事人推选代表人。当事人推选不出的,可以由人民法院提出人选与当事人协商;协商不成的,也可以由人民法院在起诉的当事人中指定代表人。

4. 代表人为二人至五人。

5. 本推选书由推选人共同签名或者盖章后递交人民法院。

第三章

律 师 函

第一节 律师函(范本一)

（　　）律函字第　　　号

律 师 函

致:_____:

　　_____律师事务所接受_____的委托,指派本律师,就您拖欠我委托人_____小区_____号房物业费一事,郑重致函如下:

　　事由:

　　期限:自_____年____月____日起(含当日)至_____年____月____日(含当日)止,共计_____月,合计拖欠我委托人物业费人民币_____元,违约金人民币_____元,合计人民币_____元。

　　依据《中华人民共和国民法典》第九百四十四条,业主应当按照约定向物业服务人员支付物业费。物业服务人已按照约定和有关规定提供服务的,业主不得以未接受或者无须接受相关物业服务为由拒绝支付物业费。业主违反约定逾期不支付物业费的,物业服务人可以催告其在合理期限内支付;合理期限届满不支付的,物业服务人可以提起诉讼或者申请仲裁。

　　鉴于此,本律师郑重向您发出催告,希望您本着诚实守信的原则,积极履行义务,如不履行,我委托人将直接向人民法院起诉,这可能给您带来不必要的麻烦,影响您的正常生活和工作。届时,您将向我委托人承担违约责任,不但要支付所拖欠物业服务费、违约金,而且要承担案件全部诉讼费用,包括但不限于案件受理费、财产保全费、执行费、律师费等。

最后,希望您收到本律师函后,务必在_____年____月____日前缴清拖欠的物业费。如您仍然继续违约,本律师将视为您放弃双方最后友好协商的机会。希望您能慎重对待,仔细权衡!

_____律师事务所(盖章)

律师:_____

_____年____月____日

第二节　律师函(范本二)

律　师　函

_____业主:

_____律师事务所接受_____物业公司的委托,指派本律师就您欠费事宜发出律师函。

从_____年____月____日起至发函之日止,您拖欠物业服务费,其他费用(包括电费、垃圾清运费)等累计_____元,特致函如下:

请您在收到此函告之日起_____日内到指定地点、指定人员_____处办理交费手续,以委托人出具加盖_____公司财务章的收据作为交费凭证,若逾期,委托人将授权本律师起诉。届时,您不但要支付所欠费用及违约金,而且您的财产将可能会被人民法院查封或者冻结,同时本律师将会依法把您和您的配偶或者其他房屋产权人列为共同被告,由法院采取包括但不限于限制高消费、纳入失信黑名单等措施,对您及家人的征信或者出行将造成不利影响。

交纳物业服务费既是合同义务,也是法定义务,鉴于委托人前期已经投入巨资进行公共设施、设备的维护、维修、更换、保养(应当由住房专项维修基金开支),作为业主,于情、于理都无理由欠费,请您收到此函后与委托人公司_____联系,电话:_____。

特此函告!

_____律师事务所(盖章)
律师:_____
_____年___月___日

第三节　律师函(范本三)

律　师　函

依据《中华人民共和国民法典》《物业管理条例》相关法律法规的规定,根据债权人的委托,现向您发函,本函可在_____平台查询,您可登录_____,完成注册和实名认证后进行具体信息查询。

如您在本函指定的期限内履行义务,我们将与债权人确认并清除记录。

如您已经还款请及时登录_____,找到该项信息并上传还款凭证,或及时与我们联系。

如您有任何异议,请登录_____平台提出并提交相关证据。

请您关注以下提示:

在构建我国"一处失信、处处受限"的社会信用体系建设目标之下,如您未能在限期内与债权人协商达成一致或履行支付义务,本函将收录进国家发展和改革委员会综合信息服务合作机构汇发集团信用数据库,在相关单位查询时提供匹配,该查询人可据此自行评估查询结果,请您珍惜信用。

律 师 函

编号:【　　】第　　号

_____:

　　我所接受_____物业有限公司(以下简称债权人)的委托,就您拖欠_____小区(___幢___单元___号)费用一事,向您发出律师函,请务必重视。

　　您欠付债权人费用_____元,包含违约金(以债权人最终确认金额为准)(暂计算至_____年___月___日),合计人民币_____元,如继续拖欠,违约金会进一步增加。

　　根据《中华人民共和国民法典》、《物业管理条例》以及物业服务合同条款(《中华人民共和国民法典》第九百四十四条第一款规定:物业服务人已按照约定和有关规定提供服务的,业主不得以未接受或者无须接受相关物业服务为由拒绝支付物业费。《物业管理条例》第七条第五项规定:房屋所有权人负有按时交纳物业费的义务。),您长期欠费的行为已构成严重违约,侵犯了债权人的合法权益,请于本函送达之日起7日内支付全部欠款(欠款金额以还款当日债权人提供数据为准),否则,债权人将采取以下措施,以保障债权人及其他交费业主利益:

　　1.您的违约信息将会记录在各类信息系统中(可能会影响贷款融资、求职就业、房屋转让、房产价值),所有负面影响,由您自行承担。

　　2.您的违约行为,将导致违约金逐日增加,您的损失将持续扩大,请务必及时处理。

　　3.依法向人民法院提起民事诉讼,请求法院判令您支付全部欠费及由此产生的律师费、诉讼费、财产保全费、执行费等款项;同时,向人民法院申请财产保全,请求法院依法查封、扣押、冻结您的相应金额的财产(包括但不限于房产、车辆、存款、股票、债券等)。

　　为了避免因未及时支付费用可能承担的法律责任,请于接到本函后7日内还清欠费。

特此函告！

              _____律师事务所(盖章)

              _____年___月___日

付款联系电话：_____

第四章

民事起诉状

第一节 民事起诉状(共有人优先购买权纠纷)

民事起诉状(共有人优先购买权纠纷)

原告:姓名_____,性别_____,_____年____月____日出生,民族_____,住址:_____省_____市_____区_____路_____小区_____号楼_____单元_____室。身份证号码:_____,联系电话:_____。

被告:姓名_____,性别_____,_____年____月____日出生,民族_____,住址:_____省_____市_____区_____路_____小区_____号楼_____单元_____室。身份证号码:_____,联系电话:_____。

第三人:单位名称_____,住所地:_____省_____市_____区_____路_____号_____座_____层_____。

法定代表人:_____,职务:_____,联系电话:_____。

案由:共有人优先购买权纠纷

诉讼请求:

一、依法判决撤销被告与第三人之间的房屋买卖合同,并确认原告对涉案房产具有优先购买权。

二、依法判决本案全部诉讼费由被告承担。

事实和理由：

_____年____月____日，原、被告协议离婚，约定位于_____的房产（房产证号：_____，以下称涉案房产）归原、被告共同所有，如被告出售该房屋，原告享有优先购买权，价格按照市场价确定。

_____年____月____日被告与第三人签订了房屋买卖合同，在隐瞒原告的情况下将房屋出售给第三人。

原告认为：上述做法侵犯了原告的优先购买权，应予撤销。

为维护原告合法权益，原告向法院起诉，请法院支持原告的诉讼请求。

此致

_____人民法院

起诉人（签名或盖章）：

年　月　日

第二节　民事起诉状（房屋买卖合同纠纷）

民事起诉状（房屋买卖合同纠纷）

原告：姓名_____，性别_____，民族_____，_____年____月____日出生，住址：_____省_____市_____区_____路_____小区_____号楼_____单元_____室。身份证号码：_____，联系电话：_____。

被告：单位名称_____，住所地：_____省_____市_____区_____路_____号_____座_____层_____。联系电话：_____。

法定代表人：_____，职务：_____。

案由：房屋买卖合同纠纷

诉讼请求：

一、依法判决确认坐落在_____市_____区_____号两间两层住房及水泥场和对面附房等产权和使用权为原告所有。

二、依法判决被告协助办理房屋过户手续。

三、依法判决本案全部诉讼费用由被告承担。

事实和理由：

被告于＿＿＿＿年向原告借款人民币＿＿＿＿元，经法院主持调解，原、被告双方于＿＿＿＿年＿＿月＿＿日达成调解协议，法院作出（　　）坛民一初字第＿＿＿号民事调解书，原告于＿＿＿＿年＿＿月＿＿日向法院申请强制执行，法院依法查封被告所有的位于＿＿市＿＿区＿＿镇＿＿村委＿＿＿村＿＿号的房屋一幢，经评估，涉案房屋价值为人民币＿＿＿＿元。

＿＿＿＿年＿＿月＿＿日，原、被告签订协议书，被告将该房屋及其附房出卖给原告以抵销上述债务。协议书签订后，被告将上述房屋腾空后交付原告，原告对上述房屋予以翻修、改造并居住。原告认为，上述房屋属原告所有。

故原告诉至法院，请贵院判决支持原告的诉讼请求。

此致

＿＿＿＿人民法院

起诉人（签名或盖章）：

年　月　日

第三节　民事起诉状（不当得利纠纷）

民事起诉状（不当得利纠纷）

原告：＿＿＿＿，性别＿＿＿，民族＿＿＿，＿＿＿＿年＿＿月＿＿日出生，住址：＿＿＿＿＿＿＿＿＿＿＿＿＿＿，身份证号码：＿＿＿＿＿＿＿＿＿＿＿＿，联系电话：＿＿＿＿＿＿＿＿。

被告：＿＿＿＿，性别＿＿＿，民族＿＿＿，＿＿＿＿年＿＿月＿＿日出生，住址:_____,身份证号码:_____,联系电话:_____。

案由:不当得利纠纷

诉讼请求:

一、判决被告返还不当得利_____元。

二、判决被告赔偿利息损失(以_____元为基数,按人民银行同期贷款利率,自____年__月__日起计算至实际归还不当得利时止。计算至起诉日暂为_____元)。

三、判决被告承担本案全部诉讼费用。

事实和理由:

20××年××月××日,原告作为××信托投资公司××证券交易营业部的客户管理员,引荐被告在××营业部开立自助委托户及进行相关交易活动,交易代码为_____。由于股市行情低迷,被告的账户一直处于亏损状态。20××年××月前,被告陆续将账户内的全部资金取走,账户清零,不再交易。但原告对此完全不知情,直到20××年××月事发后通过××营业部的告知才得知这一情况。

一直以来,原告误认为自己对被告的亏损负有不可推卸的责任。为留住大客户,原告按照股市大盘的走势,陆续制作了多份被告账户盈利的虚假交易对账单并交给被告,证明其账户仍在盈利。被告见有利可图,对原告隐瞒了其账户清零的事实,依然要求原告定期出具交易对账单。由于原告丧失了理智和判断力,不断在之前虚假对账单的基础上出具另一份虚假的对账单,伪造的盈利数据越来越大。20××年年底,被告以投资工程需要资金为由,根据其持有的对账单向原告索要巨款。为顾及面子及保住工作,原告四处向亲朋好友筹款,于20××年××月××日至20××年××月××日共汇给被告××元。20××年××月,原告因无力偿还巨额债务,又误认为自己伪造对账单侵害了被告的权益,触犯了法律,故向公安机关投案自首。××营业部得知情况后,对原告管理的客户账单进行了清查,原告才得知被告的账户根本没有资金的情况。

于是原告要求被告将不当得利资金退还,但被告以手中持有对账单、资金已对外投资为由拒不退还。20××年××月××日,原告涉嫌诈骗被刑事拘留。在公安机关的介入下,被告于20××年××月××日退还原告××元,但仍有××元尚未退还。后原告因伪造印章罪被判处2年徒刑,缓期3年执行。而原告支付给被告的款项均系向第三人借贷所得,第三人已纷纷向原告主张权利,要求还款。

　　为维护自己的合法权益,原告不得不诉至法院,要求被告退还不当得利并赔偿利息损失。

　　为维护原告合法权益,特向贵院具状起诉。请依法公正判决。

　　此致
_____人民法院

起诉人(签名或盖章):
年　月　日

第四节　民事起诉状(房屋拆迁安置补偿合同纠纷)

民事起诉状(房屋拆迁安置补偿合同纠纷)

　　原告:姓名_____,性别_____,_____年____月____日出生,民族_____,住址:_____省_____市_____区_____路_____小区_____号楼_____单元_____室。身份证号码:_____,联系电话:_____。

　　被告:单位名称_____,住所地:_____省_____市_____区_____路_____号_____座_____层_____。

　　法定代表人:_____,职务:_____,联系电话:_____。

　　案由:房屋拆迁安置补偿合同纠纷

　　诉讼请求:

　　一、依法判决被告继续履行合同,向原告支付购房款(第二层)人民币

_____元。

二、依法判决被告支付违约金,以人民币_____元为基数,从_____年____月____日起按每日_____%的标准计算至判决确定给付之日止。

三、依法判决被告给付原告搬迁过渡费人民币_____元。

四、依法判决本案全部诉讼费用由被告承担。

事实和理由:

_____年____月____日,原告与被告洽谈原告房屋的拆迁问题,原告与被告签订一份《房屋买卖协议》,约定被告支付原告购房款人民币_____元。被告于协议签订当日向原告支付购房定金人民币_____元。

_____年____月____日,被告向原告下达了书面搬迁通知。_____年____月____日,原告搬出其房屋,被告于当日向原告转账购房款人民币_____元。_____年____月____日,被告开发的_____小区经过工程竣工验收。_____年____月____日,原告搬入该小区____栋____室居住。

按照合同约定,被告应承担原告的房屋搬迁过渡费,被告已分两次给付共计人民币_____元,尚欠人民币_____元未支付,且合同约定被告应在工程竣工验收后10日内向原告支付剩余购房款人民币_____元。原告曾多次要求被告支付房款及搬迁过渡费,但被告至今仍未支付。

故原告诉至法院,请贵院判决支持原告的诉讼请求。

此致

_____人民法院

起诉人(签名或盖章):

年　月　日

第五节　民事起诉状（不明抛掷物、坠落物损害责任纠纷）

民事起诉状（不明抛掷物、坠落物损害责任纠纷）

原告：姓名_____，性别_____，_____年____月____日出生，民族_____，住址：_____省_____市_____区_____路_____小区_____号楼_____单元_____室。身份证号码：_____，联系电话：_____。

被告一：姓名_____，性别_____，_____年____月____日出生，民族_____，住址：_____省_____市_____区_____路_____小区_____号楼_____单元_____室。身份证号码：_____，联系电话：_____。

被告二：姓名_____，性别_____，_____年____月____日出生，民族_____，住址：_____省_____市_____区_____路_____小区_____号楼_____单元_____室。身份证号码：_____，联系电话：_____。

被告三：姓名_____，性别_____，_____年____月____日出生，民族_____，住址：_____省_____市_____区_____路_____小区_____号楼_____单元_____室。身份证号码：_____，联系电话：_____。

案由：不明抛掷物、坠落物损害责任纠纷

诉讼请求：

一、依法判决被告连带赔偿原告各项损失共计_____元。

二、依法判决本案全部诉讼费用由被告承担。

事实和理由：

　　_____年___月___日___时___分许，原告将小汽车(车牌号码_____，品牌型号：_____)停放在_____门前，被_____建筑物高空坠落的砖块砸中，致小车天窗被砸破碎，左后车顶位置被砸成凹形，原告发现后当即到_____派出所报案，该所民警即刻赶到现场勘查发现情况属实。随即通知涉案屋主到派出所接受调查，但遭到被告拒绝。该×号楼房(建筑物)的不明坠落物砸车事件造成原告经济损失人民币_____元。

　　原告认为，被告是涉案×号楼房的使用人和管理人。依据《中华人民共和国民法典》第一千二百五十四条第一款"禁止从建筑物中抛掷物品。从建筑物中抛掷物品或者从建筑物上坠落的物品造成他人损害的，由侵权人依法承担侵权责任；经调查难以确定具体侵权人的，除能够证明自己不是侵权人的外，由可能加害的建筑物使用人给予补偿。可能加害的建筑物使用人补偿后，有权向侵权人追偿"的规定，被告应承担赔偿责任。

　　故原告诉至法院，请贵院判决支持原告的诉讼请求。

　　此致
_____人民法院

起诉人(签名或盖章)：
年　月　日

第六节　民事起诉状(噪声污染责任纠纷)

民事起诉状(噪声污染责任纠纷)

　　原告：姓名_____，性别_____，_____年___月___日出生，民族_____，住址：_____省_____市_____区_____路_____小区_____号楼_____单元_____室。身份证号码：_____，联系

电话:_____。

被告:单位名称_____,住所地:_____省_____市_____区_____路_____号_____座_____层_____。

法定代表人:_____,职务:_____,联系电话:_____。

案由:噪声污染责任纠纷

诉讼请求:

一、依法判决被告排除妨碍,_____撤除产生噪声的设备_____。

二、赔偿原告各项损失共计_____元(其中:医疗费_____元、交通费_____元、精神损害抚慰金_____元)。

三、依法判决本案全部诉讼费用由被告承担。

事实和理由:

_____年___月,原告在_____购买商品房一套,并于当年8月入住,后发现被告在原告卧室窗下安有一电信设备,经常发出异常噪声,尤其晚上难以入眠,原告多次到被告及相关管理部门投诉,但一直未解决问题。

因被告的设备,原告身体出现疾病,精神受到损害。

为维护原告合法权益,原告诉至法院,请贵院判决支持原告的诉讼请求。

此致

_____人民法院

起诉人(签名或盖章):

年 月 日

第七节 民事起诉状(业主共有权纠纷)

民事起诉状(业主共有权纠纷)

原告:_____业主委员会,住所地:_____省_____市_____区_____路

_____号_____座_____层_____。

法定代表人：_____，职务：业主委员会主任，联系电话：_____。

被告：单位名称_____，住所地：_____省_____市_____区_____路_____号_____座_____层_____。

法定代表人：_____，职务：_____，联系电话：_____。

案由：业主共有权纠纷

诉讼请求：

一、依法判决被告向原告支付公共收益_____元(自_____年____月____日起至_____年____月____日止)，并赔偿利息损失(自_____年____月____日起计算至实际付清之日止，按银行同期贷款利率计算；暂计算至_____年____月____日为_____元)。

二、依法判决本案全部诉讼费由被告承担。

事实和理由：

原告系_____小区的业主委员会，被告系该小区的物业服务公司。根据原、被告的约定，公共收益的40%归被告所有，60%归小区全体业主所有，纳入业主专项维修资金账户。自_____年____月____日起至_____年____月____日止，该小区税后公共收益为_____元，其中60%应归小区全体业主所有，并应存入业主专项维修资金账户。

原告认为，被告应按约定返还公共收益。因被告未及时返还公共收益的，应赔偿利息损失。

为维护自己的合法权益，原告依法提起诉讼，请法院支持原告的诉讼请求。

此致

_____人民法院

起诉人(签名或盖章)：

年　月　日

第八节　民事起诉状(业主撤销权纠纷)

民事起诉状(业主撤销权纠纷)

原告:单位名称_____,住所地:_____省_____市_____区_____路_____号_____座_____层_____。

法定代表人:_____,职务:_____,联系电话:_____。

被告:_____业主委员会,住所地:_____省_____市_____区_____路_____号_____座_____层_____。

法定代表人:_____,职务:业主委员会主任,联系电话:_____。

案由:业主撤销权纠纷

诉讼请求:

一、依法判决撤销被告_____年____月____日作出的下列_____项决议:

1. 解聘物业服务企业_____有限公司,并公开招标选聘物业服务企业。

2. 改选_____届业主委员会成员。

3. 修改_____业主议事规则和业主管理规约部分条款。

二、依法判决本案全部诉讼费由被告承担。

事实和理由:

原告系_____住宅小区业主,专有部分建筑面积为_____平方米(非住宅),约占小区总建筑面积的_____%。被告为该小区的业主委员会。

_____年____月____日,被告作出了下列五项业主大会决议:_____。

原告认为,被告作出的上述决议违规应予撤销。理由是:_____。

被告的上述行为侵犯了原告的知情权、选举权、议事权等合法权益。为维护自己的合法权益,原告依法提起诉讼,请法院支持原告的诉讼请求。

此致

_____人民法院

起诉人(签名或盖章):

年 月 日

第九节 民事起诉状(第三人撤销之诉)

民事起诉状(第三人撤销之诉)

原告:_____,男/女,_____年____月____日出生,_____族,_____(写明工作单位和职务或者职业),住址:_____。身份证号码:_____,联系电话:_____。

法定代理人/委托代理人:_____,_____。

委托诉讼代理人:_____,_____。

被告(原审原告):_____,_____。

被告(原审被告):_____,_____。

第三人:_____,_____。

(以上写明当事人和其他诉讼参加人的姓名或者名称等基本信息)

诉讼请求:

1.(全部请求撤销的,写明:)撤销_____人民法院(____)____号民事判决/民事裁定/民事调解书;(部分请求撤销的,写明:)撤销_____人民法院(____)____号民事判决/民事裁定/民事调解书第____项;(请求改变的,写明:)变更_____人民法院(____)____号民事判决/民事裁定/民事调解书第____项为_____(写明变更的具体内容)。

2._____(写明其他诉讼请求)。

事实和理由：

_____年____月____日，_____人民法院(_____)_____号对_____(写明当事人和案由)一案作出民事判决/民事裁定/民事调解书：_____(写明判决结果)。(写明提起第三人撤销之诉的事实和理由)

证据和证据来源，证人姓名和住所：_____。

此致

_____人民法院

附：本起诉状副本_____份

起诉人(签名或者盖章)
年　月　日

第十节　民事起诉状(催收物业费)

民事起诉状(催收物业费示范文本一)

原告：_____，住所地：_____。法定代表人：_____，职务：_____。

被告：_____，男/女，_____年____月____日出生，_____族，_____(写明工作单位和职务或者职业)，住址：_____。身份证号码：_____，联系电话：_____。

案由： 物业服务费纠纷

诉讼请求：

1. 请求判令被告给付_____年____月至_____年____月物业服务费_____元。

2.请求判令被告按照每日万分之五支付逾期付款的滞纳金直至缴清全部物业服务费之日止,截至_____年___月___日应支付滞纳金为_____元。

3.请求判令被告承担本案全部诉讼费用。

事实与理由:

被告系原告所管理的_____花园的业主。

被告于_____年___月___日_____与开发商_____签订了《商品房买卖合同》,购得_____花园_____栋____号房,建筑面积_____平方米。被告在接收该物业时与原告签订了《前期物业管理合同》,合同约定原告向被告提供物业管理服务,被告按建筑面积_____元/平方米的标准向原告交纳物业服务费,如被告逾期付款应根据欠款金额按每日_____的标准向原告支付滞纳金。合同生效后原告依约为被告提供完善的物业管理服务,但被告并未依约向原告交纳物业服务费,自_____年___月___日至_____年___月___日,被告共欠物业费_____元,滞纳金_____元,原告多次对其书面及上门催缴,均无果。

被告拒不交纳物业费的行为已严重违反了双方签署的《前期物业管理合同》,严重侵犯了原告及其他业主的合法权益,故原告将此事诉至法院,望人民法院公正裁判,维护原告的合法权益。

此致

_____人民法院

起诉人:

年 月 日(公章)

民事起诉状(催收物业费示范文本二)

原告:_____物业管理有限公司,住所:_____市_____路_____号_____栋。

法定代表人:_____,联系电话:_____。

被告：_____,旧地址：_____区_____路_____花园_____栋_____房, 新地址：_____区_____路_____号_____栋_____房,联系电话：_____。

诉讼请求：

请求法院判令被告向原告支付拖欠物业管理服务费_____元(详见附件1),滞纳金_____元(详见附件1),水费_____元(详见附件2),污水处理费_____元(详见附件2),供水加压电费_____元(详见附件2),路灯电费_____元(详见附件3),防盗门及梯灯维修费_____元(详见附件3),垃圾处理费_____元(详见附件3),电梯及梯灯电费_____元(详见附件4),电梯维修零件费_____元(详见附件5)。以上合计人民币_____元(暂计算至20____年____月____日,之后的费用照计)。

事实与理由：

原告于_____与_____小区业主委员会签订了《_____小区物业管理合同》,并从_____年____月____日起至_____年____月____日止服务于_____小区业主,被告是坐落于_____小区_____栋_____房业主。在原告为_____小区物业提供物业管理服务期间,原告与被告都应该切实履行《_____小区物业管理合同》,但被告从_____年____月起无故拖延物业管理服务费及相关费用构成违约。

原告为维护自身合法权益,特起诉到贵院,请依法判决。

此致

_____人民法院

起诉人(盖章)：

年　月　日

原告提供证据清单

民事起诉状(催收物业费示范文本三)

说明：
为了方便您更好地参加诉讼,保护您的合法权利,请填写本表。 1.起诉时需向人民法院提交证明您身份的材料,如身份证复印件、营业执照复印件等。 2.本表所列内容是您提起诉讼以及人民法院查明案件事实所需,请务必如实填写。 3.本表所涉内容系针对一般物业服务合同纠纷案件,有些内容可能与您的案件无关,您认为与案件无关的项目可以填"无"或不填;对于本表中勾选项可以在对应项打"√";您认为另有重要内容需要列明的,可以在本表尾部或者另附页填写。 ★特别提示★ 《中华人民共和国民事诉讼法》第十三条第一款规定:"民事诉讼应当遵循诚信原则。" 如果诉讼参加人违反上述规定,进行虚假诉讼、恶意诉讼,人民法院将视违法情形依法追究责任。

当事人信息	
原告(法人、非法人组织)	名称： 住所地(主要办事机构所在地)： 注册地/登记地： 法定代表人/主要负责人： 职务： 联系电话： 统一社会信用代码： 类型：有限责任公司□ 股份有限公司□ 上市公司□ 　　　其他企业法人□ 事业单位□ 社会团体□ 　　　基金会□ 社会服务机构□ 机关法人□ 　　　农村集体经济组织法人□ 　　　城镇农村的合作经济组织法人□ 　　　基层群众性自治组织法人□ 　　　个人独资企业□ 合伙企业□ 　　　不具有法人资格的专业服务机构□ 　　　国有□ (控股□ 参股□) 民营□
委托诉讼代理人	有□ 姓名： 单位： 职务： 联系电话： 代理权限：一般授权□ 特别授权□ 证件类型：居民身份证□ 律师执业证□ 无□
送达地址(所填信息除书面特别声明更改外,适用于案件一审、二审、再审所有后续程序)及收件人、电话	地址： 收件人： 电话：

续表

是否接受电子送达	是□ 方式:短信＿＿微信＿＿传真＿＿邮箱＿＿其他＿＿ 否□
被告(法人、非法人组织)	名称： 住所地(主要办事机构所在地)： 注册地/登记地： 法定代表人/主要负责人： 职务： 联系电话： 统一社会信用代码： 类型:有限责任公司□ 股份有限公司□ 上市公司□ 　　其他企业法人□ 事业单位□ 社会团体□ 　　基金会□ 社会服务机构□ 机关法人□ 　　农村集体经济组织法人□ 　　城镇农村的合作经济组织法人□ 　　基层群众性自治组织法人□ 　　个人独资企业□ 合伙企业□ 　　不具有法人资格的专业服务机构□ 　　国有□ （控股□ 参股□） 民营□
被告(自然人)	姓名： 性别:男□ 女□ 出生日期： 年 月 日 民族： 工作单位： 职务： 联系电话： 住所地(户籍所在地)： 经常居住地：
第三人(法人、非法人组织)	名称： 住所地(主要办事机构所在地)： 注册地/登记地： 法定代表人/主要负责人： 职务： 联系电话： 统一社会信用代码： 类型:有限责任公司□ 股份有限公司□ 上市公司□ 　　其他企业法人□ 事业单位□ 社会团体□ 　　基金会□ 社会服务机构□ 机关法人□ 　　农村集体经济组织法人□ 　　城镇农村的合作经济组织法人□ 　　基层群众性自治组织法人□ 　　个人独资企业□ 合伙企业□ 　　不具有法人资格的专业服务机构□ 　　国有□ （控股□ 参股□） 民营□

续表

第三人(自然人)	姓名： 性别：男□　女□ 出生日期：　年　月　日 民族： 工作单位：　职务：　联系电话： 住所地(户籍所在地)： 经常居住地：
诉讼请求和依据	
1.物业费	截至　年　月　日止,尚欠物业费　　元
2.违约金	截至　年　月　日止,欠逾期物业费的违约金　　元 是否请求支付至实际清偿之日止：是□　否□
3.其他请求	
4.标的总额	
5.请求依据	合同约定： 法律规定：
约定管辖和诉讼保全	
1.有无仲裁、法院管辖约定	有□　合同条款及内容： 无□
2.是否申请财产保全措施	已经诉前保全：是□　保全法院：　保全时间： 　　　　　　　否□ 申请诉讼保全：是□ 　　　　　　　否□
事实和理由	
1.物业服务合同或前期物业服务合同签订情况(名称、编号、签订时间、地点等)	
2.签订主体	业主/建设单位： 物业服务人：
3.物业项目情况	坐落位置： 面积：　　　　　　所有权人：
4.约定的物业费标准	
5.约定的物业服务期限	年　月　日至　年　月　日

续表

6. 约定的物业费支付方式	
7. 约定的逾期支付物业费违约金标准	
8. 被告欠付物业费数额及计算方式	欠付物业费数额： 具体计算方式：
9. 被告应付违约金数额及计算方式	应付违约金数额： 具体计算方式：
10. 催缴情况	
11. 其他需要说明的内容（可另附页）	
12. 证据清单（可另附页）	

具状人（签字、盖章）：

日期：

第十一节　民事起诉状实例（催收物业费）

说明：
为了方便您更好地参加诉讼，保护您的合法权利，请填写本表。
1. 起诉时需向人民法院提交证明您身份的材料，如身份证复印件、营业执照复印件等。
2. 本表所列内容是您提起诉讼以及人民法院查明案件事实所需，请务必如实填写。
3. 本表所涉内容系针对一般物业服务合同纠纷案件，有些内容可能与您的案件无关，您认为与案件无关的项目可以填"无"或不填；对于本表中勾选项可以在对应项打"√"；您认为另有重要内容需要列明的，可以在本表尾部或者另附页填写。
　★特别提示★
《中华人民共和国民事诉讼法》第十三条第一款规定："民事诉讼应当遵循诚信原则。"
　如果诉讼参加人违反上述规定，进行虚假诉讼、恶意诉讼，人民法院将视违法情形依法追究责任。

续表

当事人信息	
原告(法人、非法人组织)	名称:北京市×××物业管理有限公司 住所地(主要办事机构所在地):北京市××区××路1号 注册地/登记地: 法定代表人/主要负责人:郭×× 职务:经理 联系电话: 统一社会信用代码: 类型:有限责任公司☑　　股份有限公司☐　　上市公司☐ 　　　其他企业法人☐　　事业单位☐　　社会团体☐ 　　　基金会☐　　　社会服务机构☐　　机关法人☐ 　　　农村集体经济组织法人☐ 　　　城镇农村的合作经济组织法人☐ 　　　基层群众性自治组织法人☐ 　　　个人独资企业☐　　合伙企业☐ 　　　不具有法人资格的专业服务机构☐ 　　　国有☐　　(控股☐　　参股☐)　　民营☑
委托诉讼代理人	有☑ 姓名:李×× 单位:北京市×××物业管理有限公司　职务:职员 联系电话:××××　代理权限:一般授权☑　特别授权☐ 无☐
送达地址(所填信息除书面特别声明更改外,适用于案件一审、二审、再审所有后续程序)及收件人、电话	地址:北京市××区××路1号 收件人:李×× 联系电话:××××××××
是否接受电子送达	是☑　方式:短信____　××××____微信____传真____ 邮箱____其他____ 否☐
被告(法人、非法人组织)	名称: 住所地(主要办事机构所在地): 注册地/登记地: 法定代表人/主要负责人:　　职务:　　联系电话: 统一社会信用代码: 类型:有限责任公司☐　　股份有限公司☐　　上市公司☐ 　　　其他企业法人☐　　事业单位☐　　社会团体☐ 　　　基金会☐　　　社会服务机构☐　　机关法人☐ 　　　农村集体经济组织法人☐ 　　　城镇农村的合作经济组织法人☐ 　　　基层群众性自治组织法人☐ 　　　个人独资企业☐　　合伙企业☐ 　　　不具有法人资格的专业服务机构☐ 　　　国有☐　　(控股☐　　参股☐)　　民营☐

续表

被告(自然人)	姓名:杨×× 性别:男☑　女□ 出生日期:×××年××月××日 民族:汉族 工作单位:无　职务:无　联系电话:×××××××× 住所地(户籍所在地):北京市西城区××街道××社区×号 经常居住地:
第三人(法人、非法人组织)	名称: 住所地(主要办事机构所在地): 注册地/登记地: 法定代表人/主要负责人:　职务:　联系电话: 统一社会信用代码: 类型:有限责任公司□　　股份有限公司□　　上市公司□ 　　　其他企业法人□　　事业单位□　　　社会团体□ 　　　基金会□　　　　社会服务机构□　　机关法人□ 　　　农村集体经济组织法人□ 　　　城镇农村的合作经济组织法人□ 　　　基层群众性自治组织法人□ 　　　个人独资企业□　　合伙企业□ 　　　不具有法人资格的专业服务机构□ 　　　国有□　(控股□　参股□)　民营□
第三人(自然人)	姓名: 性别:男□　女□ 出生日期:　年　月　日 民族: 工作单位:　职务:　联系电话: 住所地(户籍所在地): 经常居住地:
诉讼请求和依据	
1.物业费	截至2023年12月31日止,尚欠物业费24,046.8元
2.违约金	截至2023年12月31日止,欠逾期物业费的违约金15,433.1元 是否请求支付至实际清偿之日止:是☑　否□
3.其他请求	本案诉讼费用由被告承担
4.标的总额	39,479.9元(暂计至2023年12月31日)
5.请求依据	合同约定:《×××前期物业服务协议》第15条、第20条等 法律规定:《中华人民共和国民法典》第九百三十七条、第九百三十九条、第九百四十四条

续表

约定管辖和诉讼保全	
1.有无仲裁、法院管辖约定	有□　合同条款及内容： 无☑
2.是否申请财产保全措施	已经诉前保全：是□　保全法院：　保全时间： 否☑ 申请诉讼保全：是□ 否☑
事实和理由	
1.物业服务合同或前期物业服务合同签订情况(名称、编号、签订时间、地点等)	2015年5月18日,杨××与北京市×××物业管理有限公司签订《北京市前期物业服务合同》
2.签订主体	业主/建设单位:杨×× 物业服务人:北京市×××物业管理有限公司
3.物业项目情况	坐落位置:北京市西城区××街道××社区×号 面积:138.2平方米　所有权人:杨××
4.约定的物业费标准	6元/月/平方米
5.约定的物业服务期限	自2015年5月20日起至本物业成立业主委员会并选聘新的物业服务企业并与新的物业服务企业签订物业服务合同生效之日止
6.约定的物业费支付方式	业主办理入住手续时预付一年的物业服务费,此后均预付一年的物业费,具体时间为每年的4月1日
7.约定的逾期支付物业费违约金标准	业主未能按时足额缴纳物业服务费,应当按欠费总额日千分之三的标准支付违约金
8.被告欠付物业费数额及计算方式	欠付物业费数额:24,046.8元 具体计算方式:138.2平方米×6元/月/平方米×29个月(2021年8月1日至2023年12月31日)
9.被告欠应付违约金数额及计算方式	应付违约金数额:15,433.1元 具体计算方式:24,046.8元×3‰/天×333天(2021年8月1日至2022年12月31日)
10.催缴情况	多次上门催缴,并在被告门口张贴催费书面通知

续表

11. 其他需要说明的内容（可另附页）	无
12. 证据清单（可另附页）	附页

具状人（签字、盖章）：

北京市×××物业管理有限公司（盖章）

日期：2024年××月××日

第五章

民事上诉状

民事上诉状

上诉人(原审诉讼地位)：＿＿＿＿＿＿＿,男/女,＿＿＿＿＿＿＿年＿＿＿月＿＿＿日出生,＿＿＿＿＿＿族,＿＿＿＿＿＿＿＿＿＿＿＿＿＿＿(写明工作单位和职务或者职业),住址：＿＿＿＿＿＿＿＿＿＿＿＿＿＿＿＿＿＿＿,联系电话：＿＿＿＿＿＿＿＿＿＿＿＿。

法定代理人/委托代理人：＿＿＿＿＿＿＿,＿＿＿＿＿＿＿。

委托诉讼代理人：＿＿＿＿＿＿＿,＿＿＿＿＿＿＿。

被上诉人(原审诉讼地位)：＿＿＿＿＿＿＿,＿＿＿＿＿＿＿。

(以上写明当事人和其他诉讼参加人的姓名或者名称等基本信息)

＿＿＿＿＿＿＿因与＿＿＿＿＿＿＿＿＿＿＿＿＿(写明案由)一案,不服＿＿＿＿＿＿＿人民法院＿＿＿＿＿＿＿年＿＿＿月＿＿＿日作出的(＿＿＿＿)＿＿＿＿号民事判决/裁定,现提起上诉。

上诉请求：

＿＿＿＿＿＿＿＿＿＿＿＿＿＿＿＿＿＿＿＿＿＿＿＿＿＿＿＿＿＿＿。

上诉理由：

＿＿＿＿＿＿＿＿＿＿＿＿＿＿＿＿＿＿＿＿＿＿＿＿＿＿＿＿＿＿＿。

此致

＿＿＿＿＿＿＿人民法院

附：本上诉状副本＿＿＿＿＿＿份

上诉人(签名或者盖章)
年　月　日

【说明】

1. 本样式根据《中华人民共和国民事诉讼法》第一百七十一条、第一百七十二条、第一百七十三条、第一百七十四条制定，供不服第一审人民法院民事判决或者裁定的当事人向上一级人民法院提起上诉用。

2. 当事人是法人或者其他组织的，写明名称住所。另起一行写明法定代表人、主要负责人及其姓名、职务、联系方式。

3. 当事人不服地方人民法院第一审判决的，有权在判决书送达之日起 15 日内向上一级人民法院提起上诉。当事人不服地方人民法院第一审裁定的，有权在裁定书送达之日起 10 日内向上一级人民法院提起上诉。在中华人民共和国领域内没有住所的当事人，不服第一审人民法院判决、裁定的，有权在判决书、裁定书送达之日起 30 日内提起上诉。

4. 上诉状的内容，应当包括当事人的姓名、法人的名称及其法定代表人的姓名或者其他组织的名称及其主要负责人的姓名，原审人民法院名称、案件的编号和案由，上诉的请求和理由。

5. 上诉状应当通过原审人民法院提出，并按照对方当事人或者代表人的人数提出副本。

6. 有新证据的，应当在上诉理由之后写明证据和证据来源、证人姓名和住所。

第六章

民事答辩状

第一节 民事答辩状(通用版)

答辩人：_____，男/女，_____年____月____日出生，_____族，_____(写明工作单位和职务或者职业)，住址：_____，联系电话：_____。

法定代理人/委托代理人：_____。

委托诉讼代理人：_____，_____。

(以上写明答辩人和其他诉讼参加人的姓名或者名称等基本信息)

对_____人民法院(____)____民初____号_____(写明当事人和案由)一案的起诉，答辩如下：

_____(写明答辩意见)。

证据和证据来源、证人姓名和住所：

_____。

此致

_____人民法院

附：本答辩状副本_____份

答辩人(签名)
年 月 日

【说明】

1. 本样式根据《中华人民共和国民事诉讼法》第一百二十八条制定,供公民对民事起诉提出答辩用。

2. 被告应当在收到起诉状副本之日起 15 日内提出答辩状。被告在中华人民共和国领域内没有住所的,应当在收到起诉状副本后 30 日内提出答辩状。被告申请延期答辩的,是否准许,由人民法院决定。

3. 答辩状应当记明被告的姓名、性别、出生日期、民族、工作单位、职业、住所、联系方式。

4. 答辩时已经委托诉讼代理人的,应当写明被委托的诉讼代理人基本信息。

5. 答辩状应当由本人签名。

第二节 民事答辩状(催收物业费用)

说明:
为了方便您更好地参加诉讼,保护您的合法权利,请填写本表。
1. 应诉时需向人民法院提交证明您身份的材料,如身份证复印件、营业执照复印件等。
2. 本表所列内容是您参加诉讼以及人民法院查明案件事实所需,请务必如实填写。
3. 本表所涉内容系针对一般物业服务合同纠纷案件,有些内容可能与您的案件无关,您认为与案件无关的项目可以填"无"或不填;对于本表中勾选项可以在对应项打"√";您认为另有重要内容需要列明的,可以在本表尾部或者另附页填写。
★特别提示★
《中华人民共和国民事诉讼法》第十三条第一款规定:"民事诉讼应当遵循诚信原则。"
如果诉讼参加人违反上述规定,进行虚假诉讼、恶意诉讼,人民法院将视违法情形依法追究责任。

案号		案由	

续表

当事人信息	
答辩人(法人、非法人组织)	名称： 住所地(主要办事机构所在地)： 注册地/登记地： 法定代表人/主要负责人：　　职务：　　联系电话： 统一社会信用代码： 类型:有限责任公司□　　股份有限公司□　　上市公司□ 　　　其他企业法人□　　事业单位□　　社会团体□ 　　　基金会□　　　社会服务机构□　　机关法人□ 　　　农村集体经济组织法人□ 　　　城镇农村的合作经济组织法人□ 　　　基层群众性自治组织法人□ 　　　个人独资企业□　　合伙企业□ 　　　不具有法人资格的专业服务机构□ 　　　国有□　　（控股□　　参股□）　　民营□
答辩人(自然人)	姓名： 性别:男□　　女□ 出生日期：　　年　月　日 民族： 工作单位：　　职务：　　联系电话： 住所地(户籍所在地)： 经常居住地：
委托诉讼代理人	有□ 姓名： 工作单位：　　职务：　　联系电话： 代理权限:一般授权□　　特别授权□ 无□
送达地址(所填信息除书面特别声明更改外,适用于案件一审、二审、再审所有后续程序)及收件人、联系电话	地址： 收件人： 联系电话：
是否接受电子送达	是□　方式:短信____微信____邮箱____其他____ 否□

续表

答辩事项和依据 (对原告诉讼请求的确认或者异议)	
1.对物业费有无异议	无□ 有□　事实和理由：
2.对违约金有无异议	无□ 有□　事实和理由：
3.对其他请求有无异议	无□ 有□　事实和理由：
4.对标的总额有无异议	无□ 有□　事实和理由：
5.答辩依据	合同约定： 法律规定：
事实和理由 (对起诉状事实和理由的确认或者异议)	
1.对物业服务合同或前期物业服务合同签订情况(名称、编号、签订时间、地点等)有无异议	无□ 有□　事实和理由：
2.对签订主体有无异议	无□ 有□　事实和理由：
3.对物业项目情况有无异议	无□ 有□　事实和理由：
4.对物业费标准有无异议	无□ 有□　事实和理由：
5.对物业服务期限有无异议	无□ 有□　事实和理由：
6.对物业费支付方式有无异议	无□ 有□　事实和理由：
7.对逾期支付物业费违约金标准有无异议	无□ 有□　事实和理由：

续表

8.对欠付物业费数额及计算方式有无异议	无□ 有□　事实和理由：
9.对应付违约金数额及计算方式有无异议	无□ 有□　事实和理由：
10.对催缴情况有无异议	无□ 有□　事实和理由：
11.其他需要说明的内容（可另附页）	无□ 有□　内容：
12.证据清单（可另附页）	

答辩人（签字、盖章）：

××××年××月××日

第三节　民事答辩状实例（催收物业费）

说明：

为了方便您更好地参加诉讼，保护您的合法权利，请填写本表。

1. 应诉时需向人民法院提交证明您身份的材料，如身份证复印件、营业执照复印件等。

2. 本表所列内容是您参加诉讼以及人民法院查明案件事实所需，请务必如实填写。

3. 本表所涉内容系针对一般物业服务合同纠纷案件，有些内容可能与您的案件无关，您认为与案件无关的项目可以填"无"或不填；对于本表中勾选项可以在对应项打"√"；您认为另有重要内容需要列明的，可以在本表尾部或者另附页填写。

★特别提示★

《中华人民共和国民事诉讼法》第十三条第一款规定："民事诉讼应当遵循诚信原则。"

如果诉讼参加人违反上述规定，进行虚假诉讼、恶意诉讼，人民法院将视违法情形依法追究责任。

案号		案由	

续表

当事人信息	
答辩人(法人、非法人组织)	名称： 住所地(主要办事机构所在地)： 注册地/登记地： 法定代表人/主要负责人：　　职务：　　联系电话： 统一社会信用代码： 类型：有限责任公司□　　股份有限公司□　　上市公司□ 　　　其他企业法人□　　事业单位□　　　社会团体□ 　　　基金会□　　　　社会服务机构□　　机关法人□ 　　　农村集体经济组织法人□ 　　　城镇农村的合作经济组织法人□ 　　　基层群众性自治组织法人□ 　　　个人独资企业□　　合伙企业□ 　　　不具有法人资格的专业服务机构□ 　　　国有□　　(控股□　　参股□)　　民营□
答辩人(自然人)	姓名：杨×× 性别：男☑　　女□ 出生日期：×××年××月××日 民族：汉族 工作单位：无　职务：无　联系电话：××××××××× 住所地(户籍所在地)：北京市西城区××街道××社区×号 经常居住地：
委托诉讼代理人	有□ 姓名： 单位：　　职务：　　联系电话： 代理权限：一般授权□　　特别授权□ 无☑
送达地址(所填信息除书面特别声明更改外,适用于案件一审、二审、再审所有后续程序)及收件人、联系电话	地址：北京市西城区××街道××社区×号 收件人：杨×× 联系电话：×××××××××
是否接受电子送达	是☑　方式：短信____××××____微信____邮箱____ 其他____ 否□

续表

答辩事项和依据 （对原告诉讼请求的确认或者异议）	
1.对物业费有无异议	无☐ 有☑　事实和理由：原告提供的物业服务不达标，物业费应打折收取。
2.对违约金有无异议	无☐ 有☑　事实和理由：不是恶意拖欠物业服务费，而是希望通过这种方式促进物业公司改进服务。
3.对其他请求有无异议	无☐ 有☑　事实和理由：诉讼费应当由原告承担或者双方分担。
4.对标的总额有无异议	无☐ 有☑　事实和理由：因为原告的服务"打折"了，物业费也应当打折收取，不应交违约金。
5.答辩依据	合同约定：合同第五条 法律规定：《中华人民共和国民法典》第九百四十二条
事实和理由 （对起诉状事实和理由的确认或者异议）	
1.对物业服务合同或前期物业服务合同签订情况（名称、编号、签订时间、地点等）有无异议	无☑ 有☐　事实和理由：
2.对签订主体有无异议	无☑ 有☐　事实和理由：
3.对物业项目情况有无异议	无☑ 有☐　事实和理由：
4.对物业费标准有无异议	无☑ 有☐　事实和理由：
5.对物业服务期限有无异议	无☑ 有☐　事实和理由：
6.对物业费支付方式有无异议	无☑ 有☐　事实和理由：

续表

7.对逾期支付物业费违约金标准有无异议	无☑ 有□　事实和理由:
8.对欠付物业费数额及计算方式有无异议	无□ 有☑　事实和理由:未交纳物业费是因为原告提供的物业服务严重不达标: (1)小区内有业主养大型宠物犬不拴绳,多次反映,物业均未管理;(2)计入公摊的大堂被不当占用;(3)垃圾清理不及时; (4)催收物业费的方式过于粗暴。 原告提供的物业服务不达标,所以物业费也应打折收取。
9.对应付违约金数额及计算方式有无异议	无□ 有☑　事实和理由:不是恶意拖欠物业服务费,而是希望通过这种方式促进物业公司改进服务,是在行使抗辩权,不是违约,所以不应支付违约金。
10.对催缴情况有无异议	无☑ 有□　事实和理由:
11.其他需要说明的内容(可另附页)	无☑ 有□　内容:
12.证据清单(可另附页)	附页

答辩人(签字、盖章):杨××

××××年××月××日

第七章

行政诉讼

第一节 行政起诉状

行政起诉状

原告×××,……(自然人写明姓名、性别、工作单位、住址、身份证号码、联系方式等基本信息;法人或其他组织写明名称、地址、联系电话、法定代表人或负责人等基本信息)。

委托代理人×××,……(写明姓名、工作单位等基本信息)。

被告×××,……(写明名称、地址、法定代表人等基本信息)。

其他当事人×××,……(参照原告的身份写法,没有其他当事人,此项可不写)。

诉讼请求:……(应写明具体、明确的诉讼请求)。

事实和理由:……(写明起诉的理由及相关事实依据,尽量逐条列明)。

此致

××××人民法院

原告:×××(签字盖章)

[法人:×××(盖章)]

××××年××月××日

(写明递交起诉之日)

附：

1. 起诉状副本××份。

2. 被诉行政行为××份。

3. 其他材料××份。

【说明】

1. 根据立案登记制,行政起诉采取书面主义,即起诉人除确实存在困难外,必须递交行政起诉状,且起诉状必须具备法定的基本要素和要求,能初步证明符合《中华人民共和国行政诉讼法》第四十九条等规定的起诉条件。

2. 公民、法人或者其他组织提起行政诉讼,可以根据《中华人民共和国行政诉讼法》第四十九条第三项的规定提出下列具体的诉讼请求:

(1) 请求判决撤销、变更行政行为;

(2) 请求判决行政机关履行法定职责或者给付义务;

(3) 请求判决确认行政行为违法;

(4) 请求判决行政机关予以赔偿或者补偿;

(5) 请求解决行政协议争议;

(6) 请求一并审查规章以下规范性文件;

(7) 请求一并解决相关民事争议;

(8) 其他诉讼请求。

诉讼请求不明确的,人民法院应当予以释明。

第二节　行政诉讼答辩状

行政诉讼答辩状

答辩人×××,……(写明名称、地址、法定代表人等基本信息)。

法定代表人×××,……(写明姓名、职务等基本信息)。

委托代理人×××,……(写明姓名、工作单位等基本信息)。

因×××诉我单位……(写明案由或起因)一案,现答辩如下:

答辩请求:……。

事实和理由:……(写明答辩的观点、事实与理由)。

此致

××××人民法院

答辩人:×××(盖章)

××××年××月××日

(写明递交答辩状之日)

附:

1. 答辩状副本×份。

2. 其他文件×份。

3. 证物或书证×件。

【说明】

行政答辩状是行政诉讼中的被告(或被上诉人)针对原告(或上诉人)在行政起诉状(或上诉状)中提出的诉讼请求、事实与理由,向人民法院作出的书面答复,适用《中华人民共和国行政诉讼法》第六十七条的规定。

第八章

仲　裁

第一节　仲裁申请书(法人样式)

申　请　书

申请人：
住所：
电话：
法定代表人(负责人)：　　　　　　　　职务：
电话：
委托代理人：
地址：
电话：　　　　　　　　　　　　　　　电子邮箱：
被申请人：
住所：
电话：
法定代表人(负责人)：　　　　　　　　职务：
电话：

仲裁依据：

……

仲裁请求：

1. 请求裁决……

2. 请求裁决仲裁费用由……负担。

事实与理由：

……（应写明当事人双方合同签订、履行、违约损失等事实和求偿的法律依据。）

此致

××仲裁委员会

申请人：

（盖章/签名）

年　月　日

第二节　仲裁申请书（自然人样式）

仲裁申请书

申请人: 姓名：_____，性别：_____，年龄：_____，任职单位：_____，身份证号码：_____，住所：_____，邮编：_____，电话：_____，传真：_____，电子邮箱：_____。

委托代理人: 姓名：_____，职业：_____，任职单位：_____。

被申请人: 姓名：_____，性别：_____，年龄：_____，任职单位：_____，身份证号码：_____，住所：_____，邮编：_____，电话：_____，传真：_____，电子邮箱：_____。

委托代理人: 姓名：_____，职业：_____，任职单位：_____。

仲裁依据：

……

仲裁请求：

1. 请求裁决……。

2. 请求裁决仲裁费用由……负担。

事实与理由：

(应写明当事人双方合同签订、履行、违约损失等事实和求偿的法律依据。)

此致

××仲裁委员会

附：证据目录。

申请人：(签名)

年　月　日

第三节　仲裁答辩书(法人样式)

答　辩　书

答辩人：＿＿＿＿＿＿＿＿＿＿

住所：＿＿＿＿＿＿＿＿＿＿

电话：＿＿＿＿＿＿＿＿＿＿

法定代表人(负责人)：＿＿＿＿职务：＿＿＿＿电话：＿＿＿＿＿＿

委托代理人：姓名：＿＿＿＿，职业：＿＿＿＿，任职单位：＿＿＿＿＿＿

被答辩人：＿＿＿＿＿＿＿＿＿＿

住所：＿＿＿＿＿＿＿＿＿＿

电话：＿＿＿＿＿＿＿＿＿＿

法定代表人(负责人)：＿＿＿＿职务：＿＿＿＿

委托代理人：姓名：＿＿＿＿，职业：＿＿＿＿，任职单位：＿＿＿＿＿＿

答辩人就与_____之间的争议仲裁案[案件编号:(____)×仲案字第____号]提出答辩意见如下:

......

此致

××仲裁委员会

答辩人:

(盖章/签名)

年　月　日

第四节　仲裁答辩书(自然人样式)

答　辩　书

答辩人:姓名:_____,性别:_____,年龄:_____,任职单位:_____,身份证号码:_____,住　所:_____,邮　编:_____,电话:_____,传真:_____,电子邮箱:_____。

委托代理人:姓名:_____,职业:_____,任职单位:_____。

被答辩人:姓名:_____,性别:_____,年龄:_____,任职单位:_____,身份证号码:_____,住　所:_____,邮　编:_____,电话:_____,传真:_____,电子邮箱:_____。

委托代理人:姓名:_____,职业:_____,任职单位:_____。

答辩人就与_____之间的争议仲裁案[案件编号:(____)×仲案字第____号]提出答辩意见如下:

......

此致

××仲裁委员会

申请人:(签名)
年　月　日

第五节　仲裁委员会调解书

仲裁委员会调解书(基本样式)

____仲字第____号

申请人:……(写明姓名或名称等基本情况)

委托代理人:……(写明姓名等基本情况)

被申请人:……(写明姓名或名称等基本情况)

法定代表人:……(写明姓名和职务)

委托代理人:……(写明姓名等基本情况)

　　××仲裁委员会根据申请人×××某年某月某日提交的《仲裁申请书》及其与被申请人×××签订的《×××合同》项下仲裁条款,于某年某月某日受理双方之间"……(案由)"案。

　　本案于某年某月某日依法组成以×××为首席仲裁员,×××、×××为仲裁员的三人仲裁庭,并指定×××担任秘书。

　　根据双方当事人的共同约定,仲裁庭在×××(地址)对本案进行不公开、不开庭审理。(写明本案当事人及其委托代理人等)到庭参加庭审活动。本案在仲裁过程中双方达成调解协议,本案现已审理终结。

　　现就本案案情和调解结果分述如下。

一、案情

……(写明当事人的仲裁请求,核实案件事实)。

二、调解结果

仲裁过程中,经仲裁庭主持调解,申请人与被申请人达成以下调解协议:

1. ……(写明协议的内容)

2. ……(写明仲裁费用的负担)

仲裁庭认为,上述调解协议系双方当事人真实意思表示,内容不违反国家法律、行政法规的强制性规定,不侵犯国家利益、社会公共利益和他人的合法权益,应认定合法有效。依照《中华人民共和国仲裁法》第××条的规定,仲裁庭对上述调解协议予以确认。

本调解书经双方当事人签收之日发生法律效力。

首席仲裁员:×××

仲裁员:×××

仲裁员:×××

年　月　日

秘书:×××

第六节　仲裁委员会裁决书

仲裁委员会裁决书(基本样式)

____仲字第____号

申请人:……(写明姓名或名称等基本情况)

委托代理人:……(写明姓名等基本情况)

被申请人:……(写明姓名或名称等基本情况)

法定代表人：……（写明姓名和职务）

委托代理人：……（写明姓名等基本情况）

××仲裁委员会根据申请人×××某年某月某日提交的《仲裁申请书》及其与被申请人×××签订的《××合同》项下仲裁条款，于某年某月某日受理双方之间"……××合同（案由）"案。

本案于某年某月某日依法组成以×××为首席仲裁员，×××、×××为仲裁员的三人仲裁庭，并指定×××担任秘书。

仲裁庭于××××年××月××日在××（地址）对本案进行不公开、不开庭审理。……（写明本案当事人及其委托代理人等）到庭参加庭审活动（被申请人×××经×仲依法送达，无正当理由未出庭参加庭审活动，仲裁庭依法进行缺席审理）。本案现已审理终结。

现就本案案情、仲裁庭意见及裁决分述如下：

一、案情

申请人称：……（概括申请人提出的具体仲裁请求和所根据的事实与理由）。

申请人举证如下：

1.……，证明……

2.……，证明……

3.……，证明……

被申请人答辩称：（概括被申请人答辩的主要内容）。

申请人举证如下：

1.……，证明……

2.……，证明……

3.……，证明……

仲裁庭在庭审中组织双方进行举证。……（写明双方质证情况）。

根据双方质证意见及答辩情况，经审查，……（写明仲裁庭认定的证据）。

根据确认的证据，仲裁庭查明，事实如下：

……(写明仲裁庭查明的事实)。

二、仲裁庭意见

(一)关于……的问题

……(写明裁决理由和依据)。

(二)关于……的问题

……(写明裁决理由和依据)。

(三)关于……的问题

……(写明裁决理由和依据)。

三、裁决

基于上述事实和理由,依照……(写明裁决依据的法律条款)的规定,仲裁庭(缺席)裁决如下:

1. ……(写明裁决结果)

2. ……(写明仲裁费用的负担)

本裁决为终局裁决,自作出之日起发生法律效力。

首席仲裁员:×××

仲裁员:×××

仲裁员:×××

年 月 日

秘书:×××

第七节 仲裁委员会决定书

仲裁委员会决定书(基本样式)

____仲字第____号

申请人:……(写明姓名或名称等基本情况)

委托代理人：……(写明姓名等基本情况)

被申请人：……(写明姓名或名称等基本情况)

法定代表人：……(写明姓名和职务)

委托代理人：……(写明姓名等基本情况)

　　××仲裁委员会根据申请人×××某年某月某日提交的《仲裁申请书》及其与被申请人×××签订的《××合同》项下仲裁条款，于某年某月某日受理双方之间"……××合同纠纷(案由)"案。

　　本案于某年某月某日依法组成以×××为首席仲裁员，×××、×××为仲裁员的三人仲裁庭，并指定×××担任秘书。

　　申请人请求裁决……(概述仲裁申请与理由)。

　　经审查，仲裁庭认为……(简要写明作出决定的理由)。依照……(写明决定所依据的法律条款)的规定，决定如下：

　　1.……(写明裁决结果)

　　2.……(写明仲裁费用的负担)

首席仲裁员：×××

仲裁员：×××

仲裁员：×××

年　月　日

秘书：×××

第九章

物业费起诉流程及注意事项

物业服务企业在物业服务中普遍遇到业主以各种理由拖欠物业服务费等相关费用的情况,解决欠费最有效的办法就是通过法律手段,维护物业服务人应得的利益。物业服务人对欠费业主独立诉讼具体操作流程和注意事项:

一、制订诉讼计划

清欠小组对存在欠费的小区情况进行统计调查,分析欠费原因、业主的欠费理由、欠费业主在小区的分布情况等,之后制订分批诉讼计划。

制订计划的同时应注意以下两点:一是先易后难。先起诉无任何理由欠费的业主,再起诉以某种理由欠费的业主,逐步提高自身的诉讼能力。二是合理分布。成批诉讼时,起诉对象不要集中在某一栋楼或太邻近的楼,防止出现集体对抗。

二、准备起诉资料

1. 委托授权书。受托人一般选择清欠小组负责人和小区项目经理,规模较小的企业也可以选择企业经理和小区项目经理。受委托人应对物业管理相关法规和小区物业服务合同比较熟悉,有较强的语言表达能力,同时还掌握了对业主欠费理由的答辩对策。

2. 起草起诉状。根据物业服务人在该小区物业服务合同的情况,起草起诉状。有前期物业服务合同和与业主委员会签订物业服务合同的,以合同条款为基础起草起诉状;没有物业服务合同的,可以寻求街道办事处或居委会出具证明,再加上物价局颁发的该小区收费许可证,就可证明事实合同关系。

3. 证据清单。(1)物业服务人营业执照和资质证书,证明物业服务人有合法的经营权。(2)物业服务合同、收费许可证、街道办事处或居委会出具的证明,证明物业服务人在该小区有合法的物业服务权利和收费标准。(3)相关的文件,如关于规范××市住宅小区公共水电费分摊问题的通知、关于收缴垃圾处理费的通知,证明物业服务各项收费的合法性,包括违约金。(4)房地产权登记表、企业登记信息表(商铺),证明被告的业主身份或物业使用人。(5)物业服务人按照法律法规和合同约定提供了服务的相关证明。(6)物业服务人对欠缴的费用进行过催收的证据(律师函复印件、缴费通知、催费通知等)。(7)其他有证明作用的文件。

4.制作欠费数据。(1)物业服务费、垃圾清运费及违约金明细表;(2)水电等其他应付费用的明细表。

5.其他资料。

PART 3

第三部分

案例索引和经验介绍

第一篇

案例检索

第一章

物业服务合同纠纷(诉讼)典型案例

第一节 某物业管理公司与沈某物业服务合同纠纷案

案例导读

本案涉及物业公司向业主主张物业服务费的诉讼时效问题,法院审理认为,当事人在一审期间未提出诉讼时效抗辩,在二审期间提出的,人民法院不予支持,但其基于新的证据能够证明对方当事人的请求权已过诉讼时效期间的情形除外。

▲ 案情介绍

原告某物业管理公司为物业服务企业,被告沈某为该小区业主。某物业公司委托律师为其起诉拖欠物业费的业主沈某,经过一审审理后,判决支持沈某支付拖欠的物业费,沈某不服,提起上诉。沈某认为,2018年6月30日,其小区业主大会向某物业公司发送了《终止前期物业服务合同告知函》,告知该物业公司终止其与开发商签订的《前期物业服务合同》,并要求该物业公司在指定的期限内派人与业主委员会协商相关事宜,以期顺利交接,而该物业公司一直未撤场,强制在涉案小区提供服务,其没有权利要求沈某支付相应的物业费用;该物业公司主张的要求沈某向其支付2019年1月至2022年9月的物业费,沈某认为已过诉讼时效,其在居住期间未见任何催收凭证;该物业公司为涉案小区提供物业服务期间,管理混乱,各项承诺的服务都未履行到位。

律师代表该物业当庭辩称,该物业公司是通过合法手段进入涉案小区提供物业服务,后涉案小区成立业主委员会,虽通过业主大会终止了其与该物业公司的《前期物业服务合同》,但没有选定新的物业公司并签订新的物业服务合同,也没有自行管理,因此,该物业公司按照《民法典》第九百五十条的规定继续为涉案小区提供服务,并有权收取物业费;关于诉讼时效问题,沈某在一审中并未提出,且该物业公司提供了相应的证据证明其向沈某催讨过物业费;该物业公司向沈某提供了合格的物业服务,尽到了自己的义务,沈某理应支付物业费。请求二审法院驳回上诉,维持原判。

裁判观点

法院经审理认为,当事人在一审期间未提出诉讼时效抗辩,在二审期间提出的,人民法院不予支持,但其基于新的证据能够证明对方当事人的请求权已过诉讼时效期间的情形除外。经法院审查,沈某在本案一审中对物业公司主张的物业费没有提出时效抗辩,其在二审中提出物业费已过诉讼时效期间,法院不予支持。虽然涉案业主大会曾经向该物业公司发送《终止前期物业服务合同告知函》,但该业主大会没有另行选聘新的物业公司,该物业公司实际为涉案小区提供物业管理服务至今,沈某作为业主亦接受了该物业公司的物业服务,应当向该物业公司支付相应的物业费。虽然沈某对该物业公司提供的物业服务不满意,但其未举证证明物业服务内容存在重大瑕疵,因此,应当按照原物业服务合同约定的标准向该物业公司支付物业费。

法条援引

(一)《中华人民共和国民法典》

第九百三十九条　建设单位依法与物业服务人订立的前期物业服务合同,以及业主委员会与业主大会依法选聘的物业服务人订立的物业服务合同,对业主具有法律约束力。

第九百四十四条　业主应当按照约定向物业服务人支付物业费。物业服务人已经按照约定和有关规定提供服务的,业主不得以未接受或者无需接受相关物业服务为由拒绝支付物业费。

业主违反约定逾期不支付物业费的,物业服务人可以催告其在合理期限内支付;合理期限届满仍不支付的,物业服务人可以提起诉讼或者申请仲裁。

物业服务人不得采取停止供电、供水、供热、供燃气等方式催交物业费。

(二)《中华人民共和国民事诉讼法》

第一百七十七条　第二审人民法院对上诉案件,经过审理,按照下列情形,分别处理:

(一)原判决、裁定认定事实清楚,适用法律正确的,以判决、裁定方式驳回上诉,维持原判决、裁定;

(二)原判决、裁定认定事实错误或者适用法律错误的,以判决、裁定方式依法改判、撤销或者变更;

(三)原判决认定基本事实不清的,裁定撤销原判决,发回原审人民法院重审,或者查清事实后改判;

(四)原判决遗漏当事人或者违法缺席判决等严重违反法定程序的,裁定撤销原判决,发回原审人民法院重审。

原审人民法院对发回重审的案件作出判决后,当事人提起上诉的,第二审人民法院不得再次发回重审。

律师评析

业主拖欠物业费不付的案件是物业服务合同案件中很常见的案件,业主不付费的理由一般为房屋有质量问题、物业服务有问题等,作为物业服务企业,应该做好基础的物业服务,并且留存好作业记录。对不缴费的业主,要及时进行催缴,尤其是对欠费快超过3年的,要发送快递或挂号信等催费函并保留发送凭证作为诉讼时效中断的证据,而物业人员经常采用贴门上拍照或打电话记录的方式,这些方式往往因为对方否认而不会被法院采纳。同时,虽然物业费案件是常见案件,但是如果自身或聘请的律师不专业,厘不清其中的法律关系,比如,该案中物业公司被业主大会发送终止物业合同，仍继续服务可能会导致无法追回物业费的风险。

本案例来源于北京盈科(上海)律师事务所　谢王钢律师
(2023)沪01民终13249号

第二节　石家庄某业主委员会与某物业公司物业服务合同纠纷案

案例导读　本案涉及物业公司退出物业服务区域后，物业用房及相关材料的移交问题，法院审理认为，物业公司的物业服务协议到期终止后，应当退出物业服务区域，也应向原告移交所占用的物业管理用房和相关材料。

案情介绍

石家庄某物业服务有限公司(以下简称某物业公司)系石家庄市的物业服务公司，根据《物业服务协议》第十六条的约定，协议自签字之日起生效，至业主委员会与物业服务企业签订物业服务合同生效之日止。石家庄市某业主委员会于2019年4月25日经桥西区住建局备案批准正式成立，2019年5月25日，业主委员会在经过住建局组织的招投标手续后，与河北某物业服务有限公司签订了《物业服务合同》。自此业主委员会要求某物业公司交接，但其拒不撤出物业服务区域，拒不交接物业服务资料，不腾退物业服务用房，因此纠纷成讼。

裁判观点

一审法院经审理认为，被告某物业公司的物业服务协议到期终止后，应当退出某小区物业服务区域，也应向原告移交所占用的物业管理用房。关于原告主张被告移交的图纸和资料类(1~17)和配套设施设备(1~7)。因被告某物业公司不是小区的第一个物业公司，被告在入驻该小区时接收了哪些图纸、资料需要查明，原告未提供证据证明被告接收了上述资料,故原告要求被告移交上述资料,证据不足,法院不予支持。关于原告主张被告移交的配套设施设备。该配套设施设备均在小区内未被控制,原告也称被告并未占用,故无须移交,对原告的该项诉讼请求,本院不予支持。关于财务类资料中的第 1 小项物业服务费收缴明细。该项资料属于物业服务所必需的相关资料。由于被告与部分业主之间尚有物业费未结清,被告可向原告移交该项资料的复印件,须与原件保持一致,并加盖被告公章。第 2、3 小项已收取的各类押金统计、预售水费统计。由于交纳的主体并非全体业主,而是部分业主,该部分资料与业主委员会无关,故原告无权要求被告移交。第 4、5 小项债权债务统计、对收取的其他费用统计。由于其并非物业服务所必需的相关资料,故被告无须向原告移交。

一审法院判决:(1)被告石家庄某物业服务有限公司退出某小区物业服务区域;(2)被告石家庄某物业服务有限公司于本判决生效之日起 10 日内将物业管理用房二层 4 间、一层 1 间腾清并移交给原告石家庄市某业主委员会;(3)被告石家庄某物业服务有限公司于本判决生效之日起 10 日内向原告石家庄市某业主委员会移交物业服务费收缴明细复印件;(4)驳回原告石家庄市某业主委员会的其他诉讼请求。

二审法院认为,法律已经明确了小区原物业应当移交的明细,上诉人所列举的档案资料和属于业主所有的财物属于被上诉人应当移交的法定义务。被上诉人与上一届物业的纠纷问题不能对抗其应当对上诉人承担的法定的移交义务。

二审法院判决:(1)维持河北省石家庄市桥西区人民法院(2019)冀 0104 民初 6647 号民事判决第 1 项、第 2 项、第 3 项;(2)撤销河北省石家庄市桥西区人民法院(2019)冀 0104 民初 6647 号民事判决第 4 项;(3)石家庄某物业服务有限公司于本判决生效之日 10 日内向石家庄市某业主委员会移交下列事项和物品:一是图纸或资料类。包括:①用地红线图;②土地买卖合同;③国有土地使用权证;④建设用地规划许可证;⑤建设工程规划许可证;⑥总平面水电、管网竣工图;⑦总平面绿化苗木竣工与验收清单;⑧建设施工竣工图;⑨结构竣工图;⑩给排水工程竣工图;⑪防雷工程竣工图;⑫化粪池布置图;⑬公共照明竣工图;⑭消防平面布置竣工图及查验合格证书;⑮盛景佳园小区整体布置规划图;⑯其他更改后的各种设备、设施竣工图;⑰业主资料明细表。二是配套设施设备类。包括:①变配电设备安装、调试报告原件;②变配电设备使用说明书、设备出厂合格证、保修卡、保修协议;③电梯的特种设备检测报告及合格证书、保修卡、保修协议;④电梯运行许可证原件;⑤二次供水设备及使用合格证书、保修卡、保修协议;⑥压力容器设备及使用合格证书;⑦雨污水等排水设施;⑧给水、排水等机电设备及附属配件;⑨消防设施及消防配件;⑩供配电等机电设备及附属配件;⑪监控设施。

法条援引

(一)《物业管理条例》

第三十七条 物业管理用房的所有权依法属于业主。未经业主大会同意,物业服务企业不得改变物业管理用房的用途。

第三十八条 物业服务合同终止时,物业服务企业应当将物业管理用房和本条例第二十九条第一款规定的资料交还给业主委员会。

物业服务合同终止时,业主大会选聘了新的物业服务企业的,物业服务企业之间应当做好交接工作。

第三十九条 物业服务企业可以将物业管理区域内的专项服务业务委托给专业性服务企业,但不得将该区域内的全部物业管理一并委托给他人。

(二)《中华人民共和国民法典》

第九百四十九条 物业服务合同终止的,原物业服务人应当在约定期限或者合理期限内退出物业服务区域,将物业服务用房、相关设施、物业服务所必需的相关资料等交还给业主委员会、决定自行管理的业主或者其指定的人,配合新物业服务人做好交接工作,并如实告知物业的使用和管理状况。

原物业服务人违反前款规定的,不得请求业主支付物业服务合同终止后的物业费;造成业主损失的,应当赔偿损失。

律师评析

本案系业主委员会成立后解聘旧物业发生的物业移交和交接纠纷,因为发生在《民法典》出台之前,因此主要援引了《物业管理条例》的法律规定。案件的主要意义:(1)明确了业主委员会的诉讼主体资格;(2)确定了原物业服务公司在物业服务协议到期后的合同义务和需要移交的事项以及资料清单;(3)为业主委员会清退原物业公司积累了诉讼的实务经验;(4)证明了必须要明确原物业公司移交设备设施的义务。因为业主委员会接手小区管理后发现消防设备是瘫痪的,请专业公司查验报价后,修复需要30多万元,并且如果不明确原物业公司消防设施的移交义务,移交期间发生火灾的话,业主委员会和新的物业公司可能要承担消防责任。

本案例来源于北京市盈科(石家庄)律师事务所　侯书凯律师

(2020)冀01民终4408号

第三节　中山市业主与某智慧城市服务公司物业服务合同纠纷案

案例导读

本案涉及暴雨等恶劣天气致使物业管理区域内财产损害的赔偿问题,法院审理认为,物业服务企业应当熟知其所管理的小区所处的地理位置和周边环境,综合考虑涉案地下车库地势相对较低,对连续性暴雨会给小区物业管理带来的影响及后果应能有合理预见。物业公司虽对本案暴雨和水患确有采取一定应对措施,但预估不足,只是采取一般性排险抢险措施,尚未有效排除危险,未尽最大能力采取有效防范措施,存在一定过错。

案情介绍

原告是中山市及地下车位业主,与某公司签订《前期物业管理服务协议》,载明某公司对物业共有部位进行维护、修缮、服务与管理,对小区车辆停放进行管理,停车场仅提供场地使用不承担车辆保管。2018年8月29日8时至8月30日8时,中山市三乡镇发生连日特大暴雨,中山市地下车库被水淹没,多位小区业主停放在地下车库的车辆被水淹没受损。多位小区业主在车辆受损后将车辆送往维修店维修并委托资产评估公司鉴定,并向某公司提出赔偿车辆维修费的请求。被告某公司辩称原告车辆受损的主要原因是自然灾害所致,具有免责事由,且事前有通过业主和管家沟通微信群组、短信及上门告知等方式提醒业主,事发时亦进行了积极抢险救灾工作。

▶ 裁判观点

法院认为,一方面,依据中山市气象局的气象资料、新闻媒体等对暴雨及造成的险情的报道情况可以反映此事件属于50年一遇的特大暴雨,所造成水浸灾害的程度确实难以预见、完全避免,被告认为原告车辆受损的主要原因是自然灾害所致,部分合理。另一方面,被告作为物业服务企业,应当熟知其所管理的小区所处的地理位置和周边环境,综合考虑涉案地下车库地势相对较低,对连续性暴雨给小区物业管理带来的影响及后果应能有合理预见,被告虽对本案暴雨和水患确有采取一定应对措施,但预估不足,只是采取一般性排险抢险措施,尚未有效排除危险,被告仍未尽最大能力采取有效防范措施,存在一定过错。同时,原告作为完全民事行为能力人,在气象部门多次提醒、被告通过短信、微信群组等方式提醒时,应对暴雨天气的影响存在合理预见和判断,有积极避免个人财物受损的注意义务,对自身车辆损失应承担一定责任。根据本案事件主要系自然外力造成损失的客观情况,综合考虑被告在履行物业服务时具有一定的不足及瑕疵,判决被告对原告损失承担15%的赔偿责任。

▶ 律师评析

被告作为物业服务企业,承担了对小区公共区域的维修、养护、管理及维护义务,作为物业服务公司的法律顾问律师,应当指导企业熟知其所管理的小区所处的地理位置和周边环境,并定期做相关法律培训。指导物业公司做好与业主沟通的畅通渠道,包括微信、电话、短信、公告等,并综合考虑小区的地形地势,积极做好应急预案以及事件发生时的防洪、防暴雨、防火措施。

本案例来源于北京市盈科(中山)律师事务所 邝昕律师

(2020)粤2071民初30947号

第二章

物业服务合同纠纷(仲裁)典型案例

某物业管理公司与张某物业服务合同纠纷(仲裁)案

案例导读

本案涉及某一时间节点物业服务履行情况对物业公司向业主主张物业服务费的影响问题。法院审理认为,物业服务是在一段时间内持续进行的动态服务,不能用某一时间节点的服务去衡量整体服务的优劣水平,所以双方提供的照片都因其拍摄时间不同而不足以客观评价物业服务的优劣。

案情介绍

张某是业主,在小区交付入住时交了1年的物业服务费,其后因对物业公司服务不满一直欠费,主要包括小区环境卫生恶劣,保洁工作不到位,绿植养护跟不上,植被及草坪枯萎,黄土裸露等。其认为物业公司未尽到合同约定义务,属于先违约一方,所以无权收费。

申请人物业公司经催告无效后,向当地仲裁委员会提起申请,要求张某支付其所欠物业费及相应违约金。

被申请人张某认为物业公司未尽到合同约定义务,物业公司属于先违约一方,所以无权收费。

仲裁观点

仲裁庭当庭归纳,本案争议焦点有两个:(1)物业服务合同的履行情况;(2)物业公司请求支付物业费的事实及法律依据。

针对争议焦点,物业公司提交了其与建设单位和业主签订的《物业服务合同》、小区环境照片及物业工作细节照片和荣誉证书等,以证明自己履行了保洁、绿化等合同义务;另提交了缴费通知单和催费照片,用以证实被申请人拖欠了两年物业费共计人民币8900余元。

被申请人认可未交物业费的事实及数额,同时提交了小区照片和视频等,用以证明物业公司未尽到合同义务,小区卫生差、绿化养护也不到位。其认为不是自己拖欠物业费,而是物业服务存在瑕疵。在物业公司违约在先的情况下,被申请人作为业主,没有继续交纳物业费的义务。

仲裁庭认为,物业服务是在一段时间内持续进行的动态服务,不能用某一时间节点的服务去衡量整体服务的优劣水平,所以双方提供的照片都因其拍摄时间不同而不足以客观评价物业服务的优劣。综合双方提交的证据材料,可以证明申请人履行了合同规定的养护、保洁、管理等义务。另根据双方所签订的《物业服务合同》的约定:"业主或物业使用人应于每个结算周期到来十日前向乙方预先交纳下一个结算周期的物业服务费",即先履行义务方是交纳物业服务费的业主,后履行义务方为物业服务企业,故业主主张行使先履行抗辩权不成立,业主不能以此为由拒绝承担违约责任。因此,仲裁庭对申请人关于物业费的请求予以支持。

法条援引

《中华人民共和国民法典》

第五百二十六条 当事人互负债务,有先后履行顺序,应当先履行债务一方未履行的,后履行一方有权拒绝其履行请求。先履行一方履行债务不符合约定的,后履行一方有权拒绝其相应的履行请求。

第五百七十七条 当事人一方不履行合同义务或者履行合同义务不符合约

定的,应当承担继续履行、采取补救措施或者赔偿损失等违约责任。

第五百七十九条　当事人一方未支付价款、报酬、租金、利息,或者不履行其他金钱债务的,对方可以请求其支付。

律师评析

民事争议解决的司法途径一般有诉讼和仲裁两种。申请仲裁的前提,一是双方争议事项属于仲裁委员会的受理范围,且主体上要求双方须是平等主体,依法应当由行政机关处理的行政争议,不能约定仲裁;从案由上讲,婚姻、收养、监护、抚养、继承等纠纷,不能约定仲裁。二是双方必须签订了有效的仲裁协议。此协议可以是单独就管辖订立的协议,也可以是双方既有协议中的一个条款。比较常见的是在签订《物业服务合同》时即约定了仲裁条款。

物业服务企业和业主之间是平等主体,其所争议事项也属于仲裁委员会的受案范围,只要双方约定了合法有效的仲裁条款,就可以通过申请仲裁解决纷争,既高效又经济。

本案追讨物业费的纠纷,是物业和业主间最常见的纠纷类型。物业公司胜诉的关键是当事人在签订合同时约定了合同义务的履行顺序,这是非常重要的一点,但实践中往往容易被忽视。如果合同约定了双方履行义务的先后顺序,就应当遵从约定。建议当事人在签订合同时尽到审慎义务,在搞清合同权利义务的同时,要注意履约的先后顺序,以便将来发生纠纷时,能多一分胜算。

本案例来源于中国裁判文书网

编写人:北京市盈科(邯郸)律师事务所　贺敬霞律师

第三章

车库车位纠纷典型案例

第一节 重庆市某房地产开发公司与九龙坡区业主委员会车位纠纷案

案例导读

本案涉及物业管理区域内的车位、车库权属问题。法院审理认为，涉案车位不能办理产权登记，因此其不能成为享有专有权的专有部分。即使房产公司在建造时支付了建筑区划内的土地使用权出让金，成了建设用地使用权人，但是自小区建设完成之后，随着小区内房屋的出售，小区建筑区划内的土地使用权也随之转移，小区共有部分的土地使用权归小区业主共有。由于涉案车位不能办理产权登记，不能成为专有部分，该部分停车位属于占用业主共有的道路或者其他场地用于停放汽车的车位。法院最终判决涉案不能办理产权登记的车位归全体业主共有。

▶ 案情介绍

原告重庆市某房地产开发有限公司为重庆市九龙坡区建设单位，被告系重庆市九龙坡区业主委员会。2015年4月，重庆市某房地产开发有限公司(以下简称房产公司)向一审法院提起诉讼，请求依法确认重庆市九龙坡区建筑区划内，规划用于停放汽车的393个地上停车泊位(每个停车泊位价值3万元，共计1179万元)的权属归房产公司所有。房产公司认为建设用地使用权是房产公司出资取得的，房产公司是土地使用权人。业主委员会认为，小区建筑区划内的土地，依法由业主共同享有建设用地使用权,设立在业主共有土地之上的地面车位理应属全体业主共有。开发商将住宅小区的房屋售出并办理转移登记之后,建筑物区分所有权人即按份共同拥有了该小区的全部土地使用权。小区地面车位是利用小区道路用地、绿化用地及其他公共用地设立的,其权属应归全体业主共有。

裁判观点

法院认为,根据《最高人民法院关于审理建筑物区分所有权纠纷案件适用法律若干问题的解释》第二条第一款关于"建筑区划内符合下列条件的房屋,以及车位、摊位等特定空间,应当认定为民法典第二编第六章所称的专有部分:(一)具有构造上的独立性,能够明确区分;(二)具有利用上的独立性,可以排他使用;(三)能够登记成为特定业主所有权的客体"之规定,涉案车位不能办理产权登记,因此其不能成为享有专有权的专有部分。即使房产公司在建造时支付了建筑区划内的土地使用权出让金,成为建设用地使用权人,但是小区建设完成之后,随着小区内房屋的出售,小区建筑区划内的土地使用权也随之转移,小区的共有部分土地使用权归小区业主共有。由于涉案车位不能办理产权登记,不能成为专有部分,该部分停车位属于占用业主共有的道路或者其他场地用于停放汽车的车位。法院最终判决涉案不能办理产权登记的车位归全体业主共有。

法条援引

(一)《中华人民共和国民法典》

第二百七十五条 建筑区划内,规划用于停放汽车的车位、车库的归属,由当事人通过出售、附赠或者出租等方式约定。

占用业主共有的道路或者其他场地用于停放汽车的车位,属于业主共有。

(二)《最高人民法院关于审理建筑物区分所有权纠纷案件适用法律若干问题的解释》

第二条 建筑区划内符合下列条件的房屋,以及车位、摊位等特定空间,应当认定为民法典第二编第六章所称的专有部分：

（一）具有构造上的独立性，能够明确区分；

（二）具有利用上的独立性，可以排他使用；

（三）能够登记成为特定业主所有权的客体。

规划上专属于特定房屋，且建设单位销售时已经根据规划列入该特定房屋买卖合同中的露台等，应当认定为前款所称的专有部分的组成部分。

本条第一款所称房屋，包括整栋建筑物。

律师评析

本案发生在《民法典》生效之前，当时房产公司向业主委员会主张权利的法律依据是原《物权法》第七十四条。原《物权法》第七十四条中关于停放汽车的车位、车库的归属的规定与现行《民法典》第二百七十五条中关于停放汽车的车位、车库的归属的规定是完全一致的，即"建筑区划内，规划用于停放汽车的车位、车库的归属，由当事人通过出售、附赠或者出租等方式约定。占用业主共有的道路或者其他场地用于停放汽车的车位，属于业主共有"。

《民法典》并未对原始规划建设的、不能办理产权登记的地面停车位的归属作出具体的规定，未明确规定如果双方没有约定或者约定不明时，该车位应当归谁所有。因此，实务中关于车位、车库归属的纠纷案件的处理会更显纷繁复杂。结合本案及相关司法案例来看，人民法院在审理车位、车库纠纷案件时一般会综合考虑以下因素：

一是审查涉案车位、车库的性质是属于规划用于停放汽车的车位、车库还是属于占用业主共有的道路或者其他场地用于停放汽车的车位；

二是审查涉案车位、车库是否可以办理权属登记，能否成为特定业主所有权的客体；

三是审查开发商与业主签订的《房屋买卖合同》中是否存在关于涉案车位、车库权属约定的特别条款；

四是审查涉案车位、车库是否计入建筑面积，是否纳入容积率，以及车位、车库的造价成本是否分摊到全体业主。

本案例来源于中国裁判文书网

编写人：北京盈科(上海)律师事务所　吉磊律师

(2016)渝民终7号

第二节　某业主委员会与广东某集团有限公司车位车库纠纷案

案例导读

本案涉及建设单位未按规定配建车位的赔偿问题。法院审理认为，对于建设单位应否赔偿车位恢复费用的问题。建设单位并无证据证明其已按照规划完成全部地面车位施工并交付某全体业主使用，亦无证据证明其将部分地面车位调整为绿化设施已征得业主代表的同意。而业主委员会提交的证据反映了其在自行恢复涉案地面车位前的地面车位数量未达到原有的规划要求。法院采信业主委员会的陈述，认定建设单位交付时未按原本的规划足额配建地面车位，并支持了业主委员会要求建设单位进行赔偿的诉讼请求。

案情介绍

原告为某业主委员会，被告为该小区开发建设单位(以下简称某公司)。某业主委员会所在的中山市由某公司开发建设，根据某业主委员会调取的中山市城市建设档案馆的图纸(编号：2800705000040、2800405000206)，某业主委员会所在的中山市总配建停车位1693个，其中地面停车位213个，地下停车位1480个，但经现场比对，实际已建地面车位31个，尚差182个，地下停车位实为1286个，尚差194个。为此，2017年2月14日，某业主委员会向某公司发出关于协助提供地面车位规划变更批准文件的函，要求某公司书面说明此变更的依据并提供相关批复文件。某公司复函称其是因销售期间听取业主意见而作出的调整，未能提供主管部门批准变更文件。根据有关法律法规,现某公司无合法理由,不按建设工程设计方案进行施工,不建或少建规划设计的车位,损害了全体业主的合法权益。地面车位的缺失,直接给停车秩序造成严重混乱,影响小区业主的正常生活,某业主委员会也因此接到大量业主投诉。为维护全体业主的合法权益,某业主委员会遂提起本案诉讼。

裁判观点

法院经审理认为,结合总平面图纸、相关设计图纸,以及现场勘查反映的现有地面车位具体坐落情况来看,原规划的地面车位系占用某小区全体业主共有部分所建设,而某业主委员会现已恢复的地面车位也均位于某全体业主共有的绿化带区域内,需恢复的地面车位应属于某全体业主共有,某业主委员会有权就此代表全体业主主张权利。现某业主委员会提起本案诉讼,属于其权利范围,且已经由某业主大会决议通过,故某业主委员会提起本案诉讼主体适格。结合诉辩双方意见,本案争议焦点为:

1. 本案是否已超出诉讼时效?

某公司未按规划对地面车位施工,侵犯了全体业主就相关地面车位的物权,即请求某公司停止侵害物权的请求权不受诉讼时效的限制。

2. 某公司是否应赔偿车位恢复费用?如应赔偿,则赔偿费用如何认定?

对于某公司应否赔偿车位恢复费用的问题。某公司并无证据证明其已按照规划完成全部地面车位施工并交付某小区全体业主使用,亦无证据证明其将部分地面车位调整为绿化设施已征得业主代表的同意,而某业主委员会提交的证据反映了其在自行恢复涉案地面车位前的地面车位数量未达到原有的规划要求。法院采信某业主委员会的陈述,认定某公司交付时未按原本的规划足额配建地面车位。

依照相关规定,某公司经业主委员会催告未按原有规划将地面车位恢复原状,某业主委员会有权要求某公司赔偿未依规划配建地面车位所造成的损失。由于某公司并无事实证据或法律依据证明恢复地面车位事宜需要经行政审批,而中山市住房和城乡建设局已在复函中已明确"室外车位不涉及建设施工,无须办理建筑工程施工许可及竣工验收备案",即恢复地面配建车位不涉及行政部门的审批,现某业主委员会就其委托兴锋公司施工恢复车位所产生的损失要求某公司赔偿,属于民事诉讼受理的范围,某公司主张应由规划部门作出裁决的辩解意见,法院不予采纳。

对于某公司应赔偿费用的金额认定问题。双方均确认编号 G1~G33 的地面车位共计 33 个,系某公司按规划配建,法院予以认可。经现场勘查,实际现有 G 编号的地面车位 125 个,其中编号 G1~G33 的地面车位与编号 G34~G125 的地面车位在外观上明显不同,某公司既未能明确被改造为绿化设施的具体车位位置,又未能就车位改造为绿化设施已征得某业主同意举证,且未能提供编号 G34~G125 的地面车位系其施工的证据。而某业主委员会提交的视频、照片、采购合同、验收资料、结算单、发票等付款凭证则反映了其确有委托兴锋公司就 G 编号的地面车位进行施工。因此,法院采信某业主委员会的陈述及证据,认定编号 G34~G125 的地面车位系某业主委员会自行恢复。

结算单反映不含税总价款为 269,996.38 元,但部分施工项目与 G 编号车位施工无关。其中,第 10 项"停车位划白色反光漆"不含税结算价 6978.4 元,但备注为"120 个车位划线";第 11 项"黄色禁停路面漆"不含税结算价 490 元,某业主委员会确认属于在道路上划线设置临停车位产生的施工内容;故该两项施工均与恢复 G 编号车位的施工无关,相应费用不应作为 G 编号车位恢复费用的计价项目。对于第 12 项"降低检查井盖"结算价 3520 元和第 13 项"路灯及绿化水管改造"结算价 18,990 元,均已注明属于增加工程,即明确不属于采购合同约定的车位恢复项目的施工范围,且并无证据反映该两项与恢复 G 编号车位的施工有关,故该两项相应费用亦不应作为 G 编号车位恢复费用的计价项目。

对于结算单列明的其他 9 个项目,施工内容反映其与恢复 G 编号车位产生的施工内容相关,应作为计算 G 编号车位恢复费用的依据。某业主委员会庭审中明确前述结算单反映的是恢复 104 个 G 编号地面车位,前述结算单中其他 9 项费用即为恢复 104 个 G 编号地面车位产生的不含税工程费用,经核算共计 240,017.98

元(269,996.38元-6978.4元-490元-3520元-18,990元)。由于采购合同约定系不含税造价,某业主委员会支付工程费用系含税价,按照结算单与工程款发票反映的税价比例计算,恢复104个G编号地面车位的含税结算价为247,218.52元(104个G编号车位不含税价款240,017.98元÷不含税总工程价款269,996.38元×含税总工程价款278,096.27元)。

前述已认定某公司未按规划配建的地面车位数量有180个,结算单反映的系恢复104个地面车位的费用,故尚有76个(213个-33个-104个)地面车位待恢复的费用未计算。由于2017年第二次业主大会决议时已将原定恢复地面车位182个调整为104个,且某业主委员会陈述剩余地面车位未恢复的原因除经费问题外,还包括基于业主意愿而未予恢复,故剩余地面车位后续是否要施工予以恢复尚不确定。同时,报价单、结算单反映车位恢复预估的工程量与实际发生的工程量存在差异,剩余地面车位实际工程费用的金额尚不确定。因此,法院仅支持某公司赔偿某业主委员会已实际发生的车位恢复费用247,218.52元。对于剩余地面车位的恢复费用,某业主委员会可待损失实际发生后另行主张权利。

法条援引

《中华人民共和国民法典》

第二百七十五条　建筑区划内,规划用于停放汽车的车位、车库的归属,由当事人通过出售、附赠或者出租等方式约定。

占用业主共有的道路或者其他场地用于停放汽车的车位,属于业主共有。

第二百七十六条　建筑区划内,规划用于停放汽车的车位、车库应当首先满足业主的需要。

律师评析

随着我国经济的快速发展,人民的生活水平日益提高,私家车保有量大幅上升,关于车位纠纷的数量也有所增长。通过对中国裁判文书网中一些重要案例的筛选和总结,对车位纠纷的理论问题进行探讨,并梳理实践中重要的裁判规则。

(一) 住宅小区停车位的概念和分类

住宅小区停车位是在建筑区划内用于停放汽车的位置。按照空间位置的不同,住宅小区停车位可以分为地面停车位、建筑物首层架空停车位、建筑物屋顶平台停车位、地面独立多层停车楼停车位、地下停车位等。

(二) 住宅小区停车位的法律性质争议

1. 主从物说。

2. 必要的配套设施说。

3. 添附说。

4. 独立物说。

(三) 裁判观点精要

1. 根据规划建设地面车位是开发商建设物业附属设施的义务,开发商并不因停车位的建设经过规划批准而必然享有车位的所有权。

2. 人防车位的使用权和收益权属于投资者,业主出资购买房屋不能视为对人防工程的投资,业主并不当然享有使用权和收益权。

3. 车位不是房屋出售或出租的必须附属物,不适用租赁房屋中关于优先购买权的规定。

4.《民法典》第二百七十六条属于授权第三人规范,只有被认定为被损害合法利益的特定业主才可主张适用,其他人不得主张。

5. 机械车位不同于普通停车位,作为机械车位的买受人,应当知晓机械车位与普通车位之间存在价位、使用、维护等方面的差异。

本案例来源于北京市盈科(中山)律师事务所　邝昕律师

第四章

相邻权纠纷典型案例

第一节 徐某某与韩某某相邻权纠纷案

案例导读　本案涉及业主在非专有部分安装摄像头是否侵犯其他业主相邻权和隐私权的问题。法院审理认为，被告在入户门口安装的监控摄像头，已对原告正常生活造成了不合理困扰，故对原告要求被告拆除该摄像头的请求，法院认为符合法律规定，依法予以支持。

案情介绍

原告徐某某为某小区业主，被告韩某某为同小区的业主。原、被告双方房屋位于同一楼层，从被告房屋入户门口可直视电梯口公共连廊以及原告家厨房窗户，直线距离5米左右。被告在其房屋入户门口上方安装有监控摄像头，该摄像头功能上可360°旋转，可进行录音和录像。根据被告陈述，该摄像头的摄像范围在13米左右，监听声音的范围在5米以内。原告认为被告的行为侵犯了其相邻权和隐私权，故向法院提起诉讼。

裁判观点

法院认为，根据我国民法的相关规定，自然人享有隐私权。任何组织或者个人不得以刺探、侵扰、泄露、公开等方式侵害他人的隐私权，不得拍摄、窥视、窃听、公开他人的私密活动。同时，根据《民法典》的规定，自然人的姓名、出生日期、身份证件号码、生物识别信息等个人信息受法律保护。收集、存储、使用、加工个人信息，应当遵循合法、正当、必要的原则，不得过度使用，且应当征得该自然人的同意。该案中，被告在其入户门口上方安装的监控摄像头，虽然现有证据不能证明被告利用该监控摄像头摄录了原告及其家人的个人隐私和个人信息，但该摄像头在功能上能360°旋转，摄像范围在13米左右，完全具备监视原告及其家人进出电梯以及在厨房室内活动情况的功能，对原告及其家人的个人隐私和个人信息存在侵害的可能。原、被告作为不动产的相邻权利人，理应按照方便生活、团结互助、公平合理的原则，正确处理相邻关系。被告在入户门口安装的监控摄像头，已对原告正常生活造成了不合理困扰，故对原告要求被告拆除该摄像头的请求，法院认为符合法律规定，依法予以支持。对原告要求被告将已录制的视频音频无条件地提交给原告，删除被告保存及上传到网络、其他平台、其他人的所有复本，要求赔偿精神损失费的请求，法院认为相关主张缺乏事实依据，不予支持。

法条援引

《中华人民共和国民法典》

第二百八十八条　不动产的相邻权利人应当按照有利生产、方便生活、团结互助、公平合理的原则，正确处理相邻关系。

第一千零三十二条　自然人享有隐私权。任何组织或者个人不得以刺探、侵扰、泄露、公开等方式侵害他人的隐私权。

隐私是自然人的私人生活安宁和不愿为他人知晓的私密空间、私密活动、私密信息。

第一千零三十四条　自然人的个人信息受法律保护。

个人信息是以电子或者其他方式记录的能够单独或者与其他信息结合识别特定自然人的各种信息，包括自然人的姓名、出生日期、身份证件号码、生物识别信息、住址、电话号码、电子邮箱、健康信息、行踪信息等。

个人信息中的私密信息，适用有关隐私权的规定；没有规定的，适用有关个人信息保护的规定。

第一千零三十五条　处理个人信息的,应当遵循合法、正当、必要原则,不得过度处理,并符合下列条件:

（一）征得该自然人或者其监护人同意,但是法律、行政法规另有规定的除外;

（二）公开处理信息的规则;

（三）明示处理信息的目的、方式和范围;

（四）不违反法律、行政法规的规定和双方的约定。

个人信息的处理包括个人信息的收集、存储、使用、加工、传输、提供、公开等。

律师评析

本案涉及相邻权及隐私权保护问题。隐私权和个人信息保护是当前信息社会中备受关注的重要议题,也受到立法和司法的不断重视。在居民家门口安装摄像头这一问题上,确实存在一种平衡考量。尽管摄像头的设置有助于提高居住安全,监控潜在的入侵或犯罪活动,但也可能会侵犯他人的隐私权,特别是摄像头的范围能扩展到邻居的私人空间。

在维护个人安全的同时,必须兼顾尊重他人的隐私权。在使用监控设备时,应当谨慎权衡其可能产生的影响,并严格遵守相关法规和伦理准则。

原告在被告安装摄像装置后,感到自己的日常出入受到监控。这主要是因为被告设置的摄像范围包括原告每天的必经之处,记录了其与家人、来访亲友等进出自家房屋的轨迹。目前,市面上的摄像装置多数支持手机控制和联网使用,这可能会导致被记录的行踪不仅为被告所知,甚至可能暴露于网络。这种情况增加了原告的行踪信息、私人生活以及家庭财产被不安全地暴露的风险,甚至可能会被不良商家、个人或犯罪分子分析和滥用。鉴于上述情况,如果安装摄像头的行为超越了合理的范围,使他人的隐私可能随时暴露,行为人应当对侵害他人隐私权负有责任,并有义务拆除门口的摄像装置。

传统观念通常认为公共场所和私人场所之间有明确的界限,隐私权保护在这两者之间是"全有全无"的状态。这种观点可能会导致一种误解,即隐私权仅存在于私人场所,而在公共场所则不存在。然而,事实上,个人在公共场所是享有隐私权的。对于"公共场所"的界定,我们不应仅限于法学的范畴。在此,我们应采取一个相对宽泛的定义,即将公共场所定义为"社会公众可以随意进入的所有场所"。

在本案中,被告安装的摄像头拍摄的区域和角度表面上属于公众可以随意进入的场域(考虑到小区并非完全封闭,允许快递员、保安、外卖员等随时进入)。然而,这一场所虽然在外表上是公共场所,但由于它不是常人通常会涉足的地方,当事人在这里仍然保有相当程度的隐私期望。特别是考虑到这一场所作为完全开放的公共空间(小区公区)与完全私人空间(业主的家)之间的"过渡区域",往往承载着大量私人生活,如主客之间的互动和迎来送往等。

因此,即便可以将自家门口楼梯间认定为"公共场所",公民在这个场所也应有权享有充分的隐私。由于被告在未经原告同意的情况下安装摄像头,拍摄的内容包括原告及相关人员的活动轨迹等,尽管拍摄区域可以被认定为"公共场所",但从这个场所呈现出的内容可以涉及私人事务,涉及自然人的宁静生活。在没有经过当事人知晓和允许的情况下,这些内容不应被记录、收集、分析。因此,这应当被视为隐私权的范畴,应当得到保护。

本案例来源于中国裁判文书网
编写人:北京盈科(宁波)律师事务所　欧俊凯律师
(2021)浙 0205 民初 5291 号

第二节　吴某等与邵某相邻权纠纷案

案例导读　本案涉及业主将安装空调外机的平台封闭至家中做房间使用,将其空调外机安装在通风井的公共墙面上,是否侵权的问题。法院审理认为,涉案房屋已设计统一的空调外机安装位置,被告将空调外机安装在通风井的公共墙面上,其空调外机运行时产生的噪声和热风必然会对原告吴某的正常居住生活产生影响,故吴某要求被告邵某拆除空调外机的诉讼请求,法院予以支持。

📍 案情介绍

原告吴某等为业主,被告邵某为吴某等人的邻居。邵某将其安装空调外机的平台封闭至家中做房间使用,而将其空调外机安装到隔壁邻居吴某家的窗户下面不远处,吴某和其邻居张某、杨某,以及楼下邻居方某等看到邵某正在安装。

吴某认为邵某有安装平台而不安装是违法的,而且空调外机离自己家太近,会影响自己通风,产生噪声;楼下的方某认为邵某有安装平台而不安装违法,以后会滴水并有噪声也会造成自己居住产生问题;吴某邻居张某、杨某害怕其他人也效仿邵某,在自己家隔壁安装空调外机,影响自己。

故吴某等均不同意安装,但邵某不予理会,依然强行安装。吴某等通过报警、找物业、找"12345"投诉等方式没有解决,因而最终由吴某委托律师进行起诉,后律师为其搜集了证据,将邵某和物业公司起诉至法院。

起诉物业公司的原因有两个:一是原告不知道邵某的具体身份信息,物业公司有,但拒绝提供,认为提供是泄露业主隐私,可能会承担法律责任,坚持让原告起诉后由法院找他们要;二是物业公司可以作证,已经和邵某说过不能安装,这么安装违法,邵某依然坚持安装。

通过一、二审,法院最终判决邵某拆除其安装的空调外机。

📍 裁判观点

法院审理认为,不动产的相邻权利人应当按照有利生产、方便生活、团结互助、公平合理的原则,正确处理相邻关系。给相邻方造成妨碍或者损失的,应当停止侵害,排除妨碍,赔偿损失。本案中,涉案房屋已设计统一的空调外机安装位置,但被告邵某在签署相关装修协议,且吴某在安装期间已明确表示不同意安装,物业公司亦发出《违章整改通知书》后,仍将空调外机安装在通风井的公共墙面上,其空调外机运行时产生的噪声和热风必然会对吴某的正常居住生活产生影响,故吴某要求被告邵某拆除空调外机的诉讼请求,法院予以支持。对于邵某认为其安装空调的行为,物业公司已经同意的辩称,未提供证据予以证明,且物业公司亦无此权限,故法院不予采纳。对于要求物业公司履行监督义务的诉请,法院认为,物业公司在邵某安装空调外机期间向其下发《违章整改通知书》并组织双方协调,已尽到其物业管理服务的职责,对该诉请法院不予支持。

法条援引

《中华人民共和国民法典》

第二百三十六条 妨害物权或者可能妨害物权的,权利人可以请求排除妨害或者消除危险。

第二百八十八条 不动产的相邻权利人应当按照有利生产、方便生活、团结互助、公平合理的原则,正确处理相邻关系。

律师评析

空调外机安装纠纷,在我们日常生活中非常多见,有很多业主正在面临这种纠纷,受侵害的业主,被对方侵占了合法权益,其面临噪声等严重影响生活的问题,本来要求拆除违法安装的空调是合法合理的事情,看起来也应该很简单。但实际上,能帮我们解决问题的各方:物业公司方面,因为没有执法权,只能进行劝阻,发整改通知,进行调解,甚至有些物业公司连自己本应履行的这几个简单的义务都不履行,连最基础的告知装修注意事项都不履行;居委会方面,只能进行调解,也没有执法权,有些也不愿意过多介入这种邻里纠纷,调解不成就让起诉;警察方面,这是民事纠纷,在双方发生冲突后拨打"110",会上门查看,如果发现没有打架造成违反治安处罚法或涉嫌犯罪时,一般会要求民事起诉处理;城管方面,看到网上有说只给罚款的,有说不管的,回答各种各样,因为城管没有强拆权,强拆可能会造成自身承担法律责任。因此这个看起来很简单,处理起来却异常难的问题就出现了,最后大家很可能只能通过诉讼解决,而我们国人厌诉,加上还有可能要请律师,又觉得这么小的事情不划算,搞得这个问题非常不痛快,但又处理不了。目前来看,最有用的解决思路还是起诉,一般来说,胜诉的可能性还是很大的,除非自己的要求不合法、不占理,所以建议大家遇到这种问题时,可以在物业公司、居委会等处理后无效的情况下,进行诉讼维权。

本案例来源于北京盈科(上海)律师事务所　谢王钢律师

(2023)浙 06 民终 3317 号

第五章

名誉权纠纷典型案例

第一节 王某与天津市某物业管理服务有限责任公司名誉权纠纷案

案例导读 本案涉及物业公司在物业管理区域显著位置张贴"公开信"是否侵犯业主名誉权的问题。法院审理认为,物业公司对原告的"预测"无事实及法律依据,其行为明显失当,且在小区内造成了一定的不良影响,已构成了对原告名誉权的侵害,其应当以赔礼道歉的形式消除对原告的影响。

案情介绍

原告王某为天津市和平区业主兼业主委员会秘书。被告天津市某物业管理服务有限责任公司(以下简称物业公司)为王某所居住的小区的前期物业服务企业。2016年12月10日小区召开业主大会作出决议,确定以自主招聘形式重新选聘物业服务企业。自2016年12月18日起,物业公司开始在小区显著位置(大门出入口、公告栏、每户门口)张贴"某物业致广大业主的公开信",下署名物业公司,同时印有物业公司的公章。公开信中称:原告在选聘物业过程中搞"权力寻租""处处占小便宜",并预测:(1)公开招标前将某物业排除在外;(2)"入围三家企业将是两家陪标""原告在小区招投标工作中与投标人谈好利益交易""在中标后打小区维修基金的主意,突击花钱";(3)"从王某等人的品行表现分析,存在台上和台下两种行为"等。后部分小区居民通过微信等渠道,对原告的个人品质及原告主持选聘工作产生怀疑,并出现了辱骂的言辞,使原告遭受了较大的精神压力,社会评价一度被降低。原告王某遂将物业公司起诉至法院要求:(1)请求判令被告立即停止侵犯原告名誉权的行为;(2)判令被告通过在天津市和平区各出入口、各楼门内、各户门口显著位置张贴承认错误及道歉公告,以及在小区内LED显示屏幕滚动播出承认错误及道歉公告的方式,向原告公开承认错误、赔礼道歉、消除影响、恢复名誉(其中张贴公告时长不少于1个月,小区内LED显示滚动播出公告不少于100次);(3)判令被告赔偿原告精神损失费人民币4000元;(4)案件受理费由被告承担。

裁判观点

法院认为,物业公司在小区公共场所内多处张贴书面材料及横幅,并依据其"预测"原告会从事"权力寻租""处处占小便宜""原告在小区招投标工作中与投标人谈好利益交易""在中标后打小区维修基金的主意,突击花钱""入围三家企业将是两家陪标"等违法行为。物业公司对原告的"预测"无事实及法律依据,其行为明显失当,且在小区内造成了一定的不良影响,已构成了对原告名誉权的侵害,其应当以赔礼道歉的形式消除对原告的影响。物业公司在原小区内已经张贴的书面材料及横幅应予消除,根据对等原则,物业公司应在小区范围内以书面的形式向原告赔礼道歉。至于原告对精神损害抚慰金的主张,因其未能证实由于本案事实产生了精神损害的后果,故对该项主张法院不予支持。法院最终判决:(1)被告清除其在小区内张贴的所有公开信及其他有损于原告王某名誉的书面材料;(2)被告在小区公告栏内张贴对原告王某赔礼道歉的书面材料,期限不少于7日(具体内容经本院审查);(3)驳回原告王某的其他诉讼请求。案件受理费300元,减半收取计150元,由被告共同负担(本判决生效之日起10日内送交本院)。

法条援引

《中华人民共和国民法典》

第一百一十条 自然人享有生命权、身体权、健康权、姓名权、肖像权、名誉权、荣誉权、隐私权、婚姻自主权等权利。

律师评析

名誉权是民事主体享有的受到社会公众评价的权利。侵害名誉权的行为是指以书面、口头等形式宣扬他人的隐私，或者捏造事实公然丑化他人人格，以及以侮辱、诽谤等方式损害他人名誉，造成一定影响的行为。本案物业公司对业主的"预测性"言论并无相应事实基础，属于捏造事实丑化他人人格，损害他人名誉权的行为。律师提醒物业公司注意，在小区公告栏、业主微信群等公共交流平台发布涉及某个具体业主的信息时，一定要注意核实所发布信息的真实性和准确性，否则一不小心便会损害业主名誉，需承担相应的法律责任。

本案例来源于中国裁判文书网

编写人：北京盈科(上海)律师事务所　吉磊律师

(2017)津 0101 民初 46 号

第二节　吉安市某物业公司与徐某名誉权纠纷案

案例导读

本案涉及业主在微信群发布涉及物业公司的负面评价信息，是否侵犯物业公司名誉权的问题。法院审理认为，在涉案业主微信群内对物业公司所作的负面评价，措辞虽有不文明、不严谨之处，但未超过必要的限度，不足以产生对物业公司社会评价降低的损害后果。物业公司系为业主提供服务的企业法人，对业主在业主群内围绕其切身权益所作发言应有一定容忍义务。因此，被告吴某不构成对原告名誉权的侵害。

案情介绍

原告某物业公司提供物业管理服务，被告吴某、案外人徐某系该小区业主。2020 年 12 月 11 日，徐某在业主微信群内发了 15 秒的短视频，并在群内发表"小区大门口动用房屋维修金,你们让大家签字了吗,同意了吗?"被告吴某接着发表"现在一点这个东西就这么多钱,到时电梯坏了,楼顶坏了等咋办,维修基金被物业套完了,拍拍屁股走人了,业主找谁去!""真要大修没钱就自生自灭了,太黑心了""所以这个小区成立业主委员会是迫在眉睫""不管怎样你们签的字违规,我们不认可,要求公示名单"等言论,物业公司工作人员在该群内制止吴某并要求吴某道歉,吴某继续发表"凭什么跟你道歉""我说的是事实"等言论。

原告物业公司认为被告吴某的言论侵害其名誉权,遂诉至法院,要求吴某公开赔礼道歉并赔偿损失。

被告吴某认为,业主作为小区真正的主人,对公共维修资金的使用享有知情权,也有言论自由权和监督权,其言论是在行使自己的权利,并未侵害物业公司的名誉权,应驳回原告的诉讼请求。

裁判观点

二审江西省吉安市中级人民法院经审理认为,依据《民法典》第一百一十条、第一千零二十四条的规定,法人、非法人组织依法享有名誉权,任何组织或者个人不得以侮辱、诽谤等方式侵害他人名誉权。住宅专项维修资金的使用涉及业主的切身利益,被告吴某作为小区业主,在涉案业主微信群内围绕专项维修资金的申领、使用等不规范情形对物业公司所作的负面评价,措辞虽有不文明、不严谨之处,但未超过必要的限度,不足以产生对物业公司社会评价降低的损害后果。物业公司系为业主提供服务的企业法人,对业主在业主群内围绕其切身权益所作发言应有一定容忍义务。因此,被告吴某不构成对原告名誉权的侵害。同时,法院认为,业主在行使监督权利时应当理性表达质疑、陈述观点。综上,判决驳回原告物业公司的诉讼请求。

法条援引

《中华人民共和国民法典》

第一百一十条第二款 法人、非法人组织享有名称权、名誉权和荣誉权。

第一千零二十四条　民事主体享有名誉权。任何组织或者个人不得以侮辱、诽谤等方式侵害他人的名誉权。

名誉是对民事主体的品德、声望、才能、信用等的社会评价。

律师评析

物业公司享有名誉权,但业主作为小区真正的主人,对公共维修资金的使用享有知情权,也有言论自由权,双方的权利如何能够都得到实施保障,又互不侵害,需要各自了解自己权利的边界。维修资金,是业主在购房时首次缴纳,作为房屋大修之用的储备金,金额基本是房价一定比例(一般为2%),数额较为可观,且维修资金的数额低于总额30%就要强制续筹。所以维修资金关乎每家每户的利益。法律对维修资金的使用范围、使用程序等都有具体规定。徐某作为业主,对维修资金的使用有知情权。物业公司的名誉权,不能成为业主行使知情权的障碍,且吴某所发视频及言论,是基于客观事实,即便言辞略有夸张和态度略有过激,也未超出合理边界。且其言论是发布在小区业主的微信群,群内成员均是对所论之事有知情权的小区业主,系行使知情权的正当途径,并不必然导致对物业公司社会评价的降低。

本案明确了业主为维护自身权益对监督事项所作负面评价未超出必要限度的,不构成对物业公司的名誉侵权。依法合理划分了法人、非法人组织人格权的享有与公民行为自由的边界。

本案例来源于中国裁判文书网

编写人:北京市盈科(邯郸)律师事务所　贺敬霞律师

第六章

隐私权纠纷典型案例

第一节 王某与某物业公司隐私权纠纷案

案例导读

本案涉及物业公司在微信群发布业主欠费情况是否侵犯业主隐私权的问题。法院审理认为，本案中，物业公司在数百人的业主交流微信群中发布王某涉诉判决文书照片时，未对王某的姓名、身份证号、住址等信息进行遮挡处理，上述内容系公民个人重要信息，与个人的生活安宁相关联，属于个人隐私。物业公司的该行为主观上存在过错，客观上造成王某个人信息的泄露，侵犯了王某的隐私权。

案情介绍

原告王某系业主，雅某公司系该小区物业服务公司。2022年，雅某公司和王某因物业服务纠纷诉至法院，法院判决王某向雅某公司补缴物业费，雅某公司胜诉。随后，雅某公司在业主微信交流群发布群公告："某2号楼3单元602室业主王某，因在与本公司的物业服务合同案件中败诉，现通知业主王某尽快交纳物业费，感谢配合。雅某物业服务公司2022年6月18日"，并将上述生效判决文书拍成图片，发在该微信群里，对于文书首页的王某的姓名、家庭住址、身份证号未作遮挡处理。

王某认为，雅某公司随意传播其个人信息，侵犯了其隐私权，故将雅某公司诉至法院，请求判令雅某公司公开向王某赔礼道歉并支付精神损害赔偿金。

雅某公司辩称,其发布判决文书属于合理正当使用公开的裁判文书,是为督促王某及其他业主按时交纳物业费,没有泄露王某隐私的目的,故其不存在侵权。

裁判观点

法院经审理认为,《民法典》第一千零三十二条第一款规定了自然人享有隐私权,任何组织或者个人不得泄露、公开他人隐私。第一千零三十四条规定了自然人的个人信息受法律保护,并对个人信息的内涵和外延加以定义,其中自然人的姓名、出生日期、身份证件号码、住址、电话号码等均属于个人信息,且个人信息中的私密信息适用隐私权的规定。本案中,雅某公司在数百人的业主交流微信群中发布王某涉诉判决文书照片时,未对王某的姓名、身份证号、住址等信息进行遮挡处理,上述内容系公民个人重要信息,与个人的生活安宁相关联,属于个人隐私。雅某公司的该行为主观上存在过错,客观上造成王某个人信息的泄露,侵犯了王某的隐私权,故王某要求雅某公司赔礼道歉,合法有据,法院予以支持。

王某主张雅某公司的该行为给其造成了严重精神损害,但其并未提交相应证据加以证明,故王某要求雅某公司支付精神损害赔偿金的请求,依据不足,法院不予支持。

最终,法院判决雅某公司在"某业主交流群"发布、在公告栏张贴对王某的道歉信(道歉信内容需先经法院审核通过,发布、张贴时间均为7天)。如雅某公司拒绝履行该义务,则由法院择一市级发行报刊,刊登本判决主文内容,所需费用由雅某公司承担。驳回王某的其他诉讼请求。判决作出后,双方均服判息诉,该判决现已生效。

法条援引

《中华人民共和国民法典》

第一千零三十二条 自然人享有隐私权。任何组织或者个人不得以刺探、侵扰、泄露、公开等方式侵害他人的隐私权。

隐私是自然人的私人生活安宁和不愿为他人知晓的私密空间、私密活动、私密信息。

第一千零三十四条　自然人的个人信息受法律保护。

个人信息是以电子或者其他方式记录的能够单独或者与其他信息结合识别特定自然人的各种信息，包括自然人的姓名、出生日期、身份证件号码、生物识别信息、住址、电话号码、电子邮箱、健康信息、行踪信息等。

个人信息中的私密信息，适用有关隐私权的规定；没有规定的，适用有关个人信息保护的规定。

律师评析

自然人享有隐私权，任何组织或者个人不得以刺探、侵扰、泄露、公开等方式侵害他人隐私权。王某欠缴物业费的事实已经被人民法院予以确认并判决，而相关的裁判文书只要不涉及公民个人隐私及国家秘密等法律禁止公开的内容，都是可以在互联网进行公开的。因此，物业公司公布相关裁判文书并不违法，但是，这并不意味着涉诉公民的个人信息不予保护。本案中，物业公司公开判决文书时未隐蔽王某的姓名、身份证号、家庭住址等个人隐私信息，造成了王某隐私信息泄露，在一定程度上影响了当事人的生活安宁和社会评价，构成侵犯他人隐私权。

在物业纠纷中，如果生效裁判文书已经判决欠交物业费的业主缴纳费用，业主仍然不缴费，物业公司在业主群公开、在公告栏张贴判决文书的做法，即使不构成侵权，也不利于纠纷的解决，还容易激化矛盾。面对此情况，物业公司可以依法向法院申请强制执行，采用法律途径维护胜诉权益。

本案例来源于中国裁判文书网

编写人：北京盈科(绵阳)律师事务所　魏洪奇律师

第二节　朱某与潘某隐私权纠纷案

> **案例导读**
>
> 本案涉及业主偷拍其他业主家照片,并将照片发布至微信群中是否侵犯其他业主隐私权的问题。法院审理认为,被告的偷拍行为,使小区内居民对原告身份信息及住址精准定位,导致原告被他人打扰的可能性增加,对其私密空间、私人生活安宁造成了一定的影响,构成对原告隐私权的侵犯,应以公开方式向原告赔礼道歉。

案情介绍

原告朱某与被告潘某均系上海市宝山区××路××弄××号小区业主。双方因楼层漏水产生纠纷。2022年4月9日晚,被告在微信群中发言"我付完钱以后,一直心里憋屈。后来我就拉黑了,我想你家以后再漏水别来找我……他是属于那种喜欢摆官腔的人。再有下次估计我老公是忍不了的,在他楼上,都怕被殃及……"。

随后被告将偷偷拍摄的原告家的照片发布到"业主互助群"内,并附言"偷拍的他家"。部分小区业主在微信群给予了回应。原告认为,被告的上述行为侵害了其隐私权,起诉要求被告停止侵权、赔礼道歉及赔偿精神抚慰金。

被告潘某辩称,不同意原告诉请。纠纷系楼层间漏水产生,其拍摄801室的阳台部分并未经允许就发布到微信群里确实是本人错误,愿意为此向原告道歉,但也仅是对客观事实的描述,并未对其隐私造成侵害。反而是原告在业主群中对被告恶语相向,颠倒是非,被告保留起诉原告的权利。被告未辱骂也未挑唆他人辱骂原告,更未造成对其隐私权的侵害,不同意赔偿。

裁判观点

法院认为,隐私是自然人的私人生活安宁和不愿为他人知晓的私密空间、私密活动、私密信息。被告的偷拍行为,使小区内居民对原告身份信息及住址精准定位,导致原告被他人打扰的可能性增加,对其私密空间、私人生活安宁造成了一定的影响,构成对原告隐私权的侵犯,应以公开方式向原告赔礼道歉。故原告诉请被告删除其私自拍摄的宝山区××路××弄××号××室的照片,法院对此予以支持。然而道歉应当在其侵犯隐私权的范围内,被告要在其发布照片的业主微信群内公开向原告赔礼道歉;关于精神损害抚慰金,被告的行为虽对原告的生活造成一定影响,但根据被告的过错程度、侵权行为所造成的后果等因素,尚未达到严重损害的程度,故原告的该项主张法院不予支持。

经法院判令:被告潘某应立即删除发布的其拍摄的有关宝山区××路××弄××号××室的照片;在"锦园业主互助群"就其侵害原告朱某隐私权一事道歉(内容须经法院审核),并向原告朱某当面道歉,消除影响。

法条援引

(一)《中华人民共和国民法典》

第一千零三十二条 自然人享有隐私权。任何组织或者个人不得以刺探、侵扰、泄露、公开等方式侵害他人的隐私权。

隐私是自然人的私人生活安宁和不愿为他人知晓的私密空间、私密活动、私密信息。

第一千零三十三条 除法律另有规定或者权利人明确同意外,任何组织或者个人不得实施下列行为:

(一)以电话、短信、即时通讯工具、电子邮件、传单等方式侵扰他人的私人生活安宁;

(二)进入、拍摄、窥视他人的住宅、宾馆房间等私密空间;

(三)拍摄、窥视、窃听、公开他人的私密活动;

(四)拍摄、窥视他人身体的私密部位;

(五)处理他人的私密信息;

(六)以其他方式侵害他人的隐私权。

(二)《最高人民法院关于确定民事侵权精神损害赔偿责任若干问题的解释》

第五条 精神损害的赔偿数额根据以下因素确定:

(一)侵权人的过错程度,但是法律另有规定的除外;

(二)侵权行为的目的、方式、场合等具体情节;

(三)侵权行为所造成的后果;

(四)侵权人的获利情况;

(五)侵权人承担责任的经济能力;

(六)受理诉讼法院所在地的平均生活水平。

律师评析

自2021年《民法典》生效后,隐私权有了明确的法律定义,即自然人对其"私人生活安宁和不愿为他人知晓的私密空间、私密活动、私密信息"享有的免于"刺探、侵扰、泄露、公开等方式侵害"的权利。如今我们身处互联网时代,个人的电话号码、家庭住址等信息的泄露往往会使个人遭受无尽商业广告、短信推销的骚扰,影响个人生活秩序,侵犯私人生活空间。因此,《民法典》将"私人生活安宁"纳入隐私权,不仅进一步丰富并充实了隐私权的内涵和适用保护范围,也顺应了时代的发展要求。本案中,被告为泄一时之愤,偷拍了原告的家,已将原告的住址及信息精准定位,该信息泄露极有可能会扰乱原告的生活安宁。故最终法院认定被告的行为构成对原告隐私权的侵犯,应当承担不利法律后果。在生活中,我们不妨多多换位思考,常常推己及人,尊重他人的隐私,共同构建舒适安宁、文明和谐的社会环境!

本案例来源于中国裁判文书网

编写人:北京盈科(长沙)律师事务所 李娜律师

(2023)沪0113民初6534号

第七章

涉专项维修资金纠纷典型案例

第一节 通过诉讼途径续筹专项维修资金案

案例导读 本案涉及业主委员会是否可以采用倡议书的形式向业主征求是否同意缴纳专项维修资金的意见的问题。法院审理认为,业主大会会议可以采用集体讨论形式,也可以采用书面征求意见的形式。本案原告业主委员会在续筹专项维修资金维修小区主干道前,确未召开业主大会进行集体讨论,但其向小区业主发出的《倡议书》,可以认定是以书面形式征求小区业主的意见。

案情介绍

通州的主干道年久失修,路面残破不堪,该小区业主委员会遂牵头拟对小区主干道进行维修。业主委员会经过公开招标确定施工单位及工程预算价后,向小区内全体业主发出《倡议书》,要求各业主根据各自住宅面积向业主委员会缴纳续筹专项维修资金。

《倡议书》发出后,小区内陆续有3/4以上的业主主动向业主委员会缴纳了这笔钱。此后,业主委员会请施工单位将小区主干道维修完毕并重新投入使用,但仍有部分业主拒不缴纳。业主委员会通过上门催款、发律师函等各种方式催缴,但收效甚微,于是提起诉讼追缴这笔钱款。

原告业主委员会认为,住宅专项维修资金,是专项用于住宅共用部位、共用设施设备保修期满后的维修和更新、改造的资金,缴纳专项维修资金是业主为维护建筑物的长期安全使用而应承担的一项法定义务。

被告业主认为,根据法律规定,筹集建筑物及其附属设施的维修资金,应当依法召开业主大会,并经参与表决专有部分面积 3/4 以上的业主且参与表决人数 3/4 以上的业主同意。而原告在筹集专项维修资金维修小区主干道前,未依法召开业主大会进行集体讨论,亦未以书面形式征求小区业主意见,不符合法律规定,故不同意缴纳相关款项。

▶ 裁判观点

一审法院审理后认为,业主大会会议可以采用集体讨论形式,也可以采用书面征求意见的形式。本案原告在续筹专项维修资金维修小区主干道前,确未召开业主大会进行集体讨论,但其向小区业主发出的《倡议书》,可以认定是以书面形式征求小区业主的意见。此后,小区内 3/4 以上的业主主动向业主委员会缴款,系以实际行为对维修主干道的倡议予以支持,故应认定业主委员会筹集专项维修资金维修小区主干道的行为程序合法。

法院认为,业主委员会筹集资金维修主干道,是为了优化小区的居住环境,为小区业主提供更便利的通行条件,与"业主委员会应代表和维护全体业主合法权益"的法律规定相符。少数或个别业主拒绝缴款的行为,对其他已缴款的业主而言,显然不公平,也损害了全体业主的公共利益。

综上,法院判决未缴款的业主缴纳相关款项。

一审判决后,被告不服,提起上诉。二审判决驳回上诉,维持原判。

▶ 法条援引

(一)《住宅专项维修资金管理办法》

第二条第二款　本办法所称住宅专项维修资金,是指专项用于住宅共用部位、共用设施设备保修期满后的维修和更新、改造的资金。

第六条　下列物业的业主应当按照本办法的规定交存住宅专项维修资金:

(一)住宅,但一个业主所有且与其他物业不具有共用部位、共用设施设备的除外；

(二)住宅小区内的非住宅或者住宅小区外与单幢住宅结构相连的非住宅。

前款所列物业属于出售公有住房的,售房单位应当按照本办法的规定交存住宅专项维修资金。

(二)《中华人民共和国民法典》

第二百八十一条　建筑物及其附属设施的维修资金,属于业主共有。经业主共同决定,可以用于电梯、屋顶、外墙、无障碍设施等共有部分的维修、更新和改造。建筑物及其附属设施的维修资金的筹集、使用情况应当定期公布。

紧急情况下需要维修建筑物及其附属设施的,业主大会或者业主委员会可以依法申请使用建筑物及其附属设施的维修资金。

律师评析

房屋维修涉及千家万户,关乎民生福祉,专项维修资金更是"房屋的医疗和养老保险金"。

我国的房屋维修金制度始于1998年。2004年,房屋维修金演变为房屋办理产权证时必须缴纳的费用。其缴纳标准也由最初的"按购房款2%~3%的比例缴交"变为2008年的"按住宅建筑安装工程每平方米造价的5%~8%缴交"。按照2007年重新修订的《住宅专项维修资金管理办法》的规定,公共维修基金专门用于小区公共设施的维修,归全体业主共有。但在业主委员会成立之前,该资金一般情况下由房地产行政主管机关来代管。

房屋维修基金的名字多年来经过数次变化,1998年时,叫作房屋维修基金,后改为商品房公共维修基金,2007年,根据当时建设部和财政部联合发布的165号令,最终为"住宅专项维修资金"。

住宅专项维修资金,是指专项用于住宅共用部位、共用设施设备保修期满后的维修和更新、改造的资金。

由于对共有部分的维护关乎全体业主的共同或公共利益,所以维修资金具有公共性、公益性,属于专项基金,单独筹集、专户存储、单独核算。我国相关法律法规规定,业主在物业管理活动中,应当履行按照国家有关规定缴纳专项维修资金的义务。可见,缴纳专项维修资金是业主为维护建筑物的长期安全使用而应承担的一项法定义务。

本案中,关于维修小区道路的事项,业主委员会已通过合法有效的方式取得了 3/4 以上业主的同意,所有业主应以公共利益为重,合理合法地行使自己的业主权利,共同创建和谐文明的家园。

本案例来源于中国裁判文书网
编写人:北京市盈科(邯郸)律师事务所　贺敬霞律师

第二节　上海专项维修资金使用范围案例

案例导读

本案涉及物业公司日常维修养护范围与专项维修资金使用范围确定的问题。法院审理认为,《物业服务合同》合法有效,且明确约定为包干制,因此针对双方争议的各项费用应当依照《物业服务合同》的约定来判定是属于包干制内的费用项目,还是应当按实结算的项目。

案情介绍

2015 年 3 月,上海业主委员会公示《物业服务企业选聘方案》,该方案约定物业服务费实行部分包干、部分按实结算:物业服务费中综合管理服务费、公共区域秩序维护服务费、公共区域的清洁卫生服务费 3 项实行包干制结算,公共区域绿化日常养护费,共用场地、共用设施设备的日常运行费、保养和维修服务费 2 项采取按实结算方式。

2015 年 4 月,该小区业主委员会与某物业公司签署《物业服务合同》,约定由乙方为上述区域的业主及物业使用人提供物业管理服务,服务期限为 2015 年 4 月 1 日至 2016 年 4 月 1 日,同时合同第九条明确乙方按包干制收费的形式确定物业服务费用,即由业主向乙方支付合同第七条约定的物业服务费用,盈余或者亏损均由乙方享有或者承担,而未约定按实结算方式。

2016年3月,某物业公司在合同期限届满后撤出小区。随后,某物业公司向业主大会主张欠费共计38万余元,其中包含绿化养护费、水费、电费等费用。但该小区业主委员会认为双方的物业服务合同明确约定为包干制,因此某物业公司主张的费用应由其自行承担,另外,业主委员会则主张某物业公司支付从维修基金支出的垃圾清运费。双方因此产生纠纷,诉诸法院。

裁判观点

该案件经一、二审法院审理,一审法院认为双方《物业服务合同》合法有效,且明确约定为包干制,因此针对双方争议的各项费用应当依照《物业服务合同》的约定来判定是属于包干制内的费用项目还是应当按实结算的项目。第一,关于水电费。(1)水费主要是涉及公共部位清洁、物业用水、小区绿化浇水等产生,从合同附件四、附件五记载的内容来看,公共部位的保洁、小区绿化浇水、物业用电本属于某物业包干制物业服务中的内容,由此产生的用水费用理应由其依照包干制结算原则自行承担。(2)电费主要是公共部位及楼道路灯、景观灯、电梯用电、物业用电、绿化除草等使用电力产生。同样结合合同附件内容来看,物业用电、绿化除草本属于某物业包干制物业服务中的内容,由此产生的用电费用理应由其依照包干制结算原则自行承担;但公共部位及楼道路灯、景观灯、电梯用电应属于全体业主使用并收益的支出,不属于某物业包干制物业服务中的内容,故由此产生的电费应由全体业主负担。第二,关于绿化养护款。从合同附件四记载内容来看,绿化养护属于其包干制物业服务中的内容,由此产生的相应费用理应由某物业依照包干制结算原则自行承担。

二审法院基本认可一审法院的判定内容,仅就公共部位及楼道路灯、景观灯、电梯用电问题进行了重新认定,其认为根据双方的物业服务合同,以及物业管理的相关法律和政策规定,楼道应属于公共部位,相应的路灯、景观灯,以及电梯日常运行用电和维护费用,应包含在物业服务收费范围内,属包干制物业服务内容,相关费用应由其自行承担,某物业公司要求对方支付上述费用,无合同和法律依据。

法条援引

(一)《最高人民法院关于适用〈中华人民共和国民事诉讼法〉的解释》

第九十条　当事人对自己提出的诉讼请求所依据的事实或者反驳对方诉讼请求所依据的事实,应当提供证据加以证明,但法律另有规定的除外。

在作出判决前,当事人未能提供证据或者证据不足以证明其事实主张的,由负有举证证明责任的当事人承担不利的后果。

(二)《物业服务收费管理办法》

第十一条　实行物业服务费用包干制的,物业服务费用的构成包括物业服务成本、法定税费和物业管理企业的利润。

实行物业服务费用酬金制的,预收的物业服务资金包括物业服务支出和物业管理企业的酬金。

物业服务成本或者物业服务支出构成一般包括以下部分:

1. 管理服务人员的工资、社会保险和按规定提取的福利费等;

2. 物业共用部位、共用设施设备的日常运行、维护费用;

3. 物业管理区域清洁卫生费用;

4. 物业管理区域绿化养护费用;

5. 物业管理区域秩序维护费用;

6. 办公费用;

7. 物业管理企业固定资产折旧;

8. 物业共用部位、共用设施设备及公众责任保险费用;

9. 经业主同意的其他费用。

物业共用部位、共用设施设备的大修、中修和更新、改造费用,应当通过专项维修资金予以列支,不得计入物业服务支出或者物业服务成本。

律师评析

本案中,法院在界定某物业公司日常维修养护范围与专项维修资金使用范围时,主要围绕:(1)有无法律依据;(2)有无合同依据。根据《物业服务收费管理办法》第十一条的规定,物业共用部位、共用设施设备的日常运行、维护费用以及物业管理区域清洁卫生费用、绿化养护费用属于物业服务的支出或者成本,而物业共用部位、共用设施设备的大修、中修和更新、改造费用则不属于物业服务的支出或者成本,而应当属于维修资金的使用范围。

从本案出发,即使在双方合同约定不明确或者未约定的情况下,其中物业管理区域内的绿化养护款应当属于物业服务的支出或者成本,即在包干制服务范围之内的。两审法院均主要依据双方生效的物业服务合同来判定相关费用的归属问题。从最终的判定结果来看,双方虽然没有对具体费用的归属进行认定,但是约定了具体的物业服务项目和内容,由于约定项目和内容过于宽泛,而导致最终的结果更加有利于小区业主委员会。因此,某物业公司最终承担败诉的风险在所难免。

本案例来源于网络

编写人:北京盈科(绵阳)律师事务所　魏洪奇律师、朱玉国律师助理

(2017)沪02民终6305号

第八章

业主撤销权纠纷典型案例

第一节 杨某等3位业主与青岛市崂山区业主委员会业主撤销权纠纷案

案例导读 本案涉及业主委员会选举问题是否属于业主撤销权范围的问题。法院审理认为,从原告三位业主的诉请及双方的诉辩主张来看,本案系属于业主委员会选举中的纠纷。《民事诉讼法》中并未规定业主大会和业主委员会选举中的纠纷属于人民法院民事案件的受理及审理范围。

案情介绍

原告杨某、苏某、邴某3位业主均系青岛市崂山区某小区业主,被告为该小区业主委员会。业主大会筹备组(以下简称筹备组)于2017年1月16日通过《首届业主委员会选举办法》(以下简称《选举办法》),《选举办法》第十条规定,业主委员会委员应当遵守业主大会议事规则、管理规约,模范履行业主义务;第十六条规定,不参加投票的业主的投票权数计入已表决的多数票。2017年8月6日,召开业主大会会议,选举产生业主委员会委员,表决通过《业主大会议事规则(草案)》和《管理规约》。

8月11日,青岛市崂山区沙子口街道山海社区居民委员会发布公告,公布牛某、李某(主任)、赵某(副主任)、傅某、曾某当选为业主委员会委员。《业主大会议事规则(草案)》第十八条规定,业主委员会委员及委员候选人应当符合下列条件:遵守本规则、管理规约,模范履行业主义务,按时交纳物业费,无故连续超过3个月不交纳物业费的不得参选。

2017年9月12日,崂山区房地产开发管理局同意对青岛市崂山区《业主大会议事规则(草案)》、《管理规约》及业主委员会成立的相关资料进行备案。原告杨某等3位业主提交了青岛某物业管理有限公司(前期物业公司)出具的《物业费缴费明细》及物业费收款收据,载明了当选为业主委员会成员的李某、傅某长期、多次拖欠物业费,在2017年8月3日至6日的业主大会选举首届业主委员会过程中,仍然存在拖欠物业费的情况,不符合业主委员会"模范履行业主义务""无故连续超过3个月不交纳物业费的不得参选"的候选人资格条件,故将业主委员会起诉至法院请求法院撤销业主大会作出的选举成立首届业主委员会的决定。

裁判观点

法院经审理认为,首先,本案中杨某等3位业主起诉要求撤销青岛市崂山区业主大会作出的选举成立首届业主委员会的决定,该诉请事项系与共同管理权利有关的,应由业主共同决定的重大事项,应当经专有部分占建筑物总面积过半数的业主且占总人数过半数业主的同意。而本案中并无证据显示杨某等起诉撤销业主委员会已征得了上述"双过半"业主的同意,故就其诉求事项而言,杨某等3位业主并不具备诉讼主体资格。其次,业主行使撤销权的前提应当是业主基于其建筑物区分所有而享有的合法权益受到业主大会或者业主委员会决定的侵害,行使撤销权的范围应当限于业主大会或者业主委员会作出的决定,而不包括业主大会或业主委员会成立过程中发生的争议。

而本案中,从杨某等3位业主的诉请及双方的诉辩主张来看,这属于业主委员会选举中的纠纷。《民事诉讼法》中并未规定业主大会和业主委员会选举中的纠纷属于人民法院民事案件的受理及审理范围。根据《物业管理条例》第五条第二款的规定,县级以上地方人民政府房地产行政主管部门负责本行政区域内物业管理活动的监督管理工作。第十条中规定,同一个物业管理区域内的业主,应当在物业所在地的区、县人民政府房地产行政主管部门或者街道办事处、乡镇人民政府的指导下成立业主大会,并选举产生业主委员会。第十九条第二款规定,业主大会、业主委员会作出的决定违反法律法规的,物业所在地的区、县人民政府房地产行政主管部门或者街道办事处、乡镇人民政府,应当责令限期改正或者撤销其决定,并通告全体业主。

因此,撤销业主大会和业主委员会违反法律法规的决定,是政府相关部门的职权,法律没有赋予人民法院相应的权力。因此,业主大会和业主委员会选举中的纠纷不属于人民法院民事案件的受理审理范围。故本案中,杨某等3位业主不享有诉权,若对业主委员会选举中的事宜有异议,应当向物业所在地的区、县人民政府房地产行政主管部门申请解决。法院最终裁定驳回杨某等3位业主的起诉。

法条援引

(一)《中华人民共和国民法典》

第二百七十七条 业主可以设立业主大会,选举业主委员会。业主大会、业主委员会成立的具体条件和程序,依照法律法规的规定。

地方人民政府有关部门、居民委员会应当对设立业主大会和选举业主委员会给予指导和协助。

第二百八十条 业主大会或者业主委员会的决定,对业主具有法律约束力。

业主大会或者业主委员会作出的决定侵害业主合法权益的,受侵害的业主可以请求人民法院予以撤销。

(二)《物业管理条例》

第五条 国务院建设行政主管部门负责全国物业管理活动的监督管理工作。

县级以上地方人民政府房地产行政主管部门负责本行政区域内物业管理活动的监督管理工作。

律师评析

业主撤销权的适用具有一定的适用范围,并非业主大会或业主委员会作出的所有决定都可以适用业主撤销权,一般而言行使业主撤销权的范围应当限于业主大会或者业主委员会作出的决定,而不包括业主大会或业主委员会成立过程中发生的争议。

实务中,小区选举业主委员会或更换业主委员会委员,应当符合《民法典》第二百七十八条关于选举业主委员会或者更换业主委员会成员的相关规定,否则便构成对法律法规强制性规定的违反。根据《物业管理条例》第五条第二款的规定,县级以上地方人民政府房地产行政主管部门负责本行政区域内物业管理活动的监督管理工作。第十条中规定了同一个物业管理区域内的业主,应当在物业所在地的区、县人民政府房地产行政主管部门或者街道办事处、乡镇人民政府的指导下成立业主大会,并选举产生业主委员会。第十九条第二款规定,业主大会、业主委员会作出的决定违反法律法规的,物业所在地的区、县人民政府房地产行政主管部门或者街道办事处、乡镇人民政府,应当责令限期改正或者撤销其决定,并通告全体业主。

因此《民法典》生效后,业主发现小区选举业主委员会或更换业主委员会委员的程序违反《民法典》第二百七十八条规定的,业主有权向县级以上地方人民政府房地产行政主管部门申请撤销。

本案例来源于北京盈科(上海)律师事务所　吉磊律师

(2020)鲁02民终12160号

第二节　张某某与业主委员会业主撤销权纠纷案

案例导读　本案涉及未将业主车位面积计入专有面积是否侵犯该业主权益的问题。法院审理认为,小区业主大会、业主委员会根据小区车位的实际情况,就本次选聘和解聘物业服务企业事项召开业主大会不将车位纳入专有部分投票面积符合广大小区业主的公共利益,且已在公告中明示,其做法并无不妥。原告等9人以车位未纳入投票面积而认定其权利被侵害,依据不足。

案情介绍

原告张某某等人为宁波业主,被告为该小区业主委员会。小区的物业服务单位为宁波芳某物业服务有限公司,因物业服务合同即将到期,业主委员会于2021年3月7日召开了第八届业主代表大会,并形成《会议记录》,其中一项会议议题为:同意向物业发解聘函,并进入选聘工作;聘用冬天未来城市生活商业运营管理(杭州)有限公司作为业主大会运营服务机构协助召开业主大会会议会务服务和选续聘物业服务企业等代理相关工作。原告认为业主大会、业主委员会召开业主大会,就选聘和解聘物业服务企业事项进行表决,未将登记在张某某等9人名下的车位面积计算在参与表决专有部分面积之内侵犯了其合法权益,遂起诉要求撤销业主大会作出的决议。

裁判观点

本案的争议焦点之一:业主大会、业主委员会召开业主大会,就选聘和解聘物业服务企业事项进行表决,未将登记在张某某等9人名下的车位面积计算在参与表决专有部分面积之内,是否侵害了其合法权益?

关于车位未计入专有部分面积参与表决的事项是否侵害了张某某等9人的权益的问题。

法院认为,首先,根据《民法典》第二百七十六条的规定,"建筑区划内,规划用于停放汽车的车位、车库应当首先满足业主的需要"。根据《最高人民法院关于审理建筑物区分所有权纠纷案件适用法律若干问题的解释》第五条的规定,"建设单位按照配置比例将车位、车库,以出售、附赠或者出租等方式处分给业主的,应当认定其行为符合民法典第二百七十六条有关'应当首先满足业主的需要'的规定。前款所称配置比例是指规划确定的建筑区划内规划用于停放汽车的车位、车库与房屋套数的比例"。小区的产权车位为435个,车位配置比例约为1∶1.4,本案董某某、蔡某某以及另案的蔡某飞、宁波稻某投资合伙企业(有限合伙)、郑某等当事人,共计拥有314个产权车位,占全部产权车位的72%,对照上述法律规定,董某某、蔡某某拥有产权车位的数量与法律的规定严重不符;董某某、蔡某某虽提交了车位买卖合同,但经法院要求,董某某、蔡某某并未提交车位购买的款项交付凭证,董某某、蔡某某对为何集中拥有这么多车位也未作出合理解释;且董某某、蔡某某名下的车位均已抵押给了宁波某投资合伙企业(有限合伙),而宁波某投资合伙企业(有限合伙)与该小区开发公司宁波某置业有限公司、物业公司宁波芳某物业服务有限公司及宁波稻某投资合伙企业(有限合伙)系关联企业。综合上述情况,该院认为业主大会、业主委员会质疑张某某等9人为开发商或物业代持车位在情理之中。董某某、蔡某某诉称其以业主的身份拥有这么多车位,显然与民法典的规定相悖。

其次,2021年5月1日,业主委员会发布雍业发[2021]10号《关于〈选聘物业服务企业办法(征求意见稿)〉》等文件,就决定以书面征求意见形式召开业主大会向全体业主进行公告,公告中已明确告知车位、摊位等特定空间不计入确定业主投票权数的专有部分面积,以房屋等物业的所有权人确定为业主的身份。法院认为,这个公告内容是由业主委员会根据该小区实际情况就选聘物业工作作出的决定,是小区物业管理中业主自治的体现。此公告已就相关内容作出明示,且公告发出后张某某等业主并未就车位不计入投票专有部分面积提出异议。

再次,选聘和解聘物业服务企业事项,是小区业主委员会为加强和规范住宅小区物业管理活动,维护物业管理各方主体合法权益,建设和谐宜居小区所做的一项工作。这项工作惠及全体业主,对实际居住在该小区内的业主尤其重要。张某某等9人均未在小区居住,其在该小区拥有的房产也基本抵押给了宁波稻某投资合伙企业(有限合伙),张某某等9人与该小区的开发公司、物业服务公司均存在利害关系。

最后,新修改的《宁波市住宅小区物业管理条例》已经明确不将车位列入业主重大事项表决的专有部分投票面积。法院认为,业主大会、业主委员会根据小区车位的实际情况,就本次选聘和解聘物业服务企业事项召开业主大会时不将车位纳入专有部分投票面积符合广大小区业主的公共利益,且已在公告中明示,其做法并无不妥。张某某等9人以车位未纳入投票面积而认定其权利被侵害,依据不足,法院对其这一诉请意见不予采纳。

综上所述,业主大会、业主委员会根据公告公示的程序进行业主大会书面表决,该过程全程由当地居委会参与监督,投票、统计后作出决议,并不存在违法情形,业主大会、业主委员会对部分有出入的数据已经经过核实并更正,不影响最终结果。张某某等9人要求撤销该决议,依据不足,法院不予支持。

法条援引

(一)《中华人民共和国民法典》

第二百七十六条　建筑区划内,规划用于停放汽车的车位、车库应当首先满足业主的需要。

(二)《最高人民法院关于审理建筑物区分所有权纠纷案件适用法律若干问题的解释》

第五条第一款　建设单位按照配置比例将车位、车库,以出售、附赠或者出租等方式处分给业主的,应当认定其行为符合民法典第二百七十六条有关"应当首先满足业主的需要"的规定。

律师评析

根据《民法典》第二百七十六条的规定,建筑区划内,规划用于停放汽车的车位、车库应当首先满足业主的需要。再结合对最高人民法院民法典贯彻实施工作领导小组主编的《中华人民共和国民法典物权编理解与适用》(上)相关内容的研读,律师认为,车位、车库是小区整体环境内容的组成部分,目的在于服务于整个小区业主的居住便利,因此对其利用应该服从于业主购买专有部分的需要。

同时,车位、车库问题亦属于业主成员权范畴的内容,其使用和转让应当服从于整个小区建筑物的使用和全体业主利益。本法律条文体现了对业主权益予以优先保护的立法价值取向。《最高人民法院关于审理建筑物区分所有权纠纷案件适用法律若干问题的解释》第五条通过设置配置比例这一标准来保障小区业主对于车位所享有的权益。小区的车位配比为1∶1.4,此配置比例是由政府规划行政主管部门确定的,具有法定性和确定性。少部分关联业主共计拥有小区车位314个,严重颠覆了小区车位的配置比例,小区车位配比并没有满足业主需要。参照最高人民法院民法典贯彻实施工作领导小组主编的《中华人民共和国民法典物权编理解与适用》(上)针对本法条的解析,第二百七十六条应属于强制性规范。有利害关系的业主甚至可以请求宣告上述车位买卖行为无效。

诚然,依据《民事诉讼法》的相关原则和规定,该案并不会对车位的买卖行为进行审理,但是,律师想强调的是,个别业主拥有小区如此大比例的车位,是对《民法典》第二百七十六条的公然违背。进一步讲,该小区业主委员会与业主大会是为了维护小区最广大业主的共同利益而设立和召开的,若贸然将这些问题车位的面积列入投票面积,必将极大动摇和削弱业主大会以及业主委员会存在的基础,导致小区重大决议被一小部分利益相关人以地下车位面积为投票砝码,套用投票程序这一合法外衣,非法否决代表了广大业主公共意志的决议。若刺破"代持的面纱",从现有材料可以推导出,地下车位的实际拥有者是宁波某置业有限公司。因为地下车位的抵押权人宁波某投资合伙企业和宁波稻某投资合伙企业,两家企业的实际控制人(最终受益人)都是宁波某置业有限公司。宁波某置业有限公司和宁波芳某物业服务有限公司均被案外人陈某实际控制。此种情况的存在,也是对《民法典》第二百七十六条的违背。

本案例来源于北京盈科(宁波)律师事务所 欧俊凯律师

(2021)浙0212民初12973号

第九章

业主共有权纠纷典型案例

第一节 杨某某与朱某、王某、吕某业主共有权纠纷案

案例导读 本案涉及楼顶漏水相关维修费用的承担问题。法院审理认为,楼顶漏水,业主有共同进行修复的义务,维修的费用应由业主协商分担或按建筑面积平均分担。

▲ 案情介绍

原告杨某与被告朱某、王某、吕某均系通榆县11号楼6单元西侧住户。2023年5月24日杨某因其居住的6楼楼顶漏水,原告与三被告协商后雇用张某修楼顶并做了防水,原告花去3375元,有2户业主已各支付了维修费587元,现原告以楼顶系共同共有为由要求三被告平均承担防水费用,三被告以没钱为理由拒不给付,遂引起纠纷。朱某、吕某辩称,对原告主张的给付防水费,如果在合理合法的范围内,就承担给付责任,但如果这个是物业该承担的,其就不承担给付责任。王某未答辩。

▶ 裁判观点

法院经审理认为,本案系业主共有权纠纷,建筑物的基础、承重结构、外墙、屋顶等基本结构部分是共有部分。业主对建筑物内的住宅、经营性用房等专有部分享有所有权,对专有部分以外的共有部分享有共有和共同管理的权利,建筑物屋

顶属于业主共有;楼顶漏水,业主有共同进行修复的义务,维修的费用应由业主协商分担或按建筑面积平均分担。故本案原告杨某居住的6楼楼顶漏水,业主有共同进行维修的义务,由于在屋顶修缮前共有业主没有进行协商如何分担,应按建筑面积平均分担。2023年5月25日原告杨某对屋顶自行维修属于为业主共有部分的共同利益服务,维修费用应由该栋6户业主平均分担,故原告杨某要求三被告给付楼顶防水施工费的诉讼请求,理由成立,应予以支持。

法条援引

(一)《中华人民共和国民法典》

第二百七十一条 业主对建筑物内的住宅、经营性用房等专有部分享有所有权,对专有部分以外的共有部分享有共有和共同管理的权利。

第二百七十三条 业主对建筑物专有部分以外的共有部分,享有权利,承担义务;不得以放弃权利为由不履行义务。

业主转让建筑物内的住宅、经营性用房,其对共有部分享有的共有和共同管理的权利一并转让。

第二百八十三条 建筑物及其附属设施的费用分摊、收益分配等事项,有约定的,按照约定;没有约定或者约定不明确的,按照业主专有部分面积所占比例确定。

(二)《最高人民法院关于审理建筑物区分所有权纠纷案件适用法律若干问题的解释》

第三条 除法律、行政法规规定的共有部分外,建筑区划内的以下部分,也应当认定为民法典第二编第六章所称的共有部分:

(一)建筑物的基础、承重结构、外墙、屋顶等基本结构部分,通道、楼梯、大堂等公共通行部分,消防、公共照明等附属设施、设备,避难层、设备层或者设备间等结构部分;

(二)其他不属于业主专有部分,也不属于市政公用部分或者其他权利人所有的场所及设施等。

建筑区划内的土地,依法由业主共同享有建设用地使用权,但属于业主专有的整栋建筑物的规划占地或者城镇公共道路、绿地占地除外。

律师评析

业主对建筑物专有部分以外的共有部分,享有权利,承担义务。作为共有权人,享有使用权、收益共享权、处分权、物权请求权。其对共有部分的义务,是维护现状的义务、不得侵占的义务、按照共有部分的用途使用的义务和费用负担义务。对于上述义务,业主不得以放弃其权利为由而拒绝履行。本案为业主共有权纠纷,业主对建筑物共有部分享有权利、承担义务。楼顶系同单元同侧业主共有部分,维修楼房屋顶的费用,应由该单元同侧业主共有人共同分摊。在维修前杨某已与其他业主进行协商,后雇人维修的,保障了其他业主的选择权、监督权、参与权,其他业主应当承担维修费用。在实际生活中,有业主未与其他业主协商即进行维修,这是剥夺了其他业主的选择权等权利,如诉诸法院主张其他业主承担维修费用,则可能被认定未保障其他业主的选择权等权利,其自身对此存在一定的责任,应自行承担一定的维修费用。

本案例来源于中国裁判文书网

编写人:北京盈科(长沙)律师事务所　李娜律师

(2023)吉 0822 民初 2035 号

第二节　业主委员会与广东某集团有限公司物权纠纷案

案例导读

本案涉及建设单位未按要求交付物业管理用房,业主委员会是否可以向人民法院提起诉讼、该诉讼是否适用诉讼时效等问题。法院审理认为,该案为物权纠纷。某业主委员会以某公司未按有关规定交付物业管理用房侵犯了全体业主的共有物权为由提起本案诉讼主张权利,属于民事诉讼的受理范围。此外,某公司未按相关规定交付物业管理用房,侵犯了全体业主就物业管理用房的相关物权,某业主委员会的请求权不受诉讼时效的限制。

案情介绍

原告为业主委员会，被告为该公司开发商。小区由开发广东某集团有限公司（以下简称某公司）建设，建筑面积达28万多平方米。小区之前一直由开发商指定和委托的前期物业服务公司"某市龙基物业服务有限公司"提供服务与管理，该前期物业服务公司系开发商自己成立的物业服务公司。自2017年6月1日起，经过小区业主大会的表决，小区选聘了新的物业服务公司，但某市龙基物业服务有限公司不仅没有与某市业主委员会和业主大会新选聘的物业服务公司办理交接手续、擅自撤场，也没有移交物业管理用房。因原物业公司没有移交，某公司也没有提供物业管理用房，因此，新选聘的物业服务公司进场后，连开展工作的办公场所都没有，某市业主委员会只好将小区业主委员会的办公室交给新的物业服务公司用于办公，但因场地太窄，无法满足办公的需求。另外，作为小区业主委员会的某业主委员会现也无办公场所。

综上，某业主委员会将某公司起诉至某市第一人民法院，请求判决某公司向某市全体业主交付物业管理用房并承担本案诉讼费用。

裁判观点

法院经审理认为，该案为物权纠纷。某业主委员会以某公司未按有关规定交付物业管理用房侵犯了全体业主的共有物权为由提起本案诉讼主张权利，属于民事诉讼的受理范围。

结合诉辩双方意见，该案争议焦点如下：

1. 本案是否已超出诉讼时效？

某业主委员会认为，某公司未按相关规定交付物业管理用房，侵犯了全体业主就物业管理用房的相关物权，其提起（2017）粤2071民初18039号案主张某公司按规定交付物业管理用房，即请求某公司停止侵害物权的行为，某业主委员会的该请求权不受诉讼时效的限制。在案件审理过程中，因某公司客观上无法交付某业主委员会所主张的物业管理用房，某业主委员会变更诉讼请求让某公司按依法应配置的物业管理用房的面积赔偿相应对价,亦未超出3年诉讼时效的规定。

2. 某公司已交付的物业管理用房面积是否符合相关规定？如否,应否赔偿相应对价？

本案中,某公司作为建设单位,应当积极履行提供物业管理用房的法定义务。某业主委员会主张的某公司须交付的物业管理用房面积应为300平方米,不超出上述规定,法院予以认可。某公司辩称已交付物业管理用房的面积为94.13平方米,而某业主委员会自认某公司已交付的物业管理用房面积为94.35平方米,是其自行处分权利的行为,且实际减轻了某公司的责任,故法院认定某公司尚未交付的物业管理用房面积为205.65平方米(300平方米-94.35平方米)。

某公司在规划中未按规定配置物业管理用房,移交物业管理权时亦未按规定提供物业管理用房,侵害了全体业主的合法权益。某业主委员会作为执行机构,主张某公司按规定履行提供205.65平方米物业管理用房的法定义务,于法有据,法院予以支持。但鉴于已全部建设完毕,某公司提出必要时可在小区土地范围内进行补建,但并未举证证明该方案在客观上具有合法性及可行性。故在某公司客观上已提供物业管理用房不能的情形下,某业主委员会主张由某公司按照依法应配置的物业管理用房的面积以及市场价值计算相应的赔偿对价,法院认为合理。

本案诉讼中,根据某业主委员会申请,法院依法委托信德公司对205.65平方米的物业管理用房的市场价值进行司法评估,信德公司作出评估报告书,估价结果为205.65平方米的物业管理用房的市场价值为207.01万元。经质证,该评估程序合法有效,评估内容真实可信,评估结论清楚明确,某公司虽对该评估结论有异议但未提交充分有效证据反驳,法院对该评估结论予以采信。现某业主委员会仅主张某公司就其未依法配置物业管理用房的面积赔偿相应对价207万元,不违反法律规定,法院对其诉讼请求予以支持。

法条援引

《物业管理条例》

第二十九条　在办理物业承接验收手续时,建设单位应当向物业服务企业移交下列资料：

（一）竣工总平面图,单体建筑、结构、设备竣工图,配套设施、地下管网工程竣工图等竣工验收资料；

（二）设施设备的安装、使用和维护保养等技术资料；

（三）物业质量保修文件和物业使用说明文件；

（四）物业管理所必需的其他资料。

物业服务企业应当在前期物业服务合同终止时将上述资料移交给业主委员会。

第三十条　建设单位应当按照规定在物业管理区域内配置必要的物业管理用房。

第三十八条　物业服务合同终止时,物业服务企业应当将物业管理用房和本条例第二十九条第一款规定的资料交还给业主委员会。

物业服务合同终止时,业主大会选聘了新的物业服务企业的,物业服务企业之间应当做好交接工作。

律师评析

在现实生活中,开发商或者物业服务企业利用自己的优势,损害全体业主共同利益的行为时有发生,严重损害了广大业主的利益。围绕物业管理用房的权属、配置比例的标准、业主权利的救济等实践中常见的问题,进行以下探讨。

（一）物业管理用房的权属界定

物业管理用房所有权归属于业主。法律法规明确规定了物业服务用房的所有权属于业主,既不属于建设单位,也不属于物业服务企业。同时明确了物业服务用房的用途是特定的,使用性质仅用于物业管理,物业服务企业实施物业管理的,可以使用物业服务用房,但无权改变物业服务用房的用途,须经业主大会同意才可以改变其用途。

(二)业主如何对物业管理用房进行权利救济

1. 民事诉讼途径

(1)权利行使的主体

业主委员会作为权利行使的主体,且经业主大会对物业管理用房的权利救济事项进行表决通过。

(2)物业管理用房配置标准的确定

建设单位申请建设工程规划许可证、房屋预售许可证、房屋所有权初始登记时,应当提交物业管理用房设置的室号、面积等相关资料。小区物业管理用房是否足额配备,可通过查看小区平面图、规划图来确认,或者向规划所在地的政府部门要求政府信息公开,公开建设工程规划许可证的规划附图附件等信息。

(3)权利行使材料的搜集与准备

主要证明材料包括:业主委员会的主体资格证明文件;业主大会议事规则、业主大会关于召开会议表决提案的公告、关于通过诉讼途径维权的提案、提案表决情况、业主大会的会议纪要及居民委员会或街道办事处出具的业主大会会议已备案的证明;建设工程规划许可证、房屋预售许可证、房屋所有权初始登记、小区平面图、规划图、测绘报告等相关资料。

2. 行政监管途径

如开发商未按规定设置物业管理用房,或物业服务企业擅自改变用途,可向当地行政主管部门提供相关证明材料进行投诉。

本案例来源于北京市盈科(中山)律师事务所　邝昕律师

(2019)粤2071民初17675号

第十章

业主知情权纠纷典型案例

张某某、金某、曹某某与石家庄高新区某业主委员会、河北某物业公司业主知情权纠纷案

案例导读

本案涉及业主知情权范围相关问题。法院审理认为,关于小区公共收益收支账目、合同等相关资料。被告某物业公司作为小区物业服务人,应当定期将业主共有部分公共收益的收支情况以合理的方式向业主公开。关于小区住宅区域共有部分公共收益的收支账目、合同、票据、转账记录及支出审批程序等资料,均由被告某物业公司管理保存,因上述资料不宜张贴公布,按照简便的原则,原告可以进行查阅。

案情介绍

原告张某某、金某、曹某某为石家庄高新区业主,被告为该小区业主委员会和物业服务公司。张某某、金某、曹某某因怀疑业主委员会成立程序不合法以及有联合物业公司共同侵占业主公共收益的可能,因此提起业主知情权诉讼,要求后者公布物业服务合同的全部资料、小区公共收益账目情况、小区物业服务用房和物业经营用房的权属状况及使用情况;业主委员会任期内的换届选举备案通知书、业主委员会会议记录和决定、决议等资料;并诉请业主可对以上所有资料进行查阅和复印。

▶ 裁判观点

一审法院认为,业主作为建筑物区分所有人,享有知情权,享有了解本小区建筑区划内涉及业主共有权及共同管理权等相关事项的权利,业主委员会应全面、合理公开其掌握的情况和资料。对于业主行使的知情权亦应加以合理限制,防止其滥用权利,其范围应限于涉及业主合法权益的信息,并遵循简便的原则。物业服务人应当定期将服务的事项、负责人员、质量要求、收费项目、收费标准、履行情况以及维修资金使用情况、业主共有部分的经营与收益情况等以合理方式向业主公开并向业主大会、业主委员会报告。本案中,原告属于小区业主,依法对业主共有权及共同管理权等相关事项享有知情权。

首先,关于《物业服务合同》及相关招投标文件、记录,选聘和解聘物业服务企业或者其他管理人的事项,应当由业主共同决定。据此,原告作为小区业主有权查阅《物业服务合同》及相关招投标文件、记录。被告已经将合同进行了张贴公布,至于《物业服务合同》的招投标文件、记录,被告已交政府部门封存保管,不具备公布的客观条件,故原告要求公布上述资料,一审法院不予支持。

其次,关于小区公共收益收支账目、合同等相关资料。被告某物业公司作为小区物业服务人,应当定期将业主共有部分公共收益的收支情况以合理的方式向业主公开。关于小区住宅区域共有部分公共收益的收支账目、合同、票据、转账记录及支出审批程序等资料,均由被告某物业公司管理保存,因上述资料不宜张贴公布,按照简便的原则,原告可以进行查阅。原告要求对上述资料予以复印,无法律依据,一审法院不予支持。

再次,关于物业用房的权属及使用情况和建设小区内房屋经业主大会决议通过的相关资料。原、被告双方对于被告某物业公司在A座大厦一层简易物业用房内办公的事实均无异议,无须再行公布,且无证据证明小区内还存在其他物业服务、经营用房,故原告主张公布物业服务、经营用房的权属及使用情况,法院不予支持。

复次,关于小区门外停车场的承包合同。二被告称小区门外停车场属于市政用地,非小区共有部分。因原告提交的停车费缴费凭证显示收费单位系案外人,并不能证明与二被告之间具有关联性,亦不能证明停车场属于小区共有部分,应承担举证不能的责任,故一审法院对此项主张不予支持。

又次,关于小区规划总平面图。因开发商并未向被告业主委员会、被告某物业公司进行交接,二被告无法予以公布,故原告的此项主张,一审法院亦不予支持。

最后,关于2015年第二届业主委员会换届选举备案通知书、投票记录以及任期内的全部业主大会会议记录决定、决议。因选举业主委员会或者更换业主委员会成员,属于业主共同决定的事项,故原告对此享有知情权。被告业主委员会提交了《第二届业委会换届备案表》,经过原告质证,应视为已经查阅;另外被告业主委员会已将换届选举投票记录交政府部门备案,不具备公布、查阅的客观条件;至于被告业主委员会任期内的全部会议记录、决定、决议,被告业主委员会称其议事方式是通过微信群处理事务,并未形成过会议记录。

法院判决:(1)被告河北某物业服务有限公司于本判决生效之日起10日内将自2015年10月1日起至2021年5月31日止的住宅区域共有部分公共收益的收支账目、合同、票据、转账记录及支出审批程序等资料交原告查阅;(2)驳回原告的其他诉讼请求。

二审法院认为,业主作为建筑物区分所有人享有知情权,享有了解本小区建筑区划内涉及业主共有权及共同管理权等相关事项的权利。对于业主行使的知情权亦应加以合理限制,防止其滥用权利,其范围应限于涉及业主合法权益的信息,并遵循简便的原则。上诉人称一审法院对其公布的关于选聘物业公司的业主委员会会议记录的诉请不予处理,属于遗漏诉讼请求,但原判经审查后已在法院认为部分对其进行了阐述,在将《物业服务合同》张贴公布后,《物业服务合同》的招投标文件、记录,被上诉人业主委员会已交政府部门封存保管,不具备公布的客观条件,原判认定并无不当,不存在遗漏诉讼请求的情形。关于小区外停车场的承包合同问题。二被上诉人称小区外停车场属于市政用地,非小区共有部分。上诉人在二审期间提交的某广场总平面图并未显示红线外有停车场规划,亦不能证明停车场属于小区共有部分,原判对该项请求不予支持,并无不当。二审判决:驳回上诉,维持原判。

法条援引

(一)《中华人民共和国民法典》

第二百七十三条　业主对建筑物专有部分以外的共有部分,享有权利,承担义务;不得以放弃权利为由不履行义务。

业主转让建筑物内的住宅、经营性用房,其对共有部分享有的共有和共同管理的权利一并转让。

第二百七十四条　建筑区划内的道路,属于业主共有,但是属于城镇公共道路的除外。建筑区划内的绿地,属于业主共有,但是属于城镇公共绿地或者明示属于个人的除外。建筑区划内的其他公共场所、公用设施和物业服务用房,属于业主共有。

第二百七十五条　建筑区划内,规划用于停放汽车的车位、车库的归属,由当事人通过出售、附赠或者出租等方式约定。

占用业主共有的道路或者其他场地用于停放汽车的车位,属于业主共有。

第二百八十二条　建设单位、物业服务企业或者其他管理人等利用业主的共有部分产生的收入,在扣除合理成本之后,属于业主共有。

(二)《最高人民法院关于审理建筑物区分所有权纠纷案件适用法律若干问题的解释》

第十三条　业主请求公布、查阅下列应当向业主公开的情况和资料的,人民法院应予支持:

(一)建筑物及其附属设施的维修资金的筹集、使用情况;

(二)管理规约、业主大会议事规则,以及业主大会或者业主委员会的决定及会议记录;

(三)物业服务合同、共有部分的使用和收益情况;

(四)建筑区划内规划用于停放汽车的车位、车库的处分情况;

(五)其他应当向业主公开的情况和资料。

律师评析

此案件作为河北省业主知情权第一案,虽然诉请未能得到全部支持,但是仅是要求物业公司公示共有部分公共收益的收支账目、合同、票据、转账记录及支出审批程序等资料这一项,就让物业公司和业主委员会无法应对。因为物业公司确实有侵占业主公共收益的情况,并且业主委员会主任也可能参与其中,在业主申请执行后,物业公司不知如何面对,选择了主动放弃该楼盘,撤出了该小区,业主委员会主任也把房产卖掉不在该小区居住了。

业主知情权作为单个业主对抗不良物业公司和业主委员会的有力武器,是业主维权的有力保障。《最高人民法院关于审理建筑物区分所有权纠纷案件适用法律若干问题的解释》第十三条规定,是对业主知情权的肯定和胜诉的最大保障。

本案例来源于北京市盈科(石家庄)律师事务所　侯书凯律师

(2022)冀01民终7255号

第十一章

涉业主委员会备案典型案例

第一节 业主委员会与某市住房和城乡建设局履行法定职责案

案例导读

本案涉及物业主管部门不予准许业主委员会备案,是否属于行政不作为的相关问题。法院审理认为,市住建局作为备案机构对业主委员会的备案申请负有审核的法定职责和义务,市住建局经调查、审核后认为业主委员会新产生的业主委员会不符合法定程序,决定不予准许备案,不构成行政不作为。

案情介绍

原告柳某、梁某为业主,被告为该市住房和城乡建设局。2016年7月15日,召开首次业主大会会议,表决通过了《业主大会议事规则》和《管理规约》,并选举产生了吴某(主任)等7人为第一届业主委员会,任期从2016年7月15日起至2021年7月14日止,2016年8月4日完成备案。2017年6月,吴某等人书面提出辞职,并加盖业主委员会印章,业主委员会作出部分委员辞职公告。将原业主委员会相关物品交由现任业主委员会接收。2017年12月5日,柳某、梁某等人以业主委员会名义向市住建局反映业主委员会候补程序等问题。2018年1月15日,市住建局作出《住房和城乡建设局关于梁某等市民反映业主委员会委员辞职等问题的复函》,业主委员会认为市住建局不履行对其业主大会补选产生的业主委员会备案的法定职责,诉至法院。

裁判观点

一审法院认为,市住建局作为备案机构对业主委员会的备案申请负有审核的法定职责和义务,市住建局经调查、审核后认为业主委员会新产生的业主委员会不符合法定程序,决定不予准许备案。小区原有业主委员会委员5人,候补委员2人,在小区3名业主委员会委员和2名候补委员辞职的情况下,只剩下2名委员,不能形成业主委员会决定,也不能组织召开业主大会临时会议补选业主委员会决定。业主可根据物业管理法规召开业主大会临时会议。市住建局对业主委员会的申请事项不予备案,不构成行政不作为。驳回了业主委员会的诉讼请求。

业主委员会提起上诉。

二审法院认为,业主委员会的备案行为属行政机关依申请而为的行政行为,通过信访途径向市住建局递交的《投诉信》不属于要求变更备案的材料,原审法院认定业主委员会向住建局申请了备案,事实依据不足。业主委员会虽提交了微信聊天记录作证其向住建局提交过申请,该记录中拍摄的场所也为市住建局的办公场所,但仍无法证明业主委员会向市住建局提交了变更备案申请。二审判决驳回上诉,维持原判。

法条援引

《物业管理条例》

第十六条第一款 业主委员会应当自选举产生之日起30日内,向物业所在地的区、县人民政府房地产行政主管部门和街道办事处、乡镇人民政府备案。

律师评析

作为小区业主委员会的法律顾问律师,需要熟知《广东省物业管理条例》的相关规定及符合业主委员会备案的程序、资料,指导并协助业主委员会向市住建局提出申请,避免因材料、手续而发生不予备案的情形。为宣传并贯彻落实物业管理的法律法规,推动规范物业管理活动、业主大会的成立和正常活动,在处理物业管理纠纷时最大限度地保护当事人的合法权益,法律顾问律师们积极地提供法律服务并努力作出贡献。

本案例来源于北京市盈科(中山)律师事务所　邝昕律师

(2019)粤20行终8号

第二节　淮安市某小区业主委员会与某街道办事处行政备案纠纷案

案例导读　街道办事处有权对业主大会违规的选举决定进行处理,责令改正或撤销;业主大会接到街道办事处处理决定后拒不改正,仍以该违规选举决定申请备案的,街道办事处有权作出不予备案决定。

案情介绍

原告系某小区业主委员会(未备案),被告系该小区物业所在地某街道办。2021年7月至2022年6月,该小区召开业主大会并表决通过议事规则、选举业主委员会成员等。

在业主委员会成员公示期间,部分业主向街道办递交《举报信》,反映本届业主委员会选举存在拉票行为,且部分业主委员会委员存在占用公共部位、封堵消防通道等违法违规装修行为。经街道办核实发现部分情况确实属实,故于同年6月26日发布《告知书》,责令某小区业主大会对首届业主委员会的选举决定进行改正。但小区业主大会并未进行改正,相关违规的业主委员会成员也未改正其违规行为。

2022年6月27日,该业主委员会(未备案)向某街道办递交《某业主委员会备案申请书》,对选举产生的业主委员会向街道办申请备案。街道办认为该小区业主委员会选举过程中存在拉票行为、部分选举出的业主委员会委员占用公共部位、封堵消防通道违法违规进行装修,不符合《业主大会和业主委员会指导规则》《议事规则》《业主委员会章程》中关于业主委员会委员任职条件的规定,遂作出

《不予备案决定书》。原告对该不予备案决定不服,提起本案诉讼。

裁判观点

法院认为,根据《淮安市住宅物业管理条例》第三十条第一款、第二款的规定,业主委员会应当自选举产生之日起30日内,持下列材料向物业所在地街道办事处(镇人民政府)办理业主大会和业主委员会备案。某街道办对某业主委员会的备案申请有权作出是否备案的决定,原告对涉案《不予备案决定书》不服的,有权提起本案诉讼。

《某小区业主大会议事规则》第十六条第二款、第三款明确了,业主违法搭建建筑物、构筑物的,擅自改变物业使用性质的,不得担任业主委员会委员。某小区业主大会选举产生的业主委员会委员,存在占用小区公共空间搭建构筑物、将阳台改为厨房等违法行为,显然不符合担任业主委员会委员的资格。某街道办有权要求业主大会对选举结果予以整改,在拒不整改的情况下,某街道办对选举产生的业主委员会作出不予备案的决定,并无不当。

关于被告提出本次业主委员会选举存在拉票行为违反了公平公正原则。法院认为,虽然部分业主在小区微信群发布"24789号候选人时间相对充裕""他们都非常有责任心""他们好像更适合当选"等内容,但发布该类不具有强制性的推荐信息,无法认定候选人存在违法拉票行为,亦无法直接认定此次选举违反了公平公正原则,被告对该部分事实的认定确有不当,但因不影响涉案不予备案决定的作出,法院对此予以指正。经法院判令:驳回原告某小区业主委员会(未备案)的诉讼请求。

法条援引

(一)《物业管理条例》

第十九条 业主大会、业主委员会应当依法履行职责,不得作出与物业管理无关的决定,不得从事与物业管理无关的活动。

业主大会、业主委员会作出的决定违反法律法规的,物业所在地的区、县人民政府房地产行政主管部门或者街道办事处、乡镇人民政府,应当责令限期改正或者撤销其决定,并通告全体业主。

(二)《业主大会和业主委员会指导规则》

第三十一条　业主委员会由业主大会会议选举产生,由 5 至 11 人单数组成。业主委员会委员应当是物业管理区域内的业主,并符合下列条件:

(一)具有完全民事行为能力;

(二)遵守国家有关法律、法规;

(三)遵守业主大会议事规则、管理规约,模范履行业主义务;

(四)热心公益事业,责任心强,公正廉洁;

(五)具有一定的组织能力;

(六)具备必要的工作时间。

律师评析

根据《物业管理条例》的有关规定,同一个物业管理区域内的业主,应当在物业所在地的区、县人民政府房地产行政主管部门或者街道办事处、乡镇人民政府的指导下成立业主大会,并选举产生业主委员会。业主大会、业主委员会作出的决定违反法律法规的,物业所在地的区、县人民政府房地产行政主管部门或者街道办事处、乡镇人民政府,应当责令限期改正或者撤销其决定,并通告全体业主。

街道办拥有对管辖范围内业主委员会备案申请进行审查并决定是否备案的权利。当业主委员会存在违反相关法律法规的行为时,街道办事处有权要求其整改。对于拒不整改的情况,街道办可以作出不予备案的决定。

关于物业管理方面的法律法规还有很多,全国各地政策又不尽相同。业主委员会成立之初即应在法律专业人士的指导下建立起完善的业主委员会组织机制、小区管理规范,以约束业主、物业服务企业等的相关行为。在日常履责过程中,应明确自身职责与权限,严格在业主大会授权范围内决策,依法依规公开相关事宜并监督物业服务企业履行相应职责,同时应做好工作记录并及时归档留存证据。

本案例来源于北京盈科(淮安)律师事务所　朱剑律师

(2023)苏 08 行终 283 号

第三节　淮安市某小区业主委员会与某街道办事处撤销不予备案决定纠纷案

> **案例导读**
>
> 小区业主在物业管理区域内通过召开业主大会投票选举产生业主委员会，属于其自治管理的范围，但应当依照法律程序进行。当程序出现问题时，筹备组未及时向街道办等监督指导部门反映处理，径自以筹备组的名义继续开展工作的，则街道办有权以后续活动缺乏法律依据而作出不予备案决定。

案情介绍

原告系淮安市某小区业主委员会（未备案），被告为该小区所在街道办事处。

2020年5月25日，某小区业主向某街道办事处提交《关于某小区成立业主委员会的申请》，申请组织成立业主大会并选举业主委员会。2021年4月9日，某街道办事处发布《淮安市某小区业主大会筹备组成员名单》，确定某小区业主大会筹备委员会的成员为沈某某、曹某某、葛某某、王某某、沈某、曾某某、华某某、吴某某、郭某某9人。

2021年6~7月，吴某某因病去世，筹备组内部也因选举大会召开时间、疫情防控等产生了纠纷，沈某某、葛某某、曹某某未参与筹备组的后续活动。王某某、沈某、曾某某、华某某、郭某某5名业主代表以筹备组名义组织业主大会选举、并通过更改投票方式等活动，宣布成立淮安市某小区业主委员会（未备案）。之后，业主委员会（未备案）向街道办事处申请备案，并提交《关于成立某小区业主委员会请予备案的报告》及上述相关材料。

2021年9月3日，某街道办事处作出《不予备案决定书》，认为某业主委员会的选举违反相关规定，决定不予备案。业主委员会（未备案）对上述决定不服，提起诉讼。

裁判观点

一审法院认为,在办理业主委员会备案时,行政机关应当注重审查备案申请文件是否齐全以及是否符合法律规定。本案中涉案小区筹备组成立时,确定该筹备组成员共9人,但筹备组成员吴某于2021年7月去世后,该筹备组成员仅为8人。根据《淮安市业主大会和业主委员会指导细则(试行)》(已失效)第六条的规定,应按原组建方式及时调整补充。涉案小区筹备组并未对其成员进行调整补充,该行为明显违反了上述指导细则的规定,亦违反了《江苏省物业管理条例》关于筹备组人数的规定。筹备组中5名业主代表以筹备组的名义更改投票方式、召开业主大会、选举业主委员会成员等一系列后续行为必然缺乏合法依据。

本案中,召开业主大会、选举业主委员会成员等工作完全是由筹备组中的5名业主代表以筹备组的名义进行的,街道、社区的3名筹备组成员均没有参加,无法体现出所在街道、所在社区对成立业主大会、选举业主委员会的指导、监督,显然不符合立法本意。法院驳回了业主委员会的诉讼请求。

业主委员会提出上诉。二审法院驳回上诉,维持原判。

法条援引

(一)《物业管理条例》

第十条 同一物业管理区域内的业主,应当在物业所在地的区、县人民政府房地产行政主管部门或者街道办事处、乡镇人民政府的指导下成立业主大会,并选举产生业主委员会。但是,只有一个业主的,或者业主人数较少且经全体业主一致同意,决定不成立业主大会的,由业主共同履行业主大会、业主委员会职责。

第十一条 下列事项由业主共同决定:

(一)制定和修改业主大会议事规则;

(二)制定和修改管理规约;

(三)选举业主委员会或者更换业主委员会成员;

(四)选聘和解聘物业服务企业;

(五)筹集和使用专项维修资金;

(六)改建、重建建筑物及其附属设施;

(七)有关共有和共同管理权利的其他重大事项。

第十二条第一款　业主大会会议可以采用集体讨论的形式,也可以采用书面征求意见的形式;但是,应当有物业管理区域内专有部分占建筑物总面积过半数的业主且占总人数过半数的业主参加。

第十二条第三款　业主大会决定本条例第十一条第(五)项和第(六)项规定的事项,应当经专有部分占建筑物总面积 2/3 以上的业主且占总人数 2/3 以上的业主同意;决定本条例第十一条规定的其他事项,应当经专有部分占建筑物总面积过半数的业主且占总人数过半数的业主同意。

(二)《江苏省物业管理条例》

第三条第二款　街道办事处(乡镇人民政府)具体负责本辖区内物业管理工作的指导、协助和监督,协调物业管理与社区管理、社区服务的关系,协调建设单位与前期物业服务企业、业主与物业服务企业的关系。社区居(村)民委员会应当予以协助和配合。

(三)《业主大会和业主委员会指导规则》

第九条　符合成立业主大会条件的,区、县房地产行政主管部门或者街道办事处、乡镇人民政府应当在收到业主提出筹备业主大会书面申请后 60 日内,负责组织、指导成立首次业主大会会议筹备组。

第十条　首次业主大会会议筹备组由业主代表、建设单位代表、街道办事处、乡镇人民政府代表和居民委员会代表组成。筹备组成员人数应为单数,其中业主代表人数不低于筹备组总人数的一半,筹备组组长由街道办事处、乡镇人民政府代表担任。

第十一条　筹备组中业主代表的产生,由街道办事处、乡镇人民政府或者居民委员会组织业主推荐。

筹备组应当将成员名单以书面形式在物业管理区域内公告。业主对筹备组成员有异议的,由街道办事处、乡镇人民政府协调解决。

建设单位和物业服务企业应当配合协助筹备组开展工作。

第十二条　筹备组应当做好以下筹备工作：

(一)确认并公示业主身份、业主人数以及所拥有的专有部分面积；

(二)确定首次业主大会会议召开的时间、地点、形式和内容；

(三)草拟管理规约、业主大会议事规则；

(四)依法确定首次业主大会会议表决规则；

(五)制定业主委员会委员候选人产生办法,确定业主委员会委员候选人名单；

(六)制定业主委员会选举办法；

(七)完成召开首次业主大会会议的其他准备工作。

前款内容应当在首次业主大会会议召开15日前以书面形式在物业管理区域内公告。业主对公告内容有异议的,筹备组应当记录并作出答复。

第二十二条第一款　业主大会会议可以采用集体讨论的形式,也可以采用书面征求意见的形式；但应当有物业管理区域内专有部分占建筑物总面积过半数的业主且占总人数过半数的业主参加。

第六十条　业主不得擅自以业主大会或者业主委员会的名义从事活动。业主以业主大会或业主委员会的名义,从事违反法律、法规的活动,构成犯罪的,依法追究刑事责任；尚不构成犯罪的,依法给予治安管理处罚。

律师评析

本案中,某小区业主委员会没有依照法定程序及时对筹备组人员予以补充,违反了《业主大会和业主委员会指导规则》关于筹备组人数的规定,并且在后续的自治管理过程中,没有及时反馈沟通,没有体现所在街道、所在社区对成立业主大会、选举业主委员会的指导、监督,导致缺乏合法依据,最终不具有备案条件。

在实践中,小区的业主委员会应当及时组织学习并熟知相关法律法规,避免因流程、材料不合规而发生不予备案的情形。

本案例来源于北京盈科(淮安)律师事务所　朱剑律师

(2022)苏08行终239号

第十二章

涉公共收益纠纷典型案例

第一节 上海市浦东新区业主委员会与上海市某物业管理有限公司公共收益返还纠纷案

案例导读

本案涉及公共收益审计的相关问题,在业主委员会和物业公司无法就公共收益金额达成一致意见时,法院一般会要求业主委员会依法申请对公共收益金额进行司法审计,然后以司法审计结果作为认定公共收益金额的依据。

▲ 案情介绍

原告系上海市浦东新区业主委员会(以下简称业主委员会),被告为该小区物业公司(以下简称物业公司)。原、被告对小区 2018 年 1 月 1 日至 2020 年 12 月 31 日的公共收益资金收支情况发生争议,业主委员会自行委托上海文某会计师事务所有限公司进行专项审计。文某会计师事务所于 2021 年 4 月 14 日作出专项审计报告,确认物业公司尚应支付业主委员会公共收益资金 716,279.21 元。后因物业公司未按期付款,业主委员会向一审法院提起诉讼,要求物业公司支付业主委员会公共收益资金 716,279.21 元及其利息。

审理中,因物业公司不认可业主委员会委托会计师事务所作出的专项审计报告,经业主委员会申请,一审法院于 2021 年 10 月委托上海东某会计师事务所有限公司(以下简称东某会计公司)对本案所涉 2018~2020 年度小区公共收益资金收支情况进行审计。2022 年 10 月 31 日,东某会计公司作出审计报告,对于物业公司应支付业主委员会的小区公共收益资金的审计意见为：

1. 业主委员会主张金额＝公共收益收入－应支付物业公司管理成本支出－航城业主委员会主张的公共收益支出－公共收益净汇入资金＝4,226,458元－2,113,229元－（723,886元＋318,983元）－100,214.50元＝970,145.50元；

2. 物业公司主张金额＝公共收益收入－应支付物业公司管理成本支出－物业公司主张的公共收益支出－公共收益净汇入资金＝4,226,458元－2,113,229元－（723,886元＋688,990元）－100,214.50元＝600,138.50元。

上述两种审计意见相差370,007元。关于物业公司应支付的公共收益金额，审计公司出具了两种审计意见，法院应当以哪一种审计意见为准？

裁判观点

一审法院认为，《民法典》施行前的法律事实引起的民事纠纷案件，适用当时的法律、司法解释的规定。当事人应当按照约定全面履行自己的义务。当事人一方不履行合同义务或者履行合同义务不符合约定的，在履行义务或者采取补救措施后，对方还有其他损失的，应当赔偿损失。本案中，物业公司在物业服务合同期限届满后，未与业主委员会及时结清小区公共收益资金，应承担付款义务。一审法院委托东某会计公司作出的第二种审计意见即按物业公司主张得出的审计结论，无法确认370,007元的支出差额是否实际发生或核算金额是否准确，缺乏事实依据，一审法院不予采纳。一审法院采纳第一种审计意见，物业公司应支付业主委员会公共收益资金970,165.50元。

二审法院认为，业主委员会于2018年7月20日对小区整治费用进行盖章确认，该费用明细与物业公司二审提供的业主委员会作出的2018年上半年《业主委员会半年报》列明的金额能够一一对应，业主委员会于2018年9月20日盖章确认项目金额时，相关改造项目已经完工，该行为应当被认为系对工程项目的结算，物业公司提供的施工合同、现金付款收据、银行转账凭证、发票等证据，与业主委员会盖章确认的结算单能够相互印证公共收益支出为688,990元，法院予以采信。综上，小区整治以及车位改造、绿化改造公共收益支出应按业主委员会已盖章确认的 688,990 元计算,一审法院采纳东某会计公司作出的第一种审计意见,系错误认定,法院予以纠正。二审法院采纳东某会计公司作出的第二种审计意见,物业公司应支付业主委员会公共收益资金 600,158.50 元。

法条援引

《中华人民共和国民法典》

第二百八十二条 建设单位、物业服务企业或者其他管理人等利用业主的共有部分产生的收入,在扣除合理成本之后,属于业主共有。

律师评析

在业主委员会和物业公司无法就公共收益金额达成一致意见时,法院一般会要求业主委员会依法申请对公共收益金额进行司法审计,然后以司法审计的结果作为认定公共收益金额的依据。实践中,审计的结果取决于合同、收据、发票等基础材料的完整性。因此,如果小区基础财务材料欠缺,司法审计机构出于自身风险考量,有时也只能依据有限的材料出具模棱两可的审计意见,让法院依法酌定。本案中,一、二审法院在面对司法审计机关作出的同一份审计报告时,作出了不同的审判意见。一审法院认为,物业公司未提供 370,007 元差额部分的票据,无法证明该支出实际发生,因此采纳了第一种审计意见。二审法院认为物业公司提交的《业主委员会半年报》中,业主委员会对公共收益支出金额予以了盖章确认,因此采纳了第二种审计意见。

该案例提醒我们,司法审计过程中基础材料收集、保留的重要性。对物业公司而言,物业公司应当规范公共收益支出流程,注意保留好合同、收据、发票等基础材料。对于业主而言,则应积极履行公共收益收支监督义务,及时调查掌握小区公共收益来源的基本情况,必要时可以先行委托审计机关进行诉前审计,提前摸清公共收益收支情况。

本案例来源于北京盈科(上海)律师事务所 吉磊律师

(2023)沪 01 民终 8667 号

第二节　游仙区某小区业主委员会与成都某物业公司公共收益返还纠纷案

案例导读

本案涉及公共收益及业主知情权的相关问题,在业主委员会和物业公司无法就公共收益金额达成一致意见时,法院一般会要求当事人依法提供证据,并对业主委员会申请的公共收益金额进行审查,以事实为依据,以法律为准绳,根据认定公共收益金额的依据,依法判决。

案情介绍

上诉人(原审被告):四川某物业服务有限责任公司(原成都某恩物业公司),被上诉人(原审原告):游仙区某小区第二届业主委员会。上诉人因与被上诉人物业服务合同纠纷一案,不服四川省绵阳市游仙区人民法院的(2023)川0704民初2481号民事判决,向绵阳市中级人民法院提起上诉。请求:(1)撤销原判;(2)改判四川某和物业公司向游仙区某小区第二届业主委员会支付公共收益78,916.99元;(3)本案一、二审诉讼费用由游仙区某小区第二届业主委员会承担。

游仙区某小区第二届业主委员会向一审法院提出的起诉请求:(1)判令四川某物业服务有限责任公司向游仙区某小区第二届业主委员会返还其所在小区的公共收益765,920元,并支付自2022年1月1日起至付清时止的资金占用利息;(2)本案案件受理费由四川某和物业公司承担。

一审法院认定事实:四川某物业服务有限责任公司曾用名成都某恩物业公司。2013年8月21日,游仙区某小区第一届业主委员会(甲方)与四川某物业服务有限责任公司(乙方)签订《物业管理服务合同》,约定服务期限自2013年9月1日起至2016年8月31日止,乙方每年向甲方返还公告收益提成款×4.5万元整(大写:肆万伍仟元整)(每6个月返款一次),并向乙方开具盖有业主大会、业主委员会鲜章的收据。合同到期后,游仙区某社区向游仙区某小区的业主发布《关于让成都某恩物业公司继续履行游仙区某小区物业服务的通知》,载明"由于游仙区某小区业主委员会换届选举工作尚未结束,导致物业服务合同无法续签。根据国家相关法律法规,并从维护小区安全稳定出发,经某社区研究决定:在小区业主委员会换届选举结束前成都某恩物业公司仍为游仙区某小区合法的物业服务企业,在继续管理期间,应按照原签订的物业服务合同中的约定对小区全体业主提供各项物业服务……"。四川某物业服务有限责任公司将继续为游仙区某小区第二届业主委员会所在的小区提供物业服务。2021年6月1日,游仙区某小区第二届业主委员会备案成立。在业主委员会的主持下游仙区某小区与其他物业公司签订了物业服务合同。2022年1月5日,绵阳市游仙区住房和城乡建设局向四川某和物业公司发出《责令限期退出物业管理区域通知书》,载明"你司与游仙区某小区业主委员会签订的服务合同于2021年12月31日期满终止……现责令你司于2022年1月7日12时前退出游仙区某小区物业管理区域……"。2022年1月7日,四川某物业服务有限责任公司退出游仙区某小区物业管理。

裁判观点

一审法院认为,游仙区某小区第一届业主委员会与四川某物业服务有限责任公司签订的《物业管理服务合同》到期后,根据某社区通知,四川某物业服务有限责任公司继续为游仙区某小区第二届业主委员会所在的小区提供物业服务,小区业主继续交纳物管费,依照《民法典》第九百四十八条"物业服务期限届满后,业主没有依法作出续聘或者另聘物业服务人的决定,物业服务人继续提供物业服务的,原物业服务合同继续有效,但是服务期限为不定期"之规定,原游仙区某小区第一届业主委员会与四川某物业服务有限责任公司签订的《物业管理服务合同》在四川某物业服务有限责任公司继续为游仙区某小区提供物业管理服务期间(2016年9月1日至2021年12月31日)有效。在后续服务期间四川某物业服务有限责任公司应向游仙区某小区第二届业主委员会支付的公共收益提成为240,000元。游仙区某小区第二届业主委员会主张四川某物业服务有限责任公司返还收取车位费的请求,一审法院不予支持。关于违约责任,向游仙区某小区第二届业主委员会支付提成是双方合同约定中四川某物业服务有限责任公司应尽之义务,在小区业主委员会尚未设立的情况下,四川某物业服务有限责任公司此时无履行条件,但自游仙区某小区第二届业主委员会设立后,四川某物业服务有限责任公司即应主动、积极地履行自身义务。现四川某物业服务有限责任公司一直未向游仙区某小区第二届业主委员会支付该公共收益,占用该资金已成事实。

一审法院判决:(1)被告四川某物业服务有限责任公司于本判决生效之日后10日内支付原告游仙区某小区第二届业主委员会公共收益提成240,000元,并自2022年1月1日起以240,000元为基数,以全国银行间同业拆借中心公布的贷款市场报价利率为利息利率计付资金占用利息至付清时止;(2)驳回原告游仙区某小区第二届业主委员会的其他诉讼请求。

二审中,双方当事人均未提交新证据。二审另查明,四川某物业服务有限责任公司于2022年1月7日退出涉案小区时,向游仙区某小区第二届业主委员会进行了移交,其中一份物业移交明细表显示,四川某物业服务有限责任公司预交的公区电费截至移交当日尚余电费733.21元。二审经审理查明的其他事实和证据与一审认定一致,法院依法予以确认。游仙区某小区第二届业主委员会于2021年6月1日备案,该备案赋予了其进行对外活动的主体资格,其作为本案原告的主体适格。四川某物业服务有限责任公司主张其返还的公共收益提成款应当扣除公共设施设备维修费147,397.30元,电梯年检费12,952.50元,预存水电费733.21元。对此,法院认为,游仙区某小区第二届业主委员会系依据涉案《物业管理服务合同》主张的公共收益提成款,而并非全部公共收益,四川某物业服务有限责任公司亦未提交充分的证据证明其全部公共收益情况,亦未就其公共收益情况向全体业主公示,故四川某物业服务有限责任公司应当按照上述合同向游仙区某小区第二届业主委员会返还公共收益提成款,四川某物业服务有限责任公司主张应当扣除公共设施设备维修费147,397.30元的理由不能成立,法院未支持。一审中四川某物业服务有限责任公司提交了其于2021年6月29日支付电梯年检费的凭据,但无法据此证明所缴纳年检费的时间段,即不能据此认定应当扣除部分电梯年检费,法院未支持其主张;另四川某物业服务有限责任公司在退出涉案小区并进行移交时,将涉案小区公区的电卡移交给游仙区某小区第二届业主委员会,物业移交明细表显示尚余电费共计733.21元,因公区电费系四川某物业服务有限责任公司预存入电卡的,故该部分电费应当由游仙区某小区第二届业主委员会退还给四川某和物业公司,该部分主张成立,法院予以支持。据此,四川某物业服务有限责任公司应向游仙区某小区第二届业主委员会支付公共收益提成款239,266.79元(240,000元-733.21元)。另因四川某物业服务有限责任公司未主动履行给付公共收益提成款的义务,故一审法院确定其从2022年1月1日起计算资金占用利息并无不当,二审法院予以确认。

二审法院依照《民事诉讼法》第一百七十七条第一款第二项之规定,判决如下:

1. 撤销四川省绵阳市游仙区人民法院(2023)川0704民初2481号民事判决;

2. 四川某物业服务有限责任公司于本判决生效后10日内向游仙区某小区第二届业主委员会支付公共收益提成款239,266.79元及资金占用利息(以239,266.79元为基数,从2022年1月1日起按照全国银行间同业拆借中心公布的一年期贷款市场报价利率计算至款项付清之日止);

3. 驳回游仙区某小区第二届业主委员会的其他诉讼请求。

本案一审案件受理费5730元,由四川某物业服务有限责任公司负担1776元,游仙区某小区第二届业主委员会负担3954元;二审受理费3522元,由四川某物业服务有限责任公司负担3500元,游仙区某小区第二届业主委员会负担22元。

法条援引

(一)《中华人民共和国民法典》

第五百六十一条 债务人在履行主债务外还应当支付利息和实现债权的有关费用,其给付不足以清偿全部债务的,除当事人另有约定外,应当按照下列顺序履行:

(一)实现债权的有关费用;

(二)利息;

(三)主债务。

第五百七十七条　当事人一方不履行合同义务或者履行合同义务不符合约定的,应当承担继续履行、采取补救措施或者赔偿损失等违约责任。

第九百四十八条　物业服务期限届满后,业主没有依法作出续聘或者另聘物业服务人的决定,物业服务人继续提供物业服务的,原物业服务合同继续有效,但是服务期限为不定期。

当事人可以随时解除不定期物业服务合同,但是应当提前六十日书面通知对方。

(二)《中华人民共和国民事诉讼法》

第一百七十七条　第二审人民法院对上诉案件,经过审理,按照下列情形,分别处理:

(一)原判决、裁定认定事实清楚,适用法律正确的,以判决、裁定方式驳回上诉,维持原判决、裁定;

(二)原判决、裁定认定事实错误或者适用法律错误的,以判决、裁定方式依法改判、撤销或者变更;

(三)原判决认定基本事实不清的,裁定撤销原判决,发回原审人民法院重审,或者查清事实后改判;

(四)原判决遗漏当事人或者违法缺席判决等严重违反法定程序的,裁定撤销原判决,发回原审人民法院重审。

原审人民法院对发回重审的案件作出判决后,当事人提起上诉的,第二审人民法院不得再次发回重审。

第二百六十四条　被执行人未按判决、裁定和其他法律文书指定的期间履行给付金钱义务的,应当加倍支付迟延履行期间的债务利息。被执行人未按判决、裁定和其他法律文书指定的期间履行其他义务的,应当支付迟延履行金。

(三)《最高人民法院关于适用〈中华人民共和国民事诉讼法〉的解释》

第九十条　当事人对自己提出的诉讼请求所依据的事实或者反驳对方诉讼请求所依据的事实,应当提供证据加以证明,但法律另有规定的除外。

在作出判决前,当事人未能提供证据或者证据不足以证明其事实主张的,由负有举证证明责任的当事人承担不利的后果。

第九十一条 人民法院应当依照下列原则确定举证证明责任的承担,但法律另有规定的除外:

(一)主张法律关系存在的当事人,应当对产生该法律关系的基本事实承担举证证明责任;

(二)主张法律关系变更、消灭或者权利受到妨害的当事人,应当对该法律关系变更、消灭或者权利受到妨害的基本事实承担举证证明责任。

律师评析

小区公共收益的归属问题,长期以来存在较大争议,诉讼层出不穷,物业公司也面临很大"压力"。在之前小区公共收益通常按物业公司与业主委员会《物业服务合同》约定的数额和方式进行分配,对业主的合法利益缺乏合理的保护依据,自《民法典》实施后,根据《民法典》第二百八十二条的规定,建设单位、物业服务企业或者其他管理人等利用业主的共有部分产生的收入,在扣除合理成本之后,属于业主共有。这使小区公共收益的归属有法可依,由"糊涂账"变为"明白账",极大地保护了业主的合法权益。第九百四十三条规定,物业服务人应当定期将服务的事项、负责人员、质量要求、收费项目、收费标准、履行情况,以及维修资金使用情况、业主共有部分的经营与收益情况等以合理方式向业主公开并向业主大会、业主委员会报告。第九百四十八条规定,物业服务期限届满后,业主没有依法作出续聘或者另聘物业服务人的决定,物业服务人继续提供物业服务的,原物业服务合同继续有效,但是服务期限为不定期。《住房和城乡建设部等部门关于加强和改进住宅物业管理工作的通知》(建房规〔2020〕10号)规定,物业服务企业应当在街道指导监督下,在物业服务区域显著位置设立物业服务信息监督公示栏,如实公布并及时更新,车位车库使用情况、公共水电费分摊情况、物业费和业主共有部分经营收益收支情况、电梯维护保养支出情况等信息,可同时通过网络等方式告知业主公示内容。

本案中，物业公司在不定期服务合同履行期间内，未依法履行向业主定期如实公布车位车库使用情况、公共水电费分摊情况、物业费和业主共有部分经营收益收支情况、电梯维护保养支出情况等信息，也未按约定向业主委员会支付约定的公共收益款，既违法也违约，不诚实守信。根据"谁主张，谁举证"的原则，法院未支持物业公司的主张，因其没有充分的证据证明其是在紧急情况下实施的维修行为，同时未尽到相应的公示义务，理应承担不利后果；业主委员会的主张也因只有部分证据，因此只有部分共有收益返还请求获得了支持。《民法典》的颁布实施，对小区共有部分的公共收益的归属及业主的知情权予以明确规定，起到了定分止争的效果，既保护了业主的合法权益，使业主和业主委员会对公共收益的追讨有法可依，也让物业公司有了更好的管理和规制。

本案例来源于北京盈科（绵阳）律师事务所　费晓华律师

（2023）川 07 民终 4732 号

第二篇

典型经验

第一章

业主自行管理典型经验

第一节 北川县尔玛小区一组团实行"业主自行管理"新模式

基本情况

业主委员会服务区域为：东邻永昌大道，南邻龙尾街，西邻滨河北路，北邻水厂。物业类型属于商住，总建筑面积232,208平方米，其中住宅209,834.42平方米，商业22,373.58平方米。10个小区，共有房屋69栋，单元177个，居民2047户，地面车位约850个。

主要做法

在县委组织部、住建局的指导下，永昌镇人民政府依照法律法规，在尔玛社区协助之下，于2022年9月21日，通过业主投票依法选举产生了永昌镇尔玛小区一组团第一届业主委员会，并将小区党支部书记推选为业主委员会主任，实现了"一肩挑"。为完善及创新小区党组织体系架构，强化"社区物业行业党总支—组团党支部—院落党小组—楼栋先锋队"一体的物业服务行业党组织联动，在社区成立了物业服务行业党总支，由业主委员会副主任担任一组团物业党支部书记。根据尔玛小区的情况，2023年小区通过业主投票，实行了小区自行管理。

一组团业主委员会自成立以来，业主委员会成员履职尽责，严格遵守国家法律法规，严格按照《业主大会议事规则》《管理公约》《尔玛小区一组团业主自行管理方案》等履行自己的责任和义务。以党建为引领,完善各类机制。创新"六化"工作机制,即党建引领制度化、为民服务亲民化、沟通议事常态化、物业管理透明化、纠纷调处多元化、监督评议制度化;搭建"一核多元"治理服务平台,引导居民参与到小区事务中;定期组织"民情坝坝会",听取居民的意见建议、问题诉求,及时做好并办理反馈;完善物业服务晒服务、晒收支的"双晒"工作机制。小区面貌得到极大改善,居民认可度也得到极大提高,使小区自行管理的物业服务做到"大事一起干、好坏一起评、事事有人管",形成"无事常联系、有事共帮、邻里一家亲"的氛围。目前,小区收费率达80%,业主委员自评分为99分。

经验教训

1. 为加强小区环境综合治理,促进小区环境与物业联动,创新设立了社区环境与物业管理委员会,由社区党委书记潘某梅担任主任,由书记亲自抓环境与物业管理工作,有效推动了小区各项工作落地开花。

2. 为强化对物业服务行为的领导和监管,推动物业管理融入基层社会治理体系,尔玛社区党委副书记、纪委书记肖某担任尔玛小区一组团一届业主委员会副主任,是党建引领"红色物业新模式"的具体体现。

3. 为发挥党组织在物业管理工作中的作用,尔玛小区一组团一届业主委员会主任由尔玛社区第二党支部书记李某兴担任,有效推动小区的物业管理服务工作。

4. 创新小区党组织建设体系,强化服务行业党组织联动,成立了物业党支部,由尔玛小区一组团一届业主委员会副主任李某东担任物业党支部书记,在解决小区物业领域出现的问题和矛盾方面,发挥了重要的作用。

5. 尔玛小区一组团一届业主委员会共9名委员,其中8名是党员,为创建和打造红色物业奠定了良好的基础。

6. 为确保在小区物业服务领域的工作中,物业服务人能正确行使权利和履行义务,设立了监督管理委员会,实行监督评议制度化,这将对物业服务人的规范管理起到重要的监督作用。

律师评析

尔玛社区主要居住着"5·12"地震后搬迁安置的老县城居民,是北川县最大的一个社区,也是全国最大的一个羌族居民集中居住社区。

北川县开展"党建引领红色物业"试点工作时,盈科绵阳物业管理与和谐社区法律服务团队协助尔玛社区积极探索并采取了系列改革举措:成立院落党组织、设立社区环物委、调整物业管理区域、成立组团业主大会选举新一届业主委员会、二组团实行"国企领办·红色物业"新模式、一组团解聘物业服务企业后实行"业主自行管理·红色物业"新模式。

从2023年4月18日至22日召开的一组团业主大会会议表决结果来看,试点工作取得了巨大成效:同意不委托物业服务企业,实行"业主自行管理·红色物业"新模式。该模式得到了广大业主的大力支持。

本案例由北川县尔玛小区一组团业主委员会主任李某兴提供

编写人:北京盈科(绵阳)律师事务所　魏洪奇律师、朱玉国律师助理

第二节　深圳市南山区花果山小区实行"业主自行管理"

基本情况

2020年,深圳市南山区花果山小区成立了业主自治管理委员会,对小区的物业进行自主管理。在业主自治管理委员会的带领下,小区实现了从"无人管"到"人人管"的转变,不仅提高了物业管理的效率,还增强了业主的凝聚力和归属感。

主要做法

业主自治:这体现了业主们积极参与物业管理的意愿,通过成立自治管理委员会,将管理权力从外部转移到内部,让业主们能够直接参与到物业管理中。

明确职责:确定委员会成员的职责和权力非常重要,这有助于确保管理工作的有序进行。明确的职责划分可以避免职责不清导致的混乱和效率低下。

提高参与度:鼓励业主积极参与管理是实现从"无人管"到"人人管"转变的关键。提高参与度可以增强业主的主人公意识,使他们更关心小区的发展和维护。

◆ 经验教训

增强业主凝聚力:共同参与管理可以让业主们更加认同小区,形成一种归属感和凝聚力。这对于小区的和谐稳定至关重要。

提高管理效率:自治管理模式的优势在于能够更加直接、高效地解决物业问题。由于业主们对小区情况更加了解,能够更快地作出决策并采取行动。

需要业主积极配合:业主的参与和支持对于自治管理的成功起到关键性作用。如果业主不积极参与或配合,自治管理可能会面临困难。

◆ 律师评析

合法合规:确保自治管理委员会的成立和运作符合相关法律法规是必要的。这可以避免法律纠纷和潜在的风险。

明确权益责任:明确业主和委员会的权益与责任有助于避免纠纷的发生。当各方清楚自己的权利和义务时,可以减少不必要的争议。

监督与制衡:建立有效的监督机制可以防止权力滥用,确保自治管理委员会的运作公正、透明。

总体而言,本案例展示了花果山小区业主们通过自治管理委员会对物业进行自主管理的实践,为其他小区或类似情况提供了借鉴和参考。

本案例来源于网络

编写人:北京盈科(绵阳)律师事务所　魏洪奇律师

第二章

红色物业管理典型经验

第一节 勇拓洋楼党建引领小区治理打造红色物业

▶ 基本情况

勇拓洋楼小区建于2002年,有4栋电梯公寓,业主427户,常住人口1256人,党员79人。自2018年以来,坚持以党建为引领,充分发掘辖区能人,发挥小区党员能人的示范带动作用,引导居民群众共同参与小区治理,解决了小区业主"住洋楼、受洋气、遭洋罪"等一系列问题,小区自治管理实现了由乱到治的华丽转变。小区以党建引领打造的红色物业自治模式,探索的新路子、新经验、形成的新亮点,都具有典型示范意义和借鉴推广价值。

▶ 主要做法

1. 选好治理能人。社区党委通过入户调查、与小区群众广泛接触等方式,通过"一看二听三考四评"的方式,挖掘小区治理能人,组建由业主能人组成的业主委员会、监委会、物管委、发展委员会和物业服务中心的"四委一中心"小区业主自治队伍。通过定期召开小区居民代表大会,对小区"能人"公开承诺的服务事项进行现场评议,并及时将服务项目、服务承诺等内容上墙公示,畅通群众监督渠道,充分发挥小区"能人"的先锋模范作用。

2. 居民自己做主。坚持"自己的事情自己做,我们的小区自己管"。一是增强组织核心。进一步强化党组织的核心引领作用,全面建立"社区党委—小区党支部—楼道党小组"三级党建责任体系,做到"社区联小区、小区联片区、片区联楼栋、楼栋联群众"四级联动,为小区业主自己当家,主动参与小区治理提供坚强的组织保障。二是规范教育管理。突出对小区党员、能人的规范管理,通过开展三会一课、主题党日活动等活动,充分发挥党员的先锋模范作用。三是强化示范带动。在小区党支部的领导下,小区党员主动亮身份、做表率,协调解决了许多小区长期存在的问题,赢得了小区群众的"点赞"。

3. 推动小区治理。小区党员志愿者、能人主动参与到小区治理中,实现人人都是治理员、人人都有奉献精神的小区自治典范。一是推动物业服务规范化。通过健全完善小区物业管理办法,推进物业服务规范化,有效解决楼顶漏水、电梯更换等问题,开发商与业主委员会的矛盾从"对峙"到"化解",部分业主从"观望"到"参与",小区物业服务从"缺位"到"归位",真正做起了小区的"大管家"。二是推动居民服务亲情化。精准对接居民需求,聚焦高龄老人、残疾人等特殊群体,业主自筹钱,修建无障碍通道。小区党支部或业主委员会牵头,开展"共享邻里情"系列活动。通过对高龄老人和困难群众进行走访慰问,传递邻里真情。

◆ 经验教训

1. 从住洋房、遭洋罪,到扬眉吐气。自小区实行自治管理以来,通过培育选拔王某富、杨某锐等小区能人,带动居民主动参与到小区事务管理中,依靠业主自己的"金点子"和"化缘功夫",有效解决了 13,500 平方米的房屋外墙漏水建筑面积,为 53 户居民处理了 6500 平方米的房屋漏水面积,组织人员清除建渣泥土、树木杂草约 300 余吨。小区物业费交纳率达到 99% 以上,目前,小区居民终于"扬眉吐气",居住的舒适感、获得感显著提升。

2. 从寻能人、能做事,到规范治理。小区党支部、业主委员会充分发挥"润滑剂"作用,完善小区物业管理办法,推动物业管理更加规范,利用小区资源,建立党群活动室,居民议事厅,开展"以老助老·邻里守望"的志愿服务活动,开展疫情防控、文明创建、环境治理工作,让小区居民住得安心,回家感觉舒心,邻里关系开心,小区事务齐心。

3. 从问题多、矛盾多,到管理有序。2018年以前,勇拓洋楼小区环境脏乱差、电梯控制系统失灵、水电设施陈旧老化、物业管理混乱、业主与物业矛盾重重、物业费收缴困难等一系列问题尤为突出。自实行小区自治以来,组织业主自筹、争取国家电网、绵阳燃气集团等项目改造资金,公共收益和物业自治管理节余等共计380多万元,更换老旧电梯6台、更换变压器2台、购置更换水泵9台,投资23万元安装摄像头133个等,小区的各项管理规范有序。

律师评析

1. 小区治理的龙头是党建引领。铁牛街社区勇拓洋楼党建引领小区治理工作模式就是坚持在党的领导下,发挥社区党委、小区党支部、楼栋党小组的政治引领作用,有效整合辖区党员、党员志愿者、居民群众等各类资源,通过自我管理、自我服务,实现了小区由乱到治的华丽转变。

2. 小区治理的关键是机制创新。积极探索"共治、自治、法治"三位一体,通过"选好能人、为民当家",实现"党建引领、小区自治、法治约束、道德教化"四管齐下的小区治理的新路子,开创了党建引领促进居民自治管理的新局面。

3. 小区治理的成效显著

勇拓洋楼以党建引领小区治理打造红色物业,实现小区由"乱"到"治"的蜕变。先后有多个省、市、县内外政府单位及小区前往学习交流工作,小区自治管理的相关做法被民政部《社区》杂志刊载,被绵阳市委组织部专题推广,先后荣获涪城区委"先进基层党组织",中共绵阳市委组织部"AAA级示范党组织",四川省委城乡基层治理委员会办公室"四川省城乡基层治理示范小区",绵阳市住房和城乡建设局评的"最美业委会",以及铁牛街社区党委评的"五星级小区治理牛人团队"等荣誉和称号。

本案例由勇拓洋楼小区党支部书记王某富提供

编写人:北京盈科(绵阳)律师事务所 魏洪奇律师、朱玉国律师助理

第二节　上海市爱博四村推行红色物业典型经验

基本情况

爱博四村位于上海市闵行区天山西路4358弄，位处虹桥商务区的核心区域，2011年9月交付入住，总建筑面积165,892平方米。居民大部分来自原华漕镇因涉及交通枢纽而动迁的陶家角村、红星村、黎明村3个村，现有居民1552户，常住人口约4200人，房屋出租率较高，其中有60%是租住在这里的商务区白领和作为交通枢纽的物业公司的员工等。

随着居民的逐步入住，爱博四村也迎来了社区管理上的治理挑战。农民"洗脚上楼"却未融入社区生活，诸如违规搭建、侵占消防通道、群租引发的治安和火灾案件时有发生，小区公共区域乱停车、乱堆物、毁绿种菜、破墙开店等问题更是频频发生。自2018年3月，爱博四村探索创建"党建领航—红色物业"工作，先后获得了闵行区红色物业示范社区、上海市节水型小区、上海市最美文化村居、闵行区疫情防控先进集体称号等，小区物业服务质量和居民满意度连年提升。

主要做法

1.增强党组织领导核心。强化居民区党组织的领导地位，健全"1＋3＋N"工作机制，落实党组织领导居委会、业主委员会、物业服务企业等"三驾马车"的制度性安排，将"四位一体"工作制度作为居民区常态化工作机制。充分发挥居民区党组织在做好群众工作、化解各类矛盾、促进和谐稳定、加强基层治理等方面的独特优势，把工作有效渗透到业主委员会、物业服务企业等组织中，发挥在物业管理服务中的各方的主观能动性，不断提升专业素养和服务水平，加大对各种组织力量的统筹整合，协调带动各类基层组织实现功能互补、良性互动，切实地把党的政治优势和组织优势转化成社区治理、服务群众、统筹资源的能力水平。

2.赋能业主委员会红色基因。探索居民区党组织行使对业主委员会人选的

"结构建议权、人选建议权、资格审查权",并明确在业主委员会不履职时居民区党组织可代为履行部分职责,通过《议事规则》将这些权力赋能居民区党组织,让党组织在业主委员会人选把关和履职监管中大胆发声。2017年5月,街道以爱博四村为试点,选举产生由业主、居委干部、社区青年骨干组成的新一届业主委员会班子。业主委员会班子以"四季",即"青年风尚季、党建共建季、志愿服务季、暖心行动季"四个主题作为载体,搭建红领四季议事厅、青年智囊团,共同讨论大小事务,策划开展各类活动,积极倾听社区呼声,让物业管理矛盾早发现、早化解,提升居民的满意度和幸福感。

3. 加强物业行业党建。引领物业行业服务能级提升,新虹街道成立了"物业服务企业联合党总支""物业党员应急抢险突击队""物业党员示范岗",充分发挥党组织在物业服务中的战斗堡垒作用和党员先锋模范作用。积极鼓励物业企业物业公司员工向党组织靠拢,吸收红色力量,把党建引领主线贯穿始终。因在红色物业工作中表现突出,爱博四村欣赛物业党支部被评为五星党支部。物业党支部和居民区党支部进行共建,在垃圾厢房旁边开辟了一方"生境花园",作为亲子家庭活动基地。通过招募社区亲子家庭志愿服务队和青年志愿者,开展形式多样的居民自治活动,鼓励志愿者自发举办自治活动,动迁居民有着在原本自留地种菜的习惯,在物业定期清理的同时,居民区党支部疏堵结合,同时将种出来的菜无偿捐给小区门口的为老服务中心,可谓一举两得,获得了居民一致好评。

4. 成立红色物业"共治委员会"。在居民区党组织设立"红色物业共治委员会",居民区党支部书记作为"驾车人",将"一居五员"(居委、社区民警、城管执法、房屋专管员、法律顾问和网格巡查员)和业主委员会、物业、业主党员代表组成"共治委员会",实现业主委员会相关工作、小区重大事项,党内先知晓、先讨论、先行动、先进步、先批评,形成了共建、共治、共享的社区治理新格局。同时,爱博四村党支部因地制宜,以"居村联动、居企联动、社居联动、社企联动"为桥梁,与陶家角村、红星村、周边辖区单位结对共建,让共建单位党员、社区双报到党员作为网格化战斗单元的成员,在防控抗疫、创全迎检、垃圾分类等工作中,既充实了社区党员队伍,也强化了社区的战斗力、凝聚力。

经验教训

1. 加强物业规范化建设。做实信息公开平台和"四公开一监督"信息公开机制,推动信息全覆盖公开公示。建立物业服务综合考核评价机制,"红黑榜"制度,以及应急托管机制,推动企业优胜劣汰。做实、做细物业管理细则,将各类"物业使用中的禁止行为"的管理权在《管理规约》中明确,确保物业管理工作有章可循。制定住宅小区物业管理区域规范化建设的指导意见,提升物业管理精细化规范化水平。爱博四村对小区的门岗、物业接待窗口、设备房、地下空间、楼道、业主委员会办公室等所有物业管理区域进行"规范化""品牌化"打造,让小区居民对物业管理工作,可以"看得到""摸得着""找得着""问得着",提高居民的"可视率"。

2. 提升业主委员会自治能力。在居委会下设委员会中增设了"业委会和物业工作指导委员会",由街道对业主委员会进行专业评估和业务培训,健全业主委员会信息公开制度和纠错退出机制,提升业主委员会规范运作水平,加强业主委员会的依法自治能力。引入专业第三方为小区业主委员会提供专业服务,如引入工程项目工作室,对小区 3 万元以上的维修、更新和改造项目进行专业评估;引入维修资金开户银行三审机制,对小区 5 万元以上的维修、更新和改造项目进行审价审计;引入公共收益代理记账机制,对小区公共收益进行代理记账;引入物业费评估机制,通过召开小区物业费评估会议,帮助业主委员会盘清小区公共收益,厘清物业管理成本,通过第三方专业监管服务规范业主委员会运行机制,提高社区业主自治能力,倒逼物业服务企业提升服务水平。

3. 提升物业服务行业能级。加强典型引领作用,营造和谐行业氛围,鼓励企业参与红色物业创建,并开展"最美物业服务团队""最美物业人"评选,营造典型引路、创先争优、和谐共生的行业氛围。打造"新虹街道物业管理实训基地"平台,通过党性锻炼、技能比武、教育实训等方式,在明确组织建设和行业监管等要求的同时,致力于将物业企业培育成"党的工作队"。2019 年服务于爱博四村的上海欣赛物业管理服务有限公司成功获得了"上海市物业协会诚信承诺 AAA 级企业"和"上海市巾帼文明岗"的称号,在 2020 年度闵行区住宅小区物业居民满意度测评中排名全区第三。

律师评析

强化基层党组织对社区物业服务管理工作的领导，能更好破解物业管理难题，不断提升居民生活幸福感，增进人民安居乐业、社会安定有序的和谐局面。全国各地加强"党建引领物业管理"的主要方式是通过地方立法，鼓励社区党组织派代表参加业主大会筹备组、推荐业主委员会委员，物业项目负责人应当及时到所在地居(村)委会报到并接受监督、指导。这些规定，充分体现了经验总结和科学前瞻的立法原则，体现了以解决问题为导向、与改革决策相衔接的立法要求，体现了引领和推动社会治理与改革的立法价值。为创新社会治理，加强基层建设，回应民生需求提供了借鉴。

本案例中的新虹街道自2018年起，便积极探索"党建引领·红色物业"工作，在爱博四村等居民区先行先试，为实现物业管理决策共谋、发展共建、建设共管、效果共评、成果共享的红色物业创新治理模式跨出了坚实的一步。爱博四村党建引领的社区治理不仅是依靠政策、机制的硬实力，还有赖于社区党组织和物业服务企业用心体会居民心声，尊重居民习俗，切实让居民感受到了温暖。

本案例来源于上海市房屋管理局"美好家园"典型案例

编写人：北京盈科(上海)律师事务所　吉磊律师

第三章

应急物业管理典型经验

第一节 北京东润枫景小区应急管理经验

基本情况

东润枫景小区位于北京市朝阳区燕莎以东2500米,朝阳公园东门对面的南十里居,是一个由13栋板式小高层建筑围合而成的北美式生活小区,建成于2000年,共1215户。社区占地15万平方米,总建筑面积约23.62万平方米,绿化率30%。曾经是"北京市十大明星楼盘"。长期以来,小区物业纠纷不断,使其成为闻名京城的问题小区。2020年7月9日,北京凯莱物业管理有限公司(以下简称凯莱物业)临危受命作为应急物业进场为小区提供服务,项目部通过实实在在的投入,扎扎实实的工作,热心周到的服务,赢得了小区业主的信任。

主要做法

1. 坚持党建引领,共同解决疑难问题。在党建引领下,物业与社区、业主委员会定期召开座谈会,将进场时承诺的12项工作阶段性地向社区汇报,提出困难点,听取社区意见,接受社区和业主委员会的监督。针对物业管理存在的问题,按诉求类别派给各部门限时办理,疑难问题采取"社区吹哨、部门报到"形式,协调相关部门共同解决。每月向业主委员会汇报物业工作内容及工作计划。在属地党委指导下,项目部单独成立党支部,定期组织党员做志愿者,服务社区群众。

2. 不计成本投入,践行企业社会责任。凯莱物业从小区面对的急难问题入手,仅2020年就投资百万余元对小区进行修复,更换门禁系统、围墙加装防攀越设施、盲区加装监控54处、绿化改造、清理卫生死角及地下空间垃圾60余车、粉刷地下通道、修复翻新公共设施等。将已损坏10年的水系景观进行修复,重新投入使用,得到业主好评。向政府相关部门递交申请公共维修资金使用的相关资料,对消防系统及监控系统进行大修改造。园区内共有8处大小不一的水系喷泉,曾经是东润枫景小区的一大亮点,但因年久失修已干涸多年。凯莱物业进场后,更换水系水泵10台,更换配电箱及管道100余米,修复防水200余平方米,并反复洗刷池底。进场1个月后让水系喷泉恢复开启,居民说仿佛又见到了东润枫景的辉煌时刻。

3. 贴心服务到家,全力为业主排忧解难。应急进场本项目后,凯莱物业管家走访了所有住户,发现小区内30余户业主家多多少少存在漏水情况。项目经理得知此情况后,第一时间带领工程人员逐一走访漏水住户,了解业主房屋漏水点,在社区党组织的耐心开导中排解业主心中多年的积怨。经过项目团队排查确定多处漏水位置后,项目上考虑到为业主节约公共维修资金,决定自行购买维修材料并从邻近项目抽调多名经验丰富的工程维修人员,经过20天的紧急维修终于解决了30余户业主家中的漏水问题。自2003年起,小区楼顶违建开始出现并不断增加,这不仅破坏了社区的整体美感,还影响到屋面排水系统。针对这类问题,2020年9月东风乡启动东润枫景社区环境整治提升工程,拆除违建建筑、外墙粉刷翻新。施工前期,需要物业管家逐户摸排,了解在尽量不影响居民正常生活的情况下施工人员从什么位置进入施工最为合适。整个过程中,不仅要竭力安抚情绪比较激动的业主,跟进施工过程中的安全问题,还要协调配合施工方共同解决因拆违或外墙粉刷施工导致的遗留问题。

4. 业主信任,合作达到双赢。在项目团队的不懈努力下,2020年11月东润枫景小区业主委员会召开业主大会,1215户业主中819户同意与北京凯莱物业管理有限公司签订正式物业服务合同,且为无固定期限合同。当年物业费收费率为91%,业主满意率为95%。2021年11月原业主委员会到期进行换届选举,因票数不够换届未成功,但当年物业费收费率、业主满意率均达到95%以上。

经验教训

凯莱物业从应急接管到获得长期管理委托项目合约的实践过程，给如何解决问题小区"老大难"问题，提供了可以参考的经验。首先，必须依托属地政府、社区的党建引领治理机制，共同协调解决面对的问题。其次，选好项目经理，这是小区能不能做好物业服务的关键。再次，不同的企业在做同一项目的过程中，存在不同的优势和短板，都有自己的发挥空间。最后，真抓实干，解决真问题，真解决问题，才是物业获得业主信任的基础。

律师评析

应急物业服务是指物业管理区域突发失管状态时，街道办事处、乡镇人民政府组织有关单位确定应急物业服务人，提供基本保洁、电梯运行、秩序维护等维持业主基本生活服务事项的应急服务。一般情况下有下列情形之一，住宅物业项目不能维持正常物业管理秩序的，物业所在地街道办或者乡镇人民政府会组织提供应急物业服务：

1. 物业服务合同期限届满，建设单位或原物业服务企业依法撤出物业管理区域，全体业主未能依法确定物业管理方式的；

2. 物业服务合同期限内，建设单位或物业服务企业违反约定单方解除物业服务合同，撤出物业管理区域，全体业主未能依法确定物业管理方式的；

3. 物业服务合同期限内，建设单位或物业服务企业因破产等原因致使其法律上或者事实上不能履行物业服务义务的。

本案例来源于网络
编写人：北京盈科（长沙）律师事务所　李娜律师

第二节 高新明珠小区应急物业"转正"破解小区物业"失管"难题

基本情况

基层治理是国家治理的重要基石,加强基层治理对于提升社会治理效能、促进社会和谐稳定具有重要意义。柳州市在基层治理方面积极探索创新,建立小区物业应急服务机制,以提升小区物业管理水平。

在此背景下,我们以柳州市高新明珠小区为例,来了解其物业管理的状况。该小区存在一些物业管理方面的问题,如服务不规范、应急响应不及时等,这给居民生活带来了不便,也影响了小区的和谐稳定。

主要做法

为了解决高新明珠小区的物业管理问题,柳州市住房和城乡建设局在党建引领下采取了一系列具体措施。他们指导城中区相关部门和社区,引入应急物业,并推动其"转正"。

首先,加强党建引领,充分发挥党组织的战斗堡垒作用和党员的先锋模范作用,提高物业服务企业的责任感和服务质量。

其次,指导城中区相关部门和社区,认真评估小区的实际需求和情况,引入专业的应急物业服务企业。

最后,积极推动应急物业"转正",通过规范的程序和严格的考核,使其成为正式的物业服务提供商,确保小区物业管理的长期性和稳定性。

经验教训

应急物业成功"转正"的经验值得总结和借鉴。

首先,要充分发挥政府部门的引导和支持作用,加强对物业服务企业的监管和指导,确保其提供优质的服务。

其次,要注重居民的参与和诉求,通过建立有效的沟通机制,充分听取业主的意见和建议,共同推动小区物业管理的改善。

最后,在解决小区业主委员会成立的问题上,需要不断地探索和创新。可以通过加强宣传教育,提高业主的参与意识和责任感;加强对业主委员会成立的指导和培训,提高其运作水平和能力。

律师评析

律师根据具体法律法规和实际情况,对应急物业的"转正"过程进行评析。从法律角度来看,应急物业的引入和"转正"应符合相关法律法规的要求,保障业主的合法权益。同时,在解决小区业主委员会的成立问题上,律师可以提供专业的法律意见和建议,确保整个过程合法、规范、透明。

通过以上措施的实施,柳州市高新明珠小区的物业管理状况得到了显著改善,为居民提供了更好的生活环境。这也为其他小区提供了有益的借鉴,促进了柳州市基层治理水平的提升。

本案例来源于网络

编写人:北京盈科(绵阳)律师事务所　魏洪奇律师

第四章

信托制物业管理典型经验

第一节 月湖游河小区用"信托制管理"打开基层治理新局面

▶ 基本情况

浙江省宁波市月湖街道以"五最党建"破难,采用"党建引领+居民自治"的方式,在迎凤社区游河小区解锁信托制小区管理模式,助力这个年近30"高龄"、零星4幢房屋、常住人口只有523人、无停车位的无物业老旧小区"逆生长",托起老旧小区"稳稳的幸福"。迎凤社区党委书记蒋某爱介绍,综合服务费是根据往年小区公共设施维护支出费用进行精准测算,确定收支计划和服务内容后,每年每户预收200元,费用包含公共电费50元、公共设施维护90元、生活垃圾清运费60元,管家定期公示财务收支情况。如今,在街道的支持下,小区还安装了人脸识别门禁、绿化升级、墙面彩绘、立牌安装等项目逐一落地。小区里有引用长城造型象征居民团结的花墙、表达爱国情怀的"别院赞歌"、写有"向着幸福出发一直前行"的指引牌。引进的第三方公司也由居民一致通过,在设施维修费用等方面严格落实政府的参考价格。

▶ 主要做法

迎凤社区党委书记蒋某爱道出原委:"党建引领成立红色管家队伍,引进信托制管理模式补足管理空白。这就破解了居民自治面临的'谁来管''管什么''怎么管'的三大难题。"

那么何为"信托制管理"模式呢？蒋某爱解释为"基于信托,在小区治理体系中,党建引领利益相关方建立信义(信用与道义)关系,秉持信义精神、遵守信义义务的互动合作过程"。新模式根据游河小区的实际,酌情修改,红色管家每年向居民预收的综合服务费,统一纳入业主委员会财务账户管理,再引进第三方公司承揽小区维修事务,指定专人负责公共设施巡查维护、维修、疏通等,费用按实际支出结算。

翻开红色管家"信托制管理"台账,管家人员分工表、值班表、费用支出明细表、物品出入单、工程维修登记表等清晰明了,几本薄薄的台账总结了红色管家与"信托制管理"的工作优势,也见证了个人车棚独立电表、楼道照明灯、共享助手房、邻里互助中心等设施在游河小区的安装过程。

◆ 经验教训

1. 物业服务满意度提升。推行"信托制"物业管理模式后,小区业主对物业服务的满意度有较为明显的回升。月湖游河小区在推行"信托制"物业管理模式后,在小区各单元以扫楼的方式"一户一票"收集民情民意,了解业主对新模式的支持意愿,其中满意"信托制"的占比为88%。

2. 物业纠纷明显减少。"信托制"物业管理模式要求建章立制,实行资金收支透明、采购流程透明、管理过程透明,接受每位业主监督,有效解决了传统包干制、酬金制物业管理中存在的物业企业与业主之间不信任、物业企业义务不明确、业主委员会监督物业企业效果不明显等问题,密切了业主和物业企业的关系。业主普遍认可并乐于配合物业企业工作,业主对物业企业的投诉率大幅下降,小区关系更为和谐。

3. 业主参与热情高涨。"信托制"物业管理模式普遍依靠基层党委通过开展宣讲会、问卷调查和专家共商等形式,深入做好基层党员、群众思想工作,再加上"信托制"本身对业主的强权赋能,因此易于提高小区业主对公共事务的关注程度和参与小区管理的热情。北京的朗琴园小区业主经常会主动参与到小区建设的过程中,行使必要的监督权或者为物业企业出谋划策,许多建议已转化为物业企业的服务实践,形成了良好的小区治理氛围。四川成都的玉园小区依靠党组织将党员和群众的积极性充分激发出来,使其参与到推广和完善"信托制"的物业服务实践之中。

律师评析

从各地实践来看,信托制的运行模式有利于优化治理关系和治理流程,具有物业管理优势,也创新了党建引领和"三治"(自治、法治、德治)融合的机制,可助推社区治理共同体的构建。

信托制度在物业管理方面带来了四个明显的优势:

1. 治理关系优化。引入信托理念的物业服务合同将全体业主、业主大会(业主委员会)、物业公司纳入受益人、委托人和受托人的角色。这使物业服务关系从原本的双方买卖关系转变为以信义为基础的三方信托关系,实现了治理关系的优化。

2. 财产分配合理。共有基金涵盖小区收入(如物业费、停车费、广告费等),成为全体业主的共同财产。按照约定比例提取酬金(通常占8%~15%),其余资金全部用于物业管理和服务,确保财产分配更加合理。

3. 资金使用透明。业主大会名下的信托基金实行"双密码"账户制度,查询密码对所有业主公开,而取款密码由受托人管理。业主可以随时查看动态更新的每一笔收支以及财务凭证,减少了物业企业或业主委员会的"暗箱操作"空间,使资金使用更加透明。

4. 资金使用民主。采用量入为出、质价相符原则,推行开放式预算。在业主委员会和物业企业的牵头下,小区业主共同参与编制收支预算和服务标准,充分保障了业主的自主决定权,实现了资金使用的更大限度的民主化。信托制的导入有效改变了物业企业与业主间的不对称买卖关系,推动了物业管理提质增效和物业企业的高质量发展,确保了业主的财产所有权、物业知情权、服务监督权,也提升了业主满意度和社区和谐度。

此外，信托制在社区治理中确实扮演了重要的角色。通过信托制，社区治理模式得以创新，不仅提高了治理效果，还提升了社区居民的参与度和满意度。首先，信托制创新了党建引领社区治理的机制。在实施信托制的过程中，社区党委和居委会被赋予了与业主同等的监督权和质询权，这有效地拓宽了基层党建引领社区治理的新渠道。这种机制确保了社区治理的公正性和透明度，同时强化了党的领导作用。其次，信托制创新了社区"三治"融合的实现路径。通过充分发挥业主委员会、业主自治的作用，以及明确各主体的责任和权利，信托制引导业主提升文明素养，成为社区自治、法治和德治相结合的创新路径。这种路径强调了社区居民的自我管理、自我约束和自我教育，从而推动了社区的和谐稳定和可持续发展。最后，信托制创新了社区治理共同体构建的新路径。通过信托关系，业主、业主委员会、律师事务所、会计师事务所、专业物业服务类社会组织等可以有序参与到社区治理中。这种多元参与的治理模式，使得党建引领下的社区多元共治通过物业管理得以加强。这不仅提高了社区治理的效果，还增强了社区居民的归属感和满意度。

总体来说，信托制为社区治理提供了新的思路和方法。通过实施信托制，我们可以更好地实现社区的和谐稳定和可持续发展。

本案例来源于互联网
编写人：北京盈科（宁波）律师事务所　欧俊凯律师

第二节　"信托制"物业管理模式为长寿苑社区解难题

▲ 基本情况

成都市武侯区长寿苑社区包含6个老旧安置小区，由于居住人口混杂，院落治理工作面临较大挑战。尽管该社区从2007年就开始探索老旧院落居民自治工作，但仍存在一些问题。社区党委书记卢某鉴每天都要应对大量诸如"绿化带堆放垃圾""单元楼道灯不亮"等问题,而社区两委成员的大部分精力也都用于老旧院落的管理和矛盾纠纷的调解,兜底管理任务繁重。为了摆脱这一困境,社区决定引入"信托制"物业管理模式。

主要做法

1. 引入"信托制"物业管理模式。社区经过讨论,决定尝试"信托制"物业管理模式,以提高院落管理服务水平,缓解物业矛盾纠纷。

2. 重建信任关系。运用信托理念,重构业主、业主委员会与物业企业之间的信任,为改善院落治理提供基础。

3. 实行"开放式预算"。通过业主参与开放式协商,编制年度财务预算和物业服务标准,确保物业费和停车费等收入的使用清晰明确。

4. 建立"可查询账户"。设立小区业主共有基金独立账户,设置物业取款和业主查询的"双密码",保障业主对物业财务收支情况的知情权。

经验教训

1. 提升服务质量。"信托制"物业管理模式带来了"三升一降"的明显效果,即物业服务水平、物业费收缴率和居民满意度上升,物业矛盾纠纷数量下降。

2. 转变角色。社区物业公司员工从"物业经理"和"水电工"的角色中解脱出来,成了"党建引领者"和"监督协调员",让自治小组和微网实格组织体系进一步健全。

3. 增强社区公信力。社区党委的组织力、动员力和公信力得到显著增强,为社区治理提供了有力保障。

律师评析

根据具体法律法规和实际情况,"信托制"物业管理模式在解决小区难题方面具有以下优势:

1. 透明性。"信托制"强调财务透明,让业主清楚地了解资金的收支情况,增强了业主对物业管理的信任。

2.明确责任。通过明确物业企业的收益和职责,促使其提供更好的服务,提升物业费交纳率。

3.化解纠纷。减少了业主与物业之间的矛盾纠纷,避免了物业合同诉讼案件的发生。

总体而言,"信托制"物业管理模式为成都小区处理物业问题提供了一种有效的解决方案。它通过建立透明、信任的关系,提升了物业服务质量,促进了社区和谐稳定。这一模式在长寿苑社区等地的成功实践,也为其他老旧小区提供了有益的借鉴。

本案例来源于网络

编写人:北京盈科(绵阳)律师事务所　魏洪奇律师

丛书总主编简介

李 华

盈科律师事务所创始合伙人、副主任、盈科全国业务指导委员会主任。

李华律师作为盈科全国业务指导委员会主任，负责盈科体系内的专业化建设，带领盈科律师，构建出完整的专业化法律服务体系，包括研究院、律师学院、专业委员会及专业化建设法律中心，推动盈科律师专业化的法律服务，以适应法律服务市场不断细分的需要。在此基础上，通过集成各专业委员会纵深化的法律服务能力为客户提供综合性的法律服务。

全国律师行业优秀党员律师、北京市优秀律师、北京市律师行业优秀党务工作者，最高人民检察院第六和第七检察厅民事行政检察专家咨询网专家，中国人民大学法学院法律硕士专业学位研究生实务导师，《钱伯斯大中华区指南2023/2024》TMT：数据保护&隐私领域上榜律师，2024 The Legal 500亚太地区中国法域榜单金融科技领域推荐律师。

本书主编简介

许 东

盈科全国物业管理与社会治理法律专业委员会主任、中国民主促进会厦门市委社会和法制委员会副主任、厦门市法学会诉讼法学研究会理事会副会长、厦门大学法学院法与政治经济学研究中心兼职研究人员、集美大学海洋文化与法律学院法律专业学位硕士研究生校外实践导师。曾担任福建电视台《律师在现场》栏目嘉宾、厦门经济交通广播《丁成说法》栏目嘉宾、《厦门日报》特约答疑律师。

许东律师长期专注于民商事争议解决、房地产、物业与社会治理及建设工程等领域,曾参与主编并出版《物业纠纷实务案例解析》一书。

魏洪奇

四川奇汛律师事务所律师,擅长行政诉讼、刑事辩护和民商事案件代理,以及党政机关、企业和事业单位法律顾问,物业管理与基层社会治理,婚姻家事和涉军法律服务等领域。

朱 剑

盈科淮安党支部副书记、管委会副主任,盈科全球总部合伙人,盈科全国物业管理与社会治理法律专业委员会副主任。同时担任淮安市仲裁委员会仲裁员,淮安市新的社会阶层人士联合会理事会副会长,江苏省司法厅立法专业团队成员。朱剑律师长期深耕政府法律顾问与行政诉讼、房地产与建设工程、物业管理与基层社会治理专业领域。曾合著《建设工程施工合同纠纷法律实务》一书。

本书副主编简介

吉 磊

盈科上海律师，东方卫视《双城记》栏目特邀法律点评嘉宾，盈科上海2023年度优秀律师。专攻物业管理与业主自治理论与实务研究，吉磊律师撰写的多篇文章被《中国物业管理》等国家一级房地产核心期刊收录，并被河北、广州、山东等多家省级物协全文转载。

徐 微

盈科成都律师，高级企业合规师，盈科成都乡村振兴法律事务部秘书长，北海国际仲裁院调解员。徐微律师具有物业及商业板块拆分上市、物业及商业项目法律风险检查以及丰富的处理物业服务法律事务的经验，专注于民商事法律服务。擅长领域包括公司法、房地产及商业运营、物业服务、乡村振兴等相关法律事务。

费晓华

四川奇汛律师事务所律师，绵阳市劳动人事争议仲裁委员会仲裁员，绵阳市"爱无声手语法律服务团"团长，退役军人。擅长公司治理、民商事纠纷处理和行政诉讼，担任多家公司和政府（部门）、社区、村等组织机构的法律顾问。